"十三五"国家重点图书出版规划
中国现代政治学经典

浦薛凤文集

主　编　张小劲　谈火生
执行主编　刘猛

清华大学出版社
北京

本书封面贴有清华大学出版社防伪标签，无标签者不得销售。
版权所有，侵权必究。举报：010-62782989，beiqinquan@tup.tsinghua.edu.cn。

图书在版编目（CIP）数据

浦薛凤文集/张小劲，谈火生主编. — 北京：清华大学出版社，2021.6
（中国现代政治学经典）
ISBN 978-7-302-57450-7

Ⅰ. ①浦⋯　Ⅱ. ①张⋯ ②谈⋯　Ⅲ. ①政治思想史-西方国家-近现代-文集
Ⅳ. ①D091.4-53

中国版本图书馆CIP数据核字（2021）第020796号

责任编辑：周　菁
封面设计：贺维彤
责任校对：王荣静
责任印制：宋　林

出版发行：清华大学出版社
　　　　　网　　址：http://www.tup.com.cn, http://www.wqbook.com
　　　　　地　　址：北京清华大学学研大厦A座　　邮　编：100084
　　　　　社 总 机：010-62770175　　　　　　　　邮　购：010-62786544
　　　　　投稿与读者服务：010-62776969, c-service@tup.tsinghua.edu.cn
　　　　　质量反馈：010-62772015, zhiliang@tup.tsinghua.edu.cn
印 装 者：三河市龙大印装有限公司
经　　销：全国新华书店
开　　本：185mm×260mm　　　印　张：27　　　字　数：466千字
版　　次：2021年6月第1版　　印　次：2021年6月第1次印刷
定　　价：138.00元

产品编号：074782-01

"中国现代政治学经典文丛"编委会

主　　编：张小劲　谈火生
执行主编：刘　猛

编委会成员：
　　张小劲　景跃进　任剑涛　应　星
　　谈火生　刘　瑜　苏毓淞　于晓虹
　　孟天广　刘　猛　曲　甜　赵　娟

总　序

对那些既向往政治昌明，又钟情学术探究的个人来说，两全其美的选择莫过于修业、治学以及授教政治学。学无止境，知也无涯，穷毕生之力亦可自明通达；种学织文，诲人不倦，乐在得天下英才而教之；知世则哲，学优则仕，当可奉献智识于国家与社会。

历史无疑厚待了这些自知且欲的知世者。一百多年前，一场革命的爆发、一个朝代的终结与一所现代大学的诞生交错在一起，为这个已有五千多年历史的古老国度带来了新思想的激荡和新学术的萌生。传统的政治智慧与治国术理，西洋的政治思维与制度创设，时下的政治运作与治理实践，汇集成了一个名曰"政治科学"的现代学科，成为可传授的知识、可研究的学问和可求解的主题。

在这所最初被叫作"清华学堂"的现代大学里，"政治学"成为最早开设的课目，"政治学会"成为最早组建的校园社团，"政治学系"更是学堂改制为大学时首批开办的学系之一。在相当长一个时期里，从清华园启程远涉重洋、留学海外的青年才俊，以政治学为志向者不在少数。成立未久的政治学系不仅接纳了诸多学成归国的政治学人，而且吸引了清华园里最多数量的学生。借由这些师生的发愤蹈厉，清华政治学系迅速崛起为首屈一指的中国现代政治学研究重镇。其先生师长，建树丰厚，享有学界显赫声名；其后进学生，撒播八方，讲学从政致用其长。

清华政治学系因1952年院系调整而取消，历经五十余年之后得以复建，再十年后又有重组。由是之故，政治学在清华，一如其他社会科学和人文科学，中道崩裂的场景似多于弦歌不辍的情形，原本辉煌的片段久蒙积年累月的尘埃。然而，历史毕竟仍是慷慨大度的。当我们这一代政治学人再度聚集清华园时，系史的原始档案以及前辈学人的行藏著述无疑成了政治学系师生共同必修的功课。历史既展现了西方政治学引入中国并渗透本土知识的融会进程，又记述了仁人志士企盼民富国强且为之付出心血的前尘往事。不欺名于先人,不湮没于事功,历史记载着事实与真相。追念前辈,追比先贤,更是历史所宣明的道理和主张。

在完成这门功课的过程中,寻觅的艰辛与发现的快乐,对于名师高徒的羡慕与恨不同行的慨叹,关乎学问的体悟与期许未来的责任感,始终交织在一起。由此我们更加确信,在推进政治昌明、追寻良治善政的路途中,政治学必是能够取之汲之、惠我惠众的知识源泉。

本套丛书即是这门功课的初步作业,丛书收录数位学者的学术经典之作。这些学者在中国现代政治学发展史上素有一代宗师的美誉。他们的学术经历和教学生涯,他们的治学态度和学业理路,他们的创新成就和知识贡献,构成了现代中国政治学发展的实体内涵和无形财富,成为当代中国政治学的历史传统和学术道统中最宝贵的组成部分。而他们的学术文字更是中国现代政治学发展史上的宝库。

从知识社会学的角度无疑可以更清晰地揭示1920年代末至1930年代这一代政治学人的学术共同点。这些学者身上的共同点,既涉及家国命运和时代特点,又包括个人遭遇和生命历程。

首先,他们有着同样极其特殊的教育经历和学术背景,而这种教育经历和学术背景也是这一代政治学者所独有的。他们大都幼年接受中国传统教育,对中国传统文化有着广泛精深的理解;少年时代进入现代大学接受教育;其后远涉重洋,前往欧洲或美国,再接受高度系统化的科学训练。在他们身上,中国文化的底蕴与西方学术的造诣并存而相长。

其次,他们同样处在近代中国一个极其特殊的社会环境中,这种社会环境从1920年代中后期至1930年代中后期。在这段时期里,国家形式统一,局势相对稳定,但平静背后暗藏的困难和挑战,给予这代学人时不我待、时不再来的急迫感,迫使他们珍惜时间、用功学术。

再次,他们胸怀着共同的学术抱负,在治学中强调引入现代政治学专业知识和先进文明的政治智慧,整理中国丰富的历史资料和复杂的现实素材,以系统化和体系化的方式与世界先发文明对话交流,进而面对中国的问题探寻出路和办法。这种学术抱负既潜藏于中华民族传统文人积淀和传承的伦理之中,又前所未有地融入了现代学术的思维要素和科学态度。更具体地说,"天下兴亡,匹夫有责"以及"为大多数人求福祉"是他们走上政治学研习道路的理性依据和情感依托,随着专业知识的积累,他们的学术期待演化为以学术强国、以教育救亡的现实选择,意图用自己的所学所长救国家于既倒、拯万民于水火。环境容许,他们致力于学术;一旦有所需求,他们甘愿放弃学术而以自身所长直接介入现实政治。总之,书生报国,对他们而言不是两可之间选择,而是生存的样式本身。

一如吕文浩所言:"从人事的网络来说,早期养成清华习气的那批毕业生陆续返校执教,形成以后实际左右校政方向的所谓'少壮派'。这批人以及有意无意援引的教授大抵具有相似的文化背景,工作和生活在同一个清华园内,自然容易形成相似的学风,也就是学界所称道的'清华学派'。"尽管他们钻研的问题有所不同,但他们之间相互尊重,最终都在清华共同推进着现代政治学的发展;更确切地说,这是在古老中国创立现代政治学的伟大事业,是以中国素材所提炼的政治智慧培养中国的人才,以现代科学方法重新认知中国的尝试;清华政治学人的工作在某种程度上就是使中国接近和融入世界先进文化,接触和汲取世界先进文明的功业。

从学术史的视角看,老清华的政治学系表征了民国时期政治学的学术水准,成为中国现代政治学上的典范。鉴于前辈学者学术成果所具有的学术价值和历史意义,特整理出版"中国现代政治学经典",为往圣继绝学,为学术传薪火,为中国现代政治学的发展贡献一份力量。

"中国现代政治学经典"编委会

导　言

浦薛凤：中国现代政治科学的首倡者

浦薛凤，号逖生，原名瑞堂，1900年出生于江苏常熟。自幼跟随其父接受私塾教育，后进新制高等小学，1914年，14岁的浦薛凤考入北京清华留美预备学校。入校复试时，因成绩优异，他被安排插入中等科二年级学习，因而缩短学程一年。在校期间，受清华美式系统教育而受益甚多，在中文、英文、演说等诸项均有很大长进，并曾任《清华周刊》总编辑，与闻一多、梁思成等人共同组建了美术团体"美思斯"社。[1] 在清华读书期间，浦薛凤就对文史、政治表现出浓厚兴趣，曾撰写《史记列孔子于世家论》《读史札记》，译文《红豆怨史》《欧西野话》等文，分别发表于《清华周刊》。在高等科三年级上学期末，又曾用新式写法选出唐诗百首，题名"白话唐人七绝百首"，先后经北大校长蔡元培和清华学校校长严鹤龄赐序，于1920年由上海中华书局出版。"五四"运动时期，浦薛凤返乡组织常熟旅外学生联合会，被推举为会长，请名人演讲，并出版学生刊物。[2]

浦薛凤在清华园学习共计7年，至1921年留学美国。抵美之后，他先入明尼苏达州翰墨林大学"插入大学三年级，以政治学为主科，哲学为副"，[3] 学习两年；后赴哈佛大学，攻读政治学，获哈佛大学硕士学位；在美留学期间，与闻一多、罗隆基等人共同组织爱国团体"大江社"，写文发刊，[4] 复与冰心、吴文藻等人相知甚熟。

---

[1] 浦薛凤：《浦薛凤回忆录（上）万里家山一梦中》，52~66页，合肥，黄山书社，2009年。
[2] 浦薛凤：《浦薛凤回忆录（上）万里家山一梦中》，71~83页。
[3] 浦薛凤：《浦薛凤回忆录（上）万里家山一梦中》，83页。
[4] 浦丽琳：《梦萦清华的父亲浦薛凤》，载清华校友总会编：《校友文稿资料选编 第六辑》，91页，北京，清华大学出版社，2000年。

1926 年 5 月，浦薛凤学成之后自纽约赴英国乘船返国，沿途考察各国，历时两月之久。回国之后，他曾短暂任教于云南东陆大学和浙江大学。1928 年，应清华大学政治学系首任系主任余日宣之邀，他受聘于清华大学；[1] 自此在清华讲授"政治学概论""西洋政治思想史""西洋近代政治思潮""政党政治"等课程；[2] 同时也在北京大学兼课，讲授"西洋近代政治思想"。[3] 他的讲课被学生认为"很值得一听"，而他在讲课中的风采、态度与内容更是让学生们倾倒。[4] 到清华任教不久，浦薛凤就被学校聘为政治系主任，在任期间，他加强了对政治学的课程改革，加重了中国政治思想史、中国政治制度史、中国地方政府、中国法制史、中国法律学等中国研究的课程；并聘请萧公权、沈乃正等人到校任教。其间，浦薛凤曾于 1933 年赴德国柏林大学访学一年，专门搜集德文文献，研究康德、费希特、黑格尔的政治哲学。浦薛凤还曾担任《清华学报》总编辑，计有三年之久。浦薛凤自认为，"自 1928 年 8 月下旬以至 1937 年 7 月，可说是生平黄金时代"；[5] 也正是在这一黄金时代中，他笔耕不辍，专心写作《西洋近代政治思潮》，写成章节如《卢梭的政治思想》《美法革命之政治思想》《英国功利主义派之政治思想》《自柏拉图至孟德斯鸠——西洋近代政治思潮之渊源》《费希特之政治思想》《黑格尔之政治思想》等曾先后发表于《清华学报》、清华大学《社会科学》《民族》等学刊；后成书被列入"国立清华大学丛书"，经商务印书馆刊行于世。此外，他另有文章《政风之培植》《政治学之出路：领域，因素与原理》《国难之最高峰——全世界左右集团挑战》等见于《社会科学》《东方杂志》诸杂志。

抗战爆发后，浦薛凤由北京南下赴长沙临时大学任教，其后离湘到香港居留多月，其间将《西洋近代政治思潮》交付商务印书馆香港分馆，并添写序言、目录，修缮文字。[6] 1938 年 4 月，他由港入滇，在西南联合大学任教，曾讲授"政治学概论""近代西洋政治思想"等课程。[7] 1939 年 3 月，浦薛凤以学者身份从政，由西南联合大学转赴重庆进入政界，担任"国防最高委员会"参事，计有七年之久，与上司王宠惠交往

---

[1] 清华大学校史研究室编：《清华大学九十年》，46 页，北京，清华大学出版社，2001 年。
[2] 浦薛凤：《浦薛凤回忆录（上）万里家山一梦中》，142~143 页；浦丽琳：《梦萦清华的父亲浦薛凤》，载清华校友总会编：《校友文稿资料选编第六辑》，92 页。
[3] 浦薛凤：《浦薛凤回忆录（上）万里家山一梦中》，152~153 页。
[4] 葛兆光主编：《走近清华》，43 页，成都，四川人民出版社，2000 年。
[5] 浦薛凤：《浦薛凤回忆录（上）万里家山一梦中》，141 页。
[6] 浦薛凤：《浦薛凤回忆录（中）太虚空里一游尘》，74~76 页，合肥，黄山书社，2009 年。
[7] 浦薛凤：《浦薛凤回忆录（中）太虚空里一游尘》，176 页；西南联合大学北京校友会编：《国立西南联合大学校史——1937 至 1946 年的北大、清华、南开》，274~275 页，北京，北京大学出版社，2006 年。

颇深而成师友。[1] 其间，他还"兼任短期长期各项职务"，共有17项之多；也曾作为中国代表团专门委员参加敦巴顿橡树园会议，出席旧金山会议。[2] 同时，他还曾在中央大学兼课，主讲"西洋近代政治思潮"，颇得学生欢迎。[3] 他还有政论文《大战与政体之相互影响》《论治重于政》《治乱和战与民主独裁》《"中庸"与世界和平设计》等发表在《新经济半月刊》《军事与政治》《世界政治》等杂志上；1945年，英文著作 *Freedom From Fear*，由中国太平洋关系研究所出版发行。

抗战胜利后，浦薛凤随政府回迁南京，历任善后救济总署副署长、中央大学教授。1948年秋，浦薛凤不顾妻子反对，就任台湾省政府秘书长。1949年后在政界九年，历任四届台湾省政府秘书长，跟随梅贻琦出任"教育部"政务次长。其后，政治大学复校，浦薛凤转入教育界，中途入"教育部"任职后又复返学校任教，在台湾历任政治大学教务长兼政治研究所所长，执教计约有6年之久，与王云五、邹文海等为同事。[4] 这一时期，他所著的《修养楷模》于1953年由台湾"中央文物供应社"出版，而自20世纪20年代以来政论文和学术论文文集《政治论丛》也于1955年由正中书局出版，还写成《现代西洋政治思潮》于1963年由台湾正中书局出版。

在清华政治学人中，浦薛凤无疑是位在学言学、在官言官、官学两途、长袖善舞的人物。但就其学术创造性而言，则前半生明显强于后半生；就其学术理路而言，则以治西方政治思想史入手，而以"政治五因素说"总其大成，进而名列现代中国著名的政治学家之列。自入读清华学校之始，浦薛凤就喜好文史，远赴美国又得西方政治思想史的系统训练；回国之后，他以政治思想史研究为中心，贯穿古今史识与政像，逐渐形成心得而创立了用以阐释和研究政治现象的"政治五因素说"；此说最初形成于20世纪20年代中后期，于20世纪30年代中期得以成熟，并为浦薛凤"数十年如一日，抱持而发挥"，[5] 在其政治思想史研究论著中皆有介绍及应用。浦薛凤认为，"政治五因素"包括政治现象、政治人物、政治观念、政治制度、政治势力，五因素之间相互关联，任何政治事项都包含五种因素，而任一政治因素亦可转化为其他政治

---

[1] 浦薛凤：《典型元老学人王宠惠》，见虎门镇人民政府编：《王宠惠与中华民国》，广州，广东人民出版社，2007年。
[2] 浦薛凤：《浦薛凤回忆录（中）太虚空里一游尘》，242页；浦丽琳：《梦萦清华的父亲浦薛凤》，92页。
[3] 浦薛凤：《浦薛凤回忆录（中）太虚空里一游尘》，237页。
[4] 浦薛凤：《浦薛凤回忆录（下）相见时难别亦难》，105~140页，合肥，黄山书社，2009年；郭太凤：《王云五评传》，410页，上海，上海书店出版社。
[5] 浦薛凤：《浦薛凤回忆录（上）万里家山一梦中》，自序，6页。

因素。[1]

如果将浦薛凤的"政治五因素说"视为认识政治和研究政治的方法，那么其政治学研究大抵可分为两端。其一是，浦薛凤将"政治五因素说"应用于其西方政治思想史的研究之中，进而尤为注重每一思想观念发展的历史脉络与其背后的人物、制度、势力、观念、现象之各种要素的组合，因而对于西方政治思想内涵的把握甚丰；他的《西洋近代政治思想史》《现代西洋政治思潮》以及各种思想史论文、演讲稿均属此列。其二是，浦薛凤"深信政治具有定律或原理"，[2] 因而他经年以"政治五因素说"观察政治兴亡之道，探寻政治原理，并以此希求政治建设和世界人类之安全；他的论文《治兴之道》《皇位继承与危机祸乱——由五因素着眼之分析统计与归纳》等均属此类。而无论从其政治思想史巨著抑或从其所探析之政治理论来看，其立论所具有的鲜明的政治学本土化的研究意识、透析政治现象的独特思考方式，同时又能融入主流社会科学话语的技巧，无不给人以深刻启发。

其中，《西洋近代政治思潮》是浦薛凤前后历时十余年撰著而成，此书最初为其20世纪30年代任教清华的讲稿，后作为"清华大学丛书"一种，于1939年由商务印书馆发行出版，并多次重印，堪称是民国时期西方政治思想史研究的代表之作。浦薛凤的同事萧公权就对此书曾评价道："这是一部成熟渊博而客观的西洋近代政治思想史。"[3]

此书主要阐述18和19世纪的西方政治思想。在书中，浦薛凤极为重视历史演进中的政治思潮的递进逻辑，并以此作为其论说和编排章节的根据。浦薛凤以卢梭的政治思想为全书的中轴，将卢梭视为"近代民治理论之第一代表"，而认为"就政治思想论，卢梭可谓为严格地开辟近代之第一人"；[4] 进而他又认为西方近代思潮是以民治理论为中心，而或延伸、或演化、或反动。因而，就此书的篇章安排而言，他用极大的篇幅对卢梭的政治思想作了详尽阐明，并以此章为全书论说的核心，其前对"自柏拉图至孟德斯鸠"的近代政治思潮进行溯源和梳理，其后则分章对18世纪后半期的社会学说、美法革命之政治理论、德国唯心主义、美法革命后的政治思潮、英国功利主义作出分

---

[1] 关于浦薛凤"政治五因素说"的由来和发展，可见吴涵碧：《浦薛凤发明政治五因素》，见浦薛凤：《政治文集》，台北，正中书局，1981年；孙宏云：《浦薛凤"政治五因素"论的形成与展开——兼论其在中国现代政治学史上的意义》，载《中山大学学报》（社会科学版），2004年第4期。
[2] 浦薛凤：《浦薛凤回忆录（上）万里家山一梦中》，自序，6页。
[3] 萧公权：《评〈西洋近代政治思想史〉》，载《新经济半月刊》，1940年第3卷第3期。
[4] 浦薛凤：《西洋近代政治思潮》，145页，北京，北京大学出版社，2007年。

说。从中可以看到，浦薛凤将18世纪后半期的社会道德、法律及经济思想，作为"讨论美法革命之政治哲学"[1]的基础；将美国、法国革命的政治理论视作近代民治思想的集大成之表现；而后各章则都在美法革命思想的影响背景中进行论说，譬如，将德意志唯心主义之政治思想作为卢梭以降之民治思想在别国的推演发展而单章论说，将保守的政治思潮与美法革命理论相对提出，最后则对将社会改革与民主潮流相统合的英国功利主义派政治思想作出阐释。

作为通史性的政治思想著作，此书不啻为一本内容详尽、分析深厚、具有典范性的导读读本。浦薛凤按照其"政治五因素之理论"，不仅重视阐释思想的内容，且极为重视政治制度、政治现象、政治势力、政治人物与政治观念的相互影响关系，因而对每一政治思想产生的背景及其意义叙说得甚为清晰，不致落入思想的悬空论述；读者自可从中一窥18至19世纪各种政治思想的跌宕起伏与发展脉络。同时，浦薛凤治学风格极为严谨，力求对每一人物或流派思想的分析忠实于原著，而不流于主观的判断，因而对每一思想的解释均有理有据，均系从西方经典原著中反复研读而得来，而不从他著中拼凑；所征引文献英文、德文、法文著作皆有，足以显现一代学者之渊博。

《现代西洋政治思潮》是浦薛凤研究19世纪以来西方政治思想的代表作，亦可谓为《西洋近代政治思潮》的姊妹篇。此书是浦薛凤在台湾政治大学授课中的结晶，[2]自1961年10月下旬浦薛凤开始撰写此书，1962年完稿誊清，并于1963年由正中书局初版，并被列入台湾部定大学用书，后多次再版。

在此书中，浦薛凤仍然以其所创的"政治五因素说"为主要分析工具，但更强调了思想的重要作用；他认为政治思想"可以化成政治势力，而支配政治现象"；[3]因而，"欲了解眼前世界局面与窥测人类前途，当研讨现代西洋政治思潮"。[4]同时，他又认为，自18世纪以来，民主政治、族国主义与社会主义三大运动成为现代政治生活中的主题，而现代政治思想研究则应以这三大项目为中心。[5]因而，在全书的结构上，以宪政民主与极权独裁、族国主义与帝国主义、社会主义与共产主义三个章节为主题论说，其中分别概述各种思想人物与流派的正反观点。就思想内容而言，此书力争对三大政治思潮做到全面的叙述与分析，对每一政治思潮的新发展、新批评均有阐释，以极为鲜

---

[1] 浦薛凤：《西洋近代政治思潮》，279页。
[2] 浦薛凤：《政治文集》，49页，台北，正中书局，1981年。
[3] 浦薛凤：《现代西洋政治思潮》，序言，1页，台北，正中书局，1979年。
[4] 浦薛凤：《现代西洋政治思潮》，1页。
[5] 浦薛凤：《现代西洋政治思潮》，34~35页。

明的递进逻辑公允地叙述各流派政治思想的延展关系；同时又据其"政治五因素说"，在介绍每一政治思想之时，又特别展开历史背景和理论根源的分析；如在族国主义一章中，对族国主义不仅作出概念内涵及政治事件的叙述，还对其原有发展作出理论上的归纳分析。此书的又一鲜明特点是，紧跟欧美政治理论发展前沿，用最新且深刻的思想观点作为论说的材料依据；书中所提及的思想理论家如帕累托、莫斯卡、米歇尔斯、杜尔凯姆，无不体现出浦薛凤广博的学识与视野。

浦薛凤在总结中认为，要认识西方政治思想之起伏，才能改造政治。[1]以政治思想入手，于万千政治对象中窥探政治原理，从而指导人类政治实践，这不异于是浦薛凤政治学研究的主旨所在。而此本《现代西洋政治思潮》也正是浦薛凤着意于思考如何改善政治生活的门径。

《政治论丛》是一本能集中反映浦薛凤政治思想的文集，1955 年由正中书局出版。全书共收入浦薛凤自 20 世纪 20 年代以来的 33 篇学术论文、政论文和演讲稿；按照浦薛凤的概括，此书各篇所陈要旨，包括政治原理、治与定律、政治范围、政治因素、"治"重于"政"、培植政风、秉公守法、道德修养、民主政治、地方自治、法制"长成"、主权观念、安全机构、世局前途、计划历史，各篇文章所阐述之内容综合起来构成浦薛凤基本的政治思想。[2]虽然全书中各篇议题不甚集中，但全书所探讨的中心主题却集中在建设现代国家和现代政治，实现国家治兴上。[3]在文集之中，浦薛凤认为政治有原理和定律，通过对一国治乱兴亡原理的探索，而得出治兴的政治定律：具有集中贤能群众信仰的政治领袖，养成秉公守法、负责努力之统治阶级，培植深入人心、支配行为之思想风尚，订立适合环境、顺应潮流之法度律令。[4]他进而认为治重于政，"政"为众人之事，"为政"为管理民众，是法令规章；"治"为管理，"致治"则为节制政府本身，是执行实施；"为政"与"致治"虽相影相随，但两相比较，"致治"乃"为政"之根本。[5]而何以能致治，浦薛凤则认为，"政风"为致治之本，因此培植政风、树立楷模甚为重要。[6]

《政治论丛》一书的最大特点，即是浦薛凤能从古今中外之史实、古今中外之思

---

[1] 浦薛凤：《现代西洋政治思潮》，415~416 页。
[2] 浦薛凤：《政治论丛》，序言，台北，正中书局，1955 年。
[3] 关于此书的评论性介绍，可见，周道济：《介绍浦薛凤先生著〈政治论丛〉》，见浦薛凤：《政治文集》。
[4] 《治兴之道》，见浦薛凤：《政治论丛》。
[5] 《"治"重于"政"》，见浦薛凤：《政治论丛》。
[6] 《政风为致治之本》《把握政治的原动力》《政治作风的改变》，见浦薛凤：《政治论丛》。

想中，探求政治原理，而不盲从于西方政治学说，这不异是中国政治学者自我探索精神的最明体现。

《政治文集》则是浦薛凤晚年所出的一本论文汇编，1981年由台湾商务印书馆出版，因而比较全面地反映了浦薛凤晚期的研究心得；此书与《政治论丛》可说是浦薛凤一生政治思想的精华集萃。《政治文集》收入了浦薛凤自20世纪50年代以来的44篇文章，中有学术论文、政论文、演讲稿、书序、书评；就内容的大类而言，主要有五项："探究政治原理""阐述治乱兴衰""论析国际政治""瞻望世界前途"；[1] 另有附录，包含他的学生对其著作与思想的评介。此书"范围、性质与旨趣所在"于根本上与《政治论丛》略同，但仔细比较则不难发现，此书的中心主题在寻求现代国家兴衰之道而外，更强调了要寻求世界政治建设之道。浦薛凤在此一文集中直陈其长期研究意在探寻人类出路，并将其研究定位为用科学方法研究国家治乱兴亡和世界集体安全；他进而认为，"关于人类前途，愿就愚见所及，约略指陈出路两条。其一，开始进行思想革命。其二，鼓吹成立世界政府"。[2] 对世界局势方向及世界政治建设的关注，对世界政府建立的愿景，对普遍性议题的倾心，[3] 这无疑是浦薛凤思想演进中值得注意的一端。

1962年浦薛凤赴美国讲学，先在汉诺甫学院任教，讲授"中国政治史"，阐述其"政治五因素"观点。[4] 后又受聘为桥港大学"卓越教授"[5]，讲授"中国政治史""远东史""中国哲学""东方哲学""中国朝代及政思"，亦曾执教伦理学与哲学概论等课程。[6] 在美国任教中，他还发表了英文论文《历代皇位继承与危机祸乱》《中国政治重建》《孔子与老子所称之"道"包含自然主义》《儒学论暴力：一个普世主义的途径》。[7] 在达到桥港大学70岁退休年龄之后，浦薛凤又于1971年秋应聘纽约圣若望大学亚洲研究中心教授，任教3年。[8] 及至退休之时，浦薛凤迁居洛杉矶；但在其夫人去世的第二年，浦薛凤应王云五之邀，回台湾出任台湾商务印书馆总编辑；后再度返美安心度过晚年。从20世纪70年代到80年代，他的各种文集和回忆录也逐渐出版发行，其中《战时评论集》于1974年出版，文集《政治文集》于1981年出版，《自由人权与民主：浦薛

---

[1] 浦薛凤：《政治文集》，序言，2~3页，台北，正中书局，1981年。
[2] 浦薛凤：《政治文集》，46~47页。
[3] 如《"人权"渊源厥在"民心"：列举研讨角度，分析五项因素与瞻望世局前途》，见浦薛凤：《政治文集》。
[4] 浦薛凤：《浦薛凤回忆录（下）相见时难别亦难》，146~147页。
[5] 浦薛凤：《浦薛凤回忆录（下）相见时难别亦难》，160页。
[6] 浦薛凤：《浦薛凤回忆录（下）相见时难别亦难》，186页。
[7] 浦薛凤：《浦薛凤回忆录（下）相见时难别亦难》，186~187页。
[8] 浦薛凤：《浦薛凤回忆录（下）相见时难别亦难》，190、191、205页。

凤教授学术演讲稿》于 1983 年由台北当代中国研究所发行。而回忆文集《万里家山一梦中》《相见时难别亦难》《音容宛在》也分别由台湾商务印书馆出版。2009 年，回忆文集汇编为《浦薛凤回忆录》上、中、下三册在中国大陆出版；其夹文夹白的语言风格，所论有据的历史故事，使此书受到读者的追捧。

1997 年，97 岁高龄的浦薛凤逝世于美国。

目 录

第一编　政治学理论 /1

　　政党与政府之关系：多党，两党，一党，与无党 /3

　　三种选举制度之计票法 /11

　　万题之题 /22

　　政风之培植 /25

　　吾国大学教育中社会科学之地位 /33

　　政治学之出路：领域，因素与原理 /39

　　为政致治及流弊召乱之因由 /55

　　大战与政体相互的影响 /66

　　治乱和战与民主独裁 /73

　　认识政治因素 /80

　　治兴之道 /92

　　研究政治学五十余年所积愚见纲要 /119

　　中华民族对于政治学之贡献 /124

　　"人权"渊源厥在"民心"：列举研讨角度，分析五项因素与瞻望世局前途 /133

　　政治与法律之关系 /141

第二编　政治思想史 /159

　　卢梭之政治思想（J. J. Rousseau，1712—1778）/161

美法革命之政治思想 /232

　　马克维里之政治思想 /309

　　支配现代群众生活之三大政治思潮与动力 /316

　　现代西洋政治思潮的理论与事实 /318

　　民主的思想历程 /340

　　现代西洋政治思潮的回顾与前瞻 /354

　　孔孟儒家对于"暴横"所采之立场 /373

　　老子与孔子之"道"：类别、根源、性质及作用 /382

第三编　中国政治 /401

　　皇位继承与危机祸乱——由五因素着眼之分析统计与归纳 /403

　　三百四十八位帝皇——历代皇位继承之统计分析研究 /407

编后小记 /412

政党与政府之关系：多党，两党，一党，与无党
三种选举制度之计票法
万题之题
政风之培植
吾国大学教育中社会科学之地位
政治学之出路：领域，因素与原理
为政致治及流弊召乱之因由
大战与政体相互的影响
治乱和战与民主独裁
认识政治因素
治兴之道
研究政治学五十余年所积愚见纲要
中华民族对于政治学之贡献
"人权"渊源厥在"民心"：列举研讨角度，分析五项因素与瞻望世局前途
政治与法律之关系

第一编　政治学理论

政党与政府之关系：多党，两党，一党，与无党*

（六十三个政府分析表之说明）

一、动机

许多政治制度，方其初起，犹如"私生儿"到处受人轻贱；及其既已普遍，则又仿佛瑶台仙女备受人众之羡艳与颂扬。内阁，议会，成文宪法，民选元首，秘密投票……均是例证。"政党"与"政党政治"亦何独不然？

然而对于政党政治根本抱怀疑者，今日仍大有人在。

究竟民治社会中，应否有，或可否无有政党？无党是否优于有党？两党制是否较多党制为强？一党制是否不若多党制？

关于上述问题之答案（说是主张或成见，亦未始不可），尽可让政治家与政论者包办，专利！——因彼辈非有斩钉截铁之答案不可。至于研究政治学者则本无所容心。后者求在了解"所以然"：何以有党？何以多党？何以一党？何以无党？了解所以然：

---

* 原载《政治学报》第二卷，国立清华大学政治学会出版，1932年。

编者按：本文原附有一张表格，题为"六十三政府之分析表——政党与政府之关系：多党，两党，一党与无党"，题下作者志曰："此表材料大半取自美国，国际关系委员会所出版之《世界政治年鉴》。惟'政党政治'一栏内所分列之一党、多党、无党或两党纯系稿者强勉划分。国会中有无准多数党及较多数党所占议席之比例，均指国会（一院）或其下院。"表格纵栏为"国家"，共六十三个；横栏为"政党与政府之关系"，分"政党政治""行政首领（指握实权之内阁等）与政党之关系""国会中政党之分配"三项。此处省略该表。作者在将该文收录《政治论丛》时，亦在文末附注："本篇原本附有六十三个政府与政党之关系分析表一大张，均系根据一九三二年世界政治年鉴所载之材料而予以分类统计比较研究。兹不复将原表附印，缘重要统计比较，篇中已分别提及，又原文小注亦并删去。"

此乃一绝大难题。平常习惯往往喜悬空立论，信口开河。实则，吾人或可暂将"所以然"束之高阁，而作第一步似愚笨而有意义之工作，研究何处有党，何处无党，何处多党，何处两党，何处一党。诚能如是，则吾人脚踏实地，当可窥豹一斑。窥豹一斑远胜于村妪说鬼！

本题之范围仅限于四五年来世界大小各国——共六十有三——政府与政党之关系：即多党、两党、一党，或无党之关系。倘读者感觉兴趣，将重要国家，在纵的历史方面，搜索其政党有无及多寡（包括分化与合并诸现象）之递嬗统计，则其能帮助了解政党政治之"所以然"者，必更深切。严格言之本稿实非一篇文章，而系下列分析表之简略说明。

二、定义

下文所称"有党""无党""多党""一党"，皆指"政党政治"而不仅指"政党"言。易言之，"有党"者指有"政党政治"。无"政党政治"之国家，未必无"政党"。墨西哥有"政党"；但不足谓有"政党政治"。

分类不可避免，但困难甚多。

何谓"政党"？此一定义似易而实难。大体言之，政党者乃由无数个人或许多团体所联合组织，具大规模及永久性的公开政治会社，努力取握政府之治权——通常均由竞选——并求所以实现其所持之主义与政策。

何谓"政党政治"？此更不易。不易，不在定义，而在定义之能包括世界上所谓有"政党政治"之一切国家。盖"政党政治"，犹之"政党"，其所指之现象及所含之意义往往随空间时间而有出入。（所谓"民治""宪法""普选""内阁制"，盖均如是！）勉强言之，政党政治乃政府之治权属诸当时较优越之政党——通常以竞选结果，判其为优越与否。

职是之故，一国之为"有党"或"无党"有时甚难肯定。例如，西班牙为"一党"抑为"无党"？印度为"无党"抑为"多党"？

两党政治与多党政治之界线亦往往犬牙衔接，隐约难分。

"两党"指国会中有两大政党彼此起伏，占据准多数议席；在内阁政体之下，即彼此起伏组阁。[1] 倘使全国政党中无此两大党之存在可以彼此竞争起伏，以取握政府治权之全部分——立法权及行政权（内阁政体）——或半部分——立法权或行政权（总统制）；易言之，国会中只有"较多数"党而无"准多数"党，而"实际行政元首"势必由数党之领袖联组者：是为"多党"制。[2]

虽然，（甲）有时国会中（尤指下院）无"准多数"党而某一"较多数"党因得它党之拥护暂组"一色"内阁（即一党内阁）；[3]（乙）反之，国会中有"准多数"党但内阁仍为"混合"；[4]（丙）再或，在总统政体之下，行政属甲党，而国会中之多数属乙党，又或国会中势均力敌之上下院其准多数分属于甲乙两党——如在美国曾数见不鲜者，则究应归列何类？

可见吾人不得不折衷处置，以长期经验及大体精神，判其一国之为"多党"或"两党"。诚如是，则英国虽目前有混合内阁与多党制之端倪，自以仍旧列入"两党"为宜。

---

[1] 巴拉圭一九三一年议会之下院中（共40席）只有两党：自由党25席，共和党15席；而行政元首亦属自由党。国会中仅有两党乃绝无仅有之现象。尼加拉瓜亦仅两党。美国同年之国会，亦代表纯粹的两党制：

上院	下院
共和党 48 席	共和党 218 席
民主党 47 席	民主党 214 席
农工 1 席	农工 1 席
	缺席 2 席
共 96 席	共 435 席

[2] "多党"之程度大有深浅。例如奥地利一九三一年之下院共有四党；而其混合内阁即由两党组织，捷克之下院则有十五党之多：

Czechoslavak Agrarian	46
Czechoslavak Social Democratic	43
Czechoslavak National Socialist	32
Communist	30
Czechoslavak People's Catholic	25
German Social Democratic	21
Slovak People's Catholic	20
German Agrarian League	16
Czechoslavak National Democratic	14
Czechoslavak Trades	12
Hungarian Christian Socialist	12
German Christian Socialist	11
National German Socialist Labor	8
German National	7
Independents	3
共 300 席	

故其内阁由八党之领袖"混合"组成！然则同为混合内阁，同称多党制，其实际运行之不同，不容漠视。

[3] 例如，一九三一年英国下院之分配如下：劳工党268，保守党261，自由党58，其余8（共615席）。劳工党得自由党之拥护得以组阁。类此者不乏他例。

[4] 例如南非洲同盟。古巴，秘鲁为总统制，更不必言。

三、统计

自阿尔巴尼亚、阿根廷以至委内瑞拉，计共六十三个政府（也可说六十三个国家——假使吾人暂时承认加拿大、爱尔兰等为国家）；人口共约1,670,053,333；面积共37,219,087方里。"无党"者共十三政府：即圣多明谷，厄瓜多尔，海地，印度，来比利亚，墨西哥，波斯，萨尔瓦多尔，暹罗，阿尔巴尼亚，危地马拉，西班牙与委内瑞拉。但最后四国，或可列入"一党"。以面积言，"无党"共占4,236,236方里，为全数11%；若以四国除外，则为3,592,390方里，为全数9%。若以人口计之，"无党"共有427,710,780；占总数24%；若以四国作"一党"计算，则"无党"政府所统治之人民为399,556,321个人，占总数23%。吾人不嫌人口及面积之百分之比例为琐屑者，盖国有大小；仅以国家为单位（十三为六十三之20%，九为12%）未必最妥。

政党政治之已几几普遍，殊无疑议。盖不论其为"一党""两党"或"多党"，已有五十至五十四国（80%~88%）；1,242,342,553至1,270,497,012人民（76%~77%）；32,982,851至33,726,697方里（89%~91%）；在"有党"政治之下。况印度之政党生活已相当发展，倘渐进而为"自主地"完成其政党政治，则世界"无党"之政府，将更形寂寥。[1]

今再就"无党"分析之，则（甲）除印度，波斯，西班牙，暹罗，墨西哥，委内瑞拉外，皆为小国；（乙）泰半且为弱国；（丙）非专制政体（如暹罗，波斯等）即虚名民治，而革命内乱时常爆发（如阿尔巴尼亚，墨西哥，西班牙，厄瓜多尔等）；（丁）以地域言，大抵皆昔日闭关自守，交通不便者。处中美南美者最多（十三分之七），处亚洲者三，欧洲者二，非洲者一。[2]

"有党"政府共计五十或五十四。[3]可列入"一党"之类者约十四：苏联，意大利，土耳其，中国（上四国肯定地为"一党"）；罗马尼亚，葡萄牙，波兰，匈牙利，希腊，保加利亚（上六国或可称为"多党"，盖大战后之"逊克推多"现象，殊形短暂）；阿尔巴尼亚，危地马拉，西班牙，与委内瑞拉（此四国或应列入"无党"，前已言之）。

---

[1] 印度之面积占1,805,332方里，人口有318,942,480。
[2] 圣多明谷，厄瓜多尔，危地马拉，墨西哥，萨尔瓦多尔，海地及委内瑞拉在中南美，处亚洲者为印度，波斯与暹罗。欧洲有阿尔巴尼亚及西班牙。来比利亚则在非洲。若以阿尔巴尼亚及西班牙列入"一党"，则欧洲全部皆在"有党"政府之下。
[3] 阿尔巴尼亚等四国，似介乎"无党"与"一党"之间。

"两党"者约有十五：阿根廷，澳大利亚，加拿大，哥伦比亚，英国，日本，巴拉圭，尼加拉瓜，纽芬兰，巴拿马，秘鲁，美国，巴西，埃及，洪都拉斯，埃斯兰。惟最后所举巴西等四国殊有疑问，盖不无倾向或类似"多党"之现象。

以言"多党"，则智利，捷克，丹麦，爱沙尼亚，芬兰，法兰西，德意志，南斯拉夫，赖得夫，立陶宛，卢森堡，荷兰，挪威，瑞典，瑞士，乌拉圭十六国之应列入此类，当无问题。比利时，奥地利，玻利维亚，古巴，哥斯达黎加，爱尔兰，新西兰，南非洲同盟大致为多党，然亦各具其接近两党之痕迹。至于保加利亚，希腊，匈牙利，波兰，葡萄牙，与罗马尼亚六国虽可列为"一党"，要亦有若干"多党"之条件。总之，广义的"多党"政府有三十；狭义的有二十四；严格的则仅有十六。

就上述数字比例观之"多党"之较"两党"或"一党"为普遍者似甚昭彰。

今随意提举若干标准以探究"多党"与"两党"之分配。（甲）以国之大小（无论面积或人口）言，殊无关系可寻。惟"多党"国之人口密度，一若较高。倘其余条件尽同，则地广人稀之区仿佛适宜或便利于"两党"之成立。[1]（乙）以地域位置言，欧洲多"多党"而美洲多"两党"。（丙）此与总统与内阁两种政体，显然消息相通。旧大陆诸国受英国之影响，直全系内阁制；而中南美诸国，除智利外，无不效颦美国采用总统政体。十六个"多党"政府之中，除乌拉圭外，几全为内阁政体（瑞士以委员制见称，但较近内阁制）；而十二个"两党"政府，五系"内阁"，而七系"总统"。在三权分立原则之下，立法既不能倒行政，内阁又只向总统负责；即有"多党"现象，亦只限于国会。是则总统政体，或不无倾向两党之原因。（丁）再以"单一"与"联邦"觇之，"多党"政府中，仅百分之十八为"联邦"，而"两党"中则有百分之三十三。

---

[1]

	"多党"之十六政府	"两党"之十二政府
（甲）人口		
a）一百万以下者	共 1%~6%	共 5%~42%
b）一百至五百万者	共 9%~56%	共 0
c）五百万至一千万者	共 2%~13%	共 3%~25%
d）一千万以上者	共 4%~25%	共 4%~33%
（乙）面积		
a）五十万方里以下者	共 12%~75%	共 8%~67%
b）五十万以上一千万方里以下者	共 0	共 1%~8%
c）一千万方里以上者	共 4%~25%	共 3%~25%
（丙）人口密度		
a）每方里 20 人以下者	共 1%~6%	共 8%~67%
b）每方里 20~50 人者	共 4%~25%	共 1%~8%
c）每方里 51~100 人者	共 2%~13%	共 0
d）每方里 101~200 人者	共 3%~18.5%	共 0
e）每方里 201~300 人者	共 3%~18.5%	共 1%~8%
e）每方里 301~400 人者	共 2%~13%	共 2%~17%
f）每方里 401~600 人者	共 1%~6%	共 0

大约由邦联而进为联邦之国，中央与地方相互妒忌，确有酝酿两党对峙之势；若邦权甚小，地方已成行政的而非复政治的单位，如大战后之德奥然者，则联邦制度与党治之为"多"为"两"恐无连带。（戊）以国之强弱准绳之，五大列强中，英美日为两党制，法则多党而意为一党。但以六十三政府仔细审察之，国之强弱与党之多寡殊无蛛丝马迹。（己）以民治程度之高低相较量，则一若历史较久，范围较广，治安较固者稍有趋向两党之端倪。大凡地方权大（尤以旧日之联邦为甚，英虽单一，但与法之集权大异），选举特多（例如美国），而未经采用比例代表制度者，亦有形成两党之势（瑞士似为例外，然正亦因瑞士之自有其背景——面积甚小，政体特殊如委员制与其产生方法等等）。

一国政府不为"混合"即为"一色"。前者指数党领袖之组合，后者指一党首领之包办。[1] 依逻辑言"两党"制之政府——行政机关或简称内阁——理应"一色"，而"多党"制之政府宜皆"混合"。但事实常有不尽然者。且总统制之下，内阁常只向总统完全负责（但有时总统命令须经阁员副署者，如阿根廷宪法所规定者）；此而果确，则总统制下之"混合"内阁乃系空名，言其精神，仍系"一色"。今以一九二八年各国分析之，除广义"无党"者十三政府，狭义"一党"者四政府外，其分配如下："混合"内阁为二十六（59%），[2] "一色"内阁为十八（41%）。[3] 二十六"混合"政府中，十九系内阁政体，六系总统制，一系委员政府；而"单一"与"联邦"之比例则为二十二与四。十八个"一色"政府中，属"联邦"者计四，属"单一"者计十四；用总统制者共七，用内阁制者有十一。至于素以"两党"见称而内阁系"混合"者有四国（澳大利亚，埃及，巴拿马，秘鲁）；可见两党政治云者未必能每次组"一色"内阁——目前（1932）英国政府亦是一例。反之，形似多党之丹麦与立陶宛亦能建设"一色"政府。

国会中有一"准多数"党，则立法工作，较负责而迅速；且政体若系内阁，则尤觉稳固而感灵便。虽然，国会无论有无"准多数"党，均有利弊两方面。兹舍空论而

---

[1] 见前。（上页注）
[2] 奥地利（内阁联邦）；澳大利亚（内，联）；比利时（内，单）；玻利维亚（总，单）；智利（内，单）；哥斯达黎加（总？单）；古巴（总，单）；捷克（内，单）；埃及（内？单）；爱沙尼亚（内，单）；芬兰（内，单）；法兰西（内，单）；德意志（内，联）；希腊（内，单）；南斯拉夫（内，单）；赖得非亚（内，单）；挪威（内，单）；巴拿马（总，单）；秘鲁（总，单）；瑞士（委，联）；葡萄牙（内，单）；乌拉圭（总，单）；瑞典（内，单）；南非洲同盟（内，单？）；波兰（内，单）；荷兰（内，单）。
[3] 阿根廷（总，联）；巴西（总，联）；加拿大（内，联）；哥伦比亚（总，内）；丹麦（内，单）；英国（内，单）；洪都拉斯（总，单）；爱尔兰（内，单）；日本（内，单）；立陶宛（内，单）；新西兰（内，单？）；纽芬兰（内，单）；尼加拉瓜（总，单）；巴拉圭（总，单）；罗马尼亚（内？单）；美国（总，联）；匈牙利（内？单）；保加利亚（内，单）。惟最后两国似亦可除外不计——因倾向"一党"。

究事实。就一九三一年而论,六十一政府之国会中(暹罗,波斯,西班牙无议会),有"准多数"党者共三十四(计57%)。但"无党"与"一党"之国家其有"准多数"党自不待论,且不重要;故就"两党"与"一党"之政府言有"准多数"党者约廿六至廿九(约52%~55%)。此其中系真纯内阁制者计仅五国。[1] 反之,一切号称内阁制之政府中,国会有"准多数"党者仅十一(37%),无"准多数"党者十九(63%)。[2] 由是以观纯粹之两党制——"一色"内阁同时又有"准多数"党之内阁制——在理想中或为优越现象,在事实上似又不可多得。

以统计分析研究"多党""两党""一党"或"无党",未必为最佳之方法,但至少是方法之一种。上所云云不过举例暗示而已。

四、归束

有"政党"未必即有"政党政治";有"政党政治"未必即有良好宪政民治。然,就事实论,有宪政民治之国则政党政治似不能避免。

既有政党政治,其所以为"多",为"两",为"一",大抵皆受时势背景,风气习惯,经验,偶然,与法律制度所支配——而非任何理智或意志所能取择者。以最浅显者言,由专制而骤采民治,由"无党"而成"有党"其间必经过若干尝试,痛苦,与失败。仅有"一党"或过于"多党",皆与"无党"接壤。故民治与政党之由起于渐——由演化而成者——大约倾向于"两党"(英美即绝好两例);反之,其由起于骤——由革命而致者,其暂时结局,不"多党"即"一党"(一七八九年之法兰西,大战后之苏俄,与其它新兴诸国如波兰等等,均可佐证)。"一党"恐为过渡时期之现象;过于"多党",则为政不易。一国之中往往同时有趋"两"趋"多"之势力,诚如物理界中之有离心向心两力。任何政党苟其得势总有力趋"一党"之企求。假使国无变乱,民生优裕,大约政党政治逐渐趋于平衡——近乎两党。万一纷争突起则平衡不保,势必倾"多"或倾"一";美国在南北战争,共和党诞生以前,小党林立,名目繁多,实皆奴隶问题所激起;意大利一九二二年之革命虽未流血,但其关于政府政策之变更,人民生活之影响者甚大,故亦异军苍头独成"一党"。英国目前之"混合"内阁,绝非意志,或理

---

[1] 即澳大利亚,加拿大,日本,纽芬兰,南非洲同盟。至于埃及,希腊,匈牙利,波兰,葡萄牙,罗马尼亚,土耳其则恐有内阁制之名而无内阁制之实(至少,就1931年言)。
[2] 此十九国为奥地利,比利时,智利,捷克,爱沙尼亚,芬兰,法兰西,德意志,南斯拉夫,赖得维埃,挪威,瑞典,波兰,荷兰,丹麦,英国,埃斯兰,立陶宛,与新西兰。

智之结果，抑且非十余年前之所能逆料者，要亦因经济难题已摇动旧日政治势力之平衡。

今日政治制度之或足奖励多党者有三：（一）直接民治，如创制，复决，罢免；盖此种制度愈发远，则大政党机关之固有势力，愈受摇撼；（二）比例代表制，尤以新德之"三选单"制为甚；及（三）职等代表制，盖英美"两党"政治之素形坚固者一部分未始不因地域代表制之资助。

抑更有进者，以长期言之，所谓"多党""两党"与"一党"者亦不过指大体精神；恐非有性质上完全与绝对的差异。（注意，此乃以长期言之！）兹杂举数点以供审虑周详者之考求。其一，"多""两"或"一"之程度，深浅不同。国会中全数议席由一党独占者，固不乏其例（如意大利下院四百人，土耳其国会之三百十六人等）；但一党政治，不必具有清一色的国会（如保加利亚，波兰，葡萄牙，罗马尼亚等），同称"一党"而精神与现象之有区别者盖如是。美国一九三一年之下院，共和党（218）仅较民主党（214）多四人；而在上院仅多一人（48与47之比）！此与"多党"相较恐间不容发。以"多党"下之"混合"内阁言之，两党合组者有之，六七党联立者有之，统称"多党"。然其立法行政之难易迟速，已有天壤之别。其二，倘美国总统系甲党，而国会中准多数系乙党；此系"两党"抑"多党"？再或总统与国会全入甲党或乙党一党之手此宁无"一党"政治之意味？不宁惟是，就每隔四年，各党推出其候选总统之时期中，一切运动言岂绝无倾向"多党"之现象？其三，英国号称"两党"，然在内阁得下院绝对信任时期，言听计从，种切重要问题统直全由内阁负责规定；而法律，草案或先由政府党之秘议（Caucus）通过，或由政府党占多之委员会予以赞成；加之"政府议案"（Government Bill）不啻如铁道上之特别快车，有行路之优先权，且所占之时间特长而多；凡此种种，谓其甚近"一党"政治，谁曰不宜？复次，大战时英国之"战时内阁"，形式上可称为暂时"多党"；实质上何尝不等于"一党"？美法在大战时之政党政治，其例相同。其四，号称"一党"之政治，苟其实系"政党"而非一人独裁，则一切要案皆应取决于该党之最高机关，有此种由选举产生之最高议事机关，即往往不得不发生派别——盖派别乃事实上有无而非应否有之问题——则派别之近"两"或近"多"即决定当时"一党"政治之类似"两党"或"多党"！

总之，空洞名词，逻辑理论而不佐以事实现象的统计，断难了解政党政治之"所以然"。

三种选举制度之计票法

（其一）多数较择之投票制（Majority Preferential Voting）

原则：只应用于选举一席。

说明：产生一席（无论市长，邦长，或议员）之普通制度，或用准多数制（如十万票中必得五万〇一票始得当选），或用较多数制（如十万票中A得二万五千，B得二万，C得一万五千，DEFG各得1万时，A即当选）。后者不甚公平，前者极难实现，若候选员在三人或以上，势必举行第二第三次投票。今欲于仅投一次票中求得一人比较地能得准多数之拥护。根本制度在使投票者对于所有之候选员，依照其赞成之程度分别标明其第一，第二或第三等选。

甲　威耳制（Ware System）：将得票最少者牺牲，而分配其较择票。（每选民一票但可标明第一第二第三等选）。

例：

候选员	第 一 选	第 二 选	第 三 选	总　数
赵	6	3	4	13（当选）
钱	6			
孙	4			
李	4			
周	3			
总数	23			

说明：票数为23，准多数为12。无人得十二个第一选，故牺牲周。假定此三票上之第二选均为赵，则赵之票为6+3=9。九票仍非准多数，故将李之4票牺牲（孙

---

* 原载《政治学论丛》创刊号，北大政治学会出版，1931年。

李之票数同，普通制度应抽签决定牺牲人）。设此四票上之第三选均为赵，则票数为 9+4=13。宣告当选。此制不甚公平因赵钱两人之十二个第一选或可悉数转让与周。

乙　巴克林制（Bucklin System）：将第一第二等选悉数记载；得准多数者当选。

例：

候选员	第一选	第二选	其他选三，四，五	总　　数
A	50	100	40	190（当选）
B	100	50	39	189
C	60	60	30	150
D	20	40	40	100
E	50	30	50	130
F	20	15	28	63
总数	300	295	227	822

300中之准多数为151。故必将第三,四等选总加A始得190票而当选。此制之缺点在不分第一第二等选之轻重。

丙　南森制（Nanson System）

原则：第一第二第三等选各有其不同之重量。

算法：

（1）投票者如未填满第二第三等选，监选官当代为填入。填入之数为：

$$\frac{候选员总数+(1+投票者曾填之最末选数)}{2}$$

（例）如有七位候选员，今有一票只写第一，第二，第三选，则应填之数为

$$\frac{7+(1+3)}{2}=\frac{11}{2}=5\frac{1}{2}$$

（2）求得每候选员之总选点数。

（3）凡候选员之总选点，等于，或较小于平均选点者，宣告落选。（所谓平均选点者，假定候选员所得之第一，二，选等彼此全同。）

（4）依此计算：至两名为止；然后视其中之一得较择票多者，宣告其当选。

例：

选民 候选员	A	B	C	D	E	F	G	H	I	J	K	L	总数
赵	1	1	5	5	5	4	3	5	④	1	$3\frac{1}{2}$	1	$38\frac{1}{2}$
钱	2	2	1	1	2	2	2	2	2	2	1	2	21
孙	4	4	2	3	1	1	4	3	④	3	$3\frac{1}{2}$	3	$35\frac{1}{2}$

续表

候选员\选民	A	B	C	D	E	F	G	H	I	J	K	L	总数
李	5	3	3	2	3	3	1	1	④	5	$3\frac{1}{2}$	4	$37\frac{1}{2}$
周	3	5	4	4	4	5	5	1	4	4	$3\frac{1}{2}$	5	$47\frac{1}{2}$

平均点为 $\frac{(1+2+3+4+5)\times 12}{5}=\frac{15\times 12}{5}=36$

候选员\选民	A	B	C	D	E	F	G	H	I	J	K	L	总数
钱	1	1	1	1	2	2	1	1	1	1	1	1	14
孙	2	2	2	2	1	1	2	2	2	2	2	2	22

结果，钱当选。

说明：凡在圈中之点数，系指办理选举者代投票人填补。例如选民 I 仅写第一（周）第二（钱）两选而第三、四、五选未填。根据公式 $\frac{5+(1+2)}{2}$ 此数应为 4（应即第三第四第五三选，三人平分；$\frac{3+4+5}{3}=4$）。

丁　不同制度，即不同候选员当选。

例：（选民 15 人）

候选员\选民	赵	钱	孙	李	周	吴	郑	王	冯	陈	褚	卫	蒋	沈	韩
A	2	2	2	2		2			2	2	1		2	2	
B	3		1	1	3	4	3			3	2	1		3	
C		4		4	1		2	1	3	4	4			4	1
D	1	2	4	3	4	3		2	1	1	3	2	3		2
E		1	3		2	1	1		4					1	4

照威耳制则牺牲 A、D、E，而 C 当选。

照巴克林制则 A 当选。

照南森制则 D 当选。

（其二）少数代表制（Minority Representation）

甲　减记投票之少数代表制（Limited Vote）

原则：选民所投之票数（Votes）少于席额

例：共50选民，甲派20人；乙派15人；丙派15人，共有3席；今行减记——每人只有一票。则甲乙丙三派各能举出一名。

说明：照普通投票制，每人可举三名则甲派20人可各书甲派之A、B、C三人；ABC将当选。今一人只能举一名则乙派15人可投乙派之赵（候选员），丙派15人可投丙派之子（候选员）。无论如何甲派不能使乙派之赵或丙派之子落选，盖欲使其落选，必有三人各得超过于15之票数：甲派仅有20人，不能有此结果。

乙　分集投票之少数代表制（Cumnlative Vote）。

例：甲派6人，乙派3人，今举3席。乙派自知力弱，遂集中其票于一（赵），则赵之票数为（3×3）=9。甲派无论如何不能使赵（乙派之候选员）落选。盖6人之票，总数为（6×3）=18，无论如何分集此18票，赵必当选三人之内。

上述两制之缺点，在仅能使少数党有产生代表之机会，而无比例于其间。

（其三）比例代表制（Proportional Representation）

动机与意义：传统之旧制投票，流弊甚大易趋极端。

例如某选区有选民四十五人，共分四党：

红党9人

黑党9人

灰党9人

白党18人

（甲）如用大选区制，全区共举五人则此五席将为白党完全占据（除非其它政党联合推举候选员）。

（乙）如用单选区制，则划分五小区，每区举一名，共举五名。但分区舞弊（Gerrymandering）之结果，或者多数党（白）完全落选：

第一区	第二区	第三区	第四区	第五区
红5	红4	黑5	黑4	灰5
白4	白3	白4	白3	白4
	灰2		灰2	
红当选	红	黑	黑	灰

比例代表制之意义，在求避免此种流弊而欲使白党得二席，红黑灰各得一席。

甲　海尔制（Hare System）：一人一票可转让制（Single Transferable Vote）

原则：对人投票。

例：

$$\frac{\text{有效票数（即选民投票者总数）}}{\text{席额}+1}+1=\text{选举商数}$$

（1）今有6千选民：A，B，…，I，K 10位候选员；5个席额。

（2）得第一选票者如下：

A	2009
B	952
C	939
D	746
E	493
F	341
G	157
H	152
I	118
K	93
共	6,000

选举商数 $=\dfrac{6000}{5+1}+1=1001$

（3）A当选；余1008（余票）

今将A之2009票检视之，知其所载第二选为：

D	257
E	11
F	28
G	1,708
共	2,004

+5 有五票未填第二选。

（4）如何分配此1008余票？

公式：

$$\frac{\text{应转让票数（1008）}}{\text{可转让票数之总数（2004）}}\times\text{各候选员所得之票数}$$

故：

$$D = \frac{1008}{2004} \times 257 = 129\frac{540}{2004}$$

$$E = \frac{1008}{2004} \times 11 = 5\frac{1068}{2004} \quad (=6)$$

$$F = \frac{1008}{2004} \times 28 = 14\frac{168}{2004}$$

$$G = \frac{1008}{2004} \times 1708 = 859\frac{228}{2004}$$

$$\left.\right\} 1008$$

（5）D　746+129=875

　　　E　493+6=499

　　　F　341+14=355

　　　G　157+859=1016　当选

（6）G 之余票（Surplus）为（1016－1001）=15

此数 15 小于最低票数两候选员之差数（118－93=25）

故牺牲

K 之 93 票 $\begin{cases} 89 & F \\ 4 & C \end{cases}$

　　F　355+89=444

　　C　939+4=943

（7）牺牲 I 之 118 票 $\begin{cases} B & 119 \\ B & 107 \\ & 44 \text{ 不可转让} \end{cases}$

　　及 H 之 152 票

结果：B　952+119=1071　当选

　　　D　875+107=982

（8）B 之余票为 70；此数大于 E，F 之差数（499－444=55）

故检视末次之 119 票 $\begin{cases} 84 \text{ E} \\ 35 \text{ 不可转让} \end{cases}$

E　499+70=569

（9）F 之 444 应牺牲 $\begin{cases} 353 \text{ C} \\ 91 \text{ 不可转让} \end{cases}$

则 C　943+353=1296　当选

　　A 当选

　　G 当选

B 当选

D 982

C 943+353=1296（余：1296－1001=295）

E 569

D 当选

海尔制之不同算法

（壹）选举商数（Quota；Electoral Quotient）

其一：简单商数（Simple Quota）

$$\frac{\text{有效总票数（即人数）}}{\text{席额}} \qquad 例：\frac{100}{5}=20$$

此种商数太大；实则不必二十票即可当选：

其二：最低商数（Droop Ouota）

$$\frac{\text{有效票数}}{\text{席额}+1}+1 \qquad 例：\frac{100}{5+1}\approx17$$

说明：一百人所投一百票之结果决不能使六人得17票（6×17=114）。

其三：带分商数（Fractional Quota）

例：共7人　甲派4人　乙派3人

举5席　用带分商数则甲派得3席

　　　　用最低商数则乙派得3席

（甲派）　（乙派）

候选员：C 2　　F 1

　　　　D 2　　G 1

　　　　E 0　　H 1

其四：一律商数（Uniform Quota）

（贰）余票转让

其一：机遇制（Chance Method）

原则：凡候选员得商数后宣告当选；此后即转让其余票。

其二：确实制（Exact Method）见上

原则：若可转让票数等于或小于应转让票数则悉数转让之。

若……大于……

则计算之公式为（见前）

$$\frac{应转让票数}{可转让票数} \times 每候选员所得之票数$$

$$\frac{7}{5+1} = 1\frac{1}{6} = 1\frac{1}{5}$$

其三：分制数（Fractional Method）

例 $\frac{4,000}{10,000} = \frac{2}{5}$

乙　选单制（List System）

原则：对党投票。（但有时亦可投，参阅第二步之贰。）

第一步：如何计算每党应得之席数

（壹）最大残数制（　　）

（A）简单商数（Simple Quota; Hare Quota）

例：守旧党得 151,000 票 ÷ 60,000 = 2　席余 31,000

　　进步党得 83,000 票 ÷ 60,000 = 1　席余 23,000

　　激进党得 34,000 票 ÷ 60,000 = 0　席余 34,000

　　独立党得 32,000 票 ÷ 60,000 = 0　席余 32,000

　　　　共 300,000　举五席

$\frac{300,000}{5} = 60,000$

结果：守旧党 2 名；进步党 1 名；

　　　激进独立两党各得 1 名，盖其残余之数为最高次商。

（B）最低商数（Droop Quota）

如上例，则 $\frac{300,000}{5+1} + 1 = 50,001$

结果：守旧党得 3 名；进步党得 1 名；

　　　激进党得 1 名

（贰）最大均数制（D'Hondt System）

原则：以一、二、三、四等整数平均之视其均数之大者尽先分配之以满席额为止。

如上例，则

	守	进	激	独
	第①席	第②席		
1.	151,000	83,000	34,000	32,000
	第③席	第⑤席		
2.	75,500	41,500		
	第④席			
3.	50,333.3			
4.	37,750			

结果：守旧党得3名；进步党得2名。

【附】残数与均数之结果否同。如商数为1000，席额为④；X党得1600票，Y党得2580票。如按残数制则X有两名；如按均数制则X……只有一名。

第二步：各党应得之席数如何分配于各该党之候选员

（壹）政党自定次序制

（贰）票席等数跨党投票制

（叁）减额投票制

（肆）一人一票不可转让制

（伍）重记投票制

（陆）一人一票可转让制

丙　新德例代表制

（壹）当选商数（一律商数）6万票

（贰）荐选单三种　（1）区荐选单（35）
　　　　　　　　　（2）联合选区荐选单（17）｝每党自提
　　　　　　　　　（3）全国荐选单（1）

（叁）选民只投单不投人

（肆）计算方法：

例：假定某国共分十三选区；此十三区合成五联合选区。第一联合区包含XY两选区。自由党在X区之区荐选单为甲、乙、丙、丁、戊5人；在Y区之区荐选单为子、丑、寅、卯、辰5人；而该党在第一联合区之联合荐选单为甲、子、乙、丑、丙、寅、丁、卯、戊、辰10人。而其全国荐选单为甲赵……子孙丙……乙李丑等若干人。今再假定一律商数为六万票。

若自由党在 $\begin{cases} X \text{区得 } 210,000 \text{ 票} = \text{可举 3 名（甲，乙，丙）余 } 30,000 \\ Y \text{区得 } 160,000 \text{ 票} = \text{可举 2 名（子，丑）} \quad\quad \text{余 } 40,000 \end{cases}$

则第一联合区尚余自由党票 70,000（=30,000+40,000）故又可得一名；寅当选，余 10,000 票。

若　第一联合选区余　10,000

　　第二联合选区余　30,000

　　第三联合选区余　50,000

　　第四联合选区余　55,000

　　第五联合选区余　40,000

　　　　总余　185,000

$\frac{185,000}{60,000}$ =3 名，余 5000，此三席属诸自由党全国选单中名次最高而尚未当选者三位。

此处之优点在产生席额，无一定数，视投票之多寡而定；且任何政党无论其在国内各地之分配若何，只须全国之党员及投票总数满 6 万，即可产生代表一名（即该党全国荐选单上之第一人）。

附题：

说明：此为便利读者自习而设

　　　　X 党　　　Y 党　　　Z 党

　　　（八人）　（四人）　（五人）

选民候选员

候选员＼选民	赵	钱	孙	李	周	吴	郑	王	冯	陈	褚	卫	蒋	沈	韩	杨	孔
A	4	4	4	5	5	3	3	子 2	2	2	2	甲 1	1	1	1	1
B	1	1	1	1	1	1	1	丑 3	3	3	3	乙 3	3	3	3	3
C	2	2	2	2	2	2	2	寅 1	1	5	5	丙 2	6	2	2	2
D	3		3	4	4	4	4	卯 5	5	1	6	丁 5	5	6	6	
E		3	6	3	6	5	5	辰 4	4	4	1	戊 4	2	5	5	
F		5		3	3	6	6	巳	6	4		己 4	4	4	4	4

问题壹：某选区共选民赵钱……杨孔等十七人。如今产生市长一名；而候选员共有 ABCDEF 六位（注意：子丑……甲乙……，等不作候选员）。

用多数较择投票制之结果如上。

（一）用威耳制（Ware System）谁当选？
（二）用布克林制（Bucklin System）谁当选？ } 将计算方法逐步说明之。
（三）用南森制（Nanson System）谁当选？

问题贰：假定此区所选者为市议员三名。候选员 ABCDEF 六位（而子丑……甲乙……不与焉）。今用海尔比例代表制，且用最低商数及确实转让法，究竟 ABCDEF 六位中哪三位当选？

问题叁：假定 XYZ 三党分别推出候选员各六名。假定此区产生议员四名。今用选单比例代表制，且用最低商数；及一人一票可转让制。

（一）究竟每党各得若干议席？

（二）究竟当选者四人为谁？

万题之题

每一时代总有其特殊的"时代精神";每一时代亦必有其中心的"时代问题"。

身处其境者往往只见树木不见森林。故当时当地之当事人而欲认识其"时代精神"之究竟若何,与"时代问题"之究竟何在,诚属万分困难。但吾人不妨作认识之尝试。盖认识与否恐对于朝野人士之言行有可能的绝大影响。

吾国今日之"时代精神"与"时代问题"均已受国难之震荡而发生转变。前者之转变似已渐趋健全;后者之转变则无疑的益趋严重。

所谓"时代精神"之转变可谓由破坏而趋建设。二三十年来次第酿成之反抗,扰乱,推翻,打倒,铲除,放任与变态的个人主义之整个"破坏"精神,似已开始受服从,巩固,安定,保持,恢复,统治与团合主义之"建设"精神所替代。表现于物质方面者,如公路之修筑,航空线之扩充……固不必说,即如"新生活运动","中国本位文化建设"宣传,"读书运动",以及"祀孔","民族扫墓",旌选"乡贤",甚而至于"读经"种种现象,从其最有意义的方面言之,亦莫不直接间接,有意无意,流露此转变的"时代精神"。

此项新兴的转变的"时代精神"大体是健全合理;抑亦为"革命"以后迟早必有的现象。但"精神"是一件事,流露此精神或寄托此精神的事物(即各种方案或运动)另是一件事。努力赞助此整个精神,不必即完全同意于表现此精神的个别事物。在野者应作善意的批评,在朝者更应抱虚怀的态度。例如"服从"心理固宜养成,然盲目奴性或揣摩逢迎之风尚断不宜培植。民气不宜再使浮嚣,然亦不应使完全销沉。又如"统制"原则固可采取,然滥用权威或一味强制亦当预防。总之,视转变的"时代精神"

* 原载《清华周刊》第43卷第1期,1935年。

为反动，为复古，为守旧，恐系谬误见解。而流露此新"时代精神"之事物，方案，运动，则在在可受探讨，改善，或纠正。

吾人对于"时代精神"固宜了解，但对于转变的"时代问题"尤应认清，盖吾国今日"时代精神"所应集中努力之目标，当为"时代问题"之如何解决。

吾国今日无往而非的问题，且无事不成的问题，必欲于千头万绪相互牵连的一切问题之中求觅其最基本的中心问题，是否可能？有无必要？我深信可能，更深信必要。可能——至少，将来历史可以证实；实则二三十年来之经验与一般现实状况亦早已充分证实。必要——盖惟认清此中心问题。而后朝野人士对于其余许多（假使不是一切）问题始有评估取舍之共同标准。

所谓"时代问题"，别无所指，指吾国之政治问题，——不是枝节个别的政治问题，而是整个根本的政治问题：即如何组成一个现代国家。国难以前，此仅是完成统一与设立健全政府之问题，国难以后，或可谓由国难而暴露者，竟转变而为整个民族国家之独立存在问题。易言之，"时代问题"之所以益趋严重，盖因国家之如何组织而外又加上如何独立一项更大难题。

关于整个政治问题不能得到相当解决，即其余问题亦无从解决一层，智识分子类皆不肯承认。实则事理极为简单。例如无健全政府，一切大学至多不过苟延残喘与敷衍点缀,遑论教育之成绩,学术之贡献。政治不上轨道而欲使社会大规模"科学化""工程化"，势必等于梦呓！经济民生固属重要，但政治混乱只有民死安有民生。当然，政治本身亦同时有赖于其它问题之改进，如经济，军事，教育，科学，道德，等等；但谓必俟教育普及或民生解决而始可谋健全政府之组成或民族国家之独立，未免抹杀历史事实。试观眼前德意志或苏俄之教训当可恍然。

假使完成现代国家确为现下万题之题，则朝野人士对于许多事物，宜以此为评估取舍之标准。例如"军训"运动应值吾人之颂扬与赞助。"文"化过度之民族往往亡国；欲立足于现实的国际世界，吾国智识分子非有相当"武"化不可。再如以"中国本位文化建设"运动而言。中国一日不亡则其文化（初不论其性质何若且事实上亦只有中西折衷之唯一可能）即是"中国本位"。政治清明之国家其文化未必必然的优美，然而政治而长久混乱，文化绝对不能兴盛。是则欲发扬文化，首在内求政治清明，外求民族独立。归根结底还是政治问题。自另一方面言之，则就此项运动之能促进民族自信心理与激动民族独立意识而论，自有其客观的历史意义。

又如以"读经"言之。提倡读经者从未道破其本旨何在,但客观分析,此项运动或者不知不觉中与"时代问题"有关,即提倡者潜意识的或半意识的以为读经可使智识分子安分守已,可使政府稳固,可使……反对读经者诚能说明现代国家化无需读经而另有方法在,或读经反足以阻止现代国家化,则提倡者或心悦诚服另求其它途迳;而无谓的复古不复古之文字争辩或可免除,易言之,读经恐亦可归结到政治问题。

在最近北平举行之哲学会年会中,有提起新哲学之需要与产生问题者。我想所谓新哲学,当必指关于此时此地社会国家之哲学,即社会哲学或竟是政治哲学,而必非指超脱时空性之纯理哲学。且所谓新哲学,当必着眼建设性,盖具有破坏性的社会政治哲学已嫌多而不嫌少,既无需要,更无须产生。由是以言,转变的"时代精神"与"时代问题"似已开始得到吾人之认识。

政风之培植[*]

在国难严重之今日，政治建设固为朝野一致之企求。但此千头万绪茫无涯际的政治建设，果将从何切实着手？

果将从何切实着手？在政府方面视之，岂非早已并正在努力进行！

诚然，主观言之，政府对于政治建设，不只早已多方着手抑且正在努力进行。但客观言之，效率多高？成绩何在？恐即执政者本身亦未尝不深自怀疑。

究竟其故安在，有何补救？从何切实着手？——是否值得深心人与有力者之重行探讨？

一

默察近来政府之举措与人民之言论，关于着手政治建设似不外两种趋势。其一，专重方案内容而忽略实行方法。其二，迷信人治或法治而不在人治与法治之间另求其联锁。

方案内容与人治法治之重要自不待言。但完全地只讲方案内容，单独地偏倚人治法治，而不求方案内容之如何实施收效及人治法治之如何相得益彰，其流弊正与无有方案内容，无有人治法治，不啻相等。

惟其专重方案内容，故人民之建议纷杂，政府之法令如毛。前者骛新好异，不问环境；后者效果浅鲜，多成具文。此盖犹航行者侈谈目的地，路线与日程等等，而绝不计及轮机本身如何而能在波涛汹涌的海洋中顺利行驶。故虽有最大目的或最短航

---

[*] 原载《东方杂志》第三十二卷第七号，1935年。

行线，无异镜花水月。

惟其迷信人治或法治，故以为苟得其人，法不必问，或苟得其法，不必问人——若政治建设之成绩可旦夕间随人而至，或蓦骤地与法俱来。此犹航行者只恃船长之能力或全仗轮机之精良，而不注重船长与轮机间之熟练关系与船长及轮机以外之其它条件。无怪纵有相当人才不能展其抱负，纵有适合制度未由流利运行。

以故，本文所欲提论者乃在方案内容及人治法治以外之另一问题，另一因素。一部机器无论其构造如何精巧，出品如何优美，苟其因失落若干细小螺旋钉而不能转动，或因缺乏一种外来的发动力而不能运行；则此细小螺旋钉与外来发动力之重要不言可喻。所谓"在方案内容及人治法治以外之另一问题，另一因素"，盖指政治建设中之细小螺旋钉与外来发动力。

退一步言之，吾人暂且不问方案内容之应为何若，人治法治之孰重孰轻；进一步言之，吾人假定已有切合国情的方案内容，已有相当人才与法度：将如何而能致最高度的效能与最大量的收获？

虽然，本文所欲提论者又岂真能离开方法内容，又岂真能弃掷人治法治！苟绝无方案内容则所欲提论者无所凭依，未由表现；苟不重人治与法治，则所欲提论者非不能萌芽滋长，即无从历久繁荣。不宁惟是，所欲提论者而果实现，则无形中与间接地能使方案内容更为切实有效，且能使人治法治相辅而行。

然则本文所欲提论者究竟何在？

——无它，在政风之培植。

率直言之，今日政治建设之第一步切实工作在培植政风，在培植为立国要素的基本良好政风。政风乃是一项政治势力，乃是能使方案内容施行实现的基本因素，乃是人治与法治间之联锁。

二

"政风乃是一项政治势力，乃是能使方案内容施行实现的基本因素，乃是人治与法治间之联锁。"此所云云，果何所根据而然？

此则有赖于分析政治而认识其因素。

政治——一切政治，因之，任何政治问题——包含五项因素：即"现象""观念""制度""人物"及"势力"。就五项因素而言，人类在实际上终究的企求者乃是相对的良好政治现象；而良好政治现象之得到，要以政治势力为最大关键。

何为政治势力？凡能支配左右或影响人众之政治行为而发生转移或改变政治现象者皆是，如地理，环境，信仰，经济，舆论等等。政风乃政治势力之一，正犹强制之为政治势力之一。强制之为势力，人人知之，任何政府用之。政风之为势力，绝少数人肯予承认。但实际上任何政府之施行法令（尤以长期言）有赖于政风者最多，而所恃于强制者反少。

今以宪政作浅显例证，说明政治之五项因素。（甲）何为宪政？宪法之功用何在？立宪应具备何种条件？……类此种种皆系关于宪政之"观念"。（乙）宪法中具体规定，如总统制，内阁制，或委员制，单一制，或联治制……此是关于宪政之"制度"。（丙）参与制造（成文）宪法之人士，负责运行宪法之统治阶级与接受宪法之民众，皆为关于宪政之"人物"。人物之文化方式，历史背景，教育程度，经验深浅，能力厚薄……固在在可以决定宪政之成败。然人物以外，另有其它因素。（丁）宪政之成败盖是"现象"。易言之，尽可有高妙的宪政观念，且尽可有精密的宪政制度，未必即有良好的宪政现象。苟不然者，吾国自辛亥以来，总统制，内阁制，委员制，均一一尝试，何以无一成功？岂可完全推诿于"不适环境"？（戊）凡能支配、决定或影响宪政之实现与否者为政治"势力"。环境固其中之一。殊不知政风亦是一项。英国宪政之命脉，为内阁制，然而英之内阁制完全根据不成文法；不成文法之所以受人遵守，盖最有赖于政风一势力。法国成文宪法明明规定下院可受解散，但自一八七七年一度尝试以后，实际（不成文）宪法已成下院不受解散：此亦因政风之为莫大势力。吾国宪政失败之最大原因在无宪政之政风。

准此以论，上文所谓"就五项因素而言，人类在实际上，终究的企求者乃是相对的良好政治现象；而良好政治现象之得到，要以政治势力为最大关键"，当更显明。

目前吾国朝野所企求者非政治建设之"观念""制度"或"人物"，而系政治建设之"现象"。关于政治建设，"观念"非不精博，"制度"非不繁多，"人物"亦非不具备，而"现象"之所以缺乏，即成绩之所以鲜少者，实因"势力"——尤其是政风一项势力——之薄弱。

此一中心论点是否精当？请先说明政风之性质。

三

政风究系何物？何以是一项势力？

所谓政风乃是在政治界中及关于政治之风尚。

风尚与习惯类同而有联系。在个人为习惯，在众人为风尚。个人之行为往往为习惯所支配，习惯愈深则个人之行为愈受其支配；众人之行为大抵随风尚而决定，风尚愈坚则众人之行为愈受其决定。

以言风尚，关于任何方面之生活，在任何众人之集合体中有之。家有家风，乡有乡风，社有社风……国有国风。关于饮食有风尚，关于服装有风尚，关于思想有风尚……关于政治有风尚。

以浅近之服装言之。假使短袖高领为一时之风尚，则影响所及，遍于全国都市；而妇女之自愿地、无条件地接受此风尚，较之遵守任何项法律有过而无不及。服装之风尚如是，政治之风尚盖亦如是。风尚为廉洁，则官吏莫敢贪污；风尚为贪污，则官吏不愿廉洁。选民有踊跃参加投票之风尚，则虽无强迫投票制度，亦必争先恐后，视投票为义务而各尽其责。选民而无踊跃投票之风尚，则虽有强迫投票制度，依旧裹足不前，即明知其为权利而亦甘心放弃；即或勉强参加，有时竟投空白票以示抵制，甚且借此恶作剧以示反抗者（如一九二五年荷兰阿姆斯特丹市一万四千余选民，因厌恶强迫投票，推举一位著名流氓为市参议员是）。

习惯与风尚当然不是支配个人与众人行为之唯一条件。支配一切行为之唯一条件——宇宙间本无此物。但习惯与风尚确为支配一般行为之条件之一。就其为支配一般行为之条件之一而言，实具有莫大势力。而其所以然者，因习惯与风尚包含极大量心理情感之成份。所谓理智意志不过决定行为之方向与内容，惟此心理情感乃具推动职能而使行为实现。具体言之，个人而能养成早起之习惯，则天明而醒，醒而即起，不假思索不觉努力，更无所谓强勉。苟不然者，虽室中满贴格言，床头安置闹钟，一觉醒来恐仍是恋恋不起。官吏而能培植廉洁之风尚，则非义勿取，奉公守法，由理论而成信仰，由模仿而趋自然，否则日日谈廉洁，人人斥贪污，取缔贪污与奖励廉洁之法令制度，尽可日新月异，而苞苴贿赂、监守自盗之事实，仍不能稍减。

故个人而欲实行某事，不如养成某事之习惯；政府而欲达到某项现象，首宜培植某项现象之政风。上文所谓"政风乃能使方案内容施行实现的基本因素",盖即指此。今日倡行之省府合署办公与县府裁局设科,其用意固至善;欲求提高行政效率。吾人深信合署办公与裁局设科两制度的确有利于行政效率之提高,但吾人更坚信行政效率之提高决不专赖此两制度之实现:仅仅形式上实行合署办公与裁局设科,而不培植相当政风,恐收效有限。易言之,政治建设不能徒于法令制度中求之,亦应求之于法令制度以外的政风!

政风何以又为"人治与法治间之联锁"?

人之所以能治,决不在一人之全知全能,亲理万机,而在其能知人善任,使贤用能。法之所以能治,亦绝非在法之本身——纸面之条文规定,而在法之能切实运行,受人遵守。可见人治有人治之风尚,法治有法治之风尚。偏重人治,则法虽粗陋,人能补法之所不及;偏重法治,则人虽庸碌,法能掩人之短。假使贤能之人同时以凡事皆立法度,一切循轨而行为准则;假使所定法度同时以产生及奖励贤能者掌握治权为标准:则人法兼有,相倚为治。此种良好现象非有根深蒂固、普遍流行的政风为人法中间之联锁不可。英国内阁制之所以备受颂扬正在其兼重"人""法",——"人",因首相不由选举而由演化;"法",因首相与阁员之进退有固定规范。而英国内阁制之所以历久而弗替者,不专在人,亦不专在法,而在人法间之宪政风尚。此项人法间之联锁不必内阁制而始有,凡长期间政治清明一切遵循轨道的国家莫不有之。

是以吾国目前政治建设有赖于人及法者固多,有赖于人法之外与人法之间的政风者更多。

不宁惟是,政风为一切风尚中最普遍、最深刻而亦最有力者,且能影响或转移其它风尚。政风败坏,则一切社风、民风、国风,无不因而败坏,甚且变本加厉。欲整饬全社会之风尚,其最有捷效而事半功倍的方法在首先整饬政风。

四

政风之重要诚如上述。吾国现下亟宜培植者究竟何在?

吾国目前非无政风,非无坚强普遍的政风;特所有者皆系恶劣而不健全。故培植良好政风亦即所以消灭恶劣政风。但良好政风往往具相对性质。因时代、地方与需要不同,所求之良好政风亦因而差异。例如,革命之前与革命之中崇尚破坏与反抗之风尚；革命告终则贵有建设与服从之风尚。

虽然，就抽象而言的政风，其中确有具备绝对性而为立国之基本原素者。同是一物，观察点不同所见亦互异。自风尚之具体表现于事物之中，或自其所寄托凭依的事物而言，风尚似可捉摸而有形象。若离开风尚所表现的具体事物而专就风尚本身论，则较为抽象空洞。复次，前者因其为具体，故所指固定，后者因其为笼统，故范围较广。例如贿赂得官，选举舞弊，监守自盗，侵吞公款等皆为具体而言的风尚；而贪污则为抽象而言的风尚。贪污藉此贿赂得官，选举舞弊，监守自盗，侵吞公款……等等而表现；而贿赂、舞弊……等等实即贪污一风尚之具体化而已。

吾人对于具体而言的政风容易认识，对于抽象而言的政风，恐不免诘问其有无，此物是否存在。此种知其一而不知其二的错误，务须铲除，否则不足以语立国所必需的良好政风。

立国之良好政风有四——此四项政风皆从其抽象方面而言。

其一，吾国今日首宜培植务实之政风。所谓会而不议，议而不决，决而不行，无非徒尚虚名不讲实际之结果。其它不必论，即就行政各部之常务次长一制而言之。所贵有常务次长者，本欲其不随部长之进退而更易；倘每易部长，常务次长亦必因而另选，则原来精神全失。即小见大，因微知著；此枝节细微之一小制度，犹不务实，其大者远者，不难想见；故不免计划多而实行少，机关林立而事业虚无，宣传紧张而工作松懈。今欲矫正此弊，必以言必信行必果为棒喝，力戒虚浮而事事务实。

其二，宜培植谋远之政风。"人无远虑，必有近忧。"个人且然，何况国家！无论外交或内政，中央或地方，一切设施断非朝夕间所可成就，更不必开创者亲竟全功。廿余年来最可痛心之事，即上下苟安侥幸，专事敷衍，只存五日京兆之心，绝不作百年大计。今日中央当轴固已大有觉悟。但"揠苗助长"，其害正远过于"临渴掘井"。敷衍之风尚宜除，欲速之精神亦不应提倡。具体言之，即使弱国无外交，但对于驻外使馆尽可加紧其工作，增进其效能，对于外交人才尽可训练充实，储以待用，对于增进邦交，尽可多方设法，切实努力；再不可苟且因循，以致临事张皇失措。再如教育政策自宜适应时代要求，合理统制。但如果专重技能而轻疏学术，推广职业出路而忽略研究事业，亦非百年树人之至计。总之，谋远之政风亟待培植；至于如何谋远，非本文篇幅所及。

其三，宜培植尚公之政风。假使军人割据而处心积虑，养精蓄锐；假使派别争权而搜罗才智,钩心斗角:此不可谓不务实,不谋远。可见仅仅务实谋远不能使政治澄清。务实谋远而外,同时必须尚公。人非完全理性的动物;欲人人绝对不徇私,事实难能。但常人可徇私,官吏绝不可徇私。所谓常人可徇私,盖常人犹得受法律之制裁,官吏则可枉法滥权自相掩护,而造成无复是非曲直之局面。今在上者已以礼义廉耻相勖勉,此即尚公风气之开始。特礼义廉耻大抵为内心之动机与精神,往往为法令强制之所不及,故欲转移现象,全在改革风尚。

其四,宜培植守法之政风。有法而不遵守,不如无法。宁可遵守不完善之法而依照常轨徐图法之改变,万不应恃逞实力逾越法规。尚公乃不可缺的精神,守法乃不可变之途径。例如应由立法权规定之法令,行政权不得越俎代庖,应由司法机关审理之案件,军事机关不当强行过问。语云,失之毫厘,差以千里。此中消息似甚细微,但关于国家之治乱者实大。论政者其毋斥为迂阔之谈,在位者其毋笑为平凡之事。

上述四项政风相互关联;独立则不足济事,合举则为立国要素。盖惟务实乃能谋远,惟尚公乃能守法,务实而不尚公,是只为私人着想;谋远而不守法,则行见人亡而政息。任何国家,无论昔之专制,今之民主,俄之党治,意之独裁,无论其具体方面之政绩为何,苟其政治整饬而有所建设,要皆具有此四项政风。盖自立法、行政、司法以至监察与考试,自筹划军备以至办理警察,自经营国防以至维持地方治安,自整顿财政,促进实业,奖励商务以至改良农村……举凡一切政治设施,倘无此四项良好政风为其推动而加以轨范,则虽有良好"观念""制度"与"人物",终不能充分达到良好"现象"。

五

假定吾人对于培植政风承认为目前当务之急,试问培植之方法又如何?

抽象的政风必藉具体的方案内容始能实现。故培植政风即在办理方案内容(例如内政、外交、教育等具体事务)中培植之。若抛开具体问题而欲酿成务实、谋远、尚公与守法,则犹"皮之不存,毛将焉附",此其一。上所谓"本文所欲提论者(政风),又岂真能离开方法内容!……苟绝无方案内容,则所提论者无所凭依,未由表现",盖即指此。以习惯作比譬,人欲养成勤之习惯,必于勤于读书,勤于工作,勤于种田中求之。不种田,不作工,不读书……终日闲坐而欲养成勤之习惯,岂非缘木求鱼。

复次，政风之培植，全在在上者之努力实行。风尚乃由上而下，断难自下而上。在上者以权力及地位之关系，一举一动足以影响风尚。恶劣政风，既非由下而上；良好政风，亦必由上而下。此其二。英国布朗曾谓："在高位而为众人表率者之风尚与思想，而非在下受治者之风尚与思想，将永久判定国家之强弱与存亡"。此实非耸人听闻之危言，而系千古不易的至理。晏子春秋云：

> 灵公好妇人而丈夫饰者。国人尽服之。公使吏禁之，曰："女子而男子饰者，裂其衣，断其带。"裂衣断带相望而不止。晏子见，公问曰："寡人使吏禁女子而男子饰，裂断其衣带，相望而不止者，何也？"晏子对曰："君使服之于内，而禁之于外，犹悬牛首于门而卖马肉于内也！公何以不使内勿服？则外莫敢为也。"公曰："善。"使内勿服。逾月而国莫之服。

此为事实，抑为寓言，姑置弗论；而上行下效之一原理，描写无遗。培植政风实应自在上者始。

吾国恶劣政风，早已如水银泻地，无孔不入。欲加纠正，不免感觉积重难返。惟有先从小处着手，先从易处进行，庶几由小而大，由易而难，由少而多，终必能挟一片狂流转移方向。此其三。

最后，提倡政风亦必造成政风能实现之环境。犹之人病在床，而强求其养成早起或勤作之习惯，是毋异梦呓。假如省府工作人员数月不得领薪，地方各种机关经费无着，将如何而"务实"？官位如传舍，进退无常轨，将如何而"谋远"？是非而果颠倒，赏罚而果不明，将如何而"尚公"？朝令夕改，反复无常，主管者易人则将全部规令重起炉灶，将如何而"守法"？故培植政风，尤应造成政风可能长成之环境。此其四。

处今日而谈培植政风，恐遗迂阔、平凡、空洞之讥。但一部机器而无螺旋钉为其贯接，无发动力为其运转，不啻等于废物。良好政风，盖系政治建设中之螺旋钉与发动力。在上者果虚心为政，当于方案内容以外，另求其因素，当于人治法治之间，添加其联锁！

二月廿日于清华大学

吾国大学教育中社会科学之地位

在今日吾国大学教育正在渐次走上轨道，前途发现曙光之际，同时似有一种显著趋向或至少一种流行感觉：即各种社会科学遭受一般的歧视。

此处所谓社会科学是指社会学，政治学，经济学，法律学，历史学等。

我说"一般的歧视"，因为此种趋向——假定真是"趋向"——不独于教育当轴之举措中见之，即求之于各种公费留学、招考之门类及名额，国立研究院经费之分配与工作之计划，及大学生选系之统计……亦莫不证实此点。

但我又说"似有"，因为上列公费留学，国立研究院及大学生选系诸节以及教育部近年来裁并院系，限制招生人数等等或系——我个人认为大体上确系——适应环境切合需要的健全政策与合理统制，初无有故意歧视，存心轻抑之可言。

然而认为社会科学已经遭受一般的歧视的"流行感觉"之存在，吾人却不能隐讳，且亦不必隐讳。率直言之。此"流行感觉"恐不在教育与政府当轴之已行的设施而在未来的处置：盖偏倚或畸形的统制即将成为歧视。

总之，教育乃国家命脉，百年大计。大学教育尤为整个国家教育之总枢纽。社会科学在吾国大学教育中应有何种地位值得朝野深心人之探讨。

一

每一民族国家自有其文化历史背景，每一时代阶段各有其特殊需要。故吾人讨论吾国今日大学教育中社会科学之地位不必笼统武断隔靴搔痒以西方各国之制度成例为

---

* 原载《民族》第三卷第五期，1935年。

标准。

复次，吾人讨论此题对于自然科学与社会科学之孰轻孰重，孰缓孰急尽可不提。盖在现代民族国家中两者各有其地位。譬如耳目口鼻或心脏肠胃在人身中各尽其职能，必欲推求耳目与口鼻孰为重要，或心脏与肠胃功用若多，是无异于小儿之无意识的妄辩。

抑更有进者。所谓自然科学与社会科学各有其地位，同有其重要者，乃所以推翻提倡自然科学非轻抑社会科学不可之谬见，亦所以避免尊重社会科学等于疏忽自然科学之误解。此非谓经费设备等之分配不应用多寡先后之分。

在今日中国，一切纯粹的与应用的自然科学（普通称为理，工，农，医）之宜受特殊提倡自不待言；其理由亦至浅显。（一）吾国自然科学向不发达；（二）吾国对于自然科学之研究向无浓厚空气；（三）自然科学各科系设备所需之经费较大；（四）建设新中国亦需要自然科学之智识与人才。

自然科学在大学教育中之地位，研究自然科学者皆知之，即研究社会科学者大抵亦无不承认；但社会科学在大学教育中之地位，姑无论向未受在位有力者之提倡，至于今日，恐在研究社会科学者本人或竟不免有感受风气潮流之激荡而深自疑问者！

二

默察国内人士批评或怀疑社会科学之论调不外下列数层；恰当与否读者可各自评估。

其一为社会科学根本无有价值。持此说者诋斥社会科学只有矛盾理论，绝少一定公律。殊不知社会学，政治学，经济学等非无公律，特因社会生活之复杂难于发现，即使发现难使学者一致公认。何况每一民族国家各有其特殊环境故各种社会科学原理之寻求与应用格外困难。然而社会生活一日不能免则社会科学之建树一日不容缓；其建树愈困难，其研究愈紧要。

其二为社会科学中往往有富于危险性的学说主张，不仅足以贻误青年抑且摇撼国家之基础。但此乃倒果为因或因噎废食之论，如果社会生活相当健全，政治局面相当安定则一切谬误理论无所施其技。反之，大学中尽可无一门社会科学大学生仍可染危险思想盖所谓危险思想根本不自社会科学课程中得来，亦绝对不自大学以内散布。何况防止谬误学说之彻底方法当在充分发展社会科学?

其三为社会科学类多不合实用不适国情。此盖指课本教材举例指证往往取自西方,即介绍学说亦多囫囵吞枣不加咀嚼而言。但此种批评乃关于教材内容与精神问题,实与社会科学之地位无干;此其一。近几年来从事于社会科学者已深自觉悟正在努力;惟学术事业最需时日断不能如幻术把戏刹那间改变大观;此其二。在最近数年以前,所谓大学教育不是苟延残喘即属敷衍点缀,国事鼎沸,校潮云涌,经费既不稳定,教师更无保障,……在此种境域之中而欲求任何科学之进展毋乃痴人说梦。则是一切改善实际上只能从今日开始;此其三。

三

积极方面,在吾国现阶段的大学教育中社会科学自有其地位与使命。

大学教育决不仅在灌输学生若干知识给予学生若干技能并图谋毕业生之出路职业而已。大学组织法中固明明规定大学教育之目的在研究高深学术,培养专门人材,应社会之需要,谋文化之发展。可见大学教育云者学生之工作占半部分教师自身之工作亦占半部分;所谓研究高深学术所谓谋文化之发展其最后责任与主要工作当然不在大学学生而在大学教师。更可见大学教育云者自然科学有其地位社会科学亦有其地位;盖学术,需要,文化——整个人生,兼需此两种科学而缺一不可。

今专就此时此地指陈社会科学在大学教育中应负之使命,应有之地位。管见所及约有四端。

第一,树立国民教育。为"民"与为"人"不尽相同,有时且划然迥异。吾国数千年来教育精神专重为"人";迄至今日流毒未衰,故只有官,兵,农,工,商,以及艺术家,化学家,文学家……而无"国民"。盖"国民"之意义与责任,口头上人人或能言其详但根本尚未深入心坎之中,尚未化为潜意识之一部分。故私人"人"的生活中尚有礼义廉耻,而群众"民"的生活中反感四维之不存。易言之,广义的政治教育尚未成功。今欲改变此恶劣现象必自造成国民之"国民"教育切实着手。欲着手"国民"教育,必发挥社会科学——适应需要的社会科学。社会科学乃研究人群集团生活之制度文物,思想风尚以及政策方针。就现代环境而言,人群集团生活必以民族国家为单位,必以团合主义为精神。故仅就大学生之训练而言,无论其修习何科,对于若干基本社会科学应有相当认识。吾国诚然需要科学家与工程师，但尤需要为"国民"的科学家与工程师。总之，树立国民教育或培植政治意识非谓人人应从事政治而谓人人能尽国民之责任，非谓专在大学以内转换风气而谓以大学作本营发挥此项精神，推广此项觉悟，俾先由普及一般智识分子而后传达全国民众。

第二，发挥学术研究。吾人处于国民立场固宜有此项认识：即宁作独立民族之文盲，勿作附庸国家之学者。在内忧外患构成空前国难之今日，侈谈学术研究或有强颜自慰大言不惭之识。然而民族国家之由危而安、由衰而盛绝非如反掌之易事。与其疾呼暴跳空言救国，转不若埋首于切实之工作以助长国家之元气，恢复民族之自信：此无它途，端在扫除二十余年来偷拾他人牙慧，借为沽名钓誉、猎取功名之具之积习而创造纯正、研究、好学之风尚。大约社会科学之学术工作可分三端。其一为寻求原理。即无论在历史，法律，社会经济或政治方面，根据古今中外之材料，觅得其基本原理——超越时空之基本原理应能解释任何时空之个别现象。诚能如是，社会科学本身能因而进步，吾国在国际学术界之地位自能增高。但此一部分学术研究可遇而不可求，可能而不必能。其二为整理吾国数千年来社会生活之材料。此项工作最属切实，最有把握，而亦最合需要。目前学术界已进行于此者固不乏人，但为数极少，风气浅薄；此茫无涯际的一片学术荒田实需大批劳工经年累代作系统的努力；开垦要广，发掘要深。吾中华民族数千年来庄严灿烂之文化史中必含有莫大原则与宝贵教训。此项研究苟有相当成就则中国本位的社会科学不求而有。实则第一种贡献（基本原理之归纳）亦必以此项整理工作为基础。其三为忠实介绍西洋社会科学之精华。学术本身原无疆界，社会生活渐趋类同；故西洋之社会科学亦须有人了解、批评与介绍，庶几吾国之学术独立得早告完成。

第三，讨论现实问题。一切纯粹学术实际上直接间接、有形无形，终究与现实人生发生密切关系。大学教育中之社会科学一方面应努力学术工作，再方面亦应注意现实问题之探讨。此非谓每一学者必有双方兼顾之能力，但一部分学者势须格外努力于社会问题之检讨，则在今日人才缺乏的中国恐亦责无旁贷。所谓现实问题尤指切实具体，亟待答案之问题；所谓讨论尤指诚恳自由根据事实经验之方案。在位官吏或囿于成见或蒙于利害，对于现实问题有时反不清楚；但学术界人士亦易有偏重理论缺乏经验之流弊：惟其双方合作共同研究，则截长补短则习久成风大有趋向专家政治之可能。不宁惟是，大学生在此种想像教育之下必能通达国情认识时务。

第四，培养应用人才。大学社会科学各系毕业生年来似有出路困难之呼声；因此遂有感觉社会科学不合需要者。推原其故只有两大可能的理由。一为各大学中社会科学课程不切实用，故所供不合所求；一为政府机关公务员之任用尚无良好制度故夤缘请托乡党情面仍为一般进用之阶梯；而受专门教育之大学卒业生反感毕业即是失业之痛苦。平心而论，恐第二种理由为所谓出路困难之主要解释。不懂开汽车者决无人雇作车夫；此已成为常识。惟社会政治等职务则在一般人之心理中犹以为任何人苟能周旋应对起稿撰文即可胜任。此一观念不改变，与公务员任用制度一日不成立，则许多社会科学方面之大学卒业生将永感前途无路。但政治渐澄清，社会渐安定，行政效率之要求渐真切，将来所需要人材之数目或非今日梦想所及。且社会科学方面之人材不特政府机关有此需求，即在学术界、职业界社会各种团体中皆有其服务机会。"十年树木，百年树人"。培养应用人材胥及早努力。否则教育方针徒成空言，事实上不过为"头痛医头脚痛医脚"，或"临渴掘井"的杂乱举措，不足以语谋国者务实虑远之卓见。

上列四端相互牵连，教育与政府当局苟其不欲在质（不在量）的方面发展社会科学则已，如欲发展，似宜审慎周详努力推进。

四

政府或教育当轴对于在（甲）树立国民教育，（乙）发挥学术研究，（丙）讨论现实问题及（丁）培养应用人材四方面注重大学教育中之社会科学，固不可采取放任政策，但如果试行统制亦必循序渐进划定范围：否则过犹不及，统制之流弊或与无为放任相等。

负责当局应取之途径恐不外三者：即造成环境，鼓舞风尚与合理统制。

关于树立国民教育及培养应用人材两层，合理统制惟恐不力。关于发挥学术研究则最宜鼓舞风尚而无统制之必要与可能。若勉强指定某大学发展某种社会科学或某学院研究某项学术问题，则学术研究将成制度化，公事化，形式化：此乃不可能至少无结果之事。学术研究必须于良好环境之中自由竞争之下乃能发芽滋长，开花结子，绝对不能以有目的、有作用、限定年月、分配题目、指划地点等方法出之。关于讨论现实问题，教育与政府当局首先——亦是最后——责任在造成环境：使政府或社会机关情愿给予学者以便利，尽量供给所需材料，同时使大学教师，时间上，精神上，兴趣上确能实事求是探究具体的现实问题。例如地方政制，财政改革，土地政策，司法改善……等题尽可请大学教师作彻底研究，不必徒慕虚名聘请外籍专家担任。国内具有担任此项工作之资格者即使极少，但国家究应借此机会培植专门学者。聘用外籍顾问，除非有不得已之苦衷或隐情外，再不应奉为无足奇怪的方策。

我深信社会科学确有其地位与使命，我更深信教育与政府当局亦必有力加提倡之一日。重质不重量；重精神不重形式；着眼长期收获而不贪目前欲速的结果；努力于环境之造成与风尚之鼓舞而不漫言统制滥用权力：此则满愿当轴者将来提倡社会科学时切实注意。

政治学之出路：领域，因素与原理

有人说过："政治科学家乃是政客中间的科学家，科学家中间的政客。"此可谓极讥诮之能事。然而细案真相，恐有更甚于此者。盖科学家之活动能力与权位欲望，未必亚于政治学者；而一般政客对于政治学者亦何尝青眼相看而言听计从。故所谓"政治科学家"即欲求为"政客中间的科学家，科学家中间的政客"亦殊不可得。

究竟其故安在？一言以蔽之，人类对于政治生活虽然研究最早而经验最富，但迄至今日仍然最难控制，且最不了解。政治学之依然幼稚与落后，吾人实难讳饰。

虽然，政治学岂徒幼稚与落后而已。甚即整个政治学之根本存在不免尚成问题！

一、基本缺陷

谓整个政治学之根本存在不免尚成问题，此非危言耸听。至少，有两大悬案，一经仔细推敲，足以摇动今日政治学（或号称"政治科学"）之地位。其一，政治学有无其特殊与固定的领域？其二，政治学是否一种"科学"？后一疑问较为浅近显露故向来受人注意；但争辩虽烈结论多不中肯。前一疑问则深刻隐藏绝少经人道破。

今先论第一悬案，政治学有无其特殊与固定的领域？每一种独立专门的科学（指一切自然科学，应用科学，或社会科学）必有其垄断的研究范围或独占的研究对象；而此种范围或对象之划分又必根据事物之本性。以言周围，各种科学固然犬牙相接，唇齿相依；以言中心，则彼此各有领土，划分鸿沟。试问政治学所独自研究之范围对象究竟何在？一部分学者——尤以法兰西学者为最多，但德英美方面亦不乏其人（如

---

* 原载《社会科学》（国立清华大学）第二卷第四期，1937年。

Von Mohl，Holtzendorff，Lewis，Dunning，Giddings 等）——力主只有个别的"诸政治学"（Sciences Politiques，Political Sciences，Staatswissenschaften）而无统一的"政治学"。依此见解，举凡与国家有关系的许多学问，如财政学，政治经济学，公法学，宪法历史学，社会学等均是"诸政治学"。甚且有认哲学为诸政治学之一者（阅 Giddings，*Principles of Sociology*，页 27）。此种见解乍听之似为政治学扩充地盘，细案之则不啻间接否认政治学之自有其特殊与固定的领域。再以欧洲大陆国家中公私大学而言，大抵并无政治学系。欲求英美"政治学系"之各项课程往往只分属附设于法律学系，历史学系与哲学系；且不特无政治学系抑且无"政治学"一课目，所谓"政治学"之内容几完全包括在"宪法"一课目之内。事虽微末殆亦足助证政治学之自有其领域一层，至少尚未得到普遍的承认。

上述两点犹未足为政治学之诟病。……[1] 倘若人类一切生活，历史一切过程，果真全受经济之支配，则根本只有经济而无政治，根本只有经济学而无政治学。充其量，政治学只是附属点缀，不能独立存在。一旦经济学而能充分发展，一旦经济问题而能适当解决，则"强制"将归消灭，"国家"将自萎败；所谓"皮之不存毛将焉附"，何复有政治学可言。由是以观，政治学者之首宜立定脚跟，阐明政治学之自有其确切领域，实属刻不容缓。〔最近美国哈佛大学 Holcombe 教授著有"The Political Interpretation of History"一文（载 *The American Political Science Review,* vol. XXXI, No. 1）似即为政治学夸求阵地；其中含义极深。〕

抑更有进者。政治学领域之不确定并不自今日始：在昔希腊，政治学仅为伦理学之一部分；在罗马时代，不啻为法律学之附庸；降至中古，无异为神学所吞并；即至十八世纪，亦未免受哲学之笼罩，可见对于政治学地盘之威胁排挤，固不独自今日马克思派的经济学说而然。

或人以为大多数学者咸认国家为政治学之对象。政治学所专门研究者大抵为过去，现在与未来的国家之性质，组织与活动。学者之措词立论容有不同，其主旨要义无甚出入。是则何者为政治学之领域似已早有定论；今何故妄加否认而舍旧谋新？

殊不知政治学根本存在之所以成为问题正因一般学者相沿成习，喜将笼统模糊的"国家"指为研究对象。国家！国家之方面实在太众多！国家之事业实在太繁复！要

---

[1] 此处略去 30 个字符——编者注。

把国家之形形色色都包括在研究范围以内，则吾人势唯有否认单数的"政治学"而揭橥多数的"诸政治学"。要仅把国家之基本问题（如起原，演化，结构，职务，目的等点）列入范围而将其余除外，则所谓政治学只是一种"国家学"（Staatswissenschaft，Staatslehre，Theory of the State）；而"国家学"之主要内容显系一种哲学而已。不宁唯是，"国家"一词之意义不仅囫囵笼统抑且矛盾纷歧。何为国家？如何形成？何时始有？利弊孰多？能否消灭？对于此等及相类的根本问题迄无一致公认的定论。必以历来争辩最烈的焦点作为一门科学之研究对象，则犹诸船未出口而先已搁浅；此对于该项科学之发展诚为莫大障碍。

总之，何者为政治学之特殊与固定的领域一大问题，实最值吾人之首步研讨。假使政治学者不能加以满意解决则或视政治学为哲学之傍支，或视政治学为历史学之尾闾，或视政治学为经济学之化装，诸如此类的轻蔑乃意料中事。

复次，今暂置领域于不问，或暂且假定领域之已确立，请进而论第二悬案：政治学是否一种"科学"？此一疑问实含两点：政治学已否成为一种科学？及政治学能否成为一种科学？能否问题当然最为根本。历来认定政治学之只得永为哲学或永为艺术而绝不能成为科学者不乏其人。但其立论主旨往往着重政治不能试验一层。殊不知广义的试验（所谓 Experimenta fructifera 而非 Experimenta lucifera）无时无地无之。吾人只要相信政治生活亦自有其定律，则无论发现此项定律之用何方法及如何困难，殊不应绝对悲观，竟认政治学永无成为科学之一日。

至于已否成为科学，则虽极端乐观者恐亦不敢肯定地正面答复。迄今政治学之所以距离"科学"——就说是"社会科学"——标准甚远者厥因其有三大缺陷。

（一）政治学尚无"应用"可能。所贵乎科学要在其能供给许多正确结论，与发现许多具体方案，俾人类能加以利用而解决各项现实问题。政治学则何如？过去姑置不提，即就对于现下任何国家之任何国内或国际政治问题而论（且不问其为巨细轻重），政治学者扪心自问果有何种具体方案，谓一经应用定可解决。当然，在目前一切政治舞台上吾人只见到政客们在出入跳跃，只听到政客们在信口雌黄；但即假定今日所有的政治学者能一旦将所有的政客"取而代之"，恐对于现实问题之解决一样地毫无把握。政治学之尚谈不到应用，实不言而喻。

（二）政治学犹缺乏真实"内容"。每一科学之真实内容厥为其基本原理，即通常所谓定律。是否科学，不在"实验"之可能与否，而在"原理"之是否树立。实验固可助证原理之存在，但原理之发现并不全恃实验。政治学中之基本原理果在何处？一致公认者果有几条？试遍阅西方流行最广的"政治科学"课本，只见一盘"杂碎"——国家起原之各种纷歧学说，主权一元多元之争辩，政府职务范围之矛盾主张，各种政体之异同得失……而何者为政治之基本原理反缺而弗论，即或偶尔提到又往往模棱两可。原理之不易发现与发现后之尤难证实，固为一切社会科学之通病。但经济学中尚有如恶币驱逐良币及效用渐次递减诸定律，政治学中则不啻并一项而无之。原理既未确定则所谓"应用"当然休提。

然而政治学之第二缺陷不仅在其原理之未经树立而根本在政治学者之淡漠与取巧：徒事矛盾主张之比较而不求原理之树立。偶有努力从事于此者（例如 Catlin 教授之 *The Science and Method of Politics*）不受讥笑即受漠视，意若谓此种尝试未免自作聪明直如捕风捞月，一无所得。殊不知原理苟无确定之可能则又何必冒名招摇，擅称科学。

上所云云非真谓政治学中绝未曾发现原理或发现得太少。适得其反，历来研究政治者不论其为孔丘，孟轲，或柏拉图，亚里士多德，以至卢梭及马克思辈，无不以寻求原理为己任，更无不自信其已曾发现若干原理，甚或一切原理。实际上，重要的政治原理恐早已渐次地发现殆尽。症结所在，吾人于一大堆纷歧矛盾的理论之中无从断定其孰为谬误的假定，孰为虚幻的梦呓与孰为准确的原理。每一政治思想家或于不知不觉之中，或即知觉而莫能自已，总受一时代、一地方个别环境之支配；因故，所发挥者只是个别的观念而非普遍的原理。即有对于一二问题能跳出环境之圈套而道破政治之定律者又未必能使当世或后代鉴别接受。今日政治学者之急务恐不在虚耗心血另求原理之发现而在在已挥的无数理论之中判别其是非真伪，俾政治学之真实内容得及早形成。

（三）政治学需要准确方法。"应用"之所以不可能，根本因"原理"之不确定，而原理之所以不确定，要因"方法"之不恰当。此所谓方法不指玄奥的立论——如普通课本中所谓研究政治有"历史学的方法"（其实不过着重经验），"统计学的方法"（其实只是根据例证），"心理学的方法"（其实仅系重视情感），等等——而直指常识之应用。例如名词之标准化为任何科学之基本条件与初步工作，而政治学者迄今不加注意。往往同一事物，任意用两个名词,而同一名词反指两项（甚至相反的）事物。关于"国家""主权""宪法""自由""公意"一类问题的讨论，正不知耗费了多少心血，彼此争辩诘斥；然仔细考查其争辩诘斥之由来往往即出发于名词本身——人人之定义各别。实际政治固非逻辑之产品,但政治原理则非严格应用逻辑无从确定。唯其不用逻辑,唯其滥用名词,故讨论政治的文章大抵为"文学的"作品而非"科学的"论著:不重内容,专重形式(词藻,格调);不求确切,反事含糊。彼研究物理或化学者类多费时甚久而所作报告极为确切简短。讨论政治原理者则往往不假思索可以倚马万言;或学先哲之牙慧自以为花样翻新,或拾今人之唾余自以为代表时代。不宁惟是,设有一位生平从未踏进过试验室而擅自评论化学或物理,社会必斥其为谬妄。独于政治,则人尽万能。无论经验之多少,观察之深浅,思虑之久暂,任何人只要"心血来潮",即可侈谈政治定理。而社会人士亦绝不视为怪事;只要文章写得动人,也可"洛阳纸贵"。以故,政客富有经验而绝少加以研讨,政治学者往往缺乏经验而尽量发挥论著。政治学之所以落后恐此亦主要原因之一。

根据上述讨论,(一)政治学有无其特殊与固定的领域?(二)政治学是否一种科学,吾人实在感觉到政治学不特依然幼稚落后,即其根本存在抑且备受威胁。专门化为今日流行风尚,故研究政治者大抵分门别类各自努力。以言政治学之上层建筑未必不华丽堂皇。然以言其基础则时感摇摇欲动。果尔,则政治学亟宜寻求出路。果尔,则任何寻求出路的诚恳尝试——即使是背叛传统的体系因而难免时人讪笑——或亦值得提出讨论。

二、独占范围

西方学者对于"国家"所下之定义正不知已有几百千条,独对于"政治"所下之解释反寥寥无几。其意一若谓政治即是国家,国家即是政治,或国家包办政治,政治全属国家。此种见解是否吻合真相抑系根本谬误?政治原理是否只在国家中运行?研究政治应否仅以国家为对象?吾人须知政治学既以研究政治为名,则开宗明义首应解释何为政治,不应立即另生枝节提到国家。政治之准确意义倘能确定则政治学之领域问题自可迎刃而解。

何为政治?政治乃是:(一)人类在其众多不同的疆域,团体与阶级中一切共同事务之有组织的管理——凭藉若干强制力量,依照若干流行规律;及(二)因此而起或与此关联的种种基要的,必需的与复杂的活动。所谓强制力量指一切能使他人服从的力量,无论其为有形无形,直接间接;故包括法律的、经济的、理智的、心理的以及物体的力量。所谓流行规律不论成文与否,举凡教会条例,学校章则,以至国家宪法皆在其列。

简言之,政治乃是共同事务之管理。人绝不能离群独居作飘流荒岛上的鲁滨逊。唯其如是,有人类即有共同生活,有共同生活即有共同事务,有共同事务即不能不发生管理。所谓管理,消极地指解决纷争,积极地指推进合作。既有管理必有组织,而强制与规律亦必由之而起。所以唯独神灵与禽兽可以无需政治,人类则绝对不能避免。政治学之独立领域盖即为对于"共同事务之管理"的研究。

然则政治与国家之间可否画一等号?政治是否国家所垄断的特性?吾人之答案同时是"是"亦是"否"——或可说,先是"否",后是"是"。

共同事务之有组织的管理,不独于国家中见之。任何团体,任何阶级,任何疆域中无往而不存在。例如家庭,学校,教会,商业组合,工人集团,政党,甚至帮会等等莫不有其共同生活,亦即莫不有其组织,管理,相当强制与若干规律,及其因缘而起的各项活动。古代家长岂未曾掌握儿女生死之强制权力?今日政党宁无其自己的军队与法庭?中古世期之教会何处不可与国家相颉颃?而家庭,学校,教会,工团,政党等等之由起并不基于国家之意志;其功用与目的亦决不能全由国家去代疱。则谓政治非国家所独有,而系一切疆域,团体与阶级之属性至为彰明显著。

虽然,此非谓政治学应侵夺社会学之领土,或放弃其现有的地盘。政治学所应根本研究者仍旧是国家。说仍旧是国家,不是因为唯国家始有政治,而是因为在一切共同事务之有组织的管理之中,其范围最广阔,规模最宏大而性质亦最复杂,影响亦最深远者厥推国家。国家乃是政治之最大亦最高的单位。其他团体与阶级皆同时受国家之笼罩与制裁。

此种又"是"又"否"或先"否"后"是"之说法;毋乃如在圆圈上盘旋回到出发原处?但"失之毫厘,差以千里"。认定政治学之领域为人们共同事务之有组织的管理,而同时又承认政治学确应专重国家之研究(因为国家是政治之最大亦最高的单位),此种见解究竟与传统观念大有出入。出入何在?便如向来探讨政治原理只知在国家身上打量。国家如此庞大,如此辽远,如此复杂,尤以素无经验的学者专去寻求其中政治原理当然十分困难。反之,假使吾人确信学校,工团,商会,或政党中间各有其政治,亦即各有政治原理可寻,规模虽然较小,观察却更清切;则未始不足为研究政治者辟一康庄大道,人为何服从?何为法律?治权能否在全体或多数,抑永在少数之手?一人一票,实际是否平等?党派之划分是否可以避免?许多重要政治原理恐不难在较小的团体中发现而确立。盖观察较小团体，犹置诸显微镜之下，一切真相毕露；观察整个国家则甚似雾里看花形色难辨。吾国内地学校初行校际球类比赛之日，往往竞赛未终而双方队员已由诟骂而动武；裁判员受殴者有之，观众加入战线者有之。不宁惟是，视政治为国家所独占，则"政治"与"国家"交蒙误会。对于贪污，压迫，暴横诸端痛心疾首者，往往归罪国家因而倡言推倒。殊不知贪污，压迫，暴横诸端乃在一切共同事务之有组织的管理之中所不免的不幸现象，并非国家所独有；公司，教会，政党，工商团体中亦在所不免。姑无论国家永不能铲除，即令国家一旦消逝，贪污，压迫与暴横决不因此而绝迹。且公司团体果能发现所以杜绝贪污或阻抑暴横之原理，则尽可移用于国家。反之，厌恶强制，抨击国家者同时呵诋政治，其意一若谓政治乃是赘疣。其实无政府主义者何尝否认共同生活之必须有其有组织的管理。

更有进者，惟以共同事务之组织管理为政治学之范围，则政治学与其它社会科学之异同关系乃更明显。盖共同事务与组织管理虽同为政治学之领域实则共同事务仅为此领域之边疆，而组织管理乃才为此领域之固定中心。共同事务，往往有其它社会科学甚或自然科学与工程科学在专门研究；唯此管理组织之探讨——在传统术语上称为"统治"——应由政治学当仁不让单独负荷其责任。例如教育（至少，从近代起）为国家之共同事务，但政治学者决无暇顾及教育之详细方法与内容；另有教育学者在担任此项工作（此非谓教育学非政治学之边疆；试思历来政治思想家孰不重视教育而加以详细讨论）。又如财政，显为共同事务；但赋税之原则另为财政学家之研究范围；唯如财政法案之应如何成立，预算之应如何制造，类此有关组织管理的问题者仍为政治学份内之事。再如公共卫生，道路建筑，在今日均成共同事务，其中人事与组织断非医学或土木工程学之研究范围。英国政府曾利用东印度公司挑选职员之经验而促进公开考试的员吏制度；足见有组织管理即有政治制度。彼力主"诸政治学"之学说者盖误认一切与国家有关的学问均为政治学。殊不知以此类推则教育学、医学、土木工程学、军事学将无往而非"诸政治学"之一种！

吾人更可由此明了政治同时是目的亦是工具。易言之，政治同时包含目的与工具两成份。目的，因为是共同事务。工具，因为是组织管理。言其为目的，政治学本与其他科学交错连壤；言其为工具，政治学究应单独负责。

最后，说者或谓此种政治定义尤其从国家着想，未免过于简单。其实不然。政治乃共同事务之有组织的管理。其一，究竟何者为国家之共同事务？结婚，应否完全视为个人自由而不应受任何法律限制？种牛痘？行医？极端的社会主义者不啻夸认一切事务均系共同性质；法律干涉之范围直与人类整个生活同其大小。彻底的无政府主义者则适得其反欲将强制干涉减缩到零度。其二，谁去管理？历来君主，贵族，民治，以至今日独裁政体之争论即由此而起。其三，如何组织？一切政制之探讨可以包括在内。若再加以"强制权力"与"流行规律"之寻求研究，则整部政治学尽可全由此项形似简单定义揭示出来。

三、中心层域

共同事务之组织管理既为政治学之固有领域，而发现原理又为任何科学之条件，则"政治科学"之根本存在厥在其能确定统治之定律。

原理或定律断难于骤暮间求其树立。为着树立原理而发生的工作（如搜集材料或暂下假定）可称作"预备"。待原理既已确定，乃能有"应用"。所以广义言之，一部政治学，犹之其它任何科学，包含四大层域：（一）理论；（二）叙述；（三）定理；及（四）应用。但严格言之，"定理"层域倘永远不能筑成，则政治学永远不能称为科学。今日流行的政治学盖仅有"理论"（政治思想之大部分内容）与"叙述"（如政治制度，国际关系，宪法诸课目之主要内容）而无"定理"与"应用"。"理论"与"叙述"之中当然一定包含或牵连"定理"，但此一主要层域尚未完成。

何谓"理论"层域？历来一切政治思想家对于基本政治问题所建拟的答案，所夸称的定律，均归属在内。例如圣奥古斯丁谓战争乃上帝之责罚；康德谓政治进展乃即自由之实现；卢梭谓人民有其"全意志"而全意志之表现即是法律；马克思认历史只是阶级斗争；此皆理论。理论当然重要，尤其因为是最后要确立的定理也不过如在沙里拣金，如在一堆鱼目里鉴别珍珠，在大批的假定之中判断出来。但是理论亦甚危险，因为画人难而画鬼易，任何人可以揭橥任何种幻想谬说。

"叙述"层域乃是一切政治现象，事实经过，制度运用，条文规定，手续程序之记载。自亚里士多德对于一百五十八个希腊"市府国家"宪法之观察以迄近人如蒲莱仕关于民治政体之描写皆是"叙述"之绝好例证。叙述固不仅限于制度。叙述与"科学"之较为接近显然可见。但仅仅只有叙述而并无定理可言，政治学总是功亏一篑。详尽忠实的叙述绝非容易之事。孟德斯鸠深信英国三权分立，实则彼自己观察错误。有许多材料许多内幕仅为少数政客所谙知而不肯吐露，更毫无确实记载可言。研讨原理者即因之多受一阵障碍。近来叙述工作，从质量两方言，殊多进步。（例如读 *Washington Merry-Go-Round* 与 *Racketeering in Washington* 两书对于美国实际政治之运行，较诸仅读宪法及政制课本，必更多领悟。）

就大体而论，政治学之"理论"层域可称作"哲学"；"叙述"层域实在是"历史"；"应用"层域不啻属"艺术"；而"定理"层域乃真是"科学"。以故，宽泛言之，政治思想乃政治学之一部分；严格言之，政治学乃是政治思想之中心部分。

原理之所以极难发现或尤难确定者要因吾人多少不论总受"个别政治"之蒙蔽，所以对于"普遍政治"反不能认识清楚。何者为普遍政治？何者为个别政治？第一，以言范围，政治可分"整合"与"部分"。同为共同事务之管理，但前者指国家，笼罩一切；后者指家庭，学校，教会，团体与阶级。第二，以言空间，亦有"普及政治"与"区域政治"之别。例如政府到处存在，此为"普及"的。但英为内阁政体，美为总统政体，瑞为委员制度；此为"区域"的。第三，以时间论，更有"永久政治"与"时代政治"之不同。例如国家是永久的，而封建国家或市府国家则为时代的。又如派别是永久的，而朋党（在专制政体之下）与政党（在民治政体之中）是时代的。凡"整合的""普及的"与"永久的"乃是"普遍政治"；而"部分的""区域的"与"时代的"乃是"个别政治"。叙述当然侧重"个别"，而定理则必吻合"普遍"。历来政治学者之通病即在误认"个别"为"普遍"。亚里士多德因囿于及身经验故颂扬小国为理想而以疆土过大为不可能。托克维尔（Tocqueville）惑于成文宪法之潮流竟至斥英国为无宪。霍布士与洛克辈处法律观念发达之日遂强认初民之建设国家由于契约。马克思生当实业发展，工厂林立，劳工势力澎涨，劳资冲突尖锐以后，遂视整部历史为阶级斗争——且只是两个阶级之斗争。类此例证——误认个别为普遍——实是不一而足。

反之，能超脱时空之束缚乃能窥破玄奥，发现原理。孟德斯鸠谓世无最优政体，最适合个别环境者即为相对的最优；休谟谓一切政府成立于意见之上；哈林顿谓政权跟随财权；玛金叨斯谓宪法不能造成而只是长成；蒲莱仕谓政体其实只有一种——少数人之统治；此皆能根据许多个别政治之观察而同时能挣脱时代环境之樊笼者。可见普遍原理不是未经发现而是未经鉴别确定，未经一致公认！

政治学者果欲确定原理，第一条件应为捐除成见。诚然，假定吾人果能虚怀若谷完全客观，何者为政治原理亦未必容易判断：因为原理虽然亘古不变，但是因为有许多原理在同时运行，彼此交错影响，同时离合增减，使吾人无法"隔离"其余而逐一单独研究。孟禄教授曾作一比譬：谓投一石片于河流之中，其所激成的无数层叠圆纹不难经吾人之测量计算，而其次数，范围与速率亦不难一一求知。但无奈有百千石片同时向河流抛掷，则吾人对于水面形成之波纹不啻无从估计测量。此一譬喻甚为精当。但原理之所以难于求知不仅由此。"普遍政治"之原理均寄寓于"个别政治"之中。同一原理，同一运行，因为时代不同，地方不同，甚或范围不同，其具体表现即尽可一一纷歧。试以蒲莱仕"治权永在少数人之手"一项定律而言。在君主专制或独裁政体之下，形式上与理论上治权似归一人掌握。在代议民治之下，号称言论自由，一人一票，治权一似真属人民全体或其绝大多数。殊不知此皆同一原理同一运行，只因在不同环境之下遂有不同的具体表现。可见政治原理因为其为极度复杂，极度隐藏并非仅由吾人捐除成见而谓即可发现。然而成见苟不捐除则原则更无确立之望。每一时代有其流行的思潮与术语；每一民族国家必有其内政或外交方面的迫切问题；每一学者又不免有多少个人的利害关系；凡此种种举足使研究者于不知不觉之中带上着色眼镜。客观的困难既如彼，主观的成见又如此。又何怪对于任何政治问题只见众说纷纭，不闻原理之确定。研究者对于客观的困难固无能为力，对于主观的障碍应可设法解除。吾人固不论多少各具相当的"政治"经验，但范围程度大有分别。经验过少则即使成见较浅，观察未免不足；经验过多则观察虽极亲切而成见又恐太深。如何能参与政治而同时不为经验之奴隶；如何能认识一时代一环境之个别政治，而同时又了解其它时代其它环境以求能比较综合融会贯通而领悟政治原理；此诚为政治学者极难达到而应全力以赴的目标。

　　复次，将政治思想史重新整理一番，或可为确定原理之基础工作。同是一部政治思想史，因为著者之着眼与立场不同，解释随而歧异。有过求客观仅将各派政治理论分别忠实叙述，使前后彼此划分离立，毫无贯串其中的线索者。有牵强附会应用一项史观（无论其为自由实现论或经济支配说）以发挥所有政治学说之所以由起者。此皆过犹不及。吾人深信：研究政治思想史者果能一方面以寻求原理为唯一目的，同时又处处衡以客观的历史事实，寻求假定的原理是否真确则收获必多。盖历代政治思想包含历代学者所反复争辩的原理，究竟彼此论断何以发生出入？同一学说何以有递嬗变化？一项传统名词之意义是否前后迥别？矛盾主张之中有无暗合的含义？吾人诚能遵循逻辑严加审询，而又处处就历史事实与目前状况细加判别，则各项假定的原理之中孰为准确孰为谬误，或不难得到结论；亦即"定理"一层域，或不难渐次形成。

根据已往例证而论，政治学者在事实上固只能倚赖历史学之贡献。但历史学近来纵有长足进步，其材料与结论之中——尤其是关于政治部分——不免包含无数"虚构"。盖一则历史学家自身亦难免带上着色眼镜，二则即表面最可靠的文献亦无从暴露历史人物之真正的，潜在的心理动机。试以美国一七八九年联邦宪法之成立言之。当时创宪诸公究竟是纯为当世及后代谋求自由幸福（如联宪"引言"之所揭橥）？抑是专为及身经济利益设法取得保障？此种问题实处历史学与政治学两者之交界；而于政治原理之确实有莫大关系。故政治学者果欲求知政治定律，不特对于历史学中现成材料之应用宜加审慎，即对于一部分政治历史亦当亲自研究。

过去政治事实既应亲自研究，则眼前政治现象尤应勤谨观察。欲有最亲切的观察则莫如自身参加政治。柏拉图曾悬"哲君"为正鹄，意谓哲学家而兼为君王，即智识而与权威合一，则国家可臻理想统治。吾人毋宁谓此一标准尚离可能过远。倘政治学者而得兼为政客，倘探讨原理者而同时得经验原理，则政治学之"定理"层域或可早告成功。有"定理"，始有"应用"；在"政治科学"确实成立之后再提"哲君"之理想乃较近情。最后，政治学者应根据一己所持为"原理"的假定，对于政治现象多作预测。不如是，不足以试验出假定的原理是否真为准确原理。

四、原始因素

政治原理既然错综复杂，而具体表现原理的个别政治又是形形色色千变万化，则吾人着手研究理应化繁为简，先将政治之基本因素根本分析。政治——即人类共同事务之有组织的管理，共含五项因素：（一）政治现象，（二）政治制度，（三）政治观念，（四）政治势力，与（五）政治人物。兹先说明其意义。

（一）"政治现象"乃是一切时常或偶尔发现的事实，经过，状况，境遇，活动。例如革命。革命断非法律所规定，十年或百年一次；适得其反，无一政府不求取缔或预防。但革命仍然时时爆发。又例如战争，无论其为国家内乱或为国际战争均是现象。再如贪污，向来无人公开提倡，更未曾经法令承认；其存在与否（不存在即是廉洁）盖为现象。总之，每日报纸所记载的政治消息，自国际联盟开会，波德订立条约，苏联修正宪法，日本解散议会，以至任何地方上投票之举行，官吏之调动，政党之游行等等,无一不是政治现象。一部政治史大抵即为政治现象史。政治现象或具体(如革命),或抽象(如贪污),或简单,或复杂,或值颂扬(如和平局面),或受唾骂(如暴政虐民),均系客观事实。能完全了解现象即无异获得原理之秘钥。

(二)"政治制度"指组织管理之工具,包括一切大小久暂的机关,结构,定章,程序,手续,途径和方法。一部分制度经过法律订定纳入条文之中;另一部分仅根据习惯成例而人自遵守。故成文宪法,不成文宪法,英之负责政体,法之内阁组织,美瑞之联邦,美之市经理或市委员制以至强迫投票,比例代表等等皆是政治制度。甚即国家或政府本身亦系制度之一种。一切制度之功用不外下列数端:解决纷争,分配权限,规定范围,统一程序与便利事务之进行。

(三)何为"政治观念",似无多事解释之必要。人非有水火不能生活,此固常识。然人同时非有"观念"不能生活,此亦非玄理!观念似系主观,然就人类一切行为之必受其相当支配一点言,观念实亦客观事物之一种。所以自一个人私自抱持的零星政治意见以至整个民族如醉如狂所信奉的系统主义均属此项。自由,平等,公正,人民之意志,最多数人之最大量快乐,三权分立,民族国家……等等政治观念真可谓车载斗量俯仰皆是。

(四)至于"政治势力"乃是种切有形无形,直接间接,长期短期间能推动制度,支配现象,影响观念或左右人物的力量。世界大战是一现象。然世界大战果何由而来?国际联盟是一制度,但国际联盟如何而能成立,或缘何而能维持?主权在民是一观念,试问此一观念何以能风靡一世?盖凡此种种的背后必另有其许多势力在。势力有物体的(如坚甲利兵),心理的,地理的,社会的与经济的。例如数百年来英国宪政之所以能继续发展要因占有地理上优越位置,故能不被动地牵入欧洲一切国际政治之漩涡。乍视之,地理似极呆板静止,然无形中对于一国政治历史实具莫大的支配力量。其余如金钱,舆论,习惯,宗教等等,其为政治势力更是不言而喻。

(五)"政治人物"乃指参与政治之具体分子,不论统治者或被治者,不论杰出的领袖或庸弱的群众,一概包括在内。有人群始有共同事务及其组织管理。倘使人们完全平等而其思想,感情,与行为亦一律无二,则人犹一般机械,只有数量之差,并无品质之判;实际政治将不可思议地减少许多困难,而此项因素亦可在政治学中缺而弗论。无如先天方面,人之气体智慧与各种禀赋本已不同,而后天的教育,职业,经验,年龄与环境,更足使先天相同者发生纷歧,先天相差者益滋出入。此不独个人与个人间为然，即民族与民族间亦莫不如是。所以何者为共同事务？如何管理？如何组织？此非人人尽同，到处一律，而胥视有关系的政治人物之先天禀赋，教育程度，文化方式与政治经验种种差别而定。某一个别现象之何以如此而不如彼，某一个别制度之何以成功或失败，政治人物实为支配条件之一。故吾人欲确立原理必认识政治人物为一因素。

政治之划分五大因素乃为便利研究起见，非谓彼此各自完整而相互离立。适得其反，此五大因素永远相互联结。其相互联结之方式有四。

其一，任何政治事物包含此五项因素。吾人倘偏重一二而疏忽其余，则对于任何政治问题，断不能得到完全的切实的了解。例如吾人讨论民元以来的制宪运动。自临时政府组织大纲，民元约法，天坛草案，民三袁氏约法，民六军政府组织大纲，民十二曹氏宪法……以迄现行训政时期约法及行将交付国民代表大会表决的宪法草案，凡此种种公文之成立以及中间经过的如洪宪称帝，张勋复辟等滑稽戏剧皆系现象。提到制度，则单就政体而论，内阁制（变本加厉的内阁制），总统制（过度彻底的总统制），委员制，单一制，联邦制，均权制，无一不曾试验。当然，每一制度之采取，每一更改之实现，同时有热烈的理论或主义为其基础。然而吾人仅知此现象，制度，与观念三因素殊难论断宪政运动之所以失败或成功。因为在宪政运动之中，势力与人物两因素亦极重要。其余姑置弗论，邻国之公开的武力压迫与暗中的离间分化助长内乱，实亦破坏吾宪政成功之一大"势力"。而就"政治人物"一因素言，吾国人民目下究竟适用何种政制一问题，虽论者往往弃置不问恐客观历史将来自有证明。所谓每一政治事物包含五项因素，吾人不妨再举一例：美国总统之选举。言"制度"，此系间接选举，言"现象"则早已成为直接民选。"总统选举人"一经产出，全国已能确知下届总统人选，初不必等待形式上的最后投票。其所以然者，要因政党政治成为"势力"之后已将制度之原意——"观念"——变化。当日制宪诸公及一般领袖或确认人民无判断能力，故应由"总统选举人"代庖。但今日美邦人民固自信能选择元首。可见政治"人物"一有更换，则制度，现象，观念亦随即发生变化。

其二，每一政治事物可作为任何政治因素。（"人物"除外）例如战争。战争固为一项现象但就其为解决两国纷争之一种办法而言，无疑地是一项制度（广义）——虽然是一项恶劣的制度。战争一起，政治备受影响。在大战期间英国内阁制度大受震动，所谓"战时内阁"，其人数与组织大异平素。此非一二政治家所能擅自更动而全系对外战争之结果。由此点言，战争实亦是一种势力，足以左右制度。何为"战争"？淞沪中日军队之大规模冲突是否仅系"对敌行为"而非"战争"？"战争"是否必须宣告？此皆国际法中极重要而饶兴趣的问题。则是战争固可作为观念。再以国家为例。人类划分为无数国家，大小强弱不等，而其组织与事业又今昔不同；就此种立场言之，国家是一现象。另就其为具有组织，产生法律与解决争讼而观之，国家是一制度。何为国家？何时始有？（竟有谓为十六世纪以后的产品者！）是否必需？则是国家作为观念。

其三，每一政治因素可转化为其它因素。（"人物"又是例外）此一原则之重要殊非通常所能想像。今不惮烦琐详举例证如下。

（甲）先言政治观念。观念而适合环境，再经热烈宣传与普遍接受，则必能深入人心，刺激情感，成为支配行为的一大"势力"。（今日法儒所称 idées-forces，实即指观念之化成势力）吾国历史上有多少志士仁人受"忠君""勤王"诸观念之驱策，做出许多可以"泣鬼神而动风雨"的事业。卢梭诸人所提倡的"主权在民"与法兰西革命领袖所标志的"人权宣言"曾使整个欧洲，因而整个世界天翻地覆。今日到处流行的左右之争盖亦受马克思"阶级斗争"一观念之推动。可见所有"观念"虽并不能一一成为"势力"，但若干观念确实可以转化而成。"观念"之能化成为"制度"更属显而易见。三权分立本是孟德斯鸠杜撰的理论，然而美国联宪却真加采用；民权平等本是十八世纪激烈思想家所抱持的理想，后来竟转译而成一人一票之普选制度。质言之，成文制度大抵均先经鼓吹要求而后渐次实现，故无一不是由观念化成。至于观念之能转化而成现象更无疑义；例如丹第，马克维里以至马志尼所揭橥的"统一意大利"之梦想，经过"复兴运动"而卒告成功；族国主义——一民族应组织一国家——盛行以后，欧洲地图颜色全变；希特勒以恢复国际平等为目标而凡尔赛和约卒被一手撕破。

（乙）次言政治现象。例如"分赃制"，即系由现象所转成的制度（不成文制度）。当初，此不过札克逊总统就职以后，为行政便利起见而比较地调动大批官吏之一项暂时现象。后经许多政客如马息（W. L. Marcy）诸人之公开辩护以及各邦各市府之普遍抄袭与变本加厉，遂成一种习以为常而牢不可破的制度，大而言之，即英国之内阁政体实由成例，习惯，经验——诸良好现象积聚而成。小而言之，美国总统之不得连任二次，要以华盛顿之创例与后人遵守的现象开其端。现象可否化成观念？当然！洛克在论政府篇中承认政府除保护私产以外别无目的；此种私产神圣观念厥为数百年事实现象之结晶。从反面说，尽可有长久普遍的现象而不能更进一步化为观念者。例如国家之不平等（无论在疆域，人口，文化，军力，经济或任何方面）仍昭彰的事实；但国际法中向未以不平等为原则。最后，同一现象假使能接踵而起，到处蔓延则必已于无形中化为势力。美法革命当时在美法固仅仅为现象，后来对于欧洲则且为势力。

（丙）良好的或成功的政治制度必定同时已化成其它因素。宪法明明规定保障人权，但生命及言论自由尽可遭受蹂躏；形式上政府自有监察机关，但高官大吏仍可贪赃舞弊肆无忌惮；选举号称自由，但人选与投票依然可以包办操纵；可见有其"制度"，不一定即有其"现象"。制度而果成现象。例如，宪法保障人权而人权确受保障，则制度之本意始告满足。制度而不成现象岂非有等于无。总之，制度与现象可吻合而亦可相反。法宪规定下院得受解散。但数十年来法国已无解散下院之举。何谓"制度"可成"势力"？宪政之所以值得颂扬，因为人选之进退与政府之更易均有固定，合法与和平的轨道，因之革命内乱可受阻遏。是则单就此点而言，良好的或成功的制度不特同时成为现象抑且化作势力——阻止革命的势力。

（丁）政治势力，正与其它因素相同，具有"转化"之可能。德儒赫得（Herder）曾有"历史乃地理在动作"之名语；其意盖谓自文化之发祥，初民之散播，战争之发生，以至一项政策之决定，一个国家之兴亡暗中均受地理之支配。此或过甚其词，然地理之为一种政治"势力"，而因其既为一种政治势力，故能影响制度与左右现象乃不容吾人否认。即政治观念之中亦有自势力所具体化者。英人何以向主自由贸易？美人何以崇奉门罗主义？其各为根据地理位置早经学者公认。

其四，五项政治因素彼此相互影响。此种相互影响同在纵的（时间）与横的（空间）方面继续进行。易言之，前一时代之制度可以造成此一时代之人物，甲国流行之观念可以左右乙国之现象。所谓相互影响不难具体说明。英美政府之不同不仅在其"制度"而已，其"人物"亦自各成一派。英国首相之人选较诸美国总统大体上经验较多，才具较高，威望较隆，因为前者由于渐次的演化，后者由于生硬的选举。不知名人物在美国可一跃而为总统（美国称为"Dark Horse"），在英国断无蓦地成为首相之可能。不宁唯是，英国首相仅是同僚之长（primus inter pares），处处须得阁员（亦即其他的政党领袖）之赞助同意，美国总统独自负责，故林肯能在内阁中宣称因为七人反对一人赞成故议决通过。专就上述两点而言，吾人不难想见政治"制度"之如何能决定政治"人物"。至于同为美国总统，其行政设施，引用宪法，运行权力，及与国会之关系尽可大有出入。史实昭彰不必举例。此固亦须视环境时代之何若，但"人物"之足以影响"现象"，"制度"或"观念"者至为显著。卢梭之政治学说（"观念"）诚然为时代势力之所形成，但一部分亦起于卢梭一己之性情，品格与经验（"人物"）——卢梭自己直是一个"伟大野人"。金钱"势力"足以使在一切选举中贿赂公行，但舆论之制裁（"势力"），官吏之公正（"人物"），及法律之预防（如关于竞选费用之数目限制与公开报账等"制度"）可以减少此种舞弊。五项因素相互影响之例证盖不遑枚举。

现象，观念，制度，人物与势力五项因素固然同属重要，因为缺一即不成政治，但五者之中现象恐占首席。现象乃客观事实。人类对于客观政治事实苟一律接受，则不必寻求原理。正因人类有主观的选择取舍，对于某项现象如战争，压迫，贪污，混乱，总是求能避免，而对于某项现象如和平，调节，廉洁，治安，则总是竭力设法实现；故非了解"定理"不足以谈"应用"。易词言之，政治之最后目的在达到共同事务有组织管理的"现象"，而不在仅仅树立任何"制度"或"观念"本身。

因素之中最早即受讨论者厥为观念，次为制度。现象之得到切实注意乃自近代始开其端。至于势力与人物目前才开始研究。吾人此处所提论者仅为五因素之关系方式至于每一因素之运行原理亟待搜寻发掘。

社会一般人士往往喜谈实际政治问题而却厌恶政治学；不知不明"定理"，即无"应用"。政治学者则又过趋专门化，各自划小界限埋头研究；殊不知整个政治学之根本存在尚有问题，则其各种上层建筑亦断难维持永久。至于专以寻求原理为己任的政治思想家又大抵为时代地方的个别政治所束缚，故只能徘徊于理论层域之中而不能更上一层达到"定理"。长此因循，原理将仍然无从树立，政治科学将仍然名实不符，而人类对于政治将仍然毫无把握。

本文所提出讨论者有三大基本问题。其一，何者为政治学之领域？易言之，何为政治？其二，政治学如何而可成科学？此即问，政治原理如何而可确定？其三，政治之因素有几？其关系又若何？此盖本化繁为简之要旨欲求定理之便于确立。关于上述三大问题所提出的见解往往多与传统流行的学说根本相左。此非过于自信擅敢发表，只因深切感觉到传统流行的政治学并无光明前途，故愿冒昧尝试另求出路。至于所指方向是否出路之所在，所划途径是否值得大雅参考，则当然不敢自知。无论如何，传统政治学在方法与内容双方之有根本缺陷，因而应受深心人之彻底探讨以求如何改弦更张，此则敢大胆武断。苟不然者，"政治科学家"何以见称为"政客中间的科学家，科学家中间的政客"！苟不然者，何以"政治科学家"即欲求为"政客中间的科学家，科学家中间的政客"而亦不可得！

为政致治及流弊召乱之因由[*]

值此吾整个中华已到存亡呼吸之际而犹以一部政治思想史稿,尤其是一部西洋政治思想史稿,于大学再度播迁由湘赴滇匆匆旅次之间郑重编目付印(虽然可说因为一年以前早已整理就绪),是否总有些迂阔可笑?

诚然。即著者本人亦何尝不暗自疑问。

然而不然!

任何国家任何民族之治乱兴亡绝对不是旦夕间事而是其来由渐,且绝对不在仅仅军备而确实还在基本政治。政治当然包括思想。

试即以一国军队行动为例。同是受民众之供养,同是负服从之职责,何以或则听命中央任凭调度,或则阳奉阴违踌躇反复?此无它,根本乃在政治问题——必非一朝一夕之政治问题。人数同,器械同,又何以赴汤蹈火杀敌致果者有之,而望风奔溃甚且倒戈焚劫者亦有之?此更无它,根本乃在思想问题——尤非一朝一夕之思想问题。

可见政治确是"万题之题",而政治主要因素之一确是思想,政治思想。

政治思想,乍视之,固仅反映时间与空间,然细究之则实亦超越时间与空间。盖弃其糟粕而存其精华,舍其歧异而就其和同,遗其短暂而取其永久,一切政治思想之中心皆是治乱兴亡——研究政治思想即研究民族国家治乱兴亡之所以然。以故,时代虽异,昔贤所呕心吐血从事推敲解释者大抵相同;地域虽殊,各民族各国家之所以遭遇危难及其所以卒能寻获出路者往往类似。

吾人今日正已迫处空前严重治乱兴亡之最后关头。吾人今日正必上下努力以拨乱而致治救亡而复兴。惟其然,故治乱兴亡之公律尤不可不先认识。是则处此际而犹研

---

[*] 原载《西洋近代政治思潮》初版序言,选自《政治文集》,台湾商务印书馆1981年初版。

究西洋政治思想未必真迂阔而可笑：盖正惟因其为前代，正惟因其为其它民族，其它国家，吾人当更能屏除成见，客观思维，而明了治乱兴亡之所以然，亦即明了"政治原理"。

进而论之，政治云者实含两大部分：一为政，一为治。"政就是众人之事，治就是管理。管理众人之事就是政治。"故实际上何者为众人之事——或人民生活之中何者实为政府所干涉管理及政府规定如何干涉管理：此乃"政"。而实际上干涉管理之方法与人选以及干涉管理之实际状态与影响，——或事实上政府如何组织，权力如何分配，执政如何产生，官吏是否守法，律令是否流行，以及治权如何更易，和战如何进行：此乃"治"。言具体则例如生命之保护，风化之维持，教育之推广，交通之经营，工商之奖励，赋税之分配以及私产之存废，无一不属"政"之范围。而例如民选或世袭，专制或代议，民治或独裁，单一或联邦，三部或五院，守法或徇私，贪污或廉洁，革命或安宁，媾和或抗战：类此种种皆隶于"治"之境界。

吾人于此可知："政"者民众之生活规范，"治"者政府之责任根据；"政"者包含民族之文化，"治"者表现国家之效能；故"政"是内容而"治"是方法，或"政"是目的而"治"是手段。易词言之，"为政"所以规划法度，"致治"所以求得太平。"政"之目的在给予人民一切法度俾其实现以后生活可以有节制，有发展，有自由，有力量而有安乐。"政"之变态为"弊"。"弊"者因法度或过于落伍或过于急进而不复适合当地人民之环境与风尚，不复能使生活有节制，发展，自由，力量与安乐之谓。"治"之功用在给与人选机关及手续程序以推行一切法度而致社会于太平。治之反面为"乱"。"乱"者或则因"政"转成"弊"，社会骚动，但大抵则因执政官吏昏庸糊涂，四维不张，争权夺利，纪纲荡然，遂使政令废弛，法度变态，本所以利便人众者转变而戕贼人众，而整个社会乃陷于纷扰混沌之谓。例如征兵，因时制宜，明耻教战，使人民尽捍护国家之本职，此本善"政"。官吏而能依法推行，人民而能踊跃应令，此即为致"治"之一端。反之，若思虑有未周，条例有不当，或则期限过长，影响生产；或则数目过大，费用浩繁：此则为法度之"弊"。倘法度本身本甚美备而办理者却上下其手借以勒索敲诈：此则非"政"流为"弊"，乃是"治"变成"乱"。

虽然，为理解故，政与治固可划分；在事实上，政与治并不离立。所贵乎"政"贵在其能"致治"，即一切法度贵在其能实施流行；否则几何其不尽成不值一文之纸面文章。所贵乎"治"贵在其能"为政"，即官吏能秉公守法贯彻政令之初衷，而改善人民之生活；否则皮之不存，毛将焉附，一切机关位置几何其不尽成赘疣。

然而政与治虽是错综联结相依为命，而两两相较性质确有轻重，影响确有深浅，效果亦确有迟速，故努力当知缓急，著手应分先后。一言以蔽之，"治"较诸"政"盖尤为重要，尤为基本。

曷言之？天下本无尽美尽善之政，亦无彻底普遍之治。所谓"政""治""弊""乱"，事实上均指大体而属相对。故法度而苟已不合时代环境（由"政"趋"弊"），固足酝酿纠纷（由"治"趋"乱"）；然而国家苟其大体致治则人民犹能从事生产，政府犹能努力建设，而落伍法度亦尽有从容修改渐次递嬗之机会。今日之英，美，法，盖不过如此！即或不然，在上者而欲雷厉风行试行新政，则其先决条件亦必在"致治"，必以"治"为发轫之端。盖徒"政"不足以成"治"，惟有"治"乃能施"政"。今日之俄意德即是铁证。俄与意德非因各有其主义而能"治"，乃因"治"而能各行其主义。所以国家不"治"则"乱"，"乱"则旧政废弛而变态，更不遑论及新政。总之，少新政而有治，最低限度，人民犹能安居乐业；无治而妄试新政，充其极竟能使社会土崩瓦解；"政"之欠缺不过使国家因有"弊"而起小"乱"；"治"之丧失则且能使整个民族由大"乱"而陷于沦"亡"。"治"之所以较"政"尤为重要，尤为基本者在此。

所谓治乱兴亡绝对不是旦夕间事，而是其来由渐，且绝对不在仅仅军备而确实还在基本政治，尤其是在治，当非虚罔。

政治既可分作两项，则政治思想自亦包含两大部分。一为关于"政"之思想，即在理论上斟酌争辩，何者应受政府之干涉管理及政府究应如何干涉管理。言具体则即探讨，例如教育应否全归国办，何种企业应留让私人经营……以至私产应否存废能否存废诸题。一为关于"治"之思想，即在理论上反复考量：服从有何根据，治权应如何更易，政府应如何组织……以及官吏应如何而始奉公守法，律令应如何而始普遍流行？言具体则即系论主权何在，独裁抑代议，分权或集权，一党或多党等等。"治"既较"政"尤为重要，则关于"治"之思想自亦更属基本。

再进而言之，政治思想，亦即历来关于治乱兴亡之答案，约略可分两大层域。其一为学说，其二为原理。学说包括种种渺茫玄虚不可捉摸之推测假定及反映或适合个别时地之主张，理论，态度与信仰。原理者专指符合真相，精卓不磨之公律，可以俟诸百世而不惑，放诸四海而皆准者。

政与治固各有其学说，各有其原理，而学说与原理自亦各有其功用，各尽其使命。

但吾人精心体会不难明了：关于"政"者，"学说"较多，而关于"治"者"原理"较显。何则，政者常随生活环境转变而演化，既重主观之好恶，复形复杂而难知。治则形式虽多纷歧，真相大抵同一，可谓"万变而不离其宗"。经历代经验之证明，若干致"治"原理实已确立无疑。

"政""治"之中，"治"既尤为重要，则吾人研究政治思想最应着眼"治"之"原理"。

政治原理！此固非常动听。古今来研究政治者孰不以发现原理自期，且孰不以已能发现自豪？然而迄至今日，所谓原理者何在？一致接受者又有几何？殊不知此不足为政治原理诟病。

发现政治原理诚然不易，但判别认识实在尤难。数百千年来昔贤精思殚虑不啻已将政治原理之荦荦大者发挥殆尽。吾人今日只须于纷歧矛盾之政治思想中辨别其孰为"学说"孰为"原理"。此则非虚心体会，反复比较与证之前后历史不为功。

何以必虚心体会，反复比较与证之前后历史？试以卢梭为例。当时政府均视卢梭之著作思想为洪水猛兽而加以焚禁；法兰西革命领袖群奉《社约论》为圣经；即至今日，人亦莫不视卢梭为民治主帅，革命宗师。然而卢梭论全民政治曾一则曰，"世间若有神灵组成之国家则可有民治。完善如斯之政体殊不适宜凡人"。再则曰，"以其名词最严格之意义言之，从来未有且永不能有民治政体之存在"。是则彼固未尝迷信一人一票之万能。论及革命与内战，卢梭又曾郑重叮嘱："诸君如果可能，其即恢复自由。但暂作奴隶犹胜于自杀。苟其不免……仇敌之血可流，但同胞之血则应视为神圣。"又谓革命变更"总甚危险，对于成立存在的政府，苟非与公众利益绝对不能两立，永不应妄加更革"。是则彼亦何曾倡言任何境遇不无条件的革命。因叙述法律之分类，卢梭指出"各种法律之中最重要者并非刻写于铜版石表之上而系雕镌于国民心坎之中"。是则谓法律能朝更暮改生活方式能由一纸条文骤然改变，卢梭必不置信。由此以观，吾人苟不虚心体会，反复比较与证之历史经验，确不能判别"学说"与"原理"。

实则判别认识犹不难，遵行政治原理乃为难中之尤难。盖遵行原理大抵须克服意气而屏除私利。例如布朗云，"在高位而为众人表率者之风尚与思想而非在下受治者之风尚与思想永将判定一个国家之强弱与存亡"。此一原理，历来统治阶级非不洞知，顾何以仍有丧其身而亡其国者。此盖腐化堕落囿于私利而不能自拔。又如弗格森明白揭櫫："无一宪法真是根据各方同意而造成。无一政府真是按照一个计划而建立"。但历史上有多少人多少次虽明知调和妥协之可贵而卒任情使气绝不让步，卒引起国家之颠沛危亡者！再如黑格尔论尚武备战至为精卓。"战争乃是一项境域，能使人们之私益与权利因而化为乌有。""殊不知战争之伦理因素正亦在此。吾人对于战争不应视为一个绝对祸害。""为国家而牺牲乃是一切国民之本质的关系而且是一个普遍的义务。""有涯事业（如生命与财产）经过动摇震荡而后民族之伦理健康亦得赖以保持。此正犹风吹波动正足使海洋之水不因永久静止而变成腐污，故民族惟有遇到战争乃能避免因永久和平而发生的腐污。"然而文弱士夫虽明知义务之所在，往往畏缩规避不肯当兵，且因而反对征兵制度。

所以认识政治原理固属难能，而遵行政治原理乃是难中之尤难。

无论遵行原理如何困难，第一步端在判别认识。且遵行乃在上位者应尽之职责，而判别认识可为一介书生之权利，抑亦为研究政治学者之义务。故治乱兴亡之公律究竟何在，其有关于吾整个中华之前途又究竟何若，此则堪值仔细探讨。任何人而自命能圆满答复，此诚夸张诬罔，然任何认真尝试自有其深长意义。

愚见所及，欲知原理，当明事实；欲寻出路，先溯由来。

吾中华民族国家果胡为而竟至目前存亡呼吸之地步？前文所谓不是旦夕间事而是其来由渐，不在仅仅军备而在根本政治究竟作何解释？一言以蔽之，此则因数十年中既受"历史势力"之震荡，尤因"人事应付"之乖张，不仅"外来摧残"使吾崩溃，而更因"内在腐化"自断生机；结果则"政"之流为"弊"者尚少，而"治"之变为"乱"者则所在皆是无微不至。惟其大乱故内忧外患得相互勾结，惟其内忧外患递为因果故大乱更深刻而延长；因此民族国家之武装力量自不能及早集中，国防计划自不能及早完备，而一切教育，工商经济，建设……等等亦均不能有整个计划而尽量发展。——及最近数年，在上者正在励精图治努力更新之际，而人已乘时而动，竟欲剥夺吾此种最后机会。故由其在吾而不在人，及在人事而不在环境两点言之，今日整个中华之所以到此地步，实由北伐以前统治阶级所造成。

所谓"历史势力"盖起自东西两大文化，两大势力之蓦骤接触与剧烈冲突。此种接触与冲突实开吾历史上"三千年来未有之变局"。姑无论多少是由于军事外交之屡度失败而盲目模仿，多少是由于文化本身之高下强弱而无可避免，事实所在，吾民族国家之整个生活，亦即任何生活之轮廓与基础，形式与精神，确皆动摇，确皆起变化而确皆陷纷乱。生活之总枢纽为政治，故政治之受动摇，起变化而陷纷乱者最大，而其在动摇变化与纷乱以后所发生之恶影响亦最深且烈。以言政治，西洋有三大势力自十九世纪开始蔓延：即民治运动，族国精神及社会主义。此三者无一不具雷霆万钧之力量，无一不如普遍剧烈之地震。遭受其一尚不免彻底震撼而始能趋于稳定。何况以一向松懈散漫、政治弊乱之社会而同时遭受此三大势力之撞击！又何况除此而外复有幸灾乐祸，推波助澜速吾倾覆之"外来摧残"。

所谓"外来摧残"，不言而喻。所谓"人事应付之乖张"则请翻阅一部近代外交与内政史亦即明了，无待解释。

至"内在腐化"盖指以前整个统治阶级之堕落行为完全反背"致治"原理。"致治"之先决条件有三：一为得群众信仰，能集中才智之最高领袖；二为秉公守法实事求是之统治阶级；三为深入人心，支配行为之思想风尚。具此三项先决条件，或合此三项基本公律，乃能推行或创制一切适应环境而顺合潮流的法度。顾以前之事实则如何？吾人不愿言，亦不忍言。至于旧日统治阶级之堕落腐化，五字大可概括。一为贪，即贿赂公行，敛财无厌。二为私，即枉法徇情，不信无义。三为伪，即言不顾行，上下相欺。四为偷，即因循姑息，苟且敷衍。五为稚，即嚣张诞妄，侥幸偾来。此贪，私，伪，偷，稚之恶风气实浸透而弥漫；言"政"则视若演剧，言"治"则行同儿戏。如此则"政"安得不尽成"弊"，"治"安得不全变"乱"。即无"外来摧残"又安知此"内在腐化"之不断送民族生机？

近数年来在上者发愤努力，各方面渐次觉悟，政治盖已初入轨道；无如摧残力量又突如自外而来。整个中华乃又陷入波浪破舟之境。

准上以观，吾整个中华今日所以已到存亡呼吸之地步，根本在数十年来政治——尤其在"治"之问题。称此种解释为"政治史观"未始不可。但或人视之恐必讥为太简单，不彻底，而愿侧重历史环境，或经济情形，或帝国主义，或教育程度，或人口问题，或民族性格……或其它任何因素。殊不知政治解释并不抹煞其它，特以政治为一切盛衰消长，治乱兴亡之总枢纽。若言历史环境，彼日本亦曾遭遇西洋文化势力之袭击，何以独能抵当调和，而且截长补短？以言经济情形，以言教育程度，则彼苏俄初亦与吾彷佛，何以已能一跃而登今日之地位？以言帝国主义，以言人口问题，则彼德意志又何独能不费一兵一卒撕毁其不平等条约。至于民族性格或人种优劣之说则大抵"成败论人"与"事后附会"，不必深究，即深究亦无结果。

前途如何？出路何在？吾人当可于追溯由来中寻得端倪：惟拨"乱"而致"治"乃能救"亡"而复"兴"。此盖同受一切民族国家所以治乱兴亡之至理之所支配。

古今历史昭示一大教训：即任何国家，任何民族，无必治、必乱、必兴、必亡之命运，更无或乱、或治、或亡、或兴之偶然。一切依照原理；原理铁面无私。以长期言之，一民族，一国家甚难一味消极，仅为独立而得独立，仅为生存而能生存。适得其反，必能于独立生存以外负荷时代之使命，改善人众之生活；故努力必积极，目标必远大，信仰必热烈，力量必集中，而个性亦必保持。一部人类历史虽有迂迴曲折，总是继续不断前进而向上。任何民族国家而能顺合此历史潮流，只要其能"致治"必能蓬勃兴盛。反之虽一时暂治终亦趋于乱亡。

以短期言之，则民族国家应以维护其最后一线生机为超越其它一切之无上问题。此非矛盾乃是步骤！此非理论乃是事实！所谓维护最后一线生机乃同指对外对内而言。譬诸树，枝节虽斫犹能复长，根干斩绝则希望全空。譬诸舞台，一日存在剧本可换，全局坍倒则根本莫能演唱。民族国家乃是以数百千年计算之事业，必积代累世渐次达到其目的，成就其使命，数年甚或数十年之迂迴曲折，只要生机保住无碍于整个前程。故任何事可以任意使气，任何事可以孤注一掷，惟独（无论对内对外）有关国家民族整个生命或最后一线生机者，绝对不可任意使气，绝对不可孤注一掷。牺牲可，忍辱亦可，应一以维护此最后生机为标准。马克维里言虽过甚，理实不磨，且历史例件在在证明："当国家已到生死关头则不复问公正或不公正，恻隐和残暴，值得颂扬或值得咒骂，吾人只有屏除一切顾虑而毅然采取任何种能维持国家之安全与自由之有效途径而断然进行。"

复次，"政"之必本于"治"前已言之，而特别在救亡复兴之际"治"尤必先于"政"。所指先治后政非谓停顿法度而图谋太平，亦非谓任何政令不必兴革。先治后政云者，必须为"治"而团结统一，不可为"政"而分裂斗争；与其订立不能兑现装潢点缀的法度，不如切实施行早已颁布的律令。易词言之，即先须齐心协力填补为"历史势力"及"外来摧残"所撞成的缺陷，亦即先须满足"致治"之三项条件："一为得群众信仰能集中才智之最高领袖，二为秉公守法实事求是之统治阶级，三为深入人心支配行为之思想风尚。"盖惟如此，中央政府乃能坚强有力领导民众；乃能健全"人事应付"；乃能消弭"内在腐化"；乃能排除"外来摧残"而后乃能调和"历史势力"。

"政"之演进在调和妥协。欲生吞活剥强勉逼迫必多痛苦而少成功；即使暂时形似成功往往发生剧烈反动。盖人众之生活基于心理，基于习惯，断不能于旦夕间尽行弃旧而就新。以故，历史指点两大公律，似相反而实相成，应同为维持现状派与迷信过急派所认识而遵守。一为生活永在改善,现状永在变换,即法度永在更革。若以"左"之意义为"变更现状",则一部人类史可以说是一部"左倾史"。例如宗教改革,政体共和,奴隶解放……当其初莫不遭受抨击,谓其祸害甚于洪水猛兽。而今何如? 二为生活方式之改变出于长期调和妥协。能日积月累渐次修改则水到渠成不觉费力。若鞭策威胁甚或监禁屠戮大抵徒引反动。即以代议民治而言,英吉利渐次立宪,无大规模流血而其成功最大。法兰西革命,恐怖流行,痛苦深刻;然宪法九易复辟三次,几几百年而后始能奠定共和。盖历史进行往往以迂径为捷径。故一方面政治机构之中应使反抗现状者有发挥意见,提出要求,修改法度之机会,再方面朝野上下,无论对于现状为维持或为反抗当实行调和妥协之精神。

  无论"为政"或"致治",一切成败皆以统治阶级为关键,一切责任只有统治阶级应负荷。所谓人民笼统抽象不能作行动主体,例如人民决不喜欢内战亦决不欲容忍贪污,然而内战或贪污之所以有时不免者,其关键与责任全在统治阶级;而内战之可以避免,可以结束,或贪污之可以铲除,其关键、其责任亦只在统治阶级。又例如"历史势力"与客观环境,此固非统治阶级所能招致,所能负责;然而如何应付客观环境,如何调和历史势力,此则惟统治阶级能负责而亦必负责。所谓统治阶级者,当然居一位握一权者皆属之,不论其为中央或地方,位高或职小。然而一切责任关键尤集中于中央之在上者。从来未有在上贪污而在下能廉洁;在上果认真而在下得苟且;在上者不知或不事如何应付环境,调和势力,而在下者能越俎代庖。且统治阶级之所以存在本为"为政"而"致治"。若一社会中统治阶级而能相率"贪""私""偷""伪"与"稚"而逍遥无事者,则依照政治之至理,二者必居其一——不是此统治阶级遭受淘汰,即是此统治阶级所处之国家遭受淘汰!

  统治阶级必需领袖;在拨乱反治、救亡复兴之际尤必需一位坚强领袖。否则他姑不论,即一批奉公守法廉洁认真之统治阶级亦无从着手造成。无论形式若何变更,手续若何增损,名称若何不同,一国之治权本在少数,而尤寄寓于此少数中之一人。而于应付民族危机之际,此一人之实际权力必须扩大,即在号称民治先进之国家,犹且不免。此盖系事实而绝非理论。故领袖以外当悟世无全人即委曲亦应拥护。惟领袖自己则应知权力愈大,问题愈难,责任愈重,才智必使集中,下情必使上达;不可使左右亲近只求逢迎承旨,亦不必对于琐屑事务一律躬亲。至于为政致治自应处处兼顾时代精神,与旧有习惯,现实环境与历史潮流。仅仅意志不足济,意志以外尚需理智;

惟所谓理智非想像之"理性"而系原理之认识。

更有进者,"致治"不在订立致治之"制度"(一切条例规程),而在求得致治之"现象"。此则有赖于法制者少而有赖于"政风"者多。领袖之所以重要及所能为力亦即在能改造政风。昔贤对于人治法治争辩最力,即在今人犹复纷论不已。殊不知人治法治以外尚有其联锁,即政治风气。政治风气乃是一种渐次养成支配行为之无形大势力,使一般官吏不愿不遵从,不期然而然自在奉行。例如取缔贪污。此不能仅持取缔贪污之条例,亦不能在寻求任用不贪污之人物,而在造成一种恶贪污,尚廉洁之政风。若在上者不徇私情,用擒贼先擒王之手段惩一儆百,再接再厉改变观听,则不数月间必可转移时尚而拨"乱"反"治"。"贪""私""伪""偷"与"稚"均非仅仅条文"制度"可以改除,乃必由政风"势力"加以扫荡。

一切致治在"行"而不在"言";不独树立政风为然。乱之象征亦且为乱之因素,在玩弄文章雕琢条例而不肯以身作则躬行实践。譬如守土殉国杀身成仁,此更在行而不在言,安有惟恐时人不信,惟恐后世不传,而事前先行大声疾呼昭告天下,更安有在装腔作势,大声疾呼,昭告天下以后而乃失土不徇,有仁不成!此而如是,其它更可想见。故例如订立法度而本来不拟实行,就任视事而必先修改条例,推行政令而专恃递送公文,计核治绩而只是填写表格:此皆有言无行之象征与结果。久而久之,民众失信仰;政府失权威;盖民众可欺于一时不可欺于永久。昔人谓"一二人之心之所向义则众人与之赴义";实则惟在上者之"行"之所向义则在下者与之赴义。欲矫正"政风",拨乱反治端在统治阶级之重行轻言。

不宁惟是,拨乱反治不可避免严刑峻法。严刑峻法盖尤应对付统治阶级自身。社会而无复是非,国家而不复明赏罚,则其大乱必不止。"乱"久则必趋于"亡"。所谓仁恕忠厚乃是个人间之私德非国家中之公义;犹之战争之事非所以用"宋襄之仁"。乱国之所以昏黑腐败皆纵容姑息,不明是非,不严赏罚有以酿成。吾人不应以人废言,不应以应用之有误而抹杀原理本身。罗伯斯庇尔之名语值得吾人三复:"民本政府之基础在安宁时期为美德,在革命时期为美德与恐怖,——美德,盖无美德则恐怖与祸害将不堪设想;恐怖,盖无恐怖则美德无能为力。恐怖即是迅速、严厉、铁面无私的公正。恐怖乃从美德而来之表现……乃为民治对国难之应用。"

就时代精神及历史潮流言,今日国家必须由政党致治,故今日领袖必须有政党之全力为其后盾。就政党本身言,自有其目的,而目的之一即为掌握治权。就国家言,则政党乃致治之工具，故其掌握治权乃是为国家"为政""致治"之一种方法，则是工具本身必先有"治"，而其有治亦一本"原理"。质言之，政党本身，犹诸其它任何团体，不啻是国家之缩影，同受治乱兴亡之原理之支配；故负责者必事积极工作努力贡献，而不能仅消极企求维持地位与权力。

最后，统治阶级能克服情感遵行政治原理，则一切事半而功倍。历史上决无甘心乱亡之民族国家，而确有民族国家（尤其是论其环境、物产、人力种种非不足以存在兴盛）趋于乱亡者，只因其统治者之行为举措暗合于乱亡之公律而已。从前统治阶级之所以能拨乱致治救亡复兴，大抵暗中摸索巧合原理。惟其为碰巧暗合，故纷扰久，危机深，而痛苦亦多。时至今日，若干政治原理已甚显著，苟能屏情感，抑私利，毅然加以遵行，则所谓事半而功倍非不可能。何谓有意识地应用原理？试举一例以喻其余。应付国难当泯灭党争而集中力量。英吉利于大战时期成立混合内阁，人数由二十余人减为五人以至于三人：此非碰巧暗合乃有意识地遵行原理之一个铁证。

"塞翁失马安知非福。"又安知吾民族国家不因遭受空前危难而更能彻底觉悟，更能努力前程。总之，治乱兴亡既不是命运，亦不是偶然，吾人惟有问原理之认识与否，遵行与否，初不必悲观或乐观。治乱兴亡之原理甚多，而拨乱致治，救亡复兴之具体事业亦当然千头万绪。但正惟其然，吾人尤应化繁为简，提纲挈领，努力于"万题之题"。政治，而尤必以致治为入手；且必以统治阶级为责任所在，关键所系。

由是以言，无论为研究西洋政治思想而得判别政治原理，或为寻求政治原理而研究西洋政治思想，无论为求知抑为应用，似均非迂阔而可笑。

关于本稿之撰著，愿略赘数语。

著者十年来在国立清华大学任教，授有"西洋近代政治思潮"一课程，其范围约为十八及十九两世纪，或自卢梭以迄斯宾塞尔。本稿内容即系根据上述课程之大部分讲演材料。惟关于思想渊源之第二章则专为此稿撰写。至于其余部分如民治理论，族国运动及社会主义诸题则有待于续集。

著者自始即抱持一项标准：在可能范围内尽量研读昔贤之原著，亲自咀嚼消化，然后扼要详述。在消极方面言之，即不愿偷赖取巧从西方政治思想史诸学者之撰著中间接摘录拼凑。但西洋昔贤之原著在国内实不易多求。幸于十年来国立清华大学政治系每岁直接向外洋书肆购置之际得力事搜罗，而渐使具备。故西洋政治思想一切重要名著，尤其是十八及十九两世纪，要可谓十得八九。一九三三至一九三四年著者忝享清华"休假出国研究"之机会，复得乘便于柏林普鲁士邦国图书馆及伦敦不列颠博物院藏书室诸处，将有关之绝版珍本一一补读而劄录，得遂初衷，深自幸慰。同时又得于柏林，巴黎及伦敦旧书肆中尽力之所能及搜集西洋近代政治思想家之原著约二百数十卷，且多意外收获。归国之后藏置海虞故里；今则消息传来屋毁物空，大约全已散失；感惜之余略志鸿爪。

关于叙述，著者力求客观；偶有评论亦一本政治学之立场。诚以用一时代流行见解而一以贯之殊是发挥政治思想而非叙述政治思想史。至引译原文及附增小注似嫌过多；即著者亦自感方法之殊形笨重。然仁智所见各有不同，性质效用亦有区别；至少此乃本稿之特点——特点当然不即是优点。引译原文实非易事。因力求忠实，避免与本意微有出入，往往反复斟酌，惨淡经营，然而文字不免益趋晦涩。

前后各章全部或部分之初稿曾于六年之中陆续分载《国立武汉大学社会科学季刊》《民族杂志》《东方杂志》及国立清华大学《清华学报》及《社会科学》，均承惠允保留版权，谨此道谢。

母校出版委员会将拙稿决定列入国立清华大学丛书之前，曾请萧君公权与刘君崇鋐加以审查；多蒙指正，愿布谢怀。

回忆多年来在清华园中，往往夜静更深犹必灯前伴读，时或频传风鹤，依然慰我思维——此稿之成盖有赖于吾妻佩玉之鼓励者实多；谨此献致聊表感激。

浦薛凤
一九三八年四月，时在由湘赴滇旅次

大战与政体相互的影响

有人说，此次同盟国与轴心国抗战，因为在政体上彼此有"民主"与"独裁"的分别，所以自战前的准备，冲突的开始，以至战事的进行，都是一方面吃亏，一方面便宜。好比打扑克罢，双方打法不同。民主国拿的是明牌，张张翻开在桌上；力量与计划，对方差不多一目了然。轴心国拿的是暗牌，袖里深藏，不露虚实，所以捉摸应付，极端困难。

例如军备。轴心国早已秘密进行，周详布置；而民主国则平素抱持和平的迷梦，松闲懈怠，只得急来抱佛脚。又如外交。民主方面，因为根据民意，所以不啻住着玻璃房子，一举一动，端倪毕露；而轴心方面则一人作主，秘密进行，覆雨翻云，变幻莫测。即以军事而论，独裁者往往如迅雷闪电，偷攻袭击，民主政府不特行动迟疑，而且议会中人多言杂，有时不免透露军情。这岂非双方同打扑克，而牌张一明一暗。谁吃亏，谁便宜，当然不言而喻。但是民主国实力雄厚，好牌出在后头，所谓"真张实货"，不在乎偷机取巧；一时虽然吃亏，终究必能获胜。

这是或人的看法。究竟这个比譬是否确切？我想比譬本身，不值得讨论；而比譬所引起的根本问题，即政体之战争效能，亦即民主与独裁应付战争的得失短长，却值得研究。其实，政体的战争效能，还只是政体与战争相互影响整个问题的一部分。整个问题更值得探讨。

要探讨政体与战争，亦即民主独裁与世界大战相互的影响，可分四层。其一，关于大战之酿成，政体是不是一个因素？其二，专就从事战争而论，民主独裁两政体的得失短长，究竟何在？其三，为着应付战争的便利，民主政体发生些什么变化？其四，

---

* 原载《新经济》第六卷第二十期，1942年。

经过此次大战的经验以后，战后的政体会不会有新趋向？

在讨论本题以前，有两点要附带说明。日本的政制，固与德意不尽一样，但从大体着眼，自属独裁的类型。德意是个人独裁，日本可说是军部独裁。至于独裁根本是不是一个政体，从政治学的立场说，似有疑问。因为严格准绳，独裁也许只是一个"现象"而非一个"制度"，只是暂时的事实而非经常的"政体"。要当得起政治学中所谓"政体"，一定要经过长期的运用；假使是"人存则政举，人亡则政息"，那只是现象或事实而非制度或政体。不过为方便起见，本文姑从流行的见解，把独裁看作与民主对立的政体。

今先论个别的政体与战争之由起两者的关系。民主与独裁，专就其为不同的政体着眼，究竟那一个负担大战的一部分责任？在这里，我们并不探讨大战的一般原因。那完全是另一问题。我们只是探讨民主与独裁之中，究竟哪一政体，因为它所具有的特性，作风哲学与背景，实际上变成促进大战的因素之一。

这个问题当然不易答复。我们务须绝对客观。最好，从一个极简单的事实说起。我们同盟民主国，无一不是在最初尽量容忍，图保和平，到最后则因为生死关头，忍无可忍，才不得已起而应战。此则事实俱在，一一可以复按，用不着我们咬文嚼字搜罗证据。民主政体的同盟国，既然完全是被动应战，则主动挑战者何在，不问可知。

现在问题清楚了。同盟国的所以只是由被迫而应战，也许有其它许多的原因，但它们的民主政体是不是原因之一？轴心国的所以完全出于主动而掀起大战，不论它们有何藉口，它们的独裁政体，是不是至少也要负一部分的责任？我们对这两问题的答案都是"是"！

试问独裁政体何以比较的容易引起战争？第一，因为治权过分集中，无复"抵衡"，无复牵掣。因为治权全操于一人或一伙人之手，所以一切作战准备，例如制造新式武器，存储大批军火，积极训练民兵，囤积军需材料，均可继续不断，秘密进行；不像在民主政体之中，关于军备的任何计划、任何预算，要经公开讨论，要遭强烈反对。作战准备，既然日积月累，年复一年，一旦充足完成，自必跃跃欲动。不宁惟是，民主国对外作战，要经长期的酝酿，议会的通过，民意的支持。独裁国则瞬息之间，一人作主。今日刚签订互不侵犯条约，明日就可动武；谈话尚在进行，闪击也已开始，这在民主是绝不可能的事，在独裁则毫不足怪。独裁既然具此特性，则即使别的条件一样，自然要比民主政体容易掀起战争。

第二，因为独裁者作风特殊，时时想有惊人的行动，意外的杰作。民主政府的首领经选举的手续，有固定的任期。独裁者则企求终身在位，永久握权。惟其要永久在位握权，惟其要压制潜在的反对党，遂不得不继续不断的变把弄戏，求所以转移视线，笼络人心。最好的办法，当然是扩大外交上的争执，造成国际间的战争，此种心理，此种作风，民主政体就不会具有。

第三，因为独裁政体有它自成一套的战争哲学。此种哲学，无论直接间接，总是颂扬冲突，轻贱调和。也许独裁的哲学和独裁的经验，具有连带关系。独裁的成立，总是经过纷乱扰攘，暴动流血。它所用以成功的手段，就是强制暴横。因此，在思想上，它就主张贯彻，反对妥协；崇尚迅速，厌恶迂缓；赞扬行动，鄙夷讨论；结果就蔑视和平，提倡战争。民主哲学，则恰恰相反。它是揭橥妥协的精神，迂缓的步骤，讨论的方法，与和平的理想。

第四，因为背景的关系，独裁政体与战争本身，似有先天的渊源。我们要知道，德意的独裁，成立虽有迟早，实在同为上次世界大战的产品，同为上次世界大战所造成，所引起一切纷乱状况，失望情绪，报复心理的产品。从它呱呱堕地的时候，独裁政体就包含着战争的种子！它要图谋报复，它要推翻现状，它要另辟大地。除非是独裁这个"怪儿"，尚在襁褓的时候，即被一棒打死；除非是民主前辈，能及早釜底抽薪，改换紧张空气，调整对立关系，解除报复心理，使它于不知不觉之中，潜移默化，变骨换形——否则独裁一经长成，势必动武。独裁的来踪去迹可以证明此点。

上述"特性""作风""哲学"与"背景"四点，均可说明独裁政体所以比较容易酝酿战争的缘故。就四点而论，"特性"是内在的因素，也许不一定要凭藉战争来表现；"作风"或者是独裁者偶然的个性，"哲学"似乎有些空洞渺茫。独此"背景"一层，似为独裁政体与战争本身的先天关系。独裁背景也可说是完全对内的，即要由分割而统一，由纷乱而安宁。对内而起的独裁，苟能功成身退，自然返归民主，不致惹起国际冲突。惟直接间接以对外为背景而起的独裁政体，那就与国际战争有先天的渊源了。十八世纪后半提倡民主的政治思想家早曾说过：民主政体普遍以后，国际就不会有战争，因为届时和战之权，既由人民掌握，则人民决不愿彼此动兵。在根本精神上，这是真实的，笼统的说，民主政体孕育滋长于和平之中，所以不特适宜于和平，抑且保持着和平。独裁政体则大抵产生于战争之后，所以便利于战争，准备着战争。难怪罗马的独裁，完全是为了应付对外战争而设置，有手续，有定期。那才是严格的一个"制度"。当代的独裁,说它是"制度"固无不可,说它是"现象",恐更确切。

复次,请比较民主独裁两政体的战争效能。我们知道飞禽,走兽,固然各有其特长,能飞的不善走,能走的不能飞;就是同其为飞禽,同其为走兽,速度也不同,性能亦互异。以此例比,各种政体对于应付战争,当然自有其优劣。一般流行的见解,总以为关于战争独裁的效能特高。但未免把它看得太高。我们并且往往把两件事实遗忘,即于应付战争之中,独裁也有它的根本缺点,而民主的善于适应,远非常人所能想像。

为何流行的见解要过分扩大独裁的战争效能?因为现代战争,是全面的战争,国力的总决斗。不特外交军事,直接有关,即一切经济,财政,交通,运输,农工,内政种切方面,都是决定胜负内因素。所以评论某一政体的战争效能,同时要研究它对于战争的准备,战争的发动,及战争的进行三大阶段中的情况。独裁既然如上所述,产生于战争,准备着战争,它在"准备"上的效能,当然不言而喻。扼要言之,(一)权力集中,(二)政策贯彻,(三)行动迅速,与(四)机密保持,这是独裁的特长,也就是它所以具有高度战争效能的缘故。反过来,治权彼此的牵掣,政策前后的变化,行动手续的迟慢,与机密的透露,在在使民主吃亏。

今日签订互不侵犯条约,明日就大举进犯,专使尚在谈话,闪击忽然开始;这在民主政体有无可能?明知是自己未来的敌人,却照旧以汽油废铁等战争材料相供给:独裁肯不肯这样做?做领袖的目光如炬,早知侵略者应当制裁,而国会中少数议员,阻挠为难,坐失时机;经过了多少年的奋斗,意志才能集中;这是不是民主的行动迟慢?在此次大战爆发以前,美国的坦克车不满几十架。当初英国劳工党组阁,便一度停顿了新加坡军港建筑的工程。邱吉尔氏早曾大声疾呼,英国应重整军备,可惜无人理会。而对方则从事一切作战准备,如第五纵队的组织,新武器的制造,甚至战时购物证的先期付印,真是充足周密,无微不至。这是不是使两政体在准备上相形见绌?投弹的瞄准器,军舰的构造图,这一类秘密的被人偷漏,我们听见在轴心国发生过没有?密派兵队前往某地,以帮助友邦,而议员竟有意透露消息,某一战区军事上正吃紧之际,而处负责地位的人公开发表意见,谓应先重视另一个暂时沉静的战区;这是不是给予敌人以便利?类此例子,不胜枚举。难怪有人要说,民主与独裁的战争,好比打扑克,独裁拿暗牌,民主拿明牌;而民主所有恃而无恐的就是实力,就是好牌在后头。

殊不知这明牌暗牌的比譬,并不确切。其一,独裁自有它的根本欠缺。独裁者为所欲为，使人民一味盲从的结果，使得他只能打胜仗，不能打败仗，挫折以后，恐即一蹶不振。民主政府打了败仗，当然要受人民的责难，要向议会去解释；但惟其如此，民众能原谅，肯吃苦，愿牺牲。民主是全体为自己打仗；独裁却是为了一人打仗。久而久之，这个真相，独裁制度下的人民总会恍然大悟的！独裁者因为准备长久，取得主动，所以能乘人不备，攻人不测，它在初期得到的胜利，与其谓为意外，毋宁视为当然。但战争的最后成败，不能靠初期的几个胜仗。战争愈长，独裁的弱点愈暴露，它的危机亦愈大。其二，民主政体因为应付战争，确能适应需要，提高效能。这就引起了民主在战时变化的问题。

民主政体在战时的变化，就是战争对民主政体的影响。这种影响，只有一个结果，即增加效能；只有一个方式，即治权集中。仅仅治权集中，不一定增加效能，但欲增加战时效能，则相当的集中治权，乃是先决条件。这里所谓变化，所谓影响，兼指形式与事实，制度与运用。在此次与上回两个世界大战中，例证甚多。我们可分五点略述。

第一个影响，是立法行政的指导。民主政府平时总是由人民的代表机关，国会，来指导监督，尤其是英国。英国内阁的起伏，全视巴力门中议员多数的向背；它的筹措设施，在在要受批评诘问。在"三权分立"的美国，立法更是宪法所赋予国会的独有权。但是大战一起，英美国会在事实上，同样接受行政首领的指导。这是适应需要，不得不然。当罗斯福总统最初应付国内经济危机，厉行"新政"的时候，许多重要的法案实在是由白宫方面的专家拟就，不过形式上仍由议员提出，提出之后，立即通过；其迅速的程度，竟会使议员连法案内容，都来不及详细看一遍。当时美国国会差不多成了一颗"橡皮图章"，对于总统的法案，一律加上通过的戳记罢了。应付国内经济危机，尚且如此，应付对外大战，更不消说了。行政权在事实上领导立法权，这是战时民主政体治权集中的一证。

第二个变化是行政的权限扩大。一九三九年八月二十四日，英国国会通过"国防紧急授权法"，赋予政府（即内阁）以绝大权限。根据此授权法，"政府可以英王的敕令，颁布法律，以求保障人民安全，防御国家疆土，维持公共秩序，有效执行战争，以及供给社会必需之物品与设施"。此案通过后，英政府于八月二十八日一日之间，发布了九十六种敕令，统称为"国防法规"。这等于是行政代替了立法！美国则于去年（一九四一年）十二月七日应战以后，即于旬日之内，由国会通过战时特权法，界予总统以筹划对轴心作战的非常权限，其中包括"（一）改组联邦政府各部门之权，

(二)对美国收发邮电通讯建立检查制度之权,(三)统制规划或禁止有关美国或其人民之国际贸易之权"。我们可以说,扩大行政权力,乃是战时民主的普遍现象。上次世界大战,英美法也早曾如此。可见民主政体,何尝不能伸缩适应,增高效能。

第三个影响,是行政大权趋向集中于较少数人的手里。在总统制的民主政体,平素本来由总统一人负责;战时自然更甚,美国南北战争之际,林肯总统以解放黑奴令的草案,提出内阁讨论。内阁反对。最后他说,七人反对,一人赞成,就算通过。此一例证十足表现战时治权集中的精神。英国在上次大战中成立了"战时内阁"。这是一九一六年十二月,首相鲁意乔佐鉴于政府行动迟慢,效能低微,而毅然创作的制度。他同财政大臣庞那劳,以及三位不管部的阁员,韩德森,寇尔桑和米尔纳组成了"战时内阁"。其后曾一度由五人减至三人。此次英国的"战时内阁",人数虽不像以前的少,但较诸本来的内阁,不只减少了四分之三。最近(一九四〇年)二月二十一日的局部改组,即由九人减至七人,计为邱吉尔,阿特里,克利浦斯,安德逊,艾登,李特尔顿,及贝文。行政权不特扩大而且转移到较少数人的手里,这完全是治权集中。

大战对民主政体的第四个影响,是使掌握权力者久于其位。易言之,即使人选少更动,任期较久长。最明显的例证,当为美国人民打破传统思想,修改不成文宪法,推选罗斯福氏连续做第三任总统。当时美国虽然尚未参战,而形势已甚紧张,"中途换马",实非所宜。所以不是因为战争的缘故,罗氏固不会三度竞选,民众也决不会拥护他。复次,英国国会最近于一月底及二月中旬因为在马来亚,新加坡及西南太平洋战事挫折,曾两度抨击政府,酝酿阁潮。邱吉尔首相毅然声明,愿以一人单独负责,并要求投信任票。结果则议会表示拥护,两度平安无事。此无它,完全因为战局当前,不宜轻率改换人选,若在平时,自然早是另一情形了。在邱氏固曾一再局部的改组内阁,但更迭并不算多。再次,立法人选,也复如此。上次大战中,英国国会曾屡次延长自己的任期一年。据一九四〇年二月一日华盛顿路透电称,"今年为议员改选年,现有之众议院全体议员及参议院议员,三十四人之任期,均于今年届满。惟各议员一旦获悉,国会将继续开会,以迄战争结束之时为止"。此讯是否确实,及情形究竟若何,刻难判断,但端倪所在,可以证实我们的结论:战时民主政体不特在空间方面,集中已扩大的治权于少数人之手,而且在时间方面也要延长执权者的任期,减少人选上的变动。

第五个影响,是所有的政党彻底团结,一致对外。民主国的政党在和平时代,尽管唇枪舌剑,钩心斗角,彼此争权;但一遇到国际抗争,便能彼此宣告"休战",密切合作。英国在上次及目前,均成立"混合内阁";少数党的领袖,也被邀参加。美国总统制下的内阁,虽无异党分子在内,但在野党并不要求位置。试看此番与罗总统竞选的共和党候选人威尔基氏。他到处奔走,拥护国策,赞助政府,热烈诚挚,并不亚于民主党的领袖。这才是民主精神的表现,民主政体的成功!由于以上五点看来,战时民主政府确能集中权力,增高效能。战时效能,决非独裁政体所能垄断!民主国并不好比拿着明牌来打扑克!

至于民主政体战后会有什么新趋向,此刻殊难逆料。大概在运用上,免不了继续战时所增加的行政效能,所扩大的立法范围,所提高的统制程度;尤其是在经济民生方面。关于纯粹制度,照理论推测,也许会着眼未来的战争危机而预为设备,便如仿罗马的制度,先行制定应付非常的机构和权力;或把负责军备国防的机关和人选,划出政党政治以外,使他们不因政党的起伏治权的转移,而有所纷更,庶几一旦危机来到,不会准备不充足,行动太迟慢。据我个人料想,恐怕这只是理论,不会成事实。民主国家大概要想从国际组织,裁减军备,共同制裁等防战与止战的方法,而不从修改民主政体的途径,去应付未来的危机。

治乱和战与民主独裁

民主独裁之论辩,在六七年前,要算最热闹,最激烈;现在因为整个世界,烽火连天,血腥遍地,大家反而搁置遗忘,好像锣鼓喧天的声响,一变而为万籁俱寂。其实,这几年来的世界战局都与民主独裁有关;而特别是这几年来的外交变化,军事行动以及内政措施,更可表现出两政体之异同长短,所以更值得研究政制的人们注意。

探讨此问题,有个最重要而亦最困难的先决条件,即务须屏除成见,客观分析。自命为虚怀若谷,毫无褊袒的学者,往往于不知不觉中早已戴上一副着色眼镜——六七年前尚且如此,到了今日自然更甚。故我们先得要把咒咀或赞扬的心理,尊重或轻贱的假定,铲除干净。总之,独裁与民主之比较,是个社会科学问题;盲目的攻击正犹片面的吹嘘,是政治宣传,不是学术研究。学术研究不含丝毫"作用"。所谓"作用",例如有些人拥护独裁,或许根本不懂独裁为何物,其动机盖在攀龙附凤;有些人口口声声,提倡民主,实在并非是民主政体之忠实信徒,而只是借用一个幌子来反对负荷责任,集中权力的首领。让这种人来讨论民主独裁,民主独裁之真相那能暴露!

在踏进本文以前,我有几句话要交代清楚,也许会把这个千头万绪,含糊隐约的难题,稍微地化繁为简,化晦为显。第一,独裁究竟是个现代的产品。虽然在名称上,制度上,我们可上溯罗马,但时代不同,环境绝异;不必相提并论,转使治丝益棼。第二,如何始为民主,如何才算独裁,本文当然要详论,但我们不妨预先承认:辨别具体的国家易,归纳笼统的条件难。不宁唯是,典型式的民主或独裁当然极易辨别,对于介乎其中,扑朔迷离的政体,要判定它是民主抑是独裁,实在不易。至于执政者自己主观的见解,更加不足为凭。因为明明是独裁,偏偏自己不肯承认,也有羽毛尚未丰满,

---

* 原载《军事与政治》第一卷第五期,1941年。

条件尚未具备，却已俨然以独裁自居。第三，民主既有健全不健全之分，独裁亦有开明不开明之别。易言之，每一政体有它的正态，有它的变态。所以历来政治思想家总把一人统治判辨为"君主政体"与"暴君政体"，把少数人统治分别为"贵族政体"与"寡头政体"，把多数人统治区划为"民主政体"与"暴民政体"。此种精细辨别，一褒一贬，实在寓有至理。我们千万不要把任何政体看得绝对简单，千篇一律。第四，任何政体，正态也好，变态以好，总是各有其利弊。完全美满或彻底丑恶是想像境域。

为便利思维，节省篇幅计，我们不妨以独裁为主，民主为实，而讨论独裁，最好从头讲起，即现代的独裁究竟如何发生？

一

我们首应深刻认识：一切实际流行的政制根本是时代环境之产品。独裁当然不是例外！个人的意志与天才，民族的性格与文化，时代的风尚与潮流，在形成政制之步骤中，固然各有其成份，各具其势力，但是主要因素厥惟现实环境，因为现实环境包含迫切需要。在独裁制度之中，个人的意志与天才，当然特别显著，有时似乎变成惟一的原动力。在上次大战以后，独裁现象一蓬风到处蔓延，迅速得真像雨后春笋，就此点而论，又似乎是彼此模仿，风气使然。另有若干观察家则认为在教育落后，民治不发达，人民服从习惯特别浓厚的国家中，才会发现独裁。其实，天才、民情与时尚三者均是次要的副因。根本的主因乃是现实环境。我们务须认清这一点，否则对于独裁之真相，决不能得到准确的了解。

所谓现实环境，一部分内在，一部分对外。对外即指战争失败（或名义上胜利而事实上等于失败，例如意大利）割地赔款，接受层层束缚，遭遇种种压迫，因而全国一致，愤愤不平，要报仇雪耻，要变化翻身。对内即指经济恐慌，生活困苦，社会失掉重心，政府无复威信，而急进分子又乘机蠢动，屡仆屡起，以致纪纲扫地，秩序荡然；结果则人心乱而望治，希冀统一，企求安宁。无论内在或外在的危机——"内忧""外患"又往往相迫而至——皆足以造成个人独裁。因为一个民族正在纷乱扰攘，彷徨失据的时候，只要一个领袖，坚毅沉着，大声疾呼，以统一安宁，独立平等为号召，必能得到全国狂烈的拥护。试问意大利与德意志变成独裁的经过，是否如此！

意大利黑衫党之所以兴起，墨索里尼之所以成功，全靠此种背景。此则家喻户晓，不必再赘一词。单就希特勒上台以后的德意志略说几句。一九三三到一九三四年，我恰好在德国，耳闻目击，一切情形（尤其是民众的心理）与我一九二六年第一次到柏林的时候，截然有天渊之别。七年之前，只有怅惘与颓废，懊恼与彷徨。七年以后，便有了明确的目标，热烈的希望，坚强的自信。凡此云云并不足为今日纳粹政府的对外行动粉饰万一———绝对不足，因为争取平等独立与从事黩武侵略，截然是两件事！我们不要因为"纳粹"今日之过度而否认当初独裁的成立，自有其客观原因，犹之我们不能因为此次法兰西之所以迅速溃败，要归咎于不健全的民主政治，因而把民主政体本身，一笔抹杀。据我个人的观察，我不相信希特勒当日的权威完全靠枪柄和刺刀在那里维持着。只因为德意志人民自认为世界优秀民族，不甘久居人下，故肯盲目地服从首领，宁愿牺牲个人自由而争取民族自由。

意德而外，欧洲及其它独裁国家，尽管形式不同，时期久暂，但其构成因素不外上述两点。

关于政制之受环境支配，我们还可另觅证据。最好的例子莫过于美国总统。依照制度本身，依照创宪诸公的筹思熟虑，美国总统应当是个权力薄弱的元首。在"三权分立""抵制平衡"之下，他不能提出立法草案，不能领导，更不能解散国会；他任命部长等重要官吏以及签订条约，要上院同意批准；和战之决定，尤须国会通过。然而一百五十年来的宪政史证明美国确曾有过权力集中，指挥国会的总统，甚且有过许多人指摘为已成为独裁的总统。林肯值南北战争之际，威尔逊当参加欧战之期，其权力之大难与伦比。当今的罗斯福总统在第一任中应付空前未有的经济恐慌的时候，国会真变成了一个"橡皮图章"，把所有白宫方面一手起草的法案一一加戳通过。他目前应付世界战局，亦日见其权力扩张。林肯，威尔逊与罗斯福固然各具天才，然其权力之所以能够特大，断然不全靠个人能力而根本因缘环境。总之，国家而遭遇非常，总要有个坚强有力的领袖应运而生。

独裁固然要环境造成，民主亦何独不然！为何民主政体不能一蹴而就？为何总要经过长期的惨淡经营，盘根错节？简言之，要渐次酝酿着，配置着民主的环境——决非由几个人的、甚而多数人的"意志"可以呼风唤雨，凭空生有，立刻产出"民主"。中山先生指示应由训政达到宪政，这就是认识政制之必本环境。

关于独裁之所以形成，正犹其它政体之所以形成，端在现实环境，我们对于民主独裁之所争辩已有"思过半"的功效。

二

民主与独裁两者之区别究竟何在？乍听之余，似乎黑白分明，绝不混淆。但是一经细审，则除去典型的例子外，往往扑朔迷离，难加判别，甚且犬牙衔接，脉络相通。本来什么是独裁，既无固定标准，更少公认定义，无论从那方面看——权力有大小，事业有参差，地位有高低，名称有出入，责任有显晦，时间有久暂，组织有张弛——所谓"独裁"，各各不同！并且谁是谁不是，无论主观客观，均可人异其说。例如罗斯福，是不是独裁者？斯大林又是怎样？要说实质罢，罗斯福历行新政之初，确曾一手包办，压倒国会，锋利无比，打破纪录。要说形式罢，斯大林直到最近为止，隐身党中，未占政位，而且所任党职，平淡无奇；何况苏联新宪法又特别标榜民主。

反之，何为民主？同样是个难题！重形式则要看有无宪法，行否选举。重实质则胥视政府举措是否以民意为依归。两种看法各有道理，各有困难。盖刻舟求剑，各趋极端，则我们对于个别国家的判别，有时要与通俗流行的分类颠倒过来。这不是说独裁与民主不能分辨而只是说分辨困难。

独裁之特性，也就是独裁之所以异于民主，大概有下列几点。其一，对内对外之一切治权全由一人掌握，而行使起来，又悉视此一人之好恶爱憎，并不尊重或征求民意。独裁之下，国会尽可保留，然而告朔饩羊，只供点缀。遇到"清党"运动，则司法尊严，审判手续，尽成儿戏。订条约，结同盟，定和战，在民主政府总要遵循民意，独裁者则可以恣情任意，覆雨翻云。再则正因权力过分集中，故独裁国家的官吏只觉对一人负责；而民主国家的官吏乃真对国家负责。其二，独裁之下，人权与民权毫无切实的保障。思想，言论，信仰，集会，结社诸自由，惟民主国家的人民乃能享受。民主国家在对外作战之际，当然也要减缩人民之自由，节制人民之权利，但究系短暂而非永久，有限度而非全盘。其三，独裁者治权之取得，多少带些暴力；不是强夺横侵，就是威胁要挟，如果不是"违法"或"非法"，至少是凭藉"法外"的手段。其四，行政指挥立法；代议机关彷佛降作一个法制局，有时连一个法制局还不如。至于民主政体，不是立法操纵行政（如英法之内阁制）即是行政与立法相等平行（如美之总统制）。其五，关于继任人选毫无妥善办法。独裁者任期无限，等于终身。应由何人承接一层，不规定则易起纷扰，规定则无论如何，难以为继。后起者个人的声望才具一落千丈，这还是小事，整个国家将起"人亡则政息"的现象。其六，关于治权之转移,舍流血革命外,别无和平合法的途径。民主之所值得宝贵即在其有一定合理的手续,使得政府见风转舵,退避贤路,使得民意表示,新贵登台。无论定期(如美国总统四年一次)或不定期(如英之内阁),无论直接(由人民)或间接(由人民之代表),总是投票解决。独裁则好像要万世一系,无此办法。其七,现代独裁总是一党政治,民主政体则容许多党存在,尤其是容许反对党的活动。不过民主国家的政党,自有范围与限度,绝对不会拥有军队,占有地盘。

上述七种特性不一定个个独裁完全具备。具备其一二,也不一定就是独裁。每个特性,程度有深浅,范围有广狭。我们倘把开明独裁之比较宁静合理的一刹那与集权民主应付危机的短暂时间相比拟,恐怕颇多相同,至少,恐怕极多类似,所以谁是谁不是独裁,有时不言而喻,有时却难断定。我们既不能按图索骥,更不应刻舟求剑。

最后,我们必须牢记,独裁民主之所以各有其特性,乃在其现实环境的不同。独裁乃混乱局面之产品,应付非常的办法,而民主则系承平安定、渐次结晶的政体。前者只系过度,后者才属经常;前者只如昙花一现,后者始能永世流传;前者只是"现象",后者乃是"制度"。现代国家而无内忧外患,独裁者一定站不住脚跟——不,根本就不会让他出现。反之,要尽量发展民主,总得在危机已过,军事结束以后。

三

在比较民主与独裁之前,最好先明了比较之限度。一般的想像总以为比较政制,犹诸权衡轻重,把得失长短两两较量,渐次增减,只要看天秤的那一边压下去,就是那一个政制优良。其实见解之幼稚浅薄莫逾于是。"二者不可得兼",孟子宁舍鱼而取熊掌。这是孟子主观上的好恶,不是客观上的比较,分别地就颜色,香味,形式,坚脆,以及滋补或价格等等,我们可以把"鱼"与"熊掌"一一比较。假使漫无标准,要把两者整个地,笼统地比较,试问比较些什么。主观的好恶并不是客观的优劣。况民主独裁,各有其背景,各具其条件,上文已反复申述。故就国家之个别环境而言,对于政体并无任意选择之可能。我们比较它们的长短得失,并不暗示一个民族国家要独裁就能独裁,要民主就能民主。政治并不如此简单,历史决无此种事实!

今先较量性质。一,独裁是应付非常,民主乃能垂诸久远;独裁是暂时"现象",民主是永久"制度"。二,因此,独裁之来去甚为究兀,所谓"兴也勃焉,亡也忽焉";

民主之长成则一定循序渐进，即使变态恶化，也需相当时日。三，民主之措施不特从容迂缓，抑且妥协调和；独裁则雷厉风行，痛快彻底。四，民主基于理性主义。独裁根据现实主义；为目的不择手段，为功利不尚道谊。五，由历史来原讲，民主建筑于个人主义之上，独裁则充分表现集体精神。

复次，比较两者之利弊。先就独裁之利言之。

第一，能使国家转危为安。当然，转危为安不一定要独裁，但既有独裁就是风波暂平的铁证。所谓风波，所谓危机，非内乱即外寇。倘使国家本系民主而已发生内乱，则此一国家民主政治之不足以遏止内乱，不问可知。假使本非民治，则收拾时局，趋向更可想见。独裁者之罪恶不在其成为独裁，而在其于危机安度之后，还是继续着总揽大权，变本加厉。

第二，一切措施，机密迅速。尤其在外交方面，独裁总占上风。例如民主美国的外交，好像玻璃房子的生活尽情毕露，而且一举一动，处处掣肘。最近美国代替英军占领冰岛，孤立派参议员惠勃竟于事前泄漏军情，引起英美双方换防军队之生命危殆。即此一端十分暴露传统民主政体之弱点。当然，机密迅速不一定是个美德，但在钩心斗角，合纵连横的局势之下，不得不然。

第三，政府坚强，政策贯彻。内阁制下执政当局起伏无定，固无论已，即任期固定之总统，因为时短暂，力量亦甚有限。总之，民主政体之中，凡百措施绝对不能作永久打算。例如新加坡军港之修筑，在劳工党组阁期间竟曾一度停顿。再例如法兰西军需之所以不整顿，外交政策之所以不确定，实由内阁更迭，速如传舍有以致之。独裁则不然，可说是心到手到，计日观成。

此次法兰西之所以惨败，论者多舍军事而归咎政治——潇洒安详，因循苟且的民主吃了严密灵敏，矢志报复的独裁的大亏！人家一心一意，摩拳擦掌，而法兰西犹酣歌醉舞，过度其传统的多党政治之扰攘生涯，无远大眼光，无根本国策。这不是说法兰西早应摇身一变，变作独裁，而只是指出民主国家要防患未然，预防危机，应当采取些权力集中的原理。

反之，独裁自有其严重的劣点。以言对内，一为剥夺自由；二为"人存则政举，人亡则政息"，所谓"将军一去，大树飘零"。此为一般政论家所指出，无庸赘及。以言对外，则一为翻云覆雨，狡狯无常；昨日握手言欢，今朝反脸侧目，盟约之墨迹未干，炮火之响声已起，真是"口蜜腹剑""笑里藏刀"，波谲云诡，无复丝毫信义。三为崇尚武力，肆意侵略。独裁者开始目的，原系消极，即内求一统，外图独立。及其心惬意足，羽毛丰满，往往由消极为积极，由自卫而犯人。

独裁之长就是民主之短，民主之得亦即独裁之失。所以我们既然叙述过独裁之利弊，正不必另行描写民主之正反两面。

我们平心静气，研究了独裁与民主之由起，区别其利弊以后，应当得到一个结论。两者与治乱和战，息息相关。民主产生于"和"与"治"，独裁则所以应付"战"与"乱"。国家应付战与乱，犹诸军队打仗，其目的同在争取胜利。为争取胜利，军队必须一元化。独裁盖即政治的军事化，所以民主国家而遭遇危机即不会变成，却也趋向独裁——所谓趋向，当然是采取开明独裁的优点而并未沾染暴戾独裁之劣性。至于内忧外患，两俱绝迹，则除非醉汉疯人决不拥护独裁。

更有进者，应付危机一定需要英明伟大，权力集中的领袖。然而英明伟大，权力集中的领袖并不就是独裁。可是身为非常领袖者务必兢兢业业，审慎周详，于适应环境之中，在可能范围以内，尽量培植民主精神，竭力提倡民主制度，庶几一俟国难安度，民主政体得随和局与治世发扬光大。

认识政治因素[*]

"政治"有无原理？亦即有无定律？本人深信是有的。"政治学"已否发现若干原理或定律？这就难讲。因为历来政治思想家也许自己认为发现了定律（例如"政体循环论"或"人存则政举，人亡则政息"论），但一则自己谦虚，只称它为一种理论，不敢大胆的称它为定律，再则别的理论家各有成见，各有说法，也不肯承认别人的为定律，所以我们绝难找到古今中外共同一致接受的若干原理或定律。举例来说，治乱兴亡，有无定律？各位大概相信是有的。但什么是治乱兴亡的原理或定律，我们听见过没有？又谁能肯定的答复？研究政治学的人们埋头书本几十年，恐怕也从未见过任何思想家对于一般的治乱兴亡（不是某一时代某一国家的治乱兴亡）试拟若干理由，遑论治乱兴亡的定律。因此，虽然人类自始即有政治，虽然政治学也是开始最早的一种学问，直到今天，政治学却仍是一门最不发达的学问。例如经济学中，尚有"恶币驱除良币"及"效用递减"等"定律"，而政治学中则连一个定律都听不到。因此，难怪做衣服找裁缝，造房屋请水木匠，而政治措施不见得请政治学者了。就本人的想法，一般政治的定律不是没有发现过，但因为一则言人人殊，再则时代变迁，环境不同，方式纷歧，名词更易种种原因，研究政治学的人们，遂无法判别，更难公认那几条为"放诸四海而皆准，俟诸百世而不惑"的定律了。

二十余年来，本人对于研究政治定律，极感兴趣。在清华大学执教的时候，对此问题，用过些工夫，觉得政治有它的基本因素。分析和认识了基本因素，似可帮助我们求知政治原理。八年抗战的过程中，本人曾就历史材料及当代状况，默思体会，翻覆推敲，探求一般国家为什么有治有乱、有兴有亡的共同原理。本人研究治乱兴亡的

---

[*] 原载《政治论丛》，正中书局1955年初版，1978年三版。

共同原理，更觉得当初所分析的政治因素，很有意义，至少对我自己，似乎有莫大的启示。在推行总动员厉行改造的今日，纯粹学术研究，也是值得鼓励。何况纯粹学术和实际应用往往关系密切。所以本人不揣冒昧，今天应邀讲演，愿将一得之愚，提供各位参考。我要特别声明，我提出讨论的，根本只是因素的分析，还不是定律的揭橥，但分析因素免不得要略略提到原理。再则，我的立场完全是研究纯粹学术，而不是讨论具体政治问题，但有时为举例说明起见，也不得不提到实际政治。务请各位方家多多批评，多多指教。

在讲政治因素之前，我们对于什么是"政治"，应有基本认识。也许有人觉得什么是"政治"，大家必定明白，不必多提。其实不然。在三民主义里面，国父说过"政是众人之事，治是管理，所以管理众之事，就是政治"。这个政治定义最为精确。为什么呢？

第一，普通提到政治就提到国家。实则政治是"众人之事的管理"，凡有众人之事的管理——团体也有，学校也有，家庭也有——就是有政治。普通所谓"学校政治""家庭政治"，是确有其事的。不过范围最广，权力最高的，当然是国家。故惟国家有强制权。至于究竟为什么要有管理？此则有最基本的原因。因为人们间根据（甲）理智方面的想法不同，（乙）物质方面的利益不同，以及（丙）权位方面的欲望不同，不免有种种争执。有了种种争执，势须有公正无私的第三者（人们或机关）来判断，来管理，来立法，来执行。根据上述，我们研究政治定律，不必仅仅着眼国家。在家庭，在学校，在社会，在任何"众人之事的管理"中，都有政治，都可加以研究。例如甲乙两校，甲校校风好，学生能遵守校规，用功读书，彼此和蔼，而乙校则适得其反。假使你能找出甲乙两校所以分别不同的真正原因，为什么甲校好，乙校歹，我武断地说，你就也能用你同样的原因，来解释为什么甲国政治好，人民能守法，能努力，能合作，而乙国则不然的道理。那个道理，应当也就是定律。

第二，什么是"众人之事"，这并非简单问题。小如种牛痘，卖牛奶，挂牌行医，车子靠右或靠左边走，大如私人财产，私人土地，从前都不是众人之事而是个人之事。在现代国家中，则大抵都有规定，都加管理。为了防止天花的流行，可以规定强迫种牛痘。为了避免传染病，牛奶场要受检查。美国有若干的邦，甚至对于男子结婚，规定要先得许可证，为的是不让染有恶性传染病或恶性遗传病的男人结婚。又如私产可以有限制，遗产要征重税。凡此种种，都已认为"众人之事"，而须加以管理。故如否认有"众人之事"，认为一切都应让各人放任自由，此种看法，即近于无政府主义。

认为一切一切都应当由国家管理，那就是极权主义。认为政府所应管理的范围极小，许多许多的事都是个人之事不必干涉，此乃个人主义。故何谓"众人之事"，此一问题极为复杂。

第三，提到管理，自然引起谁来管理，多少人来管理以及人选如何产生等等问题了。此即引起政治思想史里而君主，贵族，民主各种政体问题了。

第四，至于管理的内容和方法又应如何？此则牵连到整个制度法令的内容和执行。根据上述四点，可知国父对政治所下的定义，实在是渊博精深。

此外，本人二十余年来，留心史料，默察深思，深信政治之中，"治"比"政"还特别重要。简单地说，"政"因为是"众人之事"就是法令规章。"治"是"管理"，就是执行实施。拿我们以往几千年历代的治乱兴亡来说，其治其兴，根本还不在法令规章本身，而是在执行实施，其乱其亡，也不真在法令规章本身之足以招致乱亡，而在其经过执行实施完全变质，变成了假公济私，鱼肉人民，以致乱亡。当初订定法令规章的动机，大抵都是好的，都是谋人民的福利，而执行得好不好，公道不公道，可有天渊之别，足以酿成治或乱，兴或亡的区别。所以"治"比"政"尤为重要。这一点我们应当特别注意。我们明白了何谓政治之后请进一步分析政治的基本因素。

具体政治可以说是错综复杂，千变万化。但分析起来，构成政治的基本因素，共有五项："现象""制度""观念""人物"及"势力"。首先要强调说明，本人所用的名词，全是用常识上的名词，绝对与哲学里的名词无关。例如我们所说的"现象"，与哲学里本质与现象的那个"现象"完全不同。我所用的观念，亦非哲学里的那一套。一切政治事项，任何政治事项，我认为都可从它的构成因素来观察，来判别，来了解，来推测。兹将五项基本因素，扼要地解释一下。

一、政治现象

我们称政治现象是指有关于政治的一切经过，一切情形，一切运动，一切事实。简单地说，现象就是事实，不论它是大是小，是久是暂，是好是歹，是普遍性的或地方性的。大之例如战争是个现象，革命是个现象，倒阁也是个现象。余如暴动或请愿，行政效率的高低，投票人数的多寡，也是现象。小之如某人当选或落选，某地发生贪污案件，某件公文办理得迅速或迟慢，也是现象。总而言之，凡是一件政治事实，即是一个政治现象。知道真实的现象,绝不容易。历史学家的研究,对政治学有莫大的贡献。辨别史实是历史学家责任。这个任务实在是不容易的。因为不只是几千年或几百年前已往的事实,不易寻求,不易确定,就是研究者当时当地可谓眼前发生的一件政治现象,大抵也很难知道得清楚,知道得完全。譬如你的一位朋友竞选成功了,他如何当选的经过事实,不只是你不能洞悉无遗,也许有若干部们,连他自己也不甚清楚。能清楚地,完全地知道某一个政治现象,当然能帮助我们懂得其中的所以然,亦即其中的原理或定律。

二、政治制度

这是广义地指一切组织,程序,手续,办法,章则,法规等言。简单地说,制度就是规章。大而如联合国的宪章,一国的宪法,各级政府的组织法,小而如户籍的登记,农工商团体的会章,一个教会的组织,一个学校的章则,都是制度,都是规章。大学里面政治学课程中如宪法,如比较政府,如地方政府等课程,都是研究政治制度的。可是根据我们上面所提的政治定义,政治实在不限于国家,真正研究"制度",尽可从农工商团体,教会,学校的组织规章里去研究有关于制度的原理或定律。本人认为有一点最应注意:即制度或规章有的是成文,有的是不成文(例如英国的宪法即是不成文宪法)。有时成文的倒只是具文。而不成文的制度,却亦是在实际运行的。因为不在实际运行的,当然没有人再会称它为(不成文)制度,所以研究政治制度,应当着重成文或不成文,和运行或不运行。

三、政治观念

我所谓观念,乃指一切看法,一切主张,一切思想,一切解释,不论其为公,为私,为准确,为错误,即为零星片断的,或是有体系系统的,不论其为拥护现状,或反抗现实的,更不论其为宣之于口,笔之于书,或蓄之于胸,藏之于心的。现在政治学里均有政治思想史一课,总是把有名政治思想家的政治理论叙述论评。当然"观念"是人类进步的推动力。当然,许多思想家的思想,在历史上发生过远大久长的影响。可是,社会中所流行的一般观念,就是任何时代任何地方一般民众心里面所蕴蓄着的"观念",

对于政治,对于历史的构成,也更是发生莫大的作用,具有莫大的关系。古代所谓"得人心"还不是指政治措施要适应要配合一般人民内心所蕴蓄抱持的"观念"吗?总之,政治离不了观念。举例来说,主权就是一个观念。大家认为一国家具有最高无上莫能抗御的主权。所以然者,因为要国与国平等,所以认为国家有此主权,正犹要人与人平等,所以认定人有人格。人与人间尽可有贫富贵贱贤愚种种不同,但因具有平等的人格,故在法律面前平等。国与国间虽有大小强弱之别,但因各有主权,故一律平等。其他例如自由,正义,大公无私,固然是观念,就是"升官发财""假公济私""做一日和尚撞一日钟",也是观念。这个观念的因素,是政治的基本构成部分。

四、政治人物

无论从个人着眼,或从个人的集团着眼,例如民族,国族,甚或种族,人物是政治中的基本因素。个人也好,个人的集团也好,均有其先天的与后天的条件,不是完全一样。因为血种不同,秉赋不同,环境不同,文化教育不同,风俗习惯不同,宗教信仰不同,理智情感成分不同,职业地位不同,所以人与人间虽有根本的相同,而亦有其重要的差异。假使不知不觉中假定人人是绝对一样的,则其为观念,自不准确,其据以所为的措施,恐将扞格难行。古人云,矢人惟恐不伤人,函人惟恐伤人,巫匠亦然,就是这个道理。再举例说,同是一校,别的条件,完全相同,张先生做校长时可以做得很好,李先生做了做得很糟,这是"人物"因素的作用。再举一例,民国初年,我们曾把内阁制,总统制,单一制,联治制都试行过,何以未见成功?答案固然可以有多种,可是因为人物这因素的不同,则不能抹煞。这就是说,中国的人民和英国人民或美国人民,不是一样。"人物"既然不一样,"制度"不能仅仅抄袭、模仿的。此外,我们应当知道,正因众人之事必须管理,连管理众人之事的人物自然也必须管理。事与人有些联合而不可分了。

五、政治势力

凡足以影响左右或支配政治的力量,我称它为势力。归纳起来,究竟有多少项势力可以影响政治,此系另一专题,不在今天讨论范围。本人愿意提供一项意见,即势力均可分为两种。一种是有形的势力，另一种是无形的势力。举凡警察，法院，监狱，甚至军队，其为一种力量，使人遵法令，守秩序，保治安，可说是有形的。往往一个国家对另个国家方面派遣大兵，到边境示威，另一方面提出哀的美敦书，使得另个国家有时不能不屈服。此种事实，历史上多得很。就凭恃军队影响左右国际政治来说，其为凭藉一种有形势力，自甚明显。但影响左右甚或支配政治者还有许多无形的力量在。此则往往为人们所忽视。就地理言，对于国际或国内政治，实为一种无形的力量。英国宪政为什么特别发达？论者均谓英伦三岛与欧洲悬隔，当时交通运输不如今日容易，故比较起来，英国少受欧洲国际纷争的影响，亦即英国俾多自择参与或中立的机会，因而英国宪政比较的能在安定环境中继续不断地长进。历史上德法为什么成为世仇似的彼此作战，恐怕地理因素亦很重要。因为两国边境间高山不多，相隔仅一条莱茵河，而且那个地区恰好物产特别丰富，遂形成两国长期争夺的局面。瑞士所以能长期独立和中立，地理也是一个原因，即国境多山，而又介于强国之中，它们愿意有一个所谓缓冲国存在。近代"地缘政治论"最能说明地理对于政治是一种无形的势力。长江大河，高山峻岭，平原广漠，固然都是有形，但就其对政治发生影响，那是无形的，故可称为无形力量。余如舆论或公意，也是影响政治极大动力，尤其在民主国家之中，公意是特别重要。本人认为在无形的政治势力中，最基本的是风气，普通称作政风。造成治乱兴亡，条件很多，因素不一，而此摸不着看不见的政风却最重要。一切政治制度，法令规章，其原始动机，或说是当初观念，大体说来都是好的，都是为公的，但因为风气不同，执行情形就不同，可以变质，可以与原意相反。例如一国的海关，原以征收关税，检查走私的，但倘若政风不好。可以变成了公开受贿，便利走私。我们假使要问，什么东西什么因素在造成这种区别，本人认为政风——一种无形的政治力量——乃是此种关键。倘使只从"人物""制度"两因素上求改进，而不想法把政风改进，恐怕要缘木求鱼。商鞅变治为何先要迁木立信？就是先要转变风气，表示言出必行，造成贯彻命令的风气。国家的政风犹诸个人的习惯。其重要无比。总之，普通总注意或着重有形的力量，其实无形的力量更为重要。

以上是五项因素的简单说明。现在请进一步研究五项因素的相互关系，也是五项因素的联系运行。

其一，每一政治事项，因为研究的立场角度不同，可以看作不同的因素。换句话说，上面所举的各种例子，纯为便利了解的。本人并不认为一切政治事物可以划成五项，鸿沟分明，门户森严，或是铜墙铁壁，彼此不相接触。适得其反，五项因素往往是同一事项，同一问题的不同方面。怎么同一事项，因为研究的立场和角度不同，就可看作不同的因素呢？举战争为例。一般地说，战争是个现象，是个事实，它不是一个制度。从来没有成文或不成文规定十年一次小战或二十年一次大战的。它不是制度，但是就战争之为解决国际纷争的途径之一，方法之一——虽然是大多数人现在认为这是一种不好的途径，一种应当避免的方法——仍不失其为一种制度。正好像当初决斗，虽然不是解决当事人双方良好的合理的制度，但就决斗之为一种解决途径，则虽然甲与乙发生决斗是一种现象，而就决斗的结果解决了两造纷争，则确确实实可以把它看作一个制度。不宁惟是，就战争能发生影响使得制度起了变化，那么战争可以看作一个势力。第一次世界大战使英国内阁制发生变化，从二十余人组成的，因为要权力集中，改成三人或五人，从前不做记录的，因为战时政策事务特别的繁忙，遂成立了一个秘书厅。第二次世界大战也是影响英国内阁制度。就此立场，谓战争可以看作是一个力量，并非玄虚。战争并且可以看作一个观念。历史上实例不多，甲国与乙国事实上作战，甲国土地被占，军队被打，人民被屠杀，财产被劫夺，流血千里，而甲乙两国彼此间以及国际间，不承认有"战争"存在，只有武装冲突。反之，也有甲国对乙甲，彼此未出一兵，未发一弹，遑论交战，但却有"战争"——却有战争状态。依据国际公法，此种立场，何为战争，战争不啻是一个观念了。我再举一例。英美的政体（英是内阁制，美是总统制）就其用投票方式（英视阁潮发生，普选无定期，美则总统与国会上下院各有一定任期）来决定政府起伏，也就决定政党的起伏或人选的起伏，因此就能减少革命或防止革命。专就此点言，则英美政体可以看作一种无形的政治势力。另以民主国家的政党言，就其领导舆论，监督政府言，分明可以看作一项势力。就其纲罗培养训练人才与推出候选人而言，可以看作一种选拔人才的制度。就其或起或伏各种实际活动言，当然是一种现象。由于以上数例，足见每一政治事物，可以看作不同的因素。

  其二，一个政治事项可以从此一因素化成另一因素。这一点是非常重要的。例如普选，即不分男女，不分贫富，不分教育程度，宗教信仰，凡达法定年龄，一人一票，在英美各国当初也只是一个观念，一个理想。等到后来颁布普选法令，规定了一人一票，那普选是由"观念"一因素化成"制度"一因素。至于普选在英美已否由"制度"再进而化成"现象"，则殊值推敲。因为法令虽然规定一人一票，可是等到举行各种选举的时候，并不是所有具有选举权的选民全体到各地投票所去投票。普通有百分之七十以上选民投票就算相当踊跃了。又例如"五权宪法"，在当初国父提倡的时候，尚是观念因素，现在则早已纳入宪法，故五权宪法已化成制度。再例如共同组织国际机构以制裁侵略，维持正义和平，此一观念或理想，数千年来即有。在现代大规模成为制度，则自国际联盟开始。但国际联盟失败，未能由"制度"进一步达到其同制裁侵略，维持和平的"现象"。目前联合国遭遇的严重试验，也就是试验能否实现联合国宪章之主要目的，能否由制度而化成现象（事实）。一个观念如果流行甚久，深入人心，具有支配人们行为的力量，那末那个"观念"就已化成了"势力"。观念何以能成为势力，自值专门研究，我们应注意的是观念固有良好与否，确实与否，而其能成为势力，则系另一问题。不良的、错谬的观念，苟其不化成势力，对社会尚无甚大恶劣的影响。反过来说，准确的、良好的，如其仅仅在观念因素的阶段而不能化成支配行为的势力阶段，则尚不能收到移风易俗改进社会的效果。以故，例如古代历史证明，凡忠君爱国及奉公守法诸观念，如其成为势力，支配一般行为，则必为"治"为"兴"，倘日积用久，由势力渐次而退为仅仅"观念"不复能支配行为，则必为"乱"为"亡"。人类的进步有赖于理想，即有赖于观念者甚多，自无疑义。惟若干观念，也是从制度或现象化成。例如英国先有所谓内阁政体的那个现象，才有人颂扬它好，称它为内阁政体，以见别于美国三权分立的总统政权，并非英国的统治者或人民代表先从理论上发现有一种政体，叫做内阁政体，然后照此观念订成制度，此则研究政制者尽人皆知。又如政党政治，先有了事实，才发生观念，认为民主国家非有政党政治不可。十八世纪的政治思想家皆诋斥政党之存在。美国华盛顿做了两任八年的总统，临别赠言中尚谆谆劝诫美国朝野勿有政党。殊不知华盛顿两任中间因种种需要和势力，早已形成了现在民主党与共和党的发轫。这皆说明有时也有由现象或制度化成观念的。政治事项可由此一因素化成另一因素，是五项因素重要的相互关系。

其三，每个政治事项或每个具体政治问题，总包括五项因素。虽然包括五项因素，可是它们成份的轻重多少，和缓急先后却就可各不同。我们认识了这一点，可以避免偏见，增进了解。例如谈人治与法治。迷信人治，只知道"人存则政举，人亡则政息"，或"有治人无治法"，而不问其余，分明遗漏了其他因素的重要性。侈谈法治，专在法令规章上打圈子，以为只要白纸黑字订定了良好的法，就可解决问题，而不想努力把其它因素相联系配合，那恐怕免不了失望。这是因为遗漏了其他因素，当然会发现

"徒法不能以自行"的状况。它如单单拿人种优秀论来解释政治现象,这也是偏见,而这种偏见,严格地说,也只是倒果为因,把历史某阶段的事实(即某人种比较富强)认作为一种原理。所谓政治总是包括五因素,可以美国总统的选举为例,言其中的"制度",它是间接选举。依照美国宪法,美国人民并不票选某某为总统,而是在各邦里面分别票选某某为"总统选举人"。总统选举人选出后,由他们来票选总统。言其中的观念,当时创宪诸公对民众的政治能力并不十分信仰,他们认为直接民选不相宜,而是要人民先选出其比较认识的人做"总统选举人",再由后者各各运用其智慧,本大公无私,选贤与能的精神票选总统。可是,言其中的现象,则今日美国选举总统,事实上早已是直接选举,可是制度(宪法有关条文)一个字没有修改。何以故呢?这就要了解其中一种势力,即美国有了政党政治。有了政党,每四年一次,各大政党各自开全国代表大会推选出总统候选人。因此,人民投票赞成选举民主党的"总统选举人"候选人的时候,实际上等于他们就票选了民主党那位总统候选人了。因而美国全国的总统选举人完全选出,大家已知道下届美国的总统是谁。等到总统选举人真正投票的时候,报纸上一串消息也不甚登载,那就变成了一种告朔饩羊的一种形式而已。言其中的人物因素,那么,民主党员中,某也当选了民主党全国的总统候选人,或各党的总统候选人中某也最后当选了美国的总统,此中又有错综复杂的原因,但谁也不能否认人物因素也是重要的。总结一句,无论从事研究政治,或从事实际政治,如把有关五项因素只见其一而不见其他,只见其数种而不见其全体,恐怕解释的理论就不完全,所有的措施,就发生障碍或弊病。

其四,五项因素纵横地,长期地,继续不断地相互影响。有的是作用相反的,彼此在牵制掣肘,有的是作用相合的,仿佛携手并进。自纵的方面言,即自时间方面言,前后在相互影响着。由过去遗留下来的观念,可以影响着现在新立的制度,例如过去"升官发财"的思想,也许对于现在奖励廉洁,取缔贪污的法令,还在发生阻挠的作用。故欲配合联系,同时还须铲除这老观念,树立新观念,即把做官与发财分开,要想发财,尽可另谋经商途径,不要藉做官达到目的,要想做官,应当为民服务。此中一念之差,影响所及,真可差之毫厘,失以千里。为什么早已采用阳历"制度",而总是阴历年还较热闹?这也是受旧观念的影响。又如现在的现象可以是受着过去的势力所影响而形成。举例说,假使许多人化费巨大数的金钱去竞选,究竟为什么?也许是受了一种光宗耀祖的潜在"观念—势力"所支配的结果。至于现在在培植训练中的人物，一定可以改造将来的现象。好比举办财税人员训练，把原有的人员或新进的青年一批一批调训分发，灌输新血液，造成一枝生力军，自能使整顿税收更能得到良好现象。有人说，有了卢梭的社约论，才有法国革命（即观念引起现象）。也有人说，有了法国专制黑暗的背景，才引起卢梭一般人的民主思潮（即现象引起观念）。两说似乎矛盾。本人认为两说均部分准确，政治因素是先后相互影响的，自横的方面，亦即自空间方面言，五项因素亦在交互影响。甲国树立的制度，可于好像不知不觉中在乙国发生影响而引起一种现象。历史告诉我们，英美民主革命所产生的民主思想和制度，无形中引起了遍达欧洲，后来由欧洲而普及欧洲的民主运动与革命潮流（现象）。再举一例。英国国会议员选举提名，言制度，只须经十位公民联署，即可提名为议员候选人。以普通心理讲，既然只要十个人联署（人物因素），如此容易，则每一选举区，当有许多人出来做候选人。但是不然，因为另一"制度"规定候选人应缴纳百余镑的押金。凡投票结果，候选人所得票数，不到该区选民所投的总票数八分之一者将押金没收。所以没有相当把握能得若干选民拥护者，不愿或不敢做候选人，以免损失该项押金，故等于有一种无形势力来限制候选人的数目，此即政治因素的相互影响。美国当初受了第一次大战后一种"观念"的影响，认为应当禁酒，通过了宪法第十八条修正案，实行全国禁酒"制度"。原来禁酒与否，各邦自决，因为那是邦权，不是国权。第十八条修正案成立，则将禁酒权改隶联邦政府。根据此宪法条文，美国国会即通过实施禁酒法案。但有各种无形的"势力"在阻挠这个禁酒"制度"。美国一部分人民（人物因素），在心理方面，觉得不禁酒时倒不一定想喝，禁了之后，有时倒想"尝尝禁果"，另外则偷私酒的商人想乘此机会发一笔财，此种无形的"经济势力"对于禁酒制度发生重大打击。任何地方都有秘密卖私酒的处所。当然，政治势力如警察如海关如法院当然与经济势力奋斗。然而暗通警察，甚或暗中勾结警察保护，卖私酒也是有的。结果则成为酒禁不严，与一部分知法犯法的现象。因此，美国朝野的"观念"发生了变化，认为姑不论酒之应禁与否，看法容有不同，但事实上与其酿成知法犯法，引起全国玩法心理，将来影响政风太大，不如解禁。遂又发生修改宪法，将第十八条修正案取消的"现象"。我不过借此说明各项政治因素的相互作用。

其五，如比较五项因素的重要，则似应认识两点。第一点，就实际政治讲，五项因素如相互配合联系，则一切"顺"，即一切便利，容易而可成功。如相互纷歧矛盾，则一些"逆"，即一切阻梗，困难而趋失败。古人云，天时不如地利，地利不如人和。

此盖视"人物"和"观念"（因为要"和"亦赖"观念"）较诸"制度"和"势力"为重要。假使天时地利人和三者兼备，这不是相互配合而可顺利成功吗？再举一例。一国税政要办得好，最好是"制度"方面税率合理，负担公允，手续简化，人民在"观念"方面皆能明白了解，自动合作，在"人物"方面，办理税务人员秉公守法，正直无私，并努力执行，而在"势力"方面，无论是舆论是风气在无形中均支持这套制度。如此则"现象"不言而喻，税收一定能达所期，而税政亦必良好。（附带加一句话，我们应当知道，此种现象本身，即此种事实本身，也可如上而所说的可化成另一种因素，亦即可化成"势力"。同一税制，因甲地乙地两地特别办得好，结果会影响到丙地，使丙地也努力改进，得到同样良好现象。）如果经过相当时期，部分税务人员变成曲情徇私，或假公济私，"人物"这因素一有变动，则其他因素亦必随之而受到影响。此中消息真是息息相通，可惜只可意会，而不能以统计数字来表现罢了。第二点，我们应当认识的是：五者之中可说现象是目的，故最重要。人类政治之目的，要在造成或维持当时当地认为良好的合理的若干现象。例如目前人类都要想制裁侵略，保持正义和平，一切国际纠纷经国际机构由和平的方法来解决。这是人类的观念或理想。故具备了有关的制度，还未达到目的，要真能实现此现象，乃是真正的目的。此就最大者言之。它如分层负责，仅仅有了分层负责的"观念"不够，有了分层负责的"制度"也还不够，惟有各层各级真能切实做到分层负责，有了分层负责的"现象"，才算达到目的。易言之，世间不是为制度而制度，乃是要某种现象而成立某种制度。节约是如此，动员也是如此。故现象可以说是最重要。当然，反过来看，我们也可说观念最重要，因为确立了此观念才期求努力来实现它。又从观念或制度成为现象言，则可以说，势力最重要。正因为普通总称人治法治，殊不知人治法治以外，还有政风这无形势力，故势力一因素特别应当加以重视。其实这是主观的看法不同。从完全客观的立场，则研究政治，只求知政治原理。如果政治都包括五因素，而五因素能相互配合联系，则顺利成功，固无所谓何者最重要。

根据上面所讲的，照本人看法，似可归纳下列若干要点：一，政治有原理或定律。二，分析五项政治因素，当可协助我们求知及求合原理或定律。（治乱兴亡，自有其定律，以前之治兴也许一部分是偶然地吻合了治兴的定律。关于乱或衰，决没有求合于乱衰的定律，一定是不期然而然地暗合了定律，趋向"乱亡"。）三，人类政治之目的在造成或维持某种良好的政治现象。四，欲求造成或维持某种良好现象应当多方努力，使得其他因素配合联系而不纷歧矛盾。五，现象之发生，其主要因素在势力，特别是无形的风气。六，人治与法治之间，自有其联锁，亦即是势力——良好政风。七，风气之养成需要相当时间，且端赖在上者以身作则，实事求是，经常领导。八，制度不是造成而是须逐渐长成的。

总之，认识了五项政治因素，认识了五项政治因素的相互关系，似乎可以帮助我们探究政治定律。我这个因素分析，不敢说是独出心裁，却是书本内没有提过的。我当初不肯拾人牙慧，逐渐形成我这套的看法。一得之愚，提供出来，愿各位检讨批评和指教。

治兴之道[*]

太空之中，有不可思议数量的恒星与行星。太阳即是恒星之一，地球即是环绕太阳九个行星之一。地球上最初发现人类，约在一百万年以前，以言进化而成今日人类之始祖，则约在四万年以前。至于由野蛮而进入文明，留有信史，则只四五千年。可见地球在宇宙之中，极端渺小，人类四五千年的文明，极端短暂。

然而就此短暂的四五千年而言，人类在地球上不同的疆域内，已经历过无数国家，无数朝代，此起彼落，或盛或衰；所谓治乱兴亡，真是循环旋转，川流不息。此盖不特稽诸吾中华历史，固是如此，即征诸古代埃及、巴比伦、波斯、印度、希腊、罗马，乃至由中古以迄现代的世界历史，亦莫不皆然。

究竟一个国家之治乱兴亡，是否偶然，抑或具有定律？如有定律，则其中道理安在？此皆值得深切研究。今日物理学家已知每一个细微原子包含着若干电子，此若干电子以每秒钟数十亿次之速率，围绕着原子核永恒旋转，犹如众行星围绕着太阳旋转；例如每一个氢气原子包含着一个电子，而每一个氧气原子包含着八个电子，至于氢气原子之中，其一个电子与其原子核之距离，乃是百万分之一英寸的五百分之一。人类对于肉眼不能窥见连想像亦属难能的细微事物，犹能予以发现，分析，计算，控制，而加以运用；独对于四五千年来形迹昭彰，反复表演的治乱兴亡，尚未寻获一致公认的原理，则是人类智识岂非"明足以察秋毫之末而不见舆薪"！

壹、纷歧解释

当然关于治乱兴亡，中外古今许多思想家早已悉心探索，发挥理论。所欠缺者迄

---

[*] 原载《政治论丛》，正中书局1955年初版，1978年三版。

今未能一致。此外，历代政治家，包括专制君主以及民主元首，哪一个不想维持治兴，而避免乱亡；故在他们的信仰与措施之中，自亦包含治乱兴亡之见解。综合理论家与实行家之言论措施，则历来对于治乱兴亡，具有下列各种不同的解释。

其一，是认为基于天命。以国家之治乱兴亡归诸于天命，此乃流行最早、最广且亦最深、最久的看法。尚书有"有夏多罪，天命殛之，予畏天命，不敢不正"及"天乃大命文王，殪戎殷"。诗经有"有命自天，命此文王"。《左传》有"天将兴之，谁能废之"及"周德虽衰，天命未改"。汉朝的贾谊，既力倡天命之说，尤发挥"天人相与"之论，曾云："天之所大，奉使之王者，必有非人力所能致而自至者，此受命之符也。""国家将有失道之败，而天乃先出灾害以谴告之；不知自省，又出怪异以警惧之；尚不知变，伤败乃至。""故夏无道而殷伐之，殷无道而周伐之，周无道而秦伐之；秦无道而汉伐之。有道伐无道，此天理也。"类此天命的理论，不胜枚举，在当初可说是根深蒂固，普遍接受。故人主一向称为"天子"；而历代废兴之际，莫不有"图识""童谣""秘记"以及"瑞应"或"灾异"。即项羽败走乌江，亦以"此天亡我，非战之罪也"为自己解释。

吾国天命之说，细加分析，实含两种意义。一为通俗的见解，以"天"作"神"，所谓天命即是神意。另一为学者的立论，视天命为天道。例如"天道无亲，常与善人。""天视自我民视，天听自我民听。""民之所欲，天必从之。"此所谓天，无异指冥冥之中自有固定的治乱兴亡道理，行为措施而合乎治兴的道理，即是"顺天者昌"，行为措施而合乎乱亡的道理，即是"逆天者亡"。故荀子在天论篇中说，"天行有常，不为尧存，不为桀亡。""治乱天耶？曰，日月星辰瑞历是禹桀之所同也，禹以治，桀以乱，非天也。"第二种意义可说是思想家正统的见解，第一种意义，则是政治家一贯的信仰。两者均可持之有故，言之成理，不特在东西两方数千年历史中，把握过莫大力量，即在今日以及将来，亦必为部分人士所坚信。今日美国国会集议仍是举行祈祷，英国下院每天会议开始，必诵旧约诗篇第六十七篇。虽云仅系仪式，其含义甚深。然而仅仅以天命解释治乱兴亡总嫌囫囵吞枣，且难免"以成败论"之讥。

其二，是认为基于神意。与天命类似而相异者，则为神意论。例如罗马于四一〇年陷落受劫之后，守旧派咸认为沦亡之祸起于放弃固有宗教，于是倡言排斥基督教，恢复旧崇拜。圣奥古斯丁乃著《神都》一书，力言罗马之亡，并非亡于接受基督教，适得其反，亡于基督教之尚未普通流行。奥古斯丁引用柏拉图及西塞禄之著作，认为国家之所以异于盗贼团体,在其具有正义,所谓具有正义,即指人人得其份所应得,同时上帝亦得其份所应得,而上帝之份所应得,在人们应以专一无二之信仰崇拜贡献上帝。推而论之,国家之治兴乃上帝之赏赐,国家之乱亡乃上帝之惩罚。美国一七八七年举行宪法会议,各方争辩甚烈,屡濒破裂,八十一岁的佛兰克林临时建议,请于会议中增列祈祷节目。他说:"上帝主宰一切人事。如一个小麻雀之落地,尚不能免上帝之关切,则一个大国之治兴,宁能无上帝之赐助?"

实则神意之论,不独基督教徒所坚信,凡是抱持任何宗教信仰者必均接受;再进一步言之,则初不必隶属任何宗教,只要相信鬼神者,往往有此见解。例如《左传》载周惠王问神降于莘,内史过说:"国之将兴,明神降之,监其德也。将亡,神又降之,观其恶也。故有得神以兴,亦有以亡。"墨子虽谓"乱何自起,起不相爱"。"视人家若其家,谁乱。视人国若其国,谁攻。若使天下兼相爱,国与国不相攻,家与家不相乱,盗贼无有,若此则天下治。"故认为兼爱与否,与治乱兴亡直接有关。但在墨子整个学说之中,天命神意似胜过人事道德。墨子认为天在君之上,天之鬼神有赏有罚。"然则富贵为贤,以得其赏者谁也。曰,若昔者,三代圣王尧舜禹汤文武者是也。所以得其赏者何也,曰其为政乎天下也,兼而爱之,徒而利之,又率天下之万民以尚尊天事鬼,爱利万民。是故天鬼赏之,立为天子以为民父母。万民从而誉之曰圣王,至今不已。则此富贵为贤以得其赏者也。然则富贵为暴以得其罚者谁也。曰,若昔者三代暴王桀纣幽厉者是也。何以知其然也。曰,其为政乎天下也。兼而憎之,从而贼之,又率天下之民以诟天侮鬼,贼杀万民,是故天鬼罚之,使身死而为刑戮,子孙离散,家室丧灭,绝无后嗣。万民从而非之曰暴王,至今不已,则此富贵为暴以得其罚者也。"墨子此项立论,与神意解释自极类似。

持神意说者,今日尚大有人在。就其本身而论,神意说亦可谓为颠扑不破,绝不因科学昌明而不能立足。但谓为能够说明治兴的原理,自难满意。盖视神具有喜怒哀乐,偏袒好恶,此已为陈旧的看法;如视神之意旨另有其所依据之固定原则,则除非进一步探救发现此治乱兴亡之固定原则,即仅仅归诸神意自属简单而渺茫。

其三,是认为基于人事。历代开国帝皇每当天下大定,心满意足之时,辄以废兴得失的所由,诘问群臣。例如汉高祖置酒洛阳南宫,大会文武百官,问刘氏何以得天下,项氏何以失天下。群臣作答之后,高祖自加补充,说是张良萧何韩信"三者皆人杰,吾能用之,此吾之所以取天下者也。项羽有一范增而不能用,此所以为我禽也"。

诸葛亮在《出师表》中有云，"亲贤臣，远小人，此先汉之所以兴隆也。亲小人，远贤臣，此后汉之所以倾颓也。先帝在时，每与臣论此事，未尝不叹息痛恨于桓灵也"。荀子亦曾说过，"有乱君，无乱国，有治人，无治法。得其人则存，失其人则亡，法者治之端也，君子者治之原也。故有君子，则法虽省，足以徧矣。无君子则法虽具，失先后之施，不能应世之变，足以乱矣"。希腊的柏拉图亦曾以"哲人兼君王"为理想，即认为权力与贤能吻合，乃能治兴。吾国孔子认为"其人存则其政举，其人亡则其政息"，"故为政在人，取人以身，修身以道，修道以仁"。总之，"人治"解释，颇有力量，且迄今不衰；惟人事得失，只为治乱兴亡条件之一，断难抹煞其他条件。

其四，是认为基于法制。此所谓法制解释，包括法治，而含义更广。历来"人治"与"法治"颇多争辩。例如管子说过，"法者存亡治乱之所从出"，又云，"以法治国""君臣，上下，贵贱，皆从法"。韩非子云："抱法处势则治，背法去势则乱。今废势背法而待尧舜，尧舜至乃治，是千世乱而一治也。抱法处势而待桀纣，桀纣至乃乱，是千世治而一乱也。"商君论治兴，亦首重法治，其言曰："国之所以治者，一曰法，二曰信，三曰权"。

汉朝仲长统认为专制政体，亦即政治制度，本身即含有治乱兴亡之原，立论深刻。在他所著昌言里面，理乱篇中，有此一段："豪杰之当命者，未始有天下之分者也。无天下之分者，故战争者竞起也。于斯之时，并伪假天威，矫据方国，拥甲兵，与我角才智程勇力。"及最后众败一胜，接掌天下，则"建体之时，民心定矣。普天之下，赖我而得生育，由我而得富贵"。"豪杰之心既绝，士民之志已定，贵有常家，专在一人。当此之时，虽下愚之才居之，犹能使恩同天地，威侔鬼神。""彼后嗣之愚主，见天下莫敢与之违，自谓若天地之不可亡也，乃奔其所嗜，骋其邪欲，荒废庶政，弃亡人物。""信任亲爱者尽佞谄容悦之人也；宠贵丰隆者，尽后妃姬妾之家也。""遂至熬天下之脂膏，斫生人之骨髓，怨毒无聊，祸乱并起，中国扰攘，四夷侵畔，土崩瓦解，一朝而去……岂非富贵生不仁，沉溺致愚疾耶。存亡以之迭代，政乱从此周复。"仲长统且认为"乱世长而化世短"。基于此论，则君主政体本身即包含着治乱之源。

明末清初的唐甄，重视人民经济生活，力倡养民之说，其意谓社会之乱，起于民不聊生，所以"一人为窃，十人为盗，千百为贼，久则数万而为军，称帅称王，攻城杀吏而乱成矣"。但根本原因他认为还在政制。"治天下者惟君，乱天下者惟君。小人乱天下，用小人者谁也。女子寺人乱天下，宠女子寺人者谁也。奸雄盗贼乱天下，致奸雄盗贼之乱者谁也。""一代之君十数世，有二三贤君不为不多矣，其余非暴即暗，非暗即辟，非辟即懦，此亦生人之常，不足为异。懦君蓄乱，辟君生乱，暗君召乱，暴君激乱。"唐甄盖由人事而归结到法制问题，与仲长统立论先后如出一辙。总而言之，法制固与治乱有关，但治乱决非全由法制。

其五，是认为基于民心。孟子说，"桀纣之失下天，失其民也。失其民者，失其心也。得天下有道，得其民，斯得天下矣。得其民有道，得其心，斯得民矣。得其心有道，所欲与之聚之，所恶勿施尔也"。这是包含极精深的道理。苏东坡云："人主之所恃者人心而已。人心之于人主也，如木之有根，如灯之有膏，如鱼之有水，如农夫之有田，如商贾之有财。木无根则槁，灯无膏则灭，鱼无水则死，农夫无田则饥，商贾无财则贫，人主失人则亡，此必然之理也。"此与唐太宗所谓"为君之道必须先存百姓，若损百姓以奉其身，犹割股以啖腹，腹饱而身毙"，词异而意同。

民心之得失，确为治乱关键之一；此在民治政体，亦复如是。一七七六年美国独立宣言称："吾人深信下列数项乃不言而喻的真理。一切人民皆生而平等，皆受上帝所赋予的若干不可割弃的权利，就中即为生命自由与求乐。为保障此项权利故，人群中始有政府之设立。政府之公正权力，盖得自被治者之同意。任何政体而至破坏上述目的，则人民有更改或废弃旧政府而另建新政府之权。"政府基于"被治者之同意"，此乃民主政治最基本原则，而"被治者之同意"即是取得民心。自由投票选举，即是民主国家表示民心的基本方式。民心解释，固极宝贵，且征诸各国之治乱兴亡，类多确切；惟民心如何而得，缘何而失，自待进一步之研讨。

其六，是认为基于道德。管子所谓"礼义廉耻，国之四维，四维不张，国乃灭亡"。《左传》中所云："国家之败由官邪也，官之失德，宠赂章也。"此皆以治乱之所由，随道德之盛衰。唐太宗尝与侍臣讨论周秦国祚之所以修短，谓"周得天下增修仁义，秦得天下益尚诈力，此修短之所以殊也。盖取之或可以逆，而守之不可以不顺故也"。宋苏东坡上皇帝书中下列一段，极端强调治乱基于道德："夫国家之所以存亡者，在道德之浅深，而不在乎强与弱，历数之所以长短者，在风俗之厚薄而不在乎富与贫，道德诚深，风俗诚厚，虽贫且弱，不害于长存。道德诚浅，风俗诚薄，虽强且富，不救于短亡。""国之长短如人之寿夭，人之寿夭在元气，国之长短在风俗。"十八世纪英国思想家布郎亦云："在高位而为众人表率者之风尚与思想，而非在下受治者之风尚与思想，永将判定一个国家之强弱与存亡。"现实主义者对于道德解释向来轻视，殊不知社会之道德风尚——在专制政体，特别是在上者的道德风尚，在民主政体，则兼重一般民众的道德风尚——确与治乱兴亡有关。

吾国先哲往往于"人治""法治"之外，兼重"礼治"。所谓礼治，比较起来，近于道德解释，而实较道德更广，《左传》《礼记》等经书里面，论礼甚多。例如"礼所以守其国，行其政令，无失其民者也。""为政在礼，礼为政本。""怠礼失政，失政不立，是以乱也。""礼之所兴，众之所治也；礼之所废，众之所乱也。""隆礼贵义者其国治，简礼贱义者其国乱。"但究竟"礼"是什么？迄今殊少满意的具体答复。《左传》云："是仪也，非礼也。"孔子说："礼云礼云，玉帛云乎哉。"可见"礼"决不是仅仅仪节形式。本人认为"礼"是指一个时代，一个社会所认为群众生活彼此关系中应当遵守的行为准则。因此，礼要合乎道理，本乎人情，适于时宜。既然是行为准则，故不只是仪节形式要合乎礼，就是法令制度乃至国际关系，都应当合乎"礼"。照此解释，似可领悟孔子所说"制度在礼"；《左传》所载"礼，经国家，定社稷，序民人，利后嗣者也"，以及《礼记》所云"故治国不以礼，犹无耜而耕也"，"为政先礼，礼其政之本欤"。而所谓"礼"要"随时""达顺""备体""从宜"与"合称"，自可作为为政出令立法订制的妥善原则。由是以言，礼治可称为伦礼解释，但究嫌空洞。

其七，是认为基于教化。孔子曾云："政者正也，子率以正，孰敢不正。""苟正其身矣，于从政乎何有。不能正其身如正人何。""上好礼则民莫敢不敬，上好义则民莫敢不服，上好信则民莫敢不用情。""君子之德风，小人之德草，草上之风必偃。"此皆欲化民成俗，修身治国，而与其"仁"政主张相贯串。故孔子论听诉讼则说"听讼吾犹人也，必也使无讼乎"。对季康子问政，则曰"焉用杀"。可是运用无形教化，以求国家治兴，虽在历代帝王相当重视，大体上只为理想标准。

其八，是认为基于武力。"以德服人者王，以力服人者霸。"此所谓"力"，可以兼指对内对外的武力或强力；对外固专指兵力，对内则兼指刑狱囚禁与杀戮。对于一般武力的统治，不特吾国儒家，即在各国历来思想家，亦均不予赞扬，但在掌权在位的实行家，则莫不极端重视。就历史事实而言，武力对于治兴之相当重要，确难否认。盖开国建业，内则削平叛乱，外则拓土开疆，总赖武力强盛；等到刑政松弛，兵力不振，外则招致侵凌，内则蕴酿祸乱。此则史实俱在，不难复按。所以孔子虽曰"民无信不立"，究竟亦重视"足食足兵"，墨子虽主张"兼爱"与"非攻"，认为侵略战争乃基于自利与好名的错谬观念，实则得不偿失；但墨子仍着重武力自卫。就近代西方而论，德国思想家屈赉兹克之视国家完全基于权力,固无论已,即英国原富著者亚当·斯密,亦认为国防更重于富足,并云一国文化之能久长维持,全凭常备军。我们可以说,足够的武力,及足够武力的合理使用,是致治复兴之所必需;反之,如超过必需而且加以不合理的使用,势将内则残虐屠戮,外则穷兵黩武,不特影响治兴,抑且招致乱亡。例如拿破仑及希特勒的行迳即是明证。

其九,是认为基于经济。隋唐之际,群雄逐鹿,有一位自己也认为应"李氏当兴"谶谣的李密,曾经说过,"天下大乱本为饥馑"。这项身经目击的观察,自值重视。明朝方孝孺也曾谓:"使陈涉韩信有一廛之宅,一区之田,不仰于人,则且终身为南亩之民,何暇反乎?"其意盖谓人有恒产,则愿治不愿乱,苟无恒产,则铤而走险,无所不为;此其中固包含一部分事实,一部分真理。然而单纯以经济问题解释治乱兴亡则自不准确。方孝孺举陈涉韩信为例则可,另如散发家财为韩报仇的公子张良,则显然不在此例,此其一。一般民众生活困苦,易迫为乱,诚属自然;但征诸历史,一个朝代的乱亡,必于经济艰窘之外,加上政令暴虐,此其二。从前科学未昌盛,交通不发达,水旱蝗虫可以造成大规模的饥荒;但除此天灾所致的人祸而外,其他经济危机,均由政治不良所招致,可见政治亦是"因"而不仅是"果";此其三。至若马克思与恩格斯一派所谓国家起原于私产制度之成立,一旦私产废除,则国家萎谢,无复有统治,无复有治乱兴亡,此种学说尤属偏激与梦呓。

其十,是认为基于政令。汉代荀悦有言:"致治之术,先屏四患,乃崇五政。"所谓四患:"一曰伪,二曰私,三曰放,四曰奢。伪乱俗,私坏法,放越轨,奢败制。""俗乱则道荒""法坏则世倾""轨越则礼亡""制败则欲肆"。所谓五政即"兴农桑以养其生,审好恶以政其俗,宣文教以彰其化,立武备以秉其威,明赏罚以统其法"。所谓"去四患",实即发挥礼治。荀氏盖于"礼治"以外兼重具体之政令措施,亦即兼重"为政"。吾们所应注意者,"为政"必先求"致治",惟"致治"乃能"为政"。所谓致治,其要旨在贯彻政令,在各级执行官吏能本政令之本意切实施行。如果政令如牛毛,在上者既无雷厉风行贯彻到底的诚意和决心,而在下者复有阳奉阴违,敷衍蒙蔽,甚且假公济私徇情枉法的心理和风气,则"为政"愈繁复,"致治"益艰难。所谓"治"重于"政",意即在此。

其十一,是认为基于地理。德国学者赫特有过一句名言:历史就是地理在发挥作用。实则自古以来的思想家莫不承认地理对于政治具有相当重要性。吾国先哲即曾指出"天时不如地利，地利不如人和"。但现在地缘政治学家，竟有认为整个政治无形中全受地理之支配者，此则未免过分。

以言地理影响政治，例证甚多。东西文化最早发祥之地均在大河流域。各国建立的都城，不约而同，大抵均在北纬若干度数以内。就世界历史言，往往北方的游牧民族入侵南方的农耕民族。瑞士是个小国而能发扬民主政治，独立数百年，论者咸认为基于山地形势，而且因为周邻的强国，宁愿保留一个缓冲国家而不求直接接壤。英国数百年来宪政继续发展，亦受惠于地理，即海峡相隔，不太受欧陆政治漩涡之牵连。类此地理对治兴的影响，莫能否认。

至于地缘政治学说，一则过分重视地理因素，二则专门着重国际关系。最惹注意者有两点立论。其一，为陆地强国只能沿着其边疆，拓展版图；海洋强国，则凡海道所经，海军所及，均能加以征取，此则证以所谓英旗无日落，殊属可信。惟此派学者往往认为陆权国与海权国，总不免最后火并。其二，为"心腹地区"论，即认为欧亚之中部广大地区，形成一庞大的坚强堡垒，为海军权力所不及，凡能控制此区域者，将能控制整个世界。当时纳粹德国即曾迷信此种学说而酿成其武力吞并的恶梦。总之，我们对于地理，对于一国之治乱兴亡有时而发生相当关系，固难否认，但必欲牵强附会，强调地缘政治，贯彻赫特立论则既无必要，更非事实。

其十二，是认为基于种族。优秀民族之说自古即有。希腊强盛时代，即自认为最优秀民族而视其他为蛮夷。此与吾国在汉唐盛世视周围为化外四夷，如出一辙。英国宪政发达，五六百年来未有革命，说者有谓英之治兴，基于盎克鲁撒克逊民族之政治天才。惟降至最近，始有假借科学名义，强调人种优劣之说。纳粹德国的思想家尤尽牵强附会之能事，自认德意志民族为天之骄子，为世界上最优秀之民族，因而理应统治全球。此项学说，绝无科学根据。惟其思想渊源，显脱胎于德国唯心主义派，尤其是黑格尔。黑格尔谓世界历史是一部自由发展史，而每一时代，必有一个优秀民族，指挥领导；及其任务完成，则另有一个优秀民族，起而负荷时代使命。照黑格尔之历史哲学，每一时代有一个民族担任主角，此一民族即蓬勃治兴，其余国家则犹如舞台上牵旗持杖的角色，无足轻重，而主角之下台即为乱亡。黑格尔的思想固非与后来纳粹党人所持者相同，且实包含循环起伏的理论。

其十三，是认为基于循环。吾国的孟子早有"一治一乱"的看法，并认为五百年构成治乱的大循环，所以说"五百年必有王者兴，其间必有名世者"。其所举史实,则为由尧舜至于汤五百余岁,由汤至于文王五百余岁,由文王至于孔子亦五百余岁。罗马的波里比阿亦持政治循环之论。他认为君主政体历久则恶化,成为暴君政治,此即一治一乱。贵族推翻暴君,恢复太平,但卒又变态而为寡头政体,此又一治一乱。打倒寡头政体者为民众,但民主政治终又变化而成暴民政治,此又一治一乱。收拾暴民政治只有君主政体,于是治乱之大循环又复开始。若宋朝的邵雍,根据太极阴阳六十四卦,发挥一套类似科学而实系玄学的理论。他认为社会政治,犹之宇宙万物,自有其一定的盈虚消长与生死起伏的理数,并且以三十年为一世,十二世为一运,三十运为一会,十二会为一元。天地之终始为一元,共十二万九千六百年。他又分古今政治为"皇、帝、王、霸"四种。依照邵氏立论,人类治世只及十分之一,而乱世却有十分之九。又如明末的王船山亦言"天地之气衰旺,彼此迭相易也",故就一国而论,"乍明乍灭",就数国而论,"此混沌而彼文明",实含循环更迭之意义。循环之论因为相当符合史实,易动听闻;惟究竟由于人事抑由于气数,则论者亦莫衷一是。

其十四,是认为其于偶然。持偶然论者并非谓宇宙之间无亘古流行的道理,但总以为治乱兴亡均是适逢其会,非人事所能左右,所以不能归诸于人力。兹举东方与西方两位学者之立论为例。后汉治学兼从政的王充在《论衡》中有言"夫贤君能治当安之民,不能化当乱之世。良医能行其针药,使方术验者,遇未死之人得未死之病也。如命穷贫困,则虽扁鹊未如之何。夫命穷贫困之不可治,犹乱民之不可安也。""故世治非圣贤之功,衰乱非无道之致。国当衰乱,圣贤不能盛,时当治兴,恶人不能乱。世之治乱,在时不在政,国之安危,在数不在教。尧命当禅舜,丹朱为无道,虞统当传夏,商均行不轨。"又云:"人之生死,在命之夭寿,不在行之善恶。国之存亡在期之长短不在政之得失。"王充之说,殆亦一种"宿命论"。十八世纪苏格兰的弗格森在所著《政治社会史》中有云:"人众之一举一动无不盲目。有时某一民族完全于偶然无意之中,有所建树……绝非任何人的计划实现。最高明之政治家对于其所持法政方案究将领导国家至何境地,常不自知……常人以海獭与蜜蜂之技巧,归诸自然之妙智。独文明国家之技巧,则归诸人类本身。实则人们之成就正与其他动物相同,乃受自然之指示,乃为本能之结果,不过受所处不同之境遇而有限制和分别而已。"依据弗格森之政治哲学,国家之所以治乱兴亡实皆起于自然,惟就其超越人们理智或力量之所及而言,则可称为偶然。以此诠释"偶然"则我们一方面虽否认治乱原因之不能发现,但另一方面自亦不得不承认总有若干偶然因素存乎其中,此则蒲莱士在所著现代民主政体中亦有揭橥。

贰、研究范围

上述关于治乱兴亡的十四种理论,乍视之似乎五花八门,纷歧矛盾;然细加思索,大抵彼此联系,消息相通。例如"天命"之说,莫不含"天与人归"之意,殊与"民心"之论相通。"神意"类指赏善罚恶,此与"道德"何殊。重"人事"者初非蔑视"法制"。着眼"经济"者,亦不抹煞"武力"。迷信"种族"有优劣者,何尝否认"政令"有良窳。揭橥"地理"支配者,未必反对"教化"影响。甚即倡说政治"循环"者,对于"偶然"成份,亦可接受。可见十四种理论,无一理论,能单独解释治乱兴亡之所以然,而每一理论,自有其相当贡献。

由上以言,弥足见治乱兴亡问题至为错综复杂,断难有过于简化之答案,更足见治乱兴亡问题无论或为"求知"或为"致用",值得深切研究。

欧阳修云:"自古有天下者,莫不欲为治君而常至于乱"。刘子政亦言"人君莫不欲安,然而常危,莫不欲存,然而常亡"。远如秦朝之始皇与二世,近如欧洲之希特勒与墨索里尼均是例证。反之,历史上崛起民间之草莽英雄或各方领袖,初非研究历史政治,更未必熟谙治兴原理,竟能推翻旧政,建国立业。如汉之刘邦,明之朱元璋,以及美国独立革命,完成联邦宪法之诸领袖皆是。此果何故?此盖因治乱兴亡自有其固定原理。凡措施碰巧暗合,顺于治兴定律者,自能治兴;凡措施有意无意,合理乱亡定律者,不免乱亡。朱熹更言:"亘古亘今只是一理,顺之者成,逆之者败,固非古之圣贤所能独然……后来所谓英雄,其资美者乃能有所暗合。"此正可为一般致治复兴的政治家写照。朱氏又云:"天下之事,莫不有理。""格物者,穷理之谓也,盖有是物必有是理。然理无形而难知,物有迹而易睹。故因事物而求之,使是理了然于心目之间而无毫发之差,则应乎事者自无毫发之谬。"我们要求知治兴的无形原理,自当寻诸于有形的治兴陈迹。

"亘古亘今,只是一理。"此点尤应强调。民主国家的治兴和君主国家的治兴,其所依据之各项原理,完全相同,惟各项原理应用之范围,程度和方式,自有相异。例如君主政府首在"得民心",民主政府则以"被治者之同意"为基础,理论和方式尽可不同,而其原理则一。又例如民主政府固尊重言论自由,接受批评意见,然在开明兴盛之君主时代，亦均知"防民之口，甚于防川"，且亦专设谏官，广开言路。两者程度虽异，原理则一。再例如君主政体运用公开考试选拔人才，今之民主政体亦各采用竞争考试为员吏进身之阶。古今考试之方法和内容诚然有别，但其精神和道理初无二致。又例如君主政体，有一位最高之元首，民主政体，亦何尝无之，盖总统制之总统，内阁制之首相或总理，即是民主国家之实际元首。法国正因多党政治，平时无一政党能组成坚强有力的清一色内阁，故阁揆在位短者只数天或数周，即在战时亦不能适应环境需要。类此例证不胜枚举。

所谓治兴，究何所指，其含义与范围又若何，亦值加以阐释。"治"是基础，"兴"是"治"之延长与扩展。能久治自必兴盛而富强。简单言之，治是法令流行，民心悦服，此非旦夕间事，必须相当期间。反之"乱"是起端，"亡"是"乱"之蔓延与归束。乱既久而不能消弭终必趋于溃亡。简单言之，"乱"是统治腐化，民不聊生。致治固需相当时期，趋乱亦经长时酝酿，所谓"履霜坚冰至"其来由渐。明于此，始可了解有时人主确为童騃愚妇而国家仍不失其为兴隆，有时人主（如明之崇祯）虽忧国忧民，励精图治，但国事已如病入膏肓不可救药。

再进一步分析，则所谓治兴，包含五个项目：（一）统一与安宁；（二）秩序与法治；（三）建设与进步；（四）富足与强盛；及（五）福利与安全。统一指在上，安宁指在下。统一云者，即孟子所谓"天下乌乎定，定于一"。一国之中只有一个政府而无复逐鹿纷争。此盖致治之初步而亦基本条件。盖政府统一，人民乃能休养生息，安居乐业。惟其得有统一与安宁乃能享受秩序与法治。秩序系指树立规模，订立体制，汇成法典，使上下相互关系均有轨道可循。法治云者即上下共同遵守法律。专制时代所谓皇子犯法与庶民同罪，即是法治之基本精神。国家即已成平，则自必有其建设与进步，无论筑道路，兴水利，建仓廪，立学校，以至修礼乐，宣文教皆是。致治既久，国家自能富强。以言当代国家，则更力求福利与安全。然即在古代专制国家，例如救灾赈荒，恤贫养老，未始非福利措施，而例如万里长城之修建何尝不着眼安全。可见历来国家之求致治兴，其范围，程度和方式尽可不同而其目标与原理则绝对无异。

依此分析，更可见首段所述十四种理论，各有其来由。言统一与安宁，自需武力和民心。求秩序与法治，则人事与法制两不可缺。欲建设与进步，涉及经济与教化。至于富足与强盛，福利与安全，则经济，武力，政令，道德各项都是息息相关。至于治兴之反面即为乱亡；乱亡自即包括割据与扰攘，混乱与暴横，败坏和退步，贫乏和衰弱，以及祸害与溃亡。

总之，治乱兴亡，固有其原理，惟因素繁多，错综复杂。本篇目的盖在缩小范围，寻求有关治兴的政治定律。请先说明下列几点。

一，研究治乱兴亡，实即研究治兴之道，因为乱亡是治兴的反面，能知治兴之所自，自必知乱亡之所由。二，研究治兴固应分析历史，尤应归纳定律。所贵乎定律，为能解释一切治兴现象，即时不分古今，地无分中外，政体不论专制或民主。三，所谓治兴，自以长期治兴为对象。历史上许多国家，许多政权，"其兴也勃然，其亡也忽然"。短暂的治兴，非真正的治兴。四，一国治兴之条件，可分先天与后天两种，例如疆土面积，人口数目，以及民族血统，皆属先天条件。一国治兴之条件又可分为国内与国外两种，例如邻邦政策，国际局势，均属国外条件。兹拟论列者则侧重国内的和后天的条件。五，以言国内治兴，首应重政治方面的因素，余如经济教育文化各方面则只间接关联。

叁、基本原理

我们就世界各国，不论其政体为专制或民主，研究其治乱兴亡的历史，单就政治方面而言，表面上似乎形形色色，千变万化，但如就错综复杂的现象之中，抽绎其原理，则可归纳为有关治兴的四大政治定律。凡行为措施，有意无意，合此四大定律必能治兴。反之，如恰相违背，则终必趋于乱亡。

所谓有关治兴的四大政治定律，其一，为具有集中贤能群众信仰之最高领袖；其二，为养成秉公守法负责努力之统治阶级；其三，为培植深入人心支配行为之思想风尚；其四，为订定适合环境顺应潮流之法度律令。每一政治定律各有其若干附带原则。兹先列表如下，再加补充说明。

关于治兴的政治定律	关于乱亡的政治原因
壹：具有集中贤能群众信仰之最高领袖 （一）宽宏大度，从善如流 （二）创建事功，谋民福利 （三）树立典章，培植政风	壹：任用奸佞丧失民心酿成扰攘纷争 （一）昏庸刚愎，拒谏禁谤 （二）荒废政事，残害民众 （三）废驰规模，破坏传统
贰：养成秉公守法负责努力之统治阶级 （一）清廉正直，为民服务 （二）崇尚法治，分层负责 （三）进退有方，新陈代谢	贰：各级公职员吏颟顸敷衍徇私枉法 （一）取巧好诈，贪污舞弊 （二）玩忽纪纲，擅权渎职 （三）钻营奔竞，赏罚不明

续表

关于治兴的政治定律	关于乱亡的政治原因
叁：培植深入人心支配行为之思想风尚 （一）遵守信条，实行主义 （二）明礼好义，尚廉知耻 （三）秉公去私，贯彻法令	叁：全国朝野上下风气败坏四维不张 （一）标准动摇，是非颠倒 （二）背礼弃义，寡廉鲜耻 （三）徇私忘公，玩蔑法令
肆：订立适合环境顺应潮流之法度律令 （一）折衷调和 （二）循序渐进 （三）准备周详	肆：拒绝改善虚伪应付激起反抗暴动 （一）顽固反动 （二）欲速不达 （三）荒张应付

其一，先论具有集中贤能群众信仰之最高领袖。每当一国大乱，群雄逐鹿，其最后能荡平对敌，统一社会，恢复安宁者，固然要凭藉武力，此其人往往且屠戮功臣，所谓鸟尽藏弓，兔死狗烹，然而武力并不是治兴的唯一原因，更非长期治兴的主要原因，而杀戮功臣也只是暂时维持其惟一最高地位。其主要原因，盖在政治，亦即在此其人必能任贤用能，收揽民心。前汉之高祖，后汉之光武，唐之高宗与太宗，明之洪武，甚即美国之华盛顿与林肯莫不如此。我们如进一步再加分析，则治兴领袖所以能集中贤能而得到群众信仰者，不外三点：（一）宽宏大度，从善如流；（二）创建事功，谋民福利；（三）树立典章，培植政风。

试以汉高祖刘邦为例。史固称刘邦谩骂儒生，但其器度宽大，勇于纳谏，却是事实。他肯听从萧何的推笃，把韩信登坛拜将，将得一军皆惊；而陈平归汉，即日拜为都尉，王陵归汉，陵母受烹，此种舍弃旧主向他效忠，决不是偶然的事。史称刘邦既入咸阳，见秦宫室狗马重宝妇女，意欲久居，樊哙谏曰，欲有天下耶，将为富家翁耶，愿急还霸上。张良亦谏曰忠言逆耳，利于行，良药苦口，利于病。刘邦乃还军霸上。这是纳谏。又如有人潜谗陈平，说他"受诸将金"。陈平辩白道："臣事魏王，魏王不能用臣说，故去事项王。项王不能信人，其所任爱，非诸项即妻之昆弟，虽有奇士不能用。闻汉王能用人，故归大王。臣裸身来，不受金无以为资。诚臣有计划可采者，愿大王用之；使无可用者，金具在，请封输官，得其骸骨。汉王乃谢，厚赐，拜为护军中尉，尽护诸将。诸将乃不敢复言。"此又是纳谏。所谓"师臣者王，友臣者霸"。所谓"兼听则聪，偏听则暗"。纳谏与否，与治兴有莫大关系。

汉光武刘秀之所以能中兴也有同样纳谏的美德。史载："郭伋为并州牧，过京师，帝问以得失，伋曰选补众职者当简天下贤俊，不宜专用南阳人。是时在位多乡曲故旧，故伋言及之。"而光武不以为忤。故在上者惟有宽宏大度，从善如流，乃能集中贤能，措施得当。而贤能之集中，不只在开国创业之际，有其需要，即在垂统承平时代，亦须继续，诚如唐太宗所称要使"天下英雄入彀中"。唐太宗曾"令封德彝举贤，久无所举。上诘之，对曰，非不尽心，但今未有奇才耳。上曰，君子用人如器，各取所长，古之致治者，岂借才于异代乎。正患己不知，安可诬一世之人。德彝惭而退"。可见唐太宗对于选拔贤能，极其认真。至于时代不同，需要各异，所需之人才自亦有别。此诚如陆贾所谓马上得天下，宁可以马上治之。史称汉光武"天下既定，乃退功臣而即文吏"。亦即此意。

关于人才与治兴之关系，苏东坡在《养士论》中，有一翻极深刻的见解："夫智勇辩力，此四者，皆天民之秀杰者也，类不能恶衣食以养人，皆役人以自养者也，故先王分天下之富贵，与此四者共之。此四者不失职，则民靖矣。四者虽异，先王因俗设法使出于一；三代以上出于学，战国至秦出于客，汉以后出于郡县吏，魏晋以来，出于九品中正，隋唐至今出于科举，虽不尽然，取其多者论之"。苏氏接着说："六国之君，虐用其民不减始皇二世，然当是时百姓无一人叛者，以凡民之秀杰者，多以客养之，不失职也。其力耕以奉上，皆椎鲁无能为者，虽欲怨叛而莫为之先"。秦始皇"既并天下则以客为无用"，"堕名城，杀豪杰，民之秀异者散而归田亩，向之食于四公子吕不韦之徒者，皆安归哉。不如其能槁项黄馘，以老死于布褐乎，抑将辍耕太息，以俟时也……纵百万虎狼于山林而饥渴之，不知其将噬人，世以始皇为智，我不信也"。苏东坡这段现实主义的历史哲学，深值实际政治家的意味。

至于创建事功，谋民福利，亦可以汉高祖为例。史载："刘邦既入咸阳，悉召诸县父老豪杰谓曰，父老苦秦法久矣。乃与约法三章杀者死，伤人及盗抵罪，余悉除去秦法；且使人与秦吏行县乡邑告谕之。秦民大喜。急持牛羊酒食献飨军士。沛公又复不受，民又益喜，惟恐沛公不为秦王。及项羽弑义帝，刘邦时已为汉王，乃为义帝发丧，哀哭三日，遣使告诸侯，斥项羽为'大逆无道'，并言'愿从诸侯王击楚之杀义帝者'"。凡此所举，相属创建事功，谋民福利，而能得到群众信仰。试翻阅治兴史实，凡属开国领袖，莫不有此种种措施。

汉高祖起初革除秦朝烦苛的法令礼仪，一切尽取简单，但是"群臣饮酒争功，醉或妄呼，拔剑击柱"，于是采纳叔孙通之建议，制定朝仪。史称"高祖初顺民心，作三章之约，天下既定，命萧何次律令，韩信申军法，张苍定章程，叔孙通制礼仪"。可见树立典章，培植政风，乃亦治兴之必要条件。光武初兴，亦复如是。史载："王莽末，天下乱，临准大尹河南侯霸独能保全其郡。帝征霸会寿春，拜尚书令。时朝廷无故典，又少旧臣，霸明习故事，收录遗文，条奏前世善政法度施行之。"就此段简短记载，我们可以想见当时重建典章的情况。又唐太宗当天下底定，"命更议定律令，宽绞刑五十条为断右趾，上犹嫌其惨，改为加役流三千里，居作三年"。唐初起兵，凡来归附者，均割置州县以宠禄之，"由是州县之数，倍于开皇大业之间"。唐太宗以民少吏多，思革其弊，"命大加并省，因山川形便分为十道"。类此例证，不必多举。总而言之，统一安宁之后，自必对于典章法度，社会秩序，行政区域，以及朝会礼仪加以整理。

开国领袖对于良好政风率皆培植。小之如汉高祖之斩降臣丁公，其含义盖在罚贰而劝忠。此无它，在专制政体之下不得不树立忠于一主的政治风气。大之如华盛顿当选两任总统以后，决定不再从政，造成良好民主政风，此后一百数十年中，美国总统不应超过在位八年成为不成文宪法。所以后来格兰脱虽求任第三次，但共和党全国代表大会卒于推举共和党总统候选人时，在第三十六次之投票另行推出嘉菲尔特。而老罗斯福脱党加入进步党以进行其第三任总统之竞选时在密迩渥其市遭遇暗杀而受伤，终亦失败。第二次世界大战之际，罗斯福固曾打破纪录，四度当选总统。但一九五一年美国宪法第二十二条修正案即告成立。根据第二十二条修正案，美国总统只得连任一次。益足见华盛顿所倡建之风气仍受美国人民所尊重。反之，如墨西哥的爹耶士连选连任前后共达三十五年之久，影响所及，不难推想。再如现代土耳其之复兴，其领袖基玛尔为求鼓励竞争健全民主，特将其政党分成两党亦是为培植政风之特例。

其二，进论养成秉公守法负责努力之统治阶级。一国之内部政治，除了为了地位，为了权力，为了利益，或为了主张，各种纷歧复杂，继续不断的个人活动，或集团争竞以外，主要的不外"为政"和"致治"。"为政"指订立法令，"致治"指执行法令。吾国数千年来的专制政治，固然也是轰烈热闹，但仔细分析，完全是走马灯式的时代递嬗，在"为政"方面，亦即在法令内容，无甚出入。虽在历代不少所谓变法问题，然而大体言之，仅是皮毛上的变更，关于土地财产赋税兵役等等甚少彻底的变动。以故，治兴时代的法令，与乱亡时代的法令，言其内容，往往初无二致。但就同样一套的法令，论其"致治"，亦即论其执行，则可判若天壤。例如同样的官人制度，在治世则推贤让能"内举不避亲，外举不避仇"，在乱世则贪缘奔竞，贿赂公行。同样的台谏制度，在治世则知无不言，言无不尽，虽明知履虎尾而逆龙鳞，仍然强项不屈，果敢直言；在乱世则寒蝉仗马，默不作声，甚且阿附权贵，指鹿为马，图固禄位，谗害忠良。

同样的赋税制度，在治世固然是照章办理，涓滴归公，在乱世则徇私舞弊，敲索压榨，并且层层剥削，分饱私囊。王安石在其《上仁宗皇帝言事疏》里面，有几句警辟的观察，"朝廷每一令下，其意虽善，在佐者犹不能推行，使膏泽加于民，而吏辄缘之为奸，以扰百姓"。

由于上述，我们可下一断语：吾国数千年专制政体走马灯式的朝代更迭，其所以乱亡，不在"为政"，不在法令本身，而在不能"致治"，在不能切实执行法令；其所以治兴，根本亦不在所订立之法令，而在能切实执行所订立之法令。本人一向力言"治"重于"政"，原因在此。即在民主国家，"为政"之重要，自较在专制国家为甚，但其"为政"之仍必有赖于"致治"，始能得到良好结果，则与专制国家一样；苟不然者，民主政治即易发生腐化而更难收拾。

以言致治，则一国统治阶级必须秉公守法，负责努力。而所谓秉公守法，负责努力，要在（一）清廉正直，为民服务；（二）崇尚法治，分层负责；及（三）进退有方，新陈代谢。清廉正直，为民服务，此盖统治阶级之理想标准，实亦统治阶级之基本条件。民主国家之官吏固应以公仆自居，殊不知即在专制时代良好的官吏何尝不有公仆的精神。清代道光年间山西翼城人石家绍历任各地知县同知知府等职，到处深得民心，人以"石爹爹"称之，尝自记曰："吏而良，民父母也，其不良，则民贼也。父母吾不能，民贼也则吾不敢，吾其为民佣乎。因自号曰民佣。"石氏可称为标准公务员。

希腊大思想家柏拉图，在其政治理想名著《理想国》中，主张一国之统治阶级应当实行共产公妻制度，而对一般人民则仍保留其私产制度和家庭制度。读者辄视为怪诞不经。其实，柏拉图的用意无非在求统治阶级清廉正直，为民服务。他以为每个官吏，果能既无私产又无家庭，则好比出家和尚对己无私欲，对人无私求，应能有人无我，大公无私，而贯彻法令。殊不知统治阶级清廉正直，为民服务之现象，端在上者以身作则，并以赏罚相劝，更在养成风气支配行为，而非任何种生活制度所可勉强产生。中外僧侣，表面上无产无家，然而贪财好色，横行不法者，所在多有。可见柏拉图所拟之方案，虽属不近人情，但其所提之问题，即统治阶级如何而能清廉正直为民服务，则至属准确。

关于崇尚法治，分层负责，人每视为近代民主政治之产品，实则早在专制政治之盛世，已有其基本精神与良好规模。所不同者乃在程度与范围。易言之，在今日之先进民主国家，崇尚法治与分层负责，已告结晶而为成文制度，在昔专制治兴之世，同时只是理想标准及短期现象。兹略举数例，以证吾说。先言法治精神。汉文帝时张释之为廷尉，"上行出中渭桥，有一人从桥下走出，乘舆马惊，于是使骑捕，属之廷尉。释之奏犯跸当罚金。帝怒……释之曰，法者天子所与天下公共者也。今法如此而更重之，是法不信于民也。且方其时，上使立诛之则已，今既下廷尉，廷尉天下之平也，一倾而天下用法皆为轻重，民安所措其手足，惟陛下察之。上良久曰，廷尉是也。其后有人盗高庙坐前玉环，捕得，帝怒下廷尉。释之奏当弃市。上大怒曰，人无道，乃盗先帝庙器，吾欲置之族，而君以法奏之，非吾所以共承宗庙意也。释之免冠顿首谢曰，法如是足也。今盗宗庙器而族之，有如万分之一，假令愚民取长陵一抔土，陛下何以加其法乎。帝乃白太后许之"。又如唐高祖时，"有犯法至死者，上特命赦之，监察御史李素立谏曰，三尺法王所与天下共也。法一动摇，人无所措手足。上从之"。再如唐太宗"患吏多受贿，密使左右试赂之。有司门令吏受绢一匹，上欲杀之。民部尚书裴矩谏曰，为吏受赂，罪诚当杀，但陛下使人遣之而受，乃陷人于法也，恐非所谓导之以德齐之以礼。上悦，召文武五品以上告之曰，裴矩能当官力争，不为面从，倘每事皆然何忧不治"。足见治兴之世，均有法治精神。

次言分层负责。汉文帝时发生过两个有名的事例见于史乘。文帝"问右丞相周勃曰，天下一岁决狱几何，勃谢曰不知。问天下一岁钱谷出入几何，勃又谢不知，汗出沾背，愧不能对。于是上问左丞相陈平。对曰，有主者。上曰，主者为谁。对曰陛下问决狱，责廷尉，问钱谷，责治粟内史。上曰，苟各有主，而君所主者何事也。平曰，宰相者上佐天子，理阴阳，顺四时，下育万物之宜，外镇抚四夷诸侯，内亲附百姓，使卿大夫各得任其职焉，帝乃称善"。丙吉为相"尝出，逢群斗死伤，不问。逢牛喘，使问逐牛行几里矣。或讥其失问。吉曰，民斗，京兆所当禁，宰相不亲小事，非所当问也。方春未可太热，恐牛行近，用暑喘此时气失节，三公调阴阳，职当忧。时人以为知大体"。唐太宗时，"御史大夫杜淹奏诸司文案恐有稽失，请令御史就司检校。上以问封德彝。对曰，设官分职，各有所司，果有愆违，御史自应纠举，若偏历诸司，搜摘疵类，太为烦碎。淹默上。上问淹何故不复论执，对曰，天下之务，当尽至公，善则从之，德彝所言，真得大体，臣诚心服，不敢遂非"。类此所举，皆是分层负责。

关于官吏之更迭任免，在治兴之世，总是进退有方，新陈代谢，亦即有公开的标准，一定的轨道。吾国历代盛治之际，对于考试进阶，推举方法，固定任期，升转程序，内外互调，班次签选，考绩黜陟，以至回避标准，告病终养等等，莫不有切实详细之规定，而认真加以执行。以之与今日西方民主国家之文官考任制度相较，毫无逊色。

最后，有一点值得强调。所谓统治阶级之秉公守法，负责努力，尤其是关于统治阶级之清廉正直，为民服务，在民主国家，盖包括各级民意代表在内。一国之各级议员，其性质地位与任务，虽与一般公务员不同，但其属于统治阶级，丝毫无疑，而其亦需秉公守法负责努力，更不必赘论。健全而治兴之民主国家，其中央以及地方之议员均能清廉正直，为民服务。反之，倘一般民意代表，专知利用地位，"生财有道"，则南辕北辙，势必妨碍治兴。

其三，请论培植深入人心支配行为之思想风尚。一国流行的思想风尚，即是一国的政治风气，简称政风。政风实在是招致治兴的最重要条件，最强大的原动力。政风之培植需要久长的时期，不可一蹴而就。盖社会之政风犹诸个人之习惯。习惯因非一朝一夕所能养成，但经年累月，既已养成，则此项习惯，坚不可移，牢不可破，所谓少成若天性，习惯成自然。一国之政风，更复如是，对于政风之酿成在上者之行为措施，最具决定因素，当其初成风气，整个社会逐步于不知不觉之中，蒙受影响；终则整个社会变本加厉，一般民众之思想风尚与统治阶级之思想风尚，相互沟通，打成一片。自来研究治兴者往往在"人治"或"法治"上打圈子。殊不知人治与法治之间另有其连锁，共有其基础。政风盖即人治与法治之连锁和基础，何以言之。所谓人治，不外指能集中贤能得群众信仰之最高领袖以及能秉公守法负责努力的统治阶级。集中贤能群众信仰之最高领袖乃是"时势造英雄"亦是"英雄造时势"的人物，全凭艰辛奋斗和光荣事业磨炼出来，初不待论。至于秉公守法负责努力的统治阶级，此非生而俱有，亦非法令所能产生。所谓法治，不外指一切依据规定，铁面无私，严格执行，绝不因人而异。可是"徒法不能以自行"，往往纸面规定之"制度"如此，而实际执行之"现象"如彼。以故，最后分析，"法"之所以能实行，"人"之所以能执"法"，全凭社会之中具有人人守法之政风。具有守法之政风，则虽时值夜半，四顾无人，苟遇红灯明亮彼驶到三岔路口之汽车，必能不加思索照章刹车，遵守交通规则。无此守法政风，则虽系光天化日，众目昭彰，亦多不顾交通管制扬长前进，甚即交通警察，视若无睹。此非"人"的问题或"法"的问题，而系风气问题。此例虽小，可以喻大。

一般的"人"，不论统治阶级或普通民众，可与为善，可与为恶，可以守法，可以玩法。一般的"法"，可能雷厉风行，可能变成具文。因此所贵乎人治，为能培植政风。所贵乎法治，全赖政风之支配。明于此当可知政风为人治与法治之连锁与基础。以言招致治兴之政风,其荦荦大者三:(一)遵守信条,实行主义;(二)明礼好义,尚廉知耻;(三)秉公去私,贯彻法令。而三者之中,尤以秉公去私,贯彻法令之思想风尚为一国治兴之最大关键。

每一个时代必有其若干基本信条。致治之道,要在对于基本信条加以遵守。古代部落国家,都尚神权政治,一个酋长必然同时是教长,故其能得到群众悦服而握有控制力量者,不只因其体力之超群,而要因其适合当时神权信仰之条件。西方中古世纪,罗马天主教会盛极一时,当时教权高于政权,一国君王之加冕必须由教皇执行。凡不经正式仪节,或触犯教会信条者,大抵引起纷乱。可是后来天主教会发生腐化,引起马丁·路德的攻击,一方面旧教若干信条发生动摇,而另方面新教自成一派逐渐发展。以迄今日,新旧两教平分世界。吾国以往数千年的专制政治,盖亦有赖若干信条,如天命,如天子,如正统,如纲常,如忠君,如勤王,乃至如"天地君亲师"五个字所代表的含义。而治兴朝代,尤赖这一类信条之能予维持,能予发挥。以言民主政治,亦自另有其一套信条,一套无形势力。例如主权在民,权利平等,自由选举,以及服从多数等等。此种民主信条果能深入人心支配行为,则一国之民主政治必趋实现而趋治兴。反之此各项信条,倘尚未普遍深刻地流行,则例如法国,于一七八九年大革命后,九易宪法,三告复辟,迨一八七五年第三次共和国成立宪法,始见民主政治成功。

一国之治兴究亦有赖于国民道德。惟兹所谓国民道德,非指经典书籍中提倡之深奥理想,而指一般国民所能了解,所愿躬行实践的行为准则。此即管子所谓"礼义廉耻,国之四维"。治兴之世,经在上者之提倡奖励,必能培植而成明礼好义,尚廉知耻的思想风尚。曾国藩在原才一篇中对于致治的政风有精辟独到的阐释。他说,"风俗之厚薄奚自乎,自乎一二人之心之所向而已。此一二人者之心向义,则众人与之赴义,一二人者之心向利,则众人与之赴利。众人所趋,势之所归,虽有大力,莫之敢逆。故曰挠万物者莫疾乎风。风俗之于人心,始乎微而终乎不可御者也……有以仁义倡者,其徒党亦死于仁义而不顾,有以功利倡者,其徒党亦死于功利而不返,水流湿,火就燥,无感不雠,所由来久矣"。

曾氏另在其湘乡昭忠祠记中,亦有一段至理名言。他谓湘乡"一县之人征伐徧于十六行省,近古未尝有也"。"前者覆亡,后者继往,蹈百死而不辞,困扼无所遇而不悔者何哉。岂皆迫于生事,逐风尘而不返欤。亦由前此数君子者为之倡,忠诚所感,气机鼓动而不能自已也。君子之道，莫大乎以忠诚为天下倡。世之乱也，上下纵于亡等之欲，奸伪相吞，变诈相角，自图其安，而予人以至危，畏难避害，曾不肯捐丝粟之力，以拯天下，得忠诚者起而矫之，克己而爱人，去伪而崇拙，躬履诸艰，而不责人以同患，浩然捐生如远游之还乡而无所顾悸。由是众人效其所为，亦皆以苟活为羞，以避事为耻。呜呼，吾乡数君子，所以鼓舞群伦，历九州而戡大乱，非拙且诚者之效欤。"曾氏对于政风之重要作用，写得淋漓尽致。

民主国家之国民道德，更属重要。民主理论宗师卢梭曾经指出民主政治最需美德，并云："自由是一滋补浓美之食品，但需强壮之消化，必有健旺之肠胃始能享受。彼有自甘为阴谋家之试验品，彼有丝毫不解其作何意义而口口声声呼喊自由者；且彼有心中装满奴隶性之恶习，而梦想一起反叛即可得到自由者——我对于此辈堕落人民，惟有一笑。至尊神圣的自由！倘若辈可怜人，只要真切认识自由之真相，只要真能了解得到自由与拥护自由之须有何种代价，只要能领略自由之法律较暴君之束缚更倍其严刻；则彼等之将畏缩求避于自由者将百倍于其求避于奴隶境况。"易词言之，民主政治需要民主美德，亦即需要民主的良好政风。此则有赖于相当的经验，长期的培植，并非随着纸面制度而俱来。任何国家，凡由专制一跃而为共和，向所具有专制政治的良好思想风尚，因其不复适合时宜，固已破坏无遗，而新起民主政治应当伴有的良好思想风尚，尚未生根，在此新旧过渡青黄不接之际，致治万分困难。国父孙中山先生之所以揭橥训政者，固因制度本身宜经熟练，更因民主政风之培植尤需时间。民主政治所需之良好政风，亦可以礼义廉耻四维概括。惟在民主政治之中，所谓礼义，自与专制时代所指之礼义有别。例如服从多数，互重自由，合法竞选，公事合作，批评不涉诽谤，机密不得泄漏，类此皆为民主人群应当实践之礼义。

在一切无形的政治势力之中，秉公去私贯彻法令的政风，最为珍贵，可视为致治的宝钥。原国家之所以异于社会，正因社会之中，人人倾向自私，私则偏，偏则争，争则乱。国家之由起与目的，即在树立法规，寻求公正。是以一国之治兴，端赖其朝野上下，大家能自动地秉公去私，贯彻法令。一个国家之各级官吏，少则数十万，多则数百万；一个国家之人民，少则以百万或千万计，多则以亿计。如此众多的官吏，哪能专靠监督制度，以求其秉公去私，贯彻法令。如此众多的人民，哪能全靠检举和刑罚，以期其秉公去私，贯彻法令。贯彻法令是一个事实，一个现象，一个结果；而秉公去私乃是一项精神，一项心理，一项动机。两者相互影响，表里合一。

惟有上下秉公去私，乃能真正贯彻法令，亦惟有上下贯彻法令，乃能普遍秉公去私。总之，失之毫厘，差以千里，如果一国之中有此秉公去私贯彻法令的精神，则相率以秉公守法为荣，而以徇私玩法为耻，自必趋于治兴。反之，若流行的风气，视秉公守法为愚笨，徇私玩法为能事，则敷衍巧诈，上下相欺，法令焉得不败坏，国家焉得不衰乱。

　　才能过人，经验丰富的唐太宗，尝谓"为政莫若至公"。此盖领悟致治之秘诀。吾国历代名臣，无不以秉公去私为治事之无上要义。唐朝之娄师德，出将入相，名重朝野，推荐狄仁杰继任为相。"……而仁杰不知，意颇轻之。太后尝问仁杰曰，师德贤乎。对曰，为将能谨守边陲，贤则臣不知。又曰，师德知人乎。对曰，臣尝同僚，未闻其知人也。太后曰，朕之知卿，乃师德所荐也，亦谓知人矣。仁杰既出，叹曰，娄公盛德，我为其包容久矣，吾不得窥其际也。"晋代的羊祜，其"所推达之人，皆不知所由。常曰，拜官公朝，谢恩私门，吾所不取也"。羊祜与娄师德之秉公去私如此；又如唐之郭子仪，尝"禁无故军中走马。南阳夫人乳母之子犯禁，都虞侯杖杀之。诸子泣诉。子仪叱谴之。明日以事语僚佐而叹息曰，子仪之子皆奴才也，不赏父之都虞侯，而惜母之乳母子，非奴才而何"。此事虽小，含意甚大。实则秉公去私较之立谋划策，更属难能而可贵。以言民主政治，亦重秉公去私贯彻法令。兹举一例为证。依据英国不成文的内阁制度，内阁同僚共同负责，一致进退，惟未经阁僚同意擅有言行或咎由自取引起风波者，则听任其个人辞职。一九四七年劳工党内阁之财政大臣陶尔顿，在出席国会发表有关预算演说前十五分钟，无意中向一位报馆记者吐露少许预算草案消息，因而见于报章，构成泄露机密破坏成规之行为。一时舆论哗然。陶尔顿毅然告辞，而劳工党内阁亦听其去职，绝未稍加袒护。此在陶尔顿个人以及劳工党内阁领袖均盖十足表现秉公去私，维护不成文宪法之伟大精神。本人认为政治学者与实际政治家与其全力注视条文制度，毋宁侧重深入人心支配行为之思想风尚。

　　其四，略论适合环境顺应潮流的法度律令。前面论述之三项定律均属致"治"范围，此第四项则涉及为"政"领域。本来"治"与"政"互为表里，如影随形，事实上无可划割，只为研究便利及了解容易起见，勉强将"政"与"治"分别讨论。盖一切为政之目的均是用以致治，而致治之道必须藉为政（即订立法令）而发挥。至于法度律令，大别不外两种，一种称为公法，着重国家。一种称为私法，着重个人。本篇研究的范围并不涉及法度法令的内容。但所谓适合环境顺应潮流，含有三项原则，与治兴之道，发生密切关系，值得提及。法度律令必须折衷调和，以容纳各方意见，平衡各种利害，此其一。法度律令必须循序渐进，庶免躐等欲速，揠苗助长之弊，此其二。法度律令，必须准备周详，考虑完备；否则朝令暮改，莫知所措，此其三。

肆、例证因素

治兴之道，既如上述，则乱亡之由，不难推想。乱亡为治兴之反面，故凡举置措施与上述四大定律相背而驰者，即为乱亡之原因。简单言之，其一，为任用奸佞，丧失民心，酿成扰攘纷争。其所以然者，不外其一，（一）昏庸刚愎，拒谏禁谤，（二）荒废政事，残害民众，及（三）废弛规范，破坏传统。其二，为各级公职人员颟顸敷衍，徇私枉法。此盖包括：（一）取巧好诈，贪污舞弊；（二）玩忽纪纲，擅权渎职；（三）钻营奔竞，赏罚不明。其三，为全国朝野上下，风气败坏，四维不张。值此阶段，政治腐化，即（一）标准动摇，是非颠倒，（二）背礼弃义，寡廉鲜耻，及（三）徇私忘公，玩蔑法令。其四，为拒绝改善，虚伪应付，激起反抗暴动。大抵（一）初则顽固反动，（二）继则欲速不达，（三）终则荒张应付而不可收拾。

试就上述治兴定律与乱亡原因，衡量吾国数千年专制朝代的更迭，则可见先后一辙，信而有征。每当群雄割据，天下久乱，总有一位应运而起的英武领袖，身经百战，统一寰区，于是典章文物，恢复规模，风尚思想为之不变。紧接继位的一二代，因及身亲受熏陶，自能用贤纳谏，虚心求治，且往往承袭余威，开疆拓土，造成登峰造极的治兴盛世。再传若干代，则居安不复思危，政事固趋松懈，纲纪不复整肃，希旨逢迎徇私忘公的宦官外戚小人，从而专权用事；然而开国之风尚犹存，盛世之规模尚在，故虽妇孺在位，朝政失常，而地方行政犹能依旧，社会安宁尚得继续。此正所谓前人辛苦种树，后人享福乘凉。此后再传若干代，则宫廷之中惟知骄奢淫佚，亲贵之间，只事争权夺利，而中央之腐化亦已渐次普及于地方；易言之，整个统治阶级，道德堕落，全国风尚思想，完全变质，贪污舞弊，鱼肉人民。此时民心丧失，大势已去，纵思发奋中兴，而积重难返，阻力多端。一旦遇有水旱饥馑，民不聊生，则始而盗贼蜂起，终而称兵作乱，苟或外患交迫，则天下土崩瓦解。吾国历代的治乱兴亡，盖不出于上述的公式。

秦始皇运用武力与欺诈，并吞六国，统一天下，"自以为德兼三皇，功过五帝，乃更号曰皇帝"，并制令曰："除谥法，朕为始皇帝，后世以计数，二世三世至于万世，传之无穷。"可见秦始皇自以为治兴在握，国祚久长。殊不知他的基本观念与强暴措施，恰恰与治道相反，自始至终，只有暴力的统一与压迫，绝无仁术的为政致治。收兵铁，造阿房，游海内，求神仙，劳民役，筑长城，此固为后世所讥评；然其背治招乱，要在焚书坑儒，禁止非议，偶语腹诽，尽皆杀戮的一套暴政。史称："长子扶苏谏曰，诸生皆诵孔子法，今上皆重法绳之，臣恐天下不安。始皇怒，使扶苏北监蒙恬军于上郡。"此种措施，完全与当时民间流行的致治信仰相反，因为相反，故即丧失民心。故后人讥笑为"焚书早种阿房火，销铁还留博浪锥"。及二世听赵高计，诱迫李斯同意，矫诏杀扶苏而自立，更"肆意极欲"昏昧残暴，听凭奸佞之愚弄，大臣宗室翦除殆尽。其结果则陈涉吴广张耳陈馀辈皆"揭竿而起"，而"诸郡县苦秦法，争杀长吏以应"。"于是行督责益严，税民深者为明吏，杀人众者为忠臣。刑者相伴于道而死人日成积于市。秦民益骇懼思乱。"及赵高害李斯，弑二世，立子婴，子婴又旋杀赵高，而大局已无可挽回。至于汉高祖之除秦苛法，得到人民信仰，树立规模，培植政风，前已述及，兹不复赘。

西方当代历史学家，论述各种文化递嬗兴衰，偶或提及朝代兴亡，而政治学者对于治兴之原理，迄少注意研究，殊为憾事。惟近二三十年来对于革命现象，亦即对于乱亡过程，却多深刻的分析。在佛雷哈蒙教授一九五二年编刊的《政治学纲要》一书中，蒲尔教授撰有革命专章，系汇合当代有名学说而加以公式化，计将革命过程分为六个阶段，并引英美法俄之革命为例证。第一，国家中权力之分配与社会中权力之分配，发生脱节而不复相吻合。其所以然者，盖因社会与经济之变化，产生一个新领导阶级，但此新领导阶级尚未获得政治权力，故心有不甘而不满现状。第二，旧领导阶级对于新领导阶级，闭门不纳，不予任用，遂使后者之间加紧团结，发生阶级意识，而图谋革命。尚旧势力择新势力中最有能力最富野心者畀以地位，予以满足，则新势力丧失其自然领袖，或竟可避免革命之爆发。第三，旧统治者对于新兴人物所提改革方案，一并坚决拒绝，益成水火。此时倘果采纳若干改革，尚可消弭革命于无形；盖起初之时，大抵只求改革而非号召革命。第四，经过若干期间之酝酿，社会之中，不论基于宗教，政治或经济，形成两大派别，或政党，极端对立，而中间分子（就经济言即中产阶级）失去其地位势力，不复能发生平衡作用。第五，智识分子渐次同情于新势力，分别于有意无意之中，发挥一套革命的思想与主义，供作推翻旧政之哲学基础。

故每一次大革命必有其笼罩一时之思想。第六，旧领导阶级最后丧失其对于自己之信仰，此为最后之致命伤。本来旧统治阶级掌握警察，军队，监狱，报纸，学校以及其他控制力量。倘果一致决心，漫无限制地加以使用，则不难铲除反对分子而压止革命。但正因智识分子，早已同情革命，深广宣传，致使旧统治者内心不安，措施犹豫，甚且旧统治阶级之一部分人士亦已同情于革命分子。此种自失信仰，实为酝酿革命成功之最后原因。及至革命既已爆发，则往往先则倾于极左，终则趋于极右，而有其相同之型式，兹不赘述。

以蒲尔教授所汇编的革命分析，和本篇所论述的乱亡原因，彼此相较，显有两点不同。即我们着眼于所有乱亡，彼则专指近代大规模的革命，我们集中于乱亡的政治原因，彼则侧重于导致革命的社会经济原因。除此两点着眼不同以外，其余大体吻合。本篇所述的治兴定律与乱亡原因，不只可用以解释吾国历代的治乱，且可用以研究世界各国之治乱。兹举美法两大革命为例，以实吾说。

先论美国在一七七六年独立革命后的治兴。华盛顿统率民军，经过艰苦奋斗，终使革命成功，美国独立，故其接受人民拥戴，绝非偶然。在一七八七年宪法会议之中，讨论行政元首之设置，辩论热烈，最后通过设置总统之时，大家心目之中即已属意于华盛顿。故华盛顿之当选，全体投票一致，众望所归，洵非虚语。华盛顿所选任之人，皆系当时贤俊。即就其财政部长汉密尔顿而言，因为才能卓越，主张坚决，颇受若干反联治派人士之攻击，并曾有人散布流言，加以中伤。最后彼与曾任副总统之盘尔决斗，枪伤不治，死后发现其私人负债达五六万金；流言为之一扫而空。华盛顿任职八年，即决计退隐，无意三度连任。此一事项，树立民主政风，为后世所称道。故华盛顿实为集中贤能群众信仰之最高领袖。至于具有秉公守法负责努力之统治阶级，则历史因素甚多。美国人民在殖民时代早已有良好的地方自治，尤以普遍信奉基督教，注重道德，号召服务，故所选举或任命者均惟贤能是尚。至其崇尚法治，分层负责，犹是因袭祖国之遗风，而加以发扬光大。政党初起期中，虽有"分赃制"之流行，但终亦采用文官考任制度。以言深入人心支配行为之思想风尚，则类如主权在民，生而平等，身体自由，人格至上，言论集会之自由，服从多数，自由选举，合法手续，为民服务等等，不一而足。凡此思想风尚，经殖民时代之经验，革命时期之鼓吹，宪政初期之培植，迄于今日已成为美国精神文化之基础和政治动力之来源。以今日之美国与其诞生时相比，人口增三十倍，土地加四倍，且已由农业社会演进而为世界第一工业国家，其所以能致此者，其中原因之一，当然是订定适合环境顺适潮流之法度律令。美国的宪法当初即是各种调和妥协的结晶，但与时俱进，今已增加廿二条修正案。眼前则有关公共卫生，教育，失业保险，公营住宅，养老，育幼等法，令均以实现"福利国家"为目标。故纯就政治而言，本篇所述四大定律尽可解释美国之治兴。

次论法国一七八九年大革命以前路易王朝趋于乱亡的原因。谚云，祖宗作孽，子孙遭殃。此与所谓种瓜得瓜，种豆得豆，同其意义。法国王朝固至路易第十六世而告乱亡，但其乱亡之背景，实由路易第十六世前几代"旧政"所造成。当时"旧政"，究又如何？以言一般农民，则赋税重重，生活困苦；既须向大地主付租服役，复须向教会按时纳贡，且须向法王呈缴赋税。有人估计，上列三种负担，约占农夫岁收五分之四。以言特殊阶级，即贵族与教士，则一方面赋税豁免，有权利而无义务，另方面骄奢淫逸，寡廉鲜耻，对上谄媚，对下压迫。以言统治阶级，则贪污舞弊，敲诈勒索，并且奖励告密，假传圣旨，凡言行稍有触犯者即身陷囹圄，不见天日。至于思想风尚，则固有之良好传统，已腐坏而动摇，而新兴流行的一套自然主义思潮，如崇理性，信进步，发挥天赋人权，提倡自由平等，揭橥主权在民，抨击君权神授，厌恶腐败教会，苛斥迷信教条，在在与当日现状恰恰相反。相形之下，一般民众，益觉苦不堪言，难再认受。难怪连少数贵族与教士亦不满现状，同情改革。路易第十六世绝非暴君，且曾屡欲励精图治，计划改革，无奈内则受王后之牵制，外再受旧势力之阻挠，优柔寡断，积重难返，遂致纷扰扩大，革命爆发，而结束于乱亡。

今舍历史例证，进论政治因素。政治可分为现象，人物，观念，制度和势力五项因素。每一政治事项，可视为一项政治因素，但实则同时包括五项因素。欲对某一政治事项彻底了解其全部，必须探求其五项因素而不能遗漏其一。

国家之治兴，本是一项现象。历来研究治兴之所由，往往着重一项因素而忽略其余。例如强调"武力"者只见有形的"势力"。揭橥"民心"或"经济"者，分别偏重无形的"势力"。以"人事"或"民族"解释治兴者，乃是着眼"人物"。认"法制"为治兴之条件者显然迷信"制度"。"天命""神意"之说，不啻根据"观念"。"循环""偶然"之论，无异以"现象"作答复。

殊不知国家之治兴，涉及五项因素。本篇所述四项治兴定律，即本此旨。第一条关于领袖，第二条关于统治阶级，此皆侧重"人物因素"。第三条关于思想风尚，特别注意"观念"和"势力"两项。而第四条关于法度律令，则重心在"制度"。

无论言因素或言定律,亘古运行。凡具此因素,合此定律者,自能治兴。但所有条件,必须经常努力,继续维持,俾能长久。易言之,并非一国既已治兴,则好像一部机器,一经装置开动,即能永恒继续。

四项治兴定律固属同其重要。惟时代环境不同,其相对之轻重缓急,自有出入。在农业社会及专制政体之中,贤能领袖与统治阶级比较重要。迨文化愈进步,经济愈发达,政治愈民主,则维护民主之思想风尚以及有关社会经济之法度律令,愈见重要。盖民主政治,行政元首及立法代表均由人民自由投票产生,其人选自必能达相当水准,不特经常接受人民之监督,抑且透过政党政治,均有其政策与主张,为人民订定法规,增进福利。故大体言之,真正民主政治,对于第一第二两条治兴定律,即已相当满足。惟在民主政治开始不久,正在生根长苗之际,则领袖与统治阶级仍为治兴之主要关键。……[1]

本篇研究之范围固限于国内政治。此非谓一国治兴不受国际政治之影响。适得其反,时至现代,一国之治兴其受国际政治之影响,较诸往代更十百千倍的密切而重要。此盖因交通迅速,接触频繁,因素牵连,利害关切。

认真研究各国治乱兴亡之原理,终必引起一套历史哲学。究竟治兴能否经久,乱亡可否避免,抑是治兴和乱亡,必须永恒地循环起伏,如环无端?本人深信民主制度与法治精神,终必趋于普遍而深刻。民主制度与法治精神而趋于普遍深刻,则国内及国际战争可趋避免,亦即世界可趋于大同,治兴可趋于久长,此种信仰盖基于历史之演化。

我们试就整个人类政治史加以观察,当能发现若干普遍现象与一贯原理。(一)最早而亦最长久之兴亡现象乃系一国在上者为个人权位之相争。或则尚无明白确切的继承法,或则虽有而不甘遵守,遂有甚至子弑其父,弟弑其兄,臣弑其君,以夺得权位者。此种统治人物之兴亡,实起于不民主与无法治。(二)政治腐败,社会纷乱,一位民间崛起的英雄卒能推翻旧统治家族而创立帝业,是为朝代之兴亡。此在专制政体,自属无可避免之事实。(三)及民权思想弥漫有力,遂形成一般民众与统治家族之相争,结果则推翻专制,建立民主,订定宪法,崇尚法治,是为政制之废兴。民主政治之精义,在使统治权之移转,统治人物之产生,均基于自由投票,斯即为法治,亦可谓为国内之"和平变更"制度。(四)国与国之相争,由来已久。惟国际争战,

---

[1] 此处略去318个字符——编者注。

在古代大抵起于统治者个人之野心，在近代则因帝国主义与传统主权观念作祟。盖国际关系既不民主又无法治，自类所谓"自然境域"强吞弱而众暴寡。然而一国之内既可由专制演进而为民主，免去内战，则国家之间，为何不可演进而为民主法治的国际社会？（五）迄于近代，复有民族与民族间因求独立自主而相争。此则有关民族之兴亡。但就大不列颠帝国渐次转成大不列颠合众共和国之经过言之，今日加拿大、新西兰、澳大利亚、爱尔兰、南非同盟及印度与巴基斯坦，已各各对内自主，对外独立，足征民主和法治，只要范围扩大，民族国家间一切问题均可出于"和平演变"而不必以武力解决。（六）至于国家集团和国家集团的相争，自古即有，于今尤烈。经过两次世界大战，人类之创痛已深，除不料转瞬之间，又已形成今日自由世界与共产铁幕之对立。惟今日世界局势具有特殊的性质和含义，即自由正在对抗奴役，亦即民主正在对抗专制，法治正在对抗横暴。处此原子能时代，我们尤须认清：物质文明要须赖精神文明相辅而互存，经济自由尽可与政治自由并行而不悖。当今世界危机，殆为人类维护民主与法治，以及扩大民主与法治之最后阶段。只有自由世界团结合作牺牲奋斗，获得最后胜利，乃能实现世界和平，建立国际社会。

研究政治学五十余年所积愚见纲要

政治大学政治研究所年刊编者来函征稿。基于下列原因，情难推却。盖政大在台复校之初，本人曾任教务长，同时主持政治研究所。当时及门弟子多人现已早为各校教授并有成就。继予负责政研所者乃为邹景苏（文海）教授。昔予在北平清华大学执教时，景苏实为班上之杰出分子。而政大政研所之发行年刊乃是十年前景苏所鼓励发动。何况今当政大五十周年校庆，编者诚恳索文，自当勉附雅意。

答应撰稿固属不易，选择题目却更困难。踌躇再四，忽然想起本人数十年来从修习到讲授以及由研究而撰写政治学有关项目，自问忠实认真，而且对于政治学具有密切关系之历史暨哲学两门之基本课程，亦曾讲授颇久。究竟此数十年来之努力探讨，有无成果，具何心得，至少持何见解，似值乘此机会结算一番。

大抵从事学问，发挥理论，不外创见，修正以及补充。创见不一定准确，常属错误，但究系独出心裁，另辟途径，言人之所未言，发人之所未发，当值另眼看待。修正乃对昔人或时贤所论，加以部分接受。补充则系采取他人见解而另有增益。愚认为所贵乎政治学，要在其能发现定理，亦即原理或铁律。愚又抱持一项坚强信念：即一切政治确有其原理或铁律。例如每一朝代盛衰兴亡，个别情状固然形形色色各不相同，而其中支配着盛衰兴亡之原理铁律则完全无异。当然，政治之有无定律，而定律即使存在，能否发现归纳，今犹聚讼纷纭莫衷一是。本人根据探索，深信政治定律虽然发现不易，公认更难，然而确实存在，当可渐次确立。同时，愚对于寻求此种定理，尽量不落窠臼，不拾牙慧，冀能客观分析，统计归纳，俾开辟新路。语云，敝帚自珍。兹愿综合一得之愚，坦率列陈。因篇幅关系，只能指举纲要，并择要附注拙著中文若干篇章，以备

---

* 原载《政治文集》，台湾商务印书馆1981年初版。

研究政治学之有心人士发生兴趣，翻阅参考。

本人认为目前西方流行之政治学具有基本缺陷。甚即对"政治"一词，尚无公认之确切定义。因此之故，政治学所应研究之"独占范围"更未明显标划。而且政治学之"中心层域"，亦即政治定理，遭受漠视或竟否认。实则国父孙中山先生之定义最为彻底，即管理众人之事就是政治。本人不揣冒昧，另加两项补充。其一，国家以外，国家而下，每一社团，教堂，工会，政党，甚至每一学校，每一家庭，各各具有其众人之事之管理，亦即各各具有其政治。吾人尽可就切身生活经验之中，寻求而体会政治定理。其二，管理众人之事必需法规与权力。人类欲政治进步，自应加重法规而减轻权力。

由于上述，本人曾为"政治"作一定义。"政治乃是（一）人类在其众多不同的区域，团体与阶级中一切共同事务之有组织的管理——凭藉若干强制力量，依照若干流行规律；以及（二）因此而起或与此关联的种种基本的，必需的复杂活动。"当然，强制力量最高大以及规律范围最深广者，自属国家。[1]

以言"政治"，窃尝反复探索，寻得其五项构成因素：一切政治必然包含现象，人物，观念，制度以及势力。此五项因素之间永有彼此连带与相互变化暨前后影响之密切关系。其一，每一政治事项，任何政治问题，必定包括五因素在内。遗漏一二，自失真相（例如人治或法治，即各遗漏四项因素）。其二，每一因素，在不同观点之下，可视作另一因素（例如战争本系现象，亦可视作观念或势力）。其三，此一因素，在条件具备之下，可转化而成为彼一因素。其四，五项政治因素在横的空间上，纵的时间上，永久彼此错综复杂，先后相互影响，而发生一切变化。此一关系最为重要，亦最难探求。人类所企求者实非观念，制度，或势力，而乃是某种某种被认为良好之现象。惟能使实际现象转变，或理想现象部分实现者，则势力因素之影响，要较其他因素更大。[2]

关于五因素观点，形成既速且久。回忆民十五年（1926年）秋予自美游欧返国，

---

[1] 参阅下列拙著：①《政治学之出路》，载民廿六年（1937年）春季《清华学报》，后列入正中书局版之《政治论丛》。②《政治与法律之关系》，载崔书琴先生纪念论文集。③《政治之研究与教学》，见一九五七年七月卅日《政论周刊》所载政治大学三十周年校庆政治学座谈会记录中，召集人致词及座谈会结语两段。就中《政治学之出路》，虽系四十年前旧作，而其内容立论，迄今未稍改变。也许学识毫无长进，也许见解信有根据。

[2] 参阅下列拙文：《政治论丛》中《认识政治因素》；《西洋近代政治思潮》初版之序言；《现代西洋政治思潮》之首章，理论与事实；《中国的政治建设》，载薛光前所编中文译本《艰苦建国的十年》，页三三至三七；及《介绍一本值得阅读思索之新书》，载一九七七年三月《传记文学》第一七八期。

应昆明东陆大学之聘，担任教职。未启程前，予在江苏常熟（县南街）老宅中，准备教授政治学课程，两天之中昼夜构思，忽然自觉一旦豁然贯通，而产生此五因素入手研究之方法。自当时以迄今兹，予辄联想到法儒笛卡尔一段故事。当伊年少当兵，冬日严寒，一次路过村舍，入就炉火取暖之际，顿然思潮如涌，形成其终身基本哲学之轮廓。[1]

吾国二千年来历朝之兴盛衰亡，循环起伏，其中显含铁律，最值寻求。盖此种复杂之铁律，定能帮助了解一切政权，一切族国之治乱兴亡。因此之故，本人曾运用五因素观点，参以统计方法，择要研讨。一九六七年八月国际东方学者会议首次在美举行。本人曾作一篇专题研究报告，题为"皇位继承与危机祸乱——由五因素着眼之分析统计与归纳"。[2]

对于民主与独裁之性质与利弊，又对于政体与和战之关联，本人亦曾基于五因素观点，扼要论述。抗战时期曾应友人之请，撰有《治乱和战与民主独裁》[3]及《大战与政体相互的影响》[4]。两文对于健全民主政体，在适合战时需要或应付经济危机时，亦必集中权力，延长任期，增加管制，限制自由，叙述殊详，并举史实。至于树立国际和平机构，予曾于民卅三年（1944年）参加太平洋学会时，著印英文小册《免于恐惧之自由》。十年后予复添写短序，一并译成中文，由中国联合国同志会（时朱骝先先生任会长）合刊专册（中文部分列入《政治论丛》）。至如学术界与新闻界，亦复不辨是非，不明利害，往往有意无意受人利用。国际和平机构所需之新道德标准，新"观念——势力"迄未培植，遑论树立。

对于其他重要具体政治事项，与定理有关，而本人抱持坚强见解者，亦曾层加论列。例如强调"治"重于"政"，谓兴盛衰亡，大抵由于"治"之有无者多，而由于"政"（法规）之优劣者少。又如力言"政风"为致治之本，因为政风乃是人治与法治之联锁，系一无形势力。再如指陈强制或暴横，并非绝对而系相对，悉视其使用之动机与目的。[5]

---

[1] 附述五因素观点之来历，只系记实，绝非自夸。
[2] 原稿与中文简述，载《清华学报》新八卷一与二两期合刊。此篇研究报告末段指出："根据统计数字，另加分析讨论，似可窥见若干原理，获得若干实际教训。"计曾列举十项教训。其中一项有云：正因五项构成因素之复杂变化，政治局面——以继承为例——殊难由任何人或任何集团所能长期全部控制……"本人兹愿附带指陈一项事实：即前在政大研究所，以及来美讲学，先后在桥港大学及圣若望大学，均曾开设"中国朝代政治"一门研究课程。
[3] 载《新经济》六卷十二期。也载《政治论丛》中。
[4] 载《军事与政治》一卷五期。也载《政治论丛》中。
[5] 此见拙文《孔孟儒家对于暴横所采之立场》，载《华冈学报》第十期。

归根结底，研究政治应当以历史为基础，借哲学为辅导，而尤必运用科学方法。同时，既须凭藉科学假定，终必牵涉历史哲学。例如下列诸端尤值思索，更值试答。人类能否避免强制性之统治？此种统治固有流弊，其主旨果何在？人类既有众人之事而必须管理，则根据上述政治之定义，权力与法规两者缺一不可；此即强制。国家之统治目的不外于秩序，安全，公正，福利，以及自由五项。秩序与自由，形若相反而实相成。此犹惟有遵守交通管制，乃能享受驶车自由。可见五项目的有其先后缓急。如无社会秩序，何来司法公正？惟有安全，方得享受福利。

政治既有其种切定理，则历史过程是否一贯命定？人类生活，有无选择自由？再则是非善恶与成败治乱，有无必然之关联？本人深信人们具有智慧与意志，自有其相当程度之选择自由。但是此种选择需要代价，亦即必须自幼养成良好习惯，长期培育克制功夫，集体实践合作美德。言科学，只讲事实真相。谈哲学，始有善恶是非。个别具体的所谓善恶是非，固属因时因地而异，然而是非善恶之区别却系绝对，永恒存在。大抵在当时当地认为合于秩序，安全，公正，福利或自由者（其中自有缓急轻重之分，前已指出），即属善属是；否则为非为恶。总之，是非善恶乃属"观念"因素，而深入人心且支配行为之"观念"就是已经转化而成之无形"势力"。正因为因素众多，而"势力"既分有形无形，轻重广狭又复不同，故是者善者不一定成功，非者恶者却有时而兴盛。易词言之，政治上之得失成败，历史中之治乱兴亡，各有赖于五因素种切加减之总结果。

更有进者，人类政治演化是否渐次继续进步，抑系迂回曲折甚而后退？至于个别民族国家前途趋向，可否预测，可否控制？吾人如依据自然界之现象，小之如一花一木之荣枯，大之如太空星辰之生灭，以之比视各朝代之治乱兴亡，各民族之强弱起伏，以及各政体之隆替正变，则循环往复，似难避免。但上段提及人们具备有条件地相当选择自由。果尔，当可维持五因素之较久平衡而延长良好现象。例如权位之继承，在健全民主政体之中，尽可和平解决，所谓用投票而不用子弹。就整个世界而论，"人类不终止战争，战争将终止人类"。诸如各地人口之应合理限制，执政人选品德之应严格提高，各种侵略之应及时制止（侵略应有定义，制止应有秩序），世界联治组织之应提倡：允宜由树立"观念"，化成"势力"，确定"制度"，而转变为"现象"。而研究政治学者似亦可当仁不让，列入此项倡导"人物"之阵营。[1]

---

[1] 拙著《老子与孔子之道：类别根源性质与作用》第陆段推论与标准，似值参阅。此文载《清华学报》新十一卷一及二两期合刊，一九七五年十二月出版。

古人云：文章千古事，得失寸心知。但以言学说，则古今中外，往往或则煊赫一时而不久湮没，恍如鸟兽好音之过耳，或则当世并不见重而为后代所发掘，奉为凤毛麟角。无论如何，在纯粹政治学方面，今日内容殊属贫乏，而且彷徨歧路，凡属不拾牙慧不落窠臼之各项见解，殊值发挥传布，参考批评。就本稿之宗旨与措词而论，容或自信过份，却无自炫含意。笔者深盼当世同行，不吝指正。

中华民族对于政治学之贡献

自西学东渐以迄于今，吾国研习政治学人士不免抱持双重谬见，即认为政治学在西方甚为发达，在东方则尚幼稚。此种误解，归根结底，大抵由于西方近代产生民主政体而吾国却有两千年之专制君主，可是一般政治学不啻全以民主政治为对象。殊不知政体为君主、为贵族、为民主，抑为独裁或极权，初与政治学之深浅精粗并无直接关系，盖政治学分门别类，范围虽广，而客观分析，不外两种：其一，广义或实用政治学，其职能在适应时代环境，解决现实问题。其二，狭义或纯粹政治学，其目的在发现政治原理，亦即确定政治定律。两者之间关系密切，此则因为实用部分，不论其为成败得失、是非善恶，而其所以然者，必定有意无意暗合某某数项政治定律；至于纯粹部分，亦即原理或定律之发现与确定，自必根据实际政治历史，否则无从窥测探究暨举例证明。

笔者撰写本文之主旨，在说明上述双重谬见，亦即误认政治学在西方甚为发达，在吾国则尚幼稚。易词言之，就纯粹政治学而论，西方政治学者并未能在发现原理或确立定律方面有何成就。适得其反，目前潮流所趋，徒尚术语，专务琐屑，对于政治定律之存在甚且怀疑或竟否认，所以当今西方之政治学似已暂入迷途，并不发达进步。另就实用政治学而论，固然每一个民族各有其政治历史，亦即各有其政治制度与政治理想等等项目，因而对于政治原理之树立各可有其贡献；而在吾中华民族，因其具有数千年继续不断悠久丰富之史乘，所载循环起伏之兴亡治乱更为详尽，加以历代史家，对此兴亡治乱之缘由，特别注意，反复推敲，以故，其中对于原理定律之确立自必有其特殊之贡献。吾人须知所谓政治定律，具有永恒性质，亦即超越时代、超越地域。

---

* 原载《政治文集》，台湾商务印书馆 1981 年初版。

正因人类生活继续演化，故虽然时代与地域均异——此可以治权之转移为例——而其所被控制之种切政治定律则正复相同。职是之故，凡真能解释君主专制之治乱兴亡原理，亦足以解释民主政体之治乱兴亡。不宁惟是，吾国父孙中山先生在其所著《三民主义》及《五权宪法》之中，曾经指陈若干难能可贵之政治定律。总而言之，吾中华民族自有其不可磨灭之政治学贡献。兹请将本文主旨分段扼要叙述。

请首先指出今日西方政治学之欠缺，大体言之，计有四项：其一，政治学之独立地位或特占范围，尚多争执。其二，所谓"政治"究作何解？其确切定义有待推敲。其三，政治学之中心内容，亦即原理定律，更未形成。其四，研究政治之方法、途径，恐须彻底改进。

人类一切思虑智慧，大抵有关宗教、哲学与科学。在昔神权政治时代，政治不啻附属于宗教，即在中古世纪，西方政治学几为神学所笼罩。希腊思想家视政治为伦理之一部分，即在十八世纪，政治学未始非哲学之一部分。就近代言，则马克思唯物主义派提倡经济史观，将政治作为经济生活之附庸，一旦资本主义消灭，无产阶级专政以后，"强制"将不复存在，"国家"将自动"萎谢"。不特如此，欧洲大陆各大学初本无政治学此项课程，原本无政治学系，所以提出政治学之独立地位或特占范围尚有争执一点，此非故意耸动听闻，而系事出有因。至于美国各大学今殆遍设"政治科学"一系，但政治学自不因命名"科学"而能一跃成为科学。所贵乎科学，在广集材料、长期观察、继续研究、反复试验，而归纳为各项定理。目前政治学距离科学之阶段至为辽远，难怪早曾有人出言讥讽，谓政治科学家不是科学家中之政客，而是政客中之科学家。其实，政客对于"政治科学家"也并不重视。

政治学之所以未曾确立独占范围或明指专研对象，原因固不一端，而最基本之缘由，殆因"政治"一词，迄无一致公认之定义。国父孙中山先生曾云："政是众人之事，治是管理，所以管理众人之事，就是政治。"此一政治定义，似浅而深、似粗而精、似约而薄，何以见其然？凡属团体生活，无论是一个家庭、一个学校甚或一个竞赛、一个晚会，无不有其众人之事，亦无不有其不可避免之管理。而在种切社会、种切团体、种切个人之上，自必有其整个地域单位，此即国家。管理众人之事，非具备两个不可或缺之工具不可：一为规则，二为权力。无权力则规则未由执行，无规则可以避免争论。笔者前曾本此两点，引申国父之定义，认为"政治"云者，乃指一切共同事务之有组织地管理——凭借若干强制力量，依照若干流行规律。所谓强制力量乃指一切有形、无形、直接、间接的力量；所谓流行规律，包括成文法规与流行习惯。由上以观，"共同事务之有组织的管理，包括规律与强制在内"乃是政治学所应研究之独占领域，初不因与宗教、哲学，或与法制及经济等关联而丧失其独立地位。再则团体生活之必有其共同事务，既有共同事务自须有组织的管理，有组织的管理必需规律与强制，规律与强制均必有人领导，领导人物之有贤有愚、有善有恶，正犹规律之是否适合，强制之是否得当，乃至管理结果之为治为乱，整个社会之趋兴趋亡，均属基于永恒流行错综复杂之定律。再进一步言之，任何民众、任何领导阶层，无不愿治愿兴，恶乱恶亡。是以每一时代、每一地域之政治历史，其中具有其一部实用政治学——一部趋治趋乱及趋兴趋亡之实际政治历史。

吾人明乎上述，庶可进而讨论政治定律。今日西方政治学之基本缺陷厥在对于政治定律完全忽略，任何社会科学，其为一种科学，能否如自然科学之精准，固有问题，但当比照自然科学之方法与步骤，自不容置疑。自然科学有其四大层域，即叙述、理论、定律与应用。叙述盖指长期观察，继续收集材料，不断记录统计而言。理论自指根据观察与记录，试作解答。如果此项试作解答，经由人工控制之反复实验，或经由历次自然现象之符合所期，则可成为一项定律，既有定律自可加以应用。今日西方政治学之莫大缺点，端在不求定律之确立，甚而如多数所谓行为学派，怀疑甚至否认政治之有定律。以故西方政治学派现仍滞留于叙述及理论两层域之中。

试翻阅今日美国各大学所用政治学概论，或各国政府制度，或比较宪法，或地方政府之课本以及主要参考书籍，并无专论有关政治定律之一章，甚或对于政治定律只字不提。笔者深信此系一时风尚，定当物极必反，仔细想来，殊值慨叹。盖例如经济学中，尚有边际效用及恶币驱逐良币等定律可言，独在政治学中，反无几项定律受到公认。实则历代政治思想家早曾尝试指举若干定律，病在数十年来彼自命为政治学者反而对于所提各项定律，未曾切实研讨加以承认或否认。笔者昔年所写一段尚值引用："能超脱时间空间之束缚，乃能窥破玄奥，发现真理。孟德斯鸠谓世无最优政体，最适合个别环境者，即为个别的最优；休谟谓一切政府成立于意见之上；哈林顿谓政权跟随财权；马金叨斯谓宪法不是造成而只是长成；蒲莱斯谓政体只是一种，即由少数人统治。凡此种种结论皆系根据许多'个别政治'之经验而同时又能挣脱时代环境之樊笼者。可见政治原理不是未经发现，而是即使发现，尚未鉴别确定，尚未一致公认！"

西方目前政治学之另一缺陷盖在方法途径之蛙步自封，不求改进。大凡研究社会生活，亦即社会科学之最古老、最普遍方法当推比譬。例如，视人君如首脑、如蜂王；视国家为有机体；认人民有共同意志。比譬有其短长，有其止境。再则演绎方法，自古迄今，亦甚广用，不论其所据为信仰或假定，例如神命、天意、气数、阴阳、五行、惟物，一切政治事实之解释，皆以之为渊源而推断出来。类此信仰与假定，皆可持之有故，言之成理，但既难证实，亦难推翻。降至近代，科学昌明，始知归纳方法才合科学性质。至于比较方法，中外通用，惟异代则环境不同，同时则条件有异，故仅仅比较，殊难寻获原理。至如着重心理学，运用物理学、化学，或生物学乃至天文学中之原则定律，以解释政治界中若干现象，未始不可启发领悟，增辟观点，但究亦枝节零星，殊难全盘贯串。统计方法，以数判别，由量求质，最属可靠，然而应用之对象有限，数量之解释多端，其非惟一途径自不待言。

笔者多年以来，抱有一贯之愚见，认为研究政治，寻求定律，似宜由五因素之观点与方法入手。所谓政治五因素，乃指政治现象、政治人物、政治观念、政治制度与政治势力而言。请先说明何者为政治五因素，继而指陈五因素之相互关系。

其一，"政治现象"系指一切情形、状况、活动、经过，亦即一切政治事实。例如贪污、廉洁、开会、投票、用人、发令、订约、毁约，以至种切成败得失、废立篡窃、战争和平、兴亡治乱，千头万绪，无一不是政治现象。一部政治历史，就是一部政治现象史，可惜史书所载，不仅不尽不实，其中往往包括许多虚妄谎骗。过去之政治史料固不可尽信，即眼前发生之事故亦难知其详实情形。

其二，"政治人物"乃指参与政治之分子。治者与被治者、个人与团体、种族与民族、领袖与群众，均属政治人物。因为先天之血统或禀赋，后天之环境、教育、职业等等，彼此互异，故实际上人人必不全同，人人并不平等（法律之前，人人平等，此系另一问题）。

其三，"政治观念"包括零星信念、系统学说及崇高理想。上自圣贤下至乡愚，各有其政治观念，人们一方面可以创造政治观念，另一方面受着政治观念之支配控制。关于政治观念，有两点值得牢记。现实政治，不知不觉之中，与传统流行之政治观念息息相关，而政治社会之剧变，必先有政治观念之改革，此其一。政治观念，大体可分论辩（即对于现状之维护、攻击或改造）及解释（即对于政治之来龙去脉加以说明），准确无讹之解释即是隶属于定律层域，此其二。政治观念向来受到重视。

其四，"政治制度"有成文、不成文两类。一切法律属于制度此一因素，制度是人群共同事务管理之工具,其功用端在规定手续程序、解决纠纷争执、分配权力职务、安排进退升降。纸面上之制度可能与实行中之制度,大有差别,制度而不合环境之需求,自必产生流弊,终受废弃。

其五,"政治势力"乃是影响制度、更变观念、左右人物及支配现象之一切力量,或为有形(如枪、刀、陆海空军),或为无形(如天时、地利、人和或风气)。古今中外之统治阶级大抵专重有形力量而忽略无形力量,殊不知无形的政治势力,更难培植、更为重要。例如政治风气,看不见,摸不着,却在支配着政治制度之运行,控制着一般人众之趋向。政风好则大家守法奉公,政风坏则到处受贿行私,一国政风之良窳实为其治乱兴亡之重大关键。上述五项因素构成整个政治,忽略其一,即所见不全,所备不周。例如崇尚人治者,不啻只能认识人物因素,侈谈法治者,无异侧重制度因素。穷兵黩武、自恃甲兵之巩固者,只知有形势力,余皆可以类推。吾人明了政治之五因素,当探索五因素之相互关系。

(一)任何政治事项包涵五项因素,欲加研究,必须兼筹并顾,勿使遗漏,否则等于管窥蠡测。大之如战争,其本身固为一项现象,但双方之政府当局以及其将士民众均系"人物"因素。士气之高低,军火之多寡,以及财政之富绌,均系"势力"之强弱;赴战有何目的?民众具何信念?宣传藉何口号?类此皆属"观念";交战国家是民主抑独裁?是两党或多党?行政与立法是否同归一党掌握抑分隶两党?此则牵涉"制度"因素。小之如地方选举,乃至一位竞选人之成功或失败,在在牵连五因素在内。每一政治问题之研讨,应当顾到五项因素。

(二)每一政治事项,因为研究之立场角度不同,可以看作不同的因素。易词言之,五项因素,并非铜墙铁壁,彼此隔离。再以战争为例,乍视之下,战争只是发生之"现象",但就战争之为解决国际争端之办法,不失其为一种"制度",正犹襄时决斗曾为流行广而且久之制度。就两次世界大战之确曾影响英美政制——例如英有战时内阁,巴力门一再延长自己之任期,英美国会分别以"授权立法"扩大行政权力,小罗斯福总统四次连选连任——充分证明战争之可认作一种"势力"。吾国第一次大战只发宣战文书而未遣一兵,未放一弹,却曾进入战争境遇;对日八年抗战,前四年流血失地,痛苦牺牲,但只是"武装冲突"而非战争;则是战争竟可作为"观念"。余可类推,不再举例。

(三)每一政治事项,倘果条件具备,时机成熟,可由此一因素转化而成另一因素。例如普选（即不论财产、教育、性别、一人一票），系由观念而成制度；惟选举到期往往投票者只有百分之六十或七十，则普选尚未全成现象。再如三权分立与五权宪法，亦均由观念化成制度。反之，例如民主国家之政党政治则本由事实现象转而为观念与制度。它若民主理论、民族主义以及社会主义，初起仅系观念，久而蔚成"势力"，引起剧烈革命。

（四）五项因素，彼此影响，前后激荡，永在相互发生作用与变化。政治之所以复杂，局面之所以难料，与定律之所以难求，厥由此故，试申言之。姑以政党派别为例。在君主政体之下，中外朝臣疆吏（人物），大抵因乡土、职位、性情、姻亲与利害或意见等等之异同（各种无形势力），形成党羽派别，各自标榜，互相排挤（现象），此在专制时代，自必遭受抨击唾骂（观念）。降及近代英美宪政民主（制度）开始，苛斥与反对党派之风气犹盛。华盛顿两任总统期满，临别赠言中，尚告诫国人勿生党派，殊不知在伊任内，联治及反联治两党派早已形成。正因民主政治，崇尚自由，包括立会结社，故政论家不久见风转舵，颂扬政党政治，认为民主政治就是政党政治（制度）。迨第一次世界大战（现象）以后，一因多党政治产生流弊，特别是使得政府朝立夕倒，脆弱无能，更因内政外交上各项缘由，连续发生独裁（由现象而制度），于是形成一党专政之事实（现象）与理论（观念），并有党外无党，党内无派一类口号。可是民主国家迄今仍保持其传统政党政治，但各政党之政纲政策均大改变（观念与势力）。今再略举另一例证。当吾民国初建（制度），军人政客（人物），大抵都抱腐旧思想（观念），只求争权夺利、割据作战（现象），益使邻近之日俄乘机凌逼（势力）。虽经国父三民主义之号召（人物、观念、势力），蒋介石北伐之成功（人物、观念、势力），然而内则军阀余孽未清，外则日本侵略益甚，所以十年艰苦建国，随而八年坚强抗战，以及自胜利来临迄至今日整个世界局面，都是五项政治因素在国内国际，错综复杂、先后彼此、继续相互影响变化之结果。

（五）政治五项因素何者最为重要？其由来有无次序？笔者认为从自然或后定律而言，五因素之重要相同，无所谓轻重，其由来亦无所谓次序。惟从人类之选择与价值言，与从人类之历史与研究言，则五因素之重要及次序，殊值探讨。政治之五大目的，亦即人们共同事务之管理，或一切政府所应努力追求者，盖在秩序、安全、公正、福利与自由；此即对内社会秩序之维持，对外国家安全之树立，对纠纷争执有司法判决之公正，对民众生活谋福利之增进，以及对于个人自由之保障。人类所企求者，不在上述秩序、安全、公正、福利与自由之"观念"与"制度",而在其能成事实,能成"现象"。然而使观念成制度,再使制度成现象,则政治"势力"自属重要。复次,五项因素趋向同、目的同,则彼此相顺而合作,容易成功。若其彼此冲突,前后对抗,则彼此相逆,自难达到目的。以言由来及研究,则必先有人物,然后有政治现象、观念及制度与势力;现象就是政治历史,人们最先记载,其中包括人物、观念制度与势力。各项政治势力(尤其是无形者)之研究,殆系最近。

关于西方政治学之缺陷,以及如何出迷途而上正路,不佞曾著有《政治学之出路》一文,原载民二十六年(1937年)春季清华大学之《清华学报》,修正稿复刊入民三十三年(1944年)《中央大学社会科学季刊》,后又纳入拙著《政治论丛》书中(一九五五年台北正中书局出版)。关于政治五因素之论述,尚有《认识政治因素》一篇,原系应朱骝先先生之邀,在联合国同志会所作之专题讲演,亦见《政治论丛》,上述两文或值参考。总而言之,今日西方所流行之政治学,以言原理定律,殊属空虚浅薄,并无发展。

兹可转论吾中华民族对于政治学之贡献。愚意中华民族对于实用与纯粹政治学之贡献,可得而言者,约有五端:一为政治学说之丰富,二为政治理想之崇高,三为政治历史之悠久,四为政治记载之详尽,五为国父见解之精深。试分别加以说明。

政治学说包括一切精粗博细、零星系统之政治理论,不论其为对于现实政治之解释、颂扬、辩护、抨击,或改造,抑为理想政治之描写与发挥,甚或呵骂君主、诋斥法度、崇高无为;亦不论其所指者为匹夫匹妇之所得知,抑为论说天人、阴阳、鬼神、瑞异等玄奥项目;更不论其为是为非、为准或为误。就中华民族而言,自五经四书以迄历代诸子百家,其所论列,均关为政之方、致治之道、人民之休戚、君臣之关系、刑赏之准则、升降之规章;它若用兵布阵、攻城守地、征粮收税、调役征丁,亦无所不包;至如自由放任、废弃法度亦经提倡。凡此种种切切、形形色色之政治学说,无不流露各个思想家之性格与境遇,同时亦无不反映当时当地之政治状况,而其所以遭受当代之推崇或后世之鄙弃,亦均有其轨迹可寻。任何其他民族固各有其传统政治学说,而在吾国,此种政治学说特别浩繁丰富,吾人如果悉心探索,当可沙里淘金,寻获若干政治方面之原理定律。

复次,吾中华民族对于崇高政治理想之提示,有其卓越之贡献。所谓政治理想,顾名思义,自属各种努力以赴可近不可即之遥远目标。不必人人尽能,只要少数人做到；不必完全实现，只求渐次部分施行，政治理想即已具有价值，尽其功能。由是以言，墨家之兼爱、道家之无为，均属崇高卓越之政治理想。法家之立信具权，臻于富强，以及以杀止杀，以战止战，未始非实际政治之鹄的。至如儒家之政治理想最值得称道者，莫若以修齐治平之君子为其政治"人物"；以实践中庸、分别王霸，及承认革命，为其政治"观念"；以仁义道德为其政治"势力"，以选贤任能及轻徭薄赋为其政治"制度"；并以大同社会、天下一家为其政治"现象"。此种贡献实属不可磨灭。

不宁惟是，吾中华历史之悠久，对于政治学之前途，亦有极大贡献，何则？此盖因为历史许多政治因素，如内则废立篡弑，外则交战和亲，以及奸佞宦寺之用事，盗寇反叛之猖獗，又如外族之屡次入主中原，中华文化之融化胡夷，无不层见迭出，往复循环，此种历史之中，自有治乱兴亡之线索可寻。将来政治学家自必与历史学家携手合作，根据吾国历史，参以其他国家之历史，当可发现政治定律。

进一步言之，中华历史对政治学之贡献，不止在其时间久长而且在其记载详尽。吾国历代史乘不止在廿五史，仅就廿五史而言，已是分门别类，兼容并蓄，实际包括政治现象、人物、制度、观念与势力五项因素。例如关于势力，除军备及作战以外，举凡无形势力，如金银珠宝之使用、人心舆论之向背、天时地利之得失（天象变异，包括日食月食，长星出现等等，在在足以摇动人心士气，发生正反力量之作用），亦有详细记录。而民间各地之家谱，足供优生学家之统计研究，并世国家无有其匹。至于野史稗书、私人笔记，更是汗牛充栋。以故，仅仅悠久历史还不足奇，有此丰富无比之五因素记载，乃够整理分析，便利纯粹政治学，尤其是治乱兴亡原理定律之探求与确定。

上所云云，非谓理论、史料两无缺点。一则传统史观缺乏演化之认识。演化乃是变迁，不一定就是进化。再则官书所载，关于递嬗之际，若干事实不免故意歪曲。三则史家虽标榜不以成败论人论事，但大体言，不免以成败为是非之尺度。但此三者，不止吾国之政治理论与史料为然，其他国家大抵亦正复如是。尤在今日西方论政者，往往视成为是，视败为非，绝不可取。

国父孙中山先生效力革命凡四十年，创建民国，树立民主政体，其"三民主义"与"五权宪法"乃为对于实用政治学之灿烂贡献，自不待言；而其对于纯粹政治学方面指举原理，陈述定律，容未周知，兹特揭橥数点。

其一，中山先生对于"政治"一词，加以定义，似甚浅近，实甚精深；似甚笼统，实甚确切,本文前段已陈述,兹不复赘。其二,将权能划分,即人民须有"权"而政府须有"能",亦系民主政治之真谛。其三,由专制而民主,必须经过军政、训政而后达到宪政时期;此非空洞理论,而系历史定律,证以各国由君主而民主之经过,无不皆然。其四,训政一项曾为时人所怀疑且受攻击,殊不知不经训政而欲一跃而为民主,绝不可能,世无其例;所谓未步先趋,必致颠覆。国父不愿取媚民众,作违心之论,而公开呼吁训政之必要,尤见其人格之伟大。其五,考试独立,为政府五项治权之一。愚意此亦为民主政治之真理,盖不特各级文武官员须经考试及格,甚而高级行政、立法、监察、司法人员甚至国民代表均应经过适合之考试。试看世界各国之各级人民代表,一经选出,不啻万能,即就常识而论,亦属不通。当然,对于此点,见仁见智,各各不同,但笔者坚持政府官吏都须经过考试乃是理所当然。

笔者不揣冒昧,认为政治学可区分为实用与纯粹两类,而政治学之中心层域当为政治原理定律之确定。此种原理定律之发现与确定,自必根据中外古今各民族之政治历史与学说——不论其政体何若,信仰何在——加以探究思维,分析归纳。实则许多原理定律,早经思想家提示道破,本文前段曾约略指陈数例,兹再走笔所及,加举几项。劳心者治人,劳力者治于人;此盖放诸四海而皆准,俟诸百世而不惑。以德服人者王,以力服人者霸;此亦古今皆然。小人得志,扰乱纲纪;尼克松及其白宫助手招致水门事件,即犯此病。又治权之总由极少数人掌握,党派之不能避免,继承之易用暴力,显皆普遍事实。类此种种,如何措词而作为原理定律,固尚待斟酌。基本困难乃在政治学者不愿划一名词,统一解释,由而长期商讨,渐次拟具原理,逐一确立定理。反之,每一政治学者喜欢各增术语,另立炉灶,结果徒增困难。

由上以言,西方政治学在今日并无特殊进步,而吾中华民族对于政治学自有其卓越贡献。上所论列,以及所提"政治"一词应有确切定义;原理定律当政治学之中心层域,治乱兴亡尤宜首先研究;探索政治可由五因素观点入手,各项是否有当,愿就正于高明。

"人权"渊源厥在"民心"：列举研讨角度，分析五项因素与瞻望世局前途*

一、开门见山：立论要旨

此篇拙著，关于命题措词，颇费斟酌。究竟撰写之动机安在，以及内容之要旨为何？率直言之，多年以来笔者忧虑世局，今愿借此人权研讨，涉及国际政治，而所欲指陈者厥为三项。

其一，中华传统文化切实尊重基本人权。此盖因"人权"观念与"民心"遗训彼此吻合。基本人权例如生命，财产与安全，无疑为"民之所好"。故顺遂"民之所好"自必首先尊重"基本人权"。近数十年来，吾国学人往往喜将西方现代之制度与发明等等，认为中华民族早已具有。例如引证"周召共和"，而谓吾方古代即有"共和"政体；此固牵强附会。至例如认为儒家之"民本思想"就是西方之"民主"主义，硬把"民本"算作"民主"，自不准确。但若谓"民本"信仰当有助于"民主"制度之推行，当非过份。本人今于"人权"与"民心"两者之中，发现密切联系；立说见后，是否有当，愿就正于高明。

其二，欲了解整个人权问题，宜从历史、哲学、科学与政治诸角度观察比较，否则不啻窥豹一斑。惟有追溯历史，发现人权一词之由起演化，以及人权运动范围之伸缩变化，始能多所领悟；例如基本人权（举例见上）与枝节人权（例如建屋、经商、印书）有别；又人权范围程度随时代需要而有异同。至于人权何自而来？有何依据？此乃哲学范畴，大抵属于主观。主观有其利弊得失，但不能一笔抹煞。盖万事全

---

* 原载《政治文集》，台湾商务印书馆 1981 年初版。

采客观,则宇宙间只有事实与非事实,而无复是非善恶之价值。至于一般人权——尤其是"基本人权",如何而能实现,此则需要科学研究方法,从分析人权之构成因素着手。笔者一向敝帚自珍,抱持着一套自己所称之"五因素观点"。愿就人物、观念、制度、势力与现象五项因素,将人权扼要分析,以供思索。最后,关于政治方面(包括内政与外交),人权之作用如何,不佞亦愿本"科学的哲学"立场(所谓 Scientific philosophy)略抒愚见,聊备参考。

其三,人权前途,趋向究将何若?人权之宣扬以及人权之消长,对于整个世界局势之关系又何若,特别是对于人类全体之祸福更将何若?此则各人自有其立场,见解与希望。笔者认为:就短景言,则世局风波险恶,当求自由国家同心协力,坚强奋斗;就远景言,则因为各国民心之所好,端在秩序,安全,公正,福利,自由与和平以故前途有望。自由各国果能努力奋斗,极权暴政终必自行崩溃。与其希望运用武力,自外而入,毋宁企求其内在思想觉悟,引发革命,此可使其核弹飞机潜艇;反而无所施其技。此固有待于宣扬"人权"观念,争取彼方"民心"。一般历史之演进,非无自然规律可寻。

二、"人权""民心":暗相连环

人权观念之流行,确自近代西方开始。吾国古代文典,似无"人权"字样而只有"民心"一词。特别是孔孟儒家反复强调:争取"民心"乃治国平天下之要诀。吾人如果仔细推敲,不难发现"民心"与"人权"实有密切关系,暗相连环。

《大学》第十章,引用"诗云:乐只君子,民之父母。民之所好好之,民之所恶恶之。"第九章引"康诰曰,如保赤子,心诚求之,虽不中,不远矣。"此两段之用意,厥在指明一项真理:凡为人君应视民众如赤子,加以爱护,倘能尽力爱护子民,则所得结果,必定相当良好。所谓"民之所好"与"民之所恶",究竟为何,虽未明白指陈,但"所恶"必为所好之反面,则断然无疑。所谓民之所好,回思古代,大抵当指社会安定,生命安全,赋税宽轻,判决公正。汉书所载刘邦入咸阳,"约法三章"一段可资助证:"沛公……还军霸上,召诸县豪杰曰,父老苦秦苛法久矣。诽谤者族,偶语者弃市。吾与诸侯约,先入关者王之。吾当王关中。与父老约法三章耳。杀人者死,伤人及盗抵罪。余悉除去秦法。吏民皆按堵如故。凡吾所以来,为父兄除害,非有所侵暴;毋恐……秦民大喜。争持牛羊酒食享军士。沛公让不受,曰,仓粟多,不欲费民。

民又益喜,唯恐沛公不为秦王"。可见真正顾到人民权益——由今视昔,乃是最低限度之"人权"——即可获得"民心"!

更进一步,孔子亦曾提及经济方面之人权。《论语·季氏》章载:"孔子曰:丘也闻有国有家者,不患寡而患不均,不患贫而患不安;盖均无贫,和无寡,安无倾。"此中含义至为远大。至于《礼运篇》指陈大同社会之理想,尤值今日举世推崇:"大道之行也,天下为公。选贤与能,讲信修睦……故人不独亲其亲,不独子其子;使老有所终,壮有所用,幼有所长,矜、寡、孤、独、废、疾者皆有所养。……是故……盗窃乱贼而不作,故外户而不闭,是谓大同。"此真是描写一个圆满人权之福利国家。

《孟子·离娄上》所载一段亦极显明:"桀纣之失天下也,失其民也。失其民者,失其心也。得天下有道,得其民,斯得天下矣。得其民有道,得其心斯得民矣。得其心有道,所欲与之聚之,所恶勿施尔也。民之归仁也,犹水之就下,兽之走圹也。"孟子亦复重视民生:"无恒产而有恒心者唯士为能。若民则无恒产因无恒心,苟无恒心,放辟邪侈无不为己……是故明君制民之产,必使仰足以事父母,俯足以畜妻子,乐岁终身饱,凶年免于死亡。"(《梁惠王上》)至如(《公孙丑上》)谓"先王有不忍人之心,斯有不忍人之政。以不忍人之心,行不忍人之政,治天下可运之掌上"。又如谓"恻隐""羞恶""辞让"与"是非"之心,乃是仁义礼智之四端;另如主张对于"鳏寡孤独"特应首先发政施仁。此皆是尊重"人权"而获得"民心"之教训。

笔者愿郑重指出:孔孟儒家求得"民心"之理论,以之与近代西方提倡"人权"学说相较,其动机与立场,计有两点相异。其一,孔孟儒家认为保持君王权位,同时亦应为人民图谋福利,俾得"民心",而近代西方哲人,则为备受专制暴政压迫之人民着想,故口口声声揭橥"人权"。其二,因此之故,西方近代提倡"人权",倾向消极目的,即在持以"抗暴"。反之吾国古代指陈如何获得"民心",目的却是积极,即鼓励自动施仁。笔者反复思维,觉得以民心为人权之基础,亦即谓"人权"根据"民心",较诸谓"人权"根据"神命""自然""功利""精神"或"需要",更是切实,更是合情合理。

三、历史角度:演化步骤

为篇幅计,此处只能粗枝大叶,扼要略述西方有关人权宣言或人权宪章之经过以及其中内涵。远在一二一五年英王约翰被迫而签字之大宪章中,即曾指举:非经法庭审讯,不得拘禁人民;非经贵族与教士会议同意,不得征收税款。但大体说来,人权观念总自洛克与卢梭辈鼓吹自然权利以后,特别在美国一七七六年独立革命及法国一七八九年大革命以后,始风起云涌,逐渐弥漫全球。美国独立宣言有云:"一切人民皆生而平等""上帝所赋予的若干不可割弃的权利,就中即为生命,自由与求乐""推翻滥权专制之政府,实为人民之权利,亦实为人民之义务"。美国一七九一年宪法修正案,加载列举式之"人权书"。法国一七八九年之"人权与民权宣言书"计共十七条(并非每条载一权利),指明自由(信仰、言论)平等、财产、安全,反抗压迫(即指革命)及参政各项为人权。

在另一方面,一八四八年之"共产党宣言",攻击资本制度否认私产权利,呵斥帝国主义,鼓吹世界革命。目前苏联及其它共产国家均否认流行数千年之私人财产权利。

第二次世界大战末期,罗斯福总统揭橥四大自由:即言论自由,信仰自由,不虞匮乏的自由及免于恐惧的自由。一九四八年,联合国通过一篇"全球性人权宣言",就中强调自由、公正、和平、生命、安全、平等,禁止奴隶制度及其贸易,并禁止酷刑,流徒与非法拘禁。此一宣言固非条约,实际却是空洞具文,……[1]

依照上述史实,吾人似宜注意几点。①人权之理论与实际显有矛盾,对于(私有)财产今已或则认为人权,或则否认而加取缔。②名为无产阶级之共产政府,反而否认劳工组织之罢工权。被视为资本主义的政府,却承认一般劳工甚至学校教师,具有罢工权。③在美国,目前颇多争执:例如天主教会仍然反对妇女有权堕胎;同性恋团体则公开主张男与男、女与女,应有结婚权利。此又引起另一值得重视项目。④美国对于人权之解释与争取似多过份。例如新闻自由,对于类似自己军舰之移动,武器之创作,甚至在越战时期,兵力之分配与移调,各报记者们争先恐后竞相报道,不顾是否泄漏军情,帮助敌方。又例如关于藏带武器(如手枪等),似太放任。⑤至于各项人权,在内忧外患,作战时期与地域,自有先后缓急轻重之别。例如:宣布戒严宵禁,则行动自由可遭受限制;正在对外作战,则反战言论,应受取缔。⑥各项权利之范围,即在同一国家之内,时代不同,有其伸缩。例如参政权,本有性别、财产、教育与年龄等资格限制,今则一律趋向所谓"普选"。反之,例如结婚、建屋、设店、捕鱼,今在美国,各邦类多需要预先取得许可证,不复如以前之放任自由。

上述种切值得思维。上述种切当使吾人领会:研讨人权问题——不论对象是基本

---

[1] 此处略去11个字符——编者注。

人权或枝节人权——实不简单。

四、哲学角度：依据假设

指陈解释或讨论人权之由来或依据，此即牵涉哲学（包括宗教哲学）范畴。悉数列举，势不可能。请将若干昭著之说法罗列如下。最早最久者，当推人权来自上帝或神命。此说固颠扑不破；盖虽然无人能确证实有，也无人能确证并无上帝。尤因上帝一词，究作何解，古今中外大有不同。此外，另有一点值得注意：每一宗教有其上帝，此即引起争论。复次，许多古代国家，可以印度为例，实际将悠久之风俗习惯，视为法律与人权之渊源，非君王或会议所可随意更改。古代印度曾以生命、财产、公正以及革命，视为人权。[1] 把国家或统治者作为法律之源泉，此乃在较后期间，吾中华民族，则如上所述，将"人权"置于"民心"基础之上。国家由于契约之说，古代即有哲人立论，但迄十七及十八世纪，始告流行。故人权基于自然——"自然权利"（数十年前译为"天赋人权"）——风行全球。但"自然权利"之说早被学人驳斥得体无完肤。盖有权利即必有义务，人何能生而带来"固有"之权利。可见具有时代性的学说，虽然产生力量，影响政局，可能全属想像，只是虚构。近代德国唯心主义派如康德、菲希特及黑格尔，则以"精神"（亦即指理性）为一切之根源并为逐步实现之终极，亦即为合理人权之本原。英国功利主义派，自边沁以至穆勒约翰，则以"功利"——"趋乐避苦"——为种切行为与法制（包括人权在内）之所自。此辈相信：人人能知道且能实行趋乐避苦，故主张最大度的政府放任，个人自由。……[2]

以上所述，乃为各项宗教性、社会性、教育性、政治性、经济性与学术性的人权由来或依据之理论。笔者所以不惮列举，意在藉此表示：何以因为时代、地域、环境、需要思想之不同，而人权之观念，内容与消长，先后变迁，彼此歧异。

五、科学角度：因素分析

以科学方法研究人权——不论其为整个历史全部问题，或为任何时地之某一单独

---

[1] 可阅 Prof. B. G. Kokhale, *Indian Thought through the Ages*, London, 1961, pp.153~164.
[2] 此处略去 154 个字符——编者注。

项目——应从人物、观念、制度、势力与现象五项因素入手。

所谓人权,决不只是名词口号或长篇理论,即决不只是"观念",也不仅是订颁成文或习惯流行的"制度",而乃是最宝贵最真实的已经兑现事实,亦即是"现象"。此则自必包括订颁与执行,以及身受其惠的一般民众,亦即必然包括"人物"。至于掌握治权之在上者,何以或则努力订颁与忠实执行人权法令,或则阻挠甚或摧残人权?再则一般民众,何以时或奋斗牺牲以争取人权,时或畏缩屈伏,听任人权之被蹂躏?例如:美国南北战争引起黑奴之解放;希特勒及纳粹暴徒竟能屠杀六百万犹太人。此盖涉及各项有形无形之"势力",诸如信仰、风气(无形)、监狱、军警、(有形)皆是。由于上述,可知"人权"云者,乃由人物、观念、制度、势力与现象五因素所构成。

复次,每一人权因素可转化而成另一因素。"自由""平等"或"福利",初本仅是名词,理论,希望,鹄的;但经过无数志士仁人长期广大地努力奋斗牺牲,卒由空洞观念而化成无形势力,再由无形势力而化成法令制度,最后乃得化成事实现象。

再次,人权之五项因素在时间上(纵的方面)与地域间(横的方面)永久继续不断地相互影响,发生错综复杂的或是相互合作,或是彼此抵消的相反相成作用。例如希特勒及纳粹助手,以诋毁犹太人为劣等民族而且危害德国之"观念",并以监狱,集中营,大屠杀的"势力"而变更犹太人应享之人权"制度",且造成"灭种"之"现象"。又例如马克思及其信徒以唯物之"观念"排斥财产(人权)之"制度"。美国今日尚在争执而未完成之"妇女平等权"宪法修正案,亦因有关因素之彼此冲突。

最后,吾人应当明白一项真理:人类所企求者乃是实行实权之"现象"(事实)!仅仅人权"观念",或虽有人权"制度"而不实行,都是画饼不足充饥!至于人权之能成事实现象,各种有形无形之有关"势力"因素最为重要。

六、政治角度:内政外交

从政治角度研讨人权问题,下列各项似值思索而加承认。

① 内政与外交,对于人权问题,关系至为密切。此种关系不论其范围大小,程度深浅,在今日世界交通、财经,文化种种情势之下,总是直接间接地牵连纠缠,不能分割。例如共产政权不特砌造围墙(有名的"柏林墙")而且运用电波干扰,阻挠外国电台之广播传入。又例如美国工人,因为人权问题可向藉联货轮,拒绝装卸。

② 对于人权而运用双重标准，实属可鄙可耻。卡特总统曾声言运用"人权外交"，此次总统当选人里根则表示人权乃内政，不宜干涉。实则照上述之第一项观察，不论指明运用或不运用，所谓人权外交，事实上必然牵连。卡特之错误只在采取双重标准。卡特政府对抹煞人权之共产国家，只是口头指斥而无实际措施；对于与国盟邦，却反而疏远甚或遗弃。伊朗将美国外交官吏非法拘禁作为人质已有一年有余；最近伊朗石油部长被伊拉克军队捕获，则责为违反国际公法。此亦可鄙可耻之双重标准。

③ 各国之内在外在情势自必不同。因而任何一国以其本国人权之尺度（范围与程度）衡量别国，此非合理。美国政府犯此严重错误，故对于韩国之李承晚及越南之吴廷琰；始则出力支持，终则暗加打倒。但此所云云，非谓任何国家不应当努力维持甚且扩大其人权法制。

④ 关于视革命为人权一节，此则在当事两造而论只是"成则为王，败则为寇"。当时之国外人士，以及后起之历史学家，固然尽可各有评论，但"观念"与"现象"乃两项因素，显然有别。

⑤ 一切人权，无论基本或枝节，均有法令为其范畴。吾人务必记得西方法学家公认之一项谚词，所谓"经法律而自由"（Freedom through law），请看各公路上风驰电掣来往自如之汽车，好像随意开驶；实则全靠开车者各各遵守交通规则，否则不堪设想。现代生活繁复，趋向所及，乃是在增加种种管理与强制。就联邦美国言，开店、造屋、结婚、行医，以前认为各人之自由，今皆有其法令之管制。所以今日有人权必有法律，有法律即必有强制。吾人其勿忘"经法律而自由"！

七、世局前途：人类出路

人类生活，由简而繁，社会企求，由少而多；解决方法，由易而难。今日"民心所好"者，不外六大项目：即秩序、安全、公正、福利、自由与和平。谓此乃当今六大人权，亦无不当。盖无公共秩序，无个人安全之可能。无个人福利（指经济生活）则虽有自由，亦无用处，无和平则一切落空。秩序、公正与和平，自非个人而系团体所能享受之人权。反之"民心所恶"者，当然为上列六项之反面：即纷乱、危害、偏私、贫乏、压迫与战争。上述民心之所好与所恶，岂仅享受人权之民主国家人民为然，即彼共产国家之人民亦复如此——正因人权早已剥夺，痛苦已久，必定百千倍如此！

可是目前世界却面对着一个现实威胁；即苏联可能发动一个空前最大，最惨，足以灭绝人类的核子战争。此盖因苏联凭藉世界革命之口号，久已有征服世界之企图与准备，一旦突然偷袭，美国势必全力还击。

世局前途究竟何若？人类出路究竟安在？在此本文开门见山一段之中，早已指陈端倪。兹仅提供四个发问，除约略暗示推测外，谨请读者自己仔细推敲。

试问民主各国领袖能否说服对方，彼此切实裁减军备，合理解决争端而维持和平？此恐只是理想。民主政府之间，从未长期团结；尤因短期大选，治权时常易手。然则极权共产苏联能否竟以优越核子武器征服美国而统治全球？此亦不甚可能，结果只有两败俱伤。有无此项可能：彼方领袖之中，忽然贯通觉悟，从事化敌为友，共保和平？此种机会，诚恐绝少。彼方内部将否突发反抗、暴动、革命，而使星星之火可以燎原？根据人类历史，此非不可能！一七八九年之法国革命即由巴黎群众捣开巴士底监狱开始。史丹林之亲女早已逃来美国，几位思想家、科学家已陆续受美国庇护。风向所指，趋势可知。好在内部而起反抗，则一切飞机潜艇乃至核子武器，将归无用。

无论如何，人权与民心有关世局前途者甚大。每一民主政体之朝野上下，对于国内人权，应当努力维护而充分宣扬，对于彼方民心，应当多方激发而尽量争取。人权乃是法定制度；民心乃是无形势力。

一九八〇年十一月写于美国加州

政治与法律之关系

政治要法律化，法律要超政治。这是在客观方面，过去人类政治生活实有的两大历史趋向，也是在主观方面，今后人类政治生活应有的两大努力目标。就政治要法律化而言，此乃强调两者之连锁，两者之积极关系。就法律要超政治而言，此则着重两者之划分，两者之消极关系。此两客观趋向，此两主观目标，乃是并行不悖，相辅相成。本文之主旨厥在叙述理由和指举例证，以阐明如何而政治要法律化，如何而法律要超政治，以及如何而两者同时为客观的历史趋向与主观的努力目标。

欲明了政治要法律化与法律要超政治，有几个先决问题必须解答。其一，政治与法律究竟各是什么？其二，"政治"与"法律"之区别究竟何在？其三，政治与法律究竟有何关系且能否离立？笔者愿辟面声明者，本篇标题所用之政治与法律两词，重心所在乃是指狭义的政治与广义的法律。易言之，通篇立论之主要旨趣乃在强调狭义的政治要广义的法律化，而广义的法律要超狭义的政治。至于立论方法，本文因阐求真相，专重说理，不复引经据典，罗列古今各家学说以作依据。

一、政治与法律之定义

在解释政治要法律化与法律要超政治之前，既须对于政治与法律两项之定义、区别、与关系次第作必要之分析，请先叙述政治与法律之定义。

"政治"一词本有广义狭义之分。此种区分，古今中外皆然。自其广义言之，政治乃是众人之事之管理；因此，其中本已牵连法律，包括法律（正犹广义之政治中本

---

* 原载《政治文集》，台湾商务印书馆1981年初版。

已牵连道德，包括道德。但道德不在本文范围，故不并论）。依此广义的政治定义，所指政治乃是（一）侧重平时，（二）侧重正面，（三）侧重现代。（一）何谓侧重平时？盖平时管理众人之事，自恃法律，一到非常时期，例如遭遇革命，则革命根本是政治而非法律，因为以言法律，则革命与法律抵触（但革命之目的在推翻旧政权而建立新政权，亦即在取得"管理众人之事"之根本大权，而取得此根本大权之后，又必以法律来管理众人之事）。（二）何谓侧重正面？因为倘若管理得不好，倘若不用法律，或不依法律去管理，也许要比不管理还坏。政治的反面就是发生弊乱。（三）何谓侧重现代？此因古代政治着重谁来掌握权力，谁来统治万民。其统治管理的对象是"人"而不是"事"。近代以还，观念与事实均已变更；各级政府所管理者乃是"事"而非"人"。虽然有人始有其事，有事必有其人，人与事固难完全分判；然失之毫厘，差以千里，治理之对象为何，一出一入之间，实为古代与现代以及专制与民主的分野。

狭义的政治乃是就政治之与法律相对而言，亦即将广义政治之中原所牵连包括的法律部分暂时抛开（完全为了研究明白起见，暂时抛开）。狭义的政治乃是争职位、握权力、作决定与谋利益的种种行为活动。例如美国拉斯威尔教授在其所著《政治：谁得什么，何时得，如何得？》一书中，对于狭义政治描写甚详。类似这种现实的分析，使我们认清狭义政治之本来面目，极关重要。也许有人不愿承认此一分析。但社会科学之建立必须尊重事实，不能抹杀事实。以言事实，则的确有狭义政治与广义法律对立。

如果只有纯粹政治，而另无法律加以规范，予以限制，则关于争取权位，势必将"不择手段"而"无所不用其极"；而行使权力必感情用事，尽量偏私。此所以自古迄今，中外同一，在有些人士心目之中，政治只是此狭义的一种；因此视政治为卑鄙龌龊，狰狞可怕。姑举一个细微的例子。假使一个人从参加文官考试而得到任用，这不是走政治路线，而是依法律途径，照着法律化的政治方法。假使一个人只靠八行笺，只靠裙带关系，奔走钻营，而后才能得到一个职位，这是完全倚靠狭义的政治方法。一八八一年美国一位求职未遂的小政客，竟于失望之余，在美京华盛顿车站，俟加菲尔德总统行将上车时，予以枪击。这是明显的"不择手段"而"无所不用其极"的狭义政治。此次美国总统的遭遇暗杀，却为当时反对"分赃制度"的运动添增不少力量，美国国会果能于一八八三年通过文官考任法；此就是政治法律化的明证。

基于上述，广义的政治乃是众人之事的管理。狭义的政治乃只是争权求位的行动。管理众人之事自然牵涉并包括许多法律，但在统盘管理局面之下，也许有若干事仅凭权力意志管理而无公正法律管理。至于仅仅争权求位的行动，自指尚未受法律所约束限制，而与法律相对立的行动。

其次，何为法律？法律乃是分职责、定程序、划权义、处赏罚的种切规章习俗。本文通篇所指的法律乃是指广义的法律而非仅指狭义的法律。凡是有关于划分职权责任，规定程序手续，订定权利义务，以及详定奖赏惩罚，不论其为造法或立法，不论其为成文或不成文，不论其由何级政府或那一机构所订颁，所解释，所执行，例如一部宪法，一个市府宪章，一邦邦宪，一省组织法，一县市组织规程，一个施行细则，统统是广义的法律。兹请略举例证，补充说明。例如吾国现行宪法第一百七十条："本宪法所称之法律，谓经立法院通过，总统公布之法律。"此处所称的法律无疑是狭义的法律；盖照此规定，将所有广义法律如《习惯法》，以及省县市议会通过之法规，不视为法律。但笔者本文所称法律乃指一切有效的各种各级法规而言。又例如英国宪法学家均将政治"成规"与一般"法律"严格划清：凡可以控诉到法院，可由法院强制执行者谓之"法律"。凡不能控诉到法院不能由法院强制执行者——例如英国之内阁制度——乃是"成规"而非法律。实则英国之内阁制乃英国宪政之命脉，亦即英国不成文宪法之最重要而最精采部分。衡以本文所用名词之含义，当然绝对是法律。

法律之由立法机关订定者，自最显明。此乃立法权的立法，亦即狭义的法律，其由经年累代习惯积成，不知其起于何年，创自何人，而由人民遵守，法院奉行，如英国所谓"通行法"，一般国家所谓习惯法者，其流行有效程度并不在条文法之下。实则此不成文之习惯法乃可谓为判官所订立的法律，亦即所谓司法权的立法。司法立法自然包括法院之解释与判释，此即为广义的法律。

兹举一例言之。一九三八年美国国会通过《公平劳工标准法案》，其中规定每一工作周不得超过四十小时之工作。至于每天工作从何时起何时止如何计算，法案中并无规定。在立法者当初固认为问题简单清楚，不致发生疑义争执。但是到了一九四四年联邦最高法院于具体判决案中，下了一个划时代的判决，亦即举世闻名的"从门口到门口计算工资的决定"。此项判决盖指计算矿工工作时间，不自其实际动手工作之时刻计算，而自其进入矿厂门口起，立即计算。而其停止工作之时刻将实际回到门口之时间亦包括在每周工作四十小时之时数以内。其后，此项"门口到门口"决定曾经推广到其他类劳工工作。一出一入之间，美国工业资本家要多付几十亿美金。此项门口到门口之判决，就是"司法权的立法"，亦即广义法律的明显例证。

至于第二种广义法律，亦即行政权的立法，则大别有二。其一，为委任立法，即根据立法机关的授权而颁订的行政法令，其效力盖等于立法权所立的法律。其二，为一般行政法规与行政命令，或则根据宪法，或则根据法律，只要不与宪法或法律抵触，其实际影响与效力也是与法律相同。上述两项都是行政权的立法。司法权的立法与行政权的立法均是广义法律。

尤有进者，本文所指之政治与法律不指理论而指事实，不是指想像中或有的政治与法律，而是指现实里确有的政治与法律。因此，本文所指的政治乃指现实政治，此固无待费词。至于本文所指的法律，则不论其属于狭义或广义，亦均指真实运行的现实法律。如果表面上白纸黑字所载的条文规定是如此，而骨子里推行办理的实际情形是如彼，则条文规定尚未成为流行的法律——只是虚伪的法律。政治要法律化，法律要超政治，就两者之历史趋向而言，所指自系事实；就两者之为努力目标而言，所指自亦必指事实。如将政治要法律化，法律要超政治，限于努力文字上之规定，而不求事实上成为现象，则既非本文研究之对象，更非本文旨趣之所在。

综上以言，法律乃是实际上流行的各种规则；狭义的法律仅指一国经国会通过，行政元首颁布的条文的法律，以及数国间正式订立的条约条款，而广义的法律则指一国内以及各国间各种各级实际流行的成文与不成文规则。

二、政治与法律之区别

政治与法律，其定义既如上而分别所述，请进而讨论两者之区别。

政治与法律关系虽然密切，性质可是不同。若将狭义的政治与广义的法律两者比较分析，可知其区别共有六项：即（一）内涵不同，（二）目的不同，（三）功用不同，（四）特质不同，（五）对象不同，（六）基础不同。

（一）先论内涵。纯粹政治本身是种切行动，种切为争职位，为握权力，为作决策，以及为谋利益而起的形形色色千变万化的行动。人类行动固不仅限于政治性，然而政治性行动却为人类基本行动之一种，而且是支配历史造成历史之主要因素。至于法律本身，则其内涵为种种规则。其作用不外乎束缚行动，节制行动，或便利行动。法律所束缚或节制的行动门类不一，而政治行动亦在其内。

（二）次论目的。政治与法律不特内涵有别，而且目的不同。所谓目的乃指在发动者有意识的动机与所愿求的目标，目的与功用当然密切联系，惟所谓功用乃指客观的结果。以言政治之目的，一言以蔽之，可谓争权；故政治乃争权行动。此理甚明，无待详述。法律之目的在于息争，亦即在事前事后的息争；故法律乃是息争规则。某项问题苟已具有法律，则事前进行均有程序可遵，规道可循，无所用其纷扰；而事后一切处理亦有法律可资依据，可加应用，无所用其争攘。具体法律种类甚多，自可谓为具有其个别的目的。例如单就税法而论，或则旨在收税增裕公库，或则旨在限制进口，保护土产。本文所论之法律乃指一般法律，一般行为规则，故谓其一般目的乃在息争，当非虚罔。

（三）再进而论功用。政治的作用，对从事政治的人们观察而言，自然是争权求位，决策图利。另从整个社会，甚至一个小小团体观察而论，则政治之功能端在得到统治。统治云者，是一批少数的领袖们在指挥管理着一大批群众，亦即在发生出令受命的现象，唯有统治乃能免除混乱，建立秩序。其惟一问题乃如何统治，是否同时凭藉法律，抑或完全凭藉暴力以为统治，以言法律之功用，亦即种种规则所能产生或所应产生之效果，端在排除困难，解决问题。法律或规则，只是种种安排，规定手续程序，支配权力职务，订定权利义务，明订功罪赏罚，俾事前大众早知各种合法行为或犯法行为的结果，事后则执法者分别应用，各有依据。惟其如此，在消极方面，不致每件事项要临时发生处理上之困难，在积极方面，每个问题可以根据预定之规则顺利解决。政治之功用既系统治，则合理统治之需要规则，不言而喻。

（四）复次，试论特质。政治既系行动且系统治，则其特质自必为权力。盖政治之动机固在权力，而政治之功用亦赖权力。政治所以得到统治，得到统治即需要服从；需要服从则不能不有强制；既需强制，自不能不具权力。故权力之为政治特质并非基于理论，而系必然之事实。至于法律之特质厥为公正。法律是社会中流行、一般人遵守、整个政府强制执行的规律。大体而言，其所以能如此者，自必因其为合理公正。所谓合理公正乃是指按照当地的标准；时代不同环境各异，自不应以今准古，或以此绳彼。社会之中，惟其一方面具有强制之权力（即政治），另方面复有公正之规则（即法律），乃能实现顺利之统治，维持长久之秩序。

（五）此外，可论对象。政治的对象是"人"，法律的对象是"事"。美国宪法第一条第九项第三款规定国会不得通过指名褫夺公权或追溯既往的法律，其目的即在防止完全对人或等于对人的法律。美国此一条款乃表示法律只应对事不应对人的绝好例证。另一方面，由狭义政治之定义稍加思索，我们不难体会到如何政治是适得其反，着重对人而不着重对事。也许有人提出质问：上文既然说明狭义政治除争职位、握权力外，复包括"作决定"，作决定岂不是对事？可是能作决定乃必须在既已得到职位权力以后，不先得到职位权力，则"皮之不存，毛将焉附"，何能作决定？故两两相较，狭义的政治确是着重对人，不妨举一细小例譬，以资说明。篮球队的队长是对"人"管理，篮球竞赛规则乃是对"事"管理，惟有竞赛规则，裁判员乃能有"排解"的依据，乃能发挥其管理权力。

　　（六）最后，分别解析政治与法律的基础。正因政治之内涵为行动，目的在求权，功用系治，特质是权力，而且对象是人物，所以纯粹政治之渊源或基础，大体上乃是人之情感，人之冲动，亦即昔日通常所称人之意志。相反地，法律之渊源或基础则系人之理智。此则因为法律之内涵是规则，目的在息争，功用在排解，特质系公正，而且对象是事项。吾人如翻阅历代史乘，观察当世现实，不难领会到一个原理：即大凡理智过重于情感，则对纯粹政治行动不感兴趣，而且退居旁观。另一方面，狭义的政治行动，无论其为个人的或团体的行动，必须倚靠刚毅勇敢的性格，不折不挠之意志，浓厚热烈之情感，与夫一往直前的冲动。至于法律或规则之订定或长成，必也费尽心思，反复推敲，积以经验，加以修正，往往一点一滴，累月经年，甚至积聚数代乃至数百年集体累进之理智，乃能成为一部法典，一部宪法，一套法规。谓狭义的政治基于情感，广义的法律基于理智，乃是根据事实而非出诸幻想。

　　以上各段所论政治与法律之区别，不妨综合复述一过。先言政治。政治乃是争职位、握权力、作决定与谋利益的种切行为与活动。以故言内涵，政治乃是行动；言目的，政治求得权位，言功用，政治旨在统治；言特质，政治之核心自系权力；言对象，政治着重人物；言基础，政治渊源于情感。次言法律。法律乃是分职责、定程序、划权义与处赏罚的种切规章习俗。据此而论法律，则其内涵为规则，目的在息争，功用在排解，特质乃公正，对象系事项，而基础乃是理智。明乎政治（狭义）与法律（广义）之区别，则对于政治法律化与法律要超政治，当更容易领会。（请阅附表）

附表：政治与法律之关系：区别、连锁与划分。

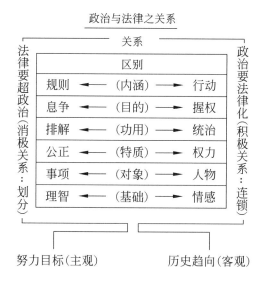

三、政治与法律之关系

政治与法律，其定义与区别既如上述，试问两者之间究竟具何关系？本文所欲专论者乃只是两项关系：政治要法律化，法律要超政治。一为积极关系，一为消极关系。但在研讨此两重要关系以前，当先分（一）内外，（二）先后，（三）上下，与（四）离立四项关系，扼要检讨，俾更能明了政治何以要法律化，法律何以要超政治。

（一）所谓内外，即究竟政治包括法律，抑法律包括政治？就广义之政治言，政治既为管理众人之事，而管理众人之事自然必须凭藉若干流行规则，是则广义政治包括法律在内。反之，法律不论其为狭义（书面条文）或广义（习俗成规）固然牵连广义政治——因为无广义政治即无法律之可言——但不能谓包括法律在内。可见广义的政治，其范围大于法律。

（二）所谓先后，即究竟先有政治后有法律，抑先有法律后有政治？从纯粹抽象理论而言，可以先有，甚至可谓应当先有法律而后有广义的政治。例如，依照霍布士、洛克、卢梭三人之社约论，则人类先有产生政治生活的基本法律（社约）而后有政治，亦即而后有出令受命管理众人之事的现象。虽然，依照此三位社约论者之假定，未始不可谓为人类先有狭义的纯粹政治——不外先有弱肉强食争权夺利纷扰不宁的自然境域，而后进入有政府有法令的民政社会。如舍理论而言事实，则政治与法律虽密切关联，不啻如一对双生儿，但其间亦多少有些先后。大体言之，先有广义的政治，而后即有广义的法律。在原始时代，广义政治恐甚近于狭义政治，即凡有强力足以服人者，在当时当地足以产生狭义的口头法令。

（三）所谓上下，即究竟法律在政治之上，抑政治在法律之上？法律是政治之产品，抑或政治仅应发现原有之自然法律或神圣法律而予以条文化？再具体言之，法律是否即系主权者（不论主权者为一人或为全体或为全体之代表）之命令，抑或法律之为法律，另有其渊源、条件与根据，而非仅仅在位握权者运用意志之所能决定，发出命令之所能左右？政治思想史充满此项文字论辩，政治历史生活中亦充满此项实际争执。以言理论，依照所谓"政治的主权论"亦即人民主权说，则政治高于法律；依照所谓"法律的主权论"亦即英国巴力门主权说，则法律不见得低于政治；依照所谓"主权在法律"之学说，则法律在政治之上。以言事实，则就大体而论，一般狭义的法律乃在广义政治之下而不在狭义政治之下。至于广义的法律，因为与广义的政治随环境的需要而相辅相成，实际上难分上下。

（四）明于上述，可进而研讨政治与法律能否完全分开而离立。此一问题，与第二项"先后"问题，有其关联，但并不完全重复。究竟政治与法律是否分开而离立，或能否分开而离立？此则亦可分别从理论与事实双方寻求答案。先言理论，一个社会有四种可能：

1. 也许时至今日，还有人像当年英国霍布士所想像，认为初民社会野蛮生活，既无政治，更无法律，只有你争我夺，朝不保夕，个人与个人间弱肉强食现象。殊不知原始社会之中，与其谓为先有政治而后有法律，毋宁谓政治成分较多而法律成分较少。盖原始社会之中，法律观念虽不明白，法律之意识虽甚薄弱，但许多禁忌，许多迷信，许多习惯，均是实际的约束，雏形的法律。当时出令受命固有恃乎强力，而并不尽恃强力。

2. 另一极端，则若干理想家希望人类社会总能进步到一天，既不需要政治亦不需要法律，人人可以从心所欲而不逾矩，大家同过一种完全道德的生活。此一理想固甚美丽，但究与人性物理相去过远。西哲昔曾有言：除非神灵与畜生无需政治生活，无需法规约束。其意盖云人类非有政治与法律不可。其实，中外古今所想像之神灵亦各有其统治秩序；而今日精心研究动物生活者，类皆指陈其类似组织的系统。推此而言，政治与法律之不可避免，不只人类为然。

3. 第三种理论为只有政治而无法律。从民主宪政发达以后，回顾专制政体时代，或则从法治国家内部法治情形以衡量今日之国际政治，或者可说只有政治而无法律。此项看法当然具有若干真实性。但过去专制时代绝非全无法律，今日国际政治也非丝毫无法律；谓法律不充分、不坚强、不细密则可谓全无法律究非事实。

4. 另一种的崇高理想则系只有法律而无政治。其意盖谓一切一切受法律之支配，一切一切经法律之手续。可是法律非从天而降，且徒法不能以自行，既需人订定法律，执行法律，则即不能完全避免政治。以言事实，则从长期言、从大体言，政治与法律不能绝对分开，不能完全离立。另从短期言、从枝节言，则政治与法律有时可以暂行分开而离立。所谓从长期言、从大体言，两者不能分开，其故有三：盖法律趋向条文化，而订定法律，必先有政治机构，即使是口头指示的法令，也必须先有在位握权的人选，故不能完全离立。此其一。"徒法不能以自行"，既有法律便须有若干机构与人员负责执行，即不能脱离广义政治。此其二。所贵乎法律，贵在其能有效，贵在其有制裁，此则必须有强制，法律固有赖于强制，而强制本身乃是狭义政治性质。此其三。综合言之，政治与法律乃是一物之表里两面，缺一不可。

所谓从短期言、从枝节言，政治与法律可以暂行分开而离立者，可举若干具体事例以资说明。例如美国政治界用人盛行分赃制的几十年中，专就用人一点而论，谓为只有政治而无法律，未始不可。又例如作战时期城市陷落，占领军队对于当地居民可能肆行蹂躏，此种暗无天日之际，明明是只有政治（狭义）而毫无法律。

我们对于政治与法律之关系，既已先从其（一）内外，（二）先后，（三）上下，与（四）离立四项研讨以后，对于本文所欲阐述之主旨——政治要法律化与法律要超政治——自当更易明了。政治要法律化乃是两者积极的关系。法律要超政治乃是两者消极的关系。

四、政治要法律化

在进入本题主文以前，笔者愿再重复强调一遍：在"政治要法律化"中所指之政治与法律，乃兼指广义与狭义的两种，但同时特别着重狭义政治要法律化。在"法律要超政治"中所指之政治，乃只指狭义的政治，而所指之法律则兼指狭义与广义的法律。

政治要法律化。这是一项显著的历史趋向，也是一项重要的努力目标。法律化一词中的"法律"乃指包括条文法在内的广义法律，而所指政治则兼指广义的政治与狭义的政治。但我们特别着重狭义政治的法律化。广义政治是管理众人之事。狭义政治乃是握权行动。法律既然有规则为其内涵，息争为其目的，排解为其功用，公正为其特质，事项为其对象，而且理智为其基础，则不论关于管理众人之事，或关于规范握权行动，政治之俱须法律化，不难想像。特别是因为法律之作用在限制、在约束，故关于势将无所不用其极的争职位、握权力、作决定与谋利益的种切纯粹政治行动，更须置于法律之下，俾受法律的限制与约束。故政治要法律化虽兼指广义与狭义的政治，在今日而言，实在着重狭义的政治要法律化。

管理众人之事，亦即广义政治要法律化自古即然，此可于下述两项情事中见之。其一，为处理个人与个人间的争执，需要私法。私法自部落时代即有。就是"以牙还牙，以眼还眼"的法律，在今日视为粗鄙野蛮，在当时则认为公正合理。有此习惯规定，则司理讼狱的握权者，对其所作决定之标准可以法律化。其二，为公法，即政府机关之设置。遥远古代早即设官分治，不论其所设何官，不论其权责是否混淆，其为雏形的政府组织法，则毫无疑义。故所谓宪法不一定是成文宪法，且不一定是民主宪法。广义言之，专制政治甚至部落政治，已有其初步的政治法律化。处今日而言，人群生活日趋繁密，国家各级政府所管理的众人之事，范围益广，程度益深，种类亦益多，因而政治之益须法律化，理至明显，无待举例。故本文所强调之政治要法律化乃特别侧重狭义政治之法律化。

狭义政治之明朗法律化，可谓自近代民主政治开其端。兹择举若干例证作"政治要法律化"的说明。所如君位继承一事，即证明政治法律化之重要。英国为君主立宪，其君位之继承有君位继承法，谁将继位，家喻户晓，不必每次临时决定。纵在今日英国，君权已分别移至内阁、国会，以及司法机构；然而立宪君主，苟非有息争的君位继承法存在，则君室之中，奔走逐鹿与夫攀龙附凤者，仍将大有人在。试观吾国历代政治，关于君位之继承，并无固定划一继承法。而只有立嫡、立长，立贤诸原则，所以每个皇帝可以早立皇子，或迟不决定，也可以在既立皇子之后，反复废立。因为君位继承，事关争职位与握权力，自然各方明争暗斗，风波特多，往往引起兄弟骨肉彼此残杀。要皆因此项政治未能法律化。当然，定了君位继承法固亦有其缺点，固亦不能全免冲突篡弑，但如果法律化以后，定能减少许多争执。例如李世民屠杀建成元吉之事，或可不会酿成，而宋太祖夜召晋王光义，有所谓烛影斧声之疑案，或亦不致发生。

另举征收赋税必由人民代表通过为例，此亦政治要法律化之绝好例证。英国巴力门之具有今日权力并非一蹴而就，而系循序渐进，日益发达。远溯源头，自不得不归功到一二一五年大宪章中英王征税必须先得当时所谓各级人民代表之同意一项规定。此后数十百年无形中长成纳税本于代议之民主精神与民主习惯。以言今日，此已成为世界各国之一项基本政制。须知向人民征税本系握权力，作决定，且系谋利益的政治行动；在绝对专制时代，此系纯粹政治，只有在法律化以后，亦即在规定必须经过民意代表（纳税人自己举出之代表）通过决定以后，乃能化为广义政治而成为民主制度，乃能避免争执。

民主国家不能无政党，民主政治不能不有赖于政党政治。政党乃是争权位、握权力之政治工具。当初民主理论宗师莫不主张避免政党，而英美两国政党法律，乃至政党本身之由起与形成，全在不知不觉之中。后来其他国家本于需要亦相率模仿。然而就整个十九世纪而言，政党只为宪法、法律及政制以外的产物，与法制无关，虽非本于法制，亦不抵触法制。然而正因为政党为纯粹政治之工具与途径，故亦难免其流弊。至目前而言趋向，则政党显有趋向法律化之事实。以言美国，因其为联邦制度，大多数邦的邦法有关于政党之条文，至少对于何者为政党，已由法律加以规定。最足代表今日趋向者，当推西德联邦宪法第廿一条，其内容如下：（一）政党乃参与人民政治意志之形成，得由人民自由组织。政党之内部组织，应吻合民主原则，其经费来源应公开报导。（二）任何政党凡依据其所定目的，或依据其党员行动，系对于德意志联邦共和国从事于破坏，或废除其自由民主基本秩序，甚或危害其存在者，乃系违宪。违宪问题由联邦宪法法庭决定之。（三）详细项目，由联邦法律加以规定。今日一般民主国家对于政党之地位与若干活动确有加以法律化的趋向。

民主国家中具有政治欲望者所以能一方面从事争位握权而同时又能遵循规道，避免暴力冲突、端在选举。然而如果仅仅采行选举而不将各种竞选活动多方加以法律化，则关于竞选活动又将无所不用其极，而使百弊丛生。选民单之预制与公告，选票由政府印发，投票采不记名的秘密制度，威迫利诱之受取缔，竞选费用之遭限制，官吏不得协助竞选，凡此各项以及类似规定，均使本为纯粹政治之竞选活动，充分法律化。

选举制度之中，提名实极重要。盖企求得到选民多数投票拥护，固为竞选目的，然而如不先行获得提名，虽有多数选民愿意拥护，也无从表现。在美国民主选举最初流行的百余年中，提名全属于政党，乃亦全属于纯粹政治。凡运用狭义的政治方法能邀地方党魁支持，或地方政党机关所谓秘密会之推荐者，始能获得有力量的提名，否则便无当选希望。但卒因各地方政党党魁与机关操纵过甚，流弊过多，乃造成美国各邦次第采行直接初选，亦即采行选民直接投票提名之制度。至于今日此制盖已普遍。"直接初选"亦为政治法律化之另一项明证。

大而言之，所贵乎民主政治盖在其能使政权之更迭移转完全法律化，亦即使争位握权法律化。在过去专制政治，或在现代极权独裁，则整个治权之移转必得经过暗杀冲突，流血战争。关于此点，政治之法律化与否，所关至为重大。照英法之内阁制，一个政府之能继续多久，全视国会之中是否有多数支持。且思想环境变迁，投票结果不同，原本被认为洪水猛兽之社会主义劳工党亦能组织内阁而掌握政权。照美国式之总统制，则行政元首总统与人民代表国会各有其一定之任期，届满以前进行选举，及至届满，新旧任交代，在朝在野易位。政治要法律化，即此可见。[1]

争求职位原是一项纯粹政治。在工业发达之社会，各种出路广阔纷多，所谓"行行可出状元"；官吏职位不见得受人特别尊重。在农业社会，则职位往往带来名誉、光荣、利益与权势，自为一般智识分子所热烈追求。争求职位如不法律化而纵容各方无所不用其极，则其后患不堪设想。文官考试制度之确立，使得公务人员之任免、升迁、考核、奖惩，都有律法规定，即所以补救此弊，即是使政治法律化。关于此项，上文已约略提及。当然，一个国家决不能将所有职位的官吏尽出于考试选用的一途，总须有一极小部分高级官吏，留待政府元首之选派，但是其中也多少带些"法律化"性质。例如美国总统有权选派部长、大使、公使等等，然而宪法规定要经国会参议院同意，此其中即含有"法律化"成份。英国首相组阁，表面上似可任意为之，似可任意邀约何人为部长，决定何部部长入阁。其实，则首相所邀请的入阁人选，大体上相当呆板，必其人在党中、在议会中，已有相当岁月，相当地位，必其部久已包括在内阁中间。首相所能任意取舍只是极小部分。无形之中，英国内阁人选范围大体已趋广义的法律化，亦即事实上的规则化。

服从多数，此一原则，在今日已司空见惯，然细想起来此实为民主政治法律化之基本措施。选举也好，会议也好，总是以多数决定为依归。当然，何为多数各各不同：全体之过半数、法定出席人数之过半数、或三分之二、五分之四都是多数。惟有采取

---

[1] 此处略去54个字符——编者注。

具体之多数决定原则，民主政治乃能顺利运行。所以归根结底，民主政治最重数量，其次才重品质。数量是客观，不允许争攘纷扰；品质是主观，大家评择必有参差。假使一个人因为不得规定票数而被宣告落选，此人自然心悦诚服。假使一个人既已当选，而因为被认为品质不良，或因为其他不能公开的指摘的缘因，必欲使其退位，此则不能服人，徒起纠纷。服从多数，盖是民主政治的法律化。

个人之生存机会在往昔视作个人之命运，在今日亦趋向法律化。社会中最大利益可谓为经济利益，而最根本的经济利益乃是个人的生存机会，今日世界各民主国家之中已有不少宪法规定保障个人之生存权或工作权。易言之，数千年来原把个人之有否工作与能否生存，视为个人之命运，当作个人之问题，因此饥寒交迫者只能铤而走险，用纯粹"谋利益"的狭义政治手段以图生存。今则观念全改，视个人的生存为全体社会的问题。循此新立场而言，原则上已将个人之谋得基本经济生存利益，初步法律化。

从上面任意择举的各项例证看来，可知政治要法律化；亦可知狭义政治是争权谋利行动，基于感情，运以力量，而广义法律乃是要束缚权力限制感情的各项规则，其对象是事项，目的在息争，功用在排解，基础为理智，特质为公正。

五、法律要超政治

政治固然要法律化，法律也要超政治。所谓法律要超政治，即谓法律不受狭义政治力量之操纵、指挥、干预、压迫，甚至歪曲破坏。法律要超政治，有的早在专制政体之中即已显明而受提倡，有的则在民主政体之中始趋昭著。归纳起来，法律要超政治，其含义有三层：即关于执行，关于订定，以及关于内容，法律必须尽量超政治。兹分别扼要说明。

其一，就法律的执行言。法律要超政治，此一趋向，此一目标，在昔专制时代，已属昭著，在民主政体之中自更积极。五十余年以前，美国政治学教授古德诺氏在其所著《政治与执行》一书中抛弃三权分立之学说，强调国家治权只有两种，即立法与执法。立法犹之意志之形成，执行则是意志之实现。故昔日通称之司法权，在古德诺氏看来，实在只是一种法律之执行权。易言之，昔日通称之行政与司法两权，实只一种执行权。此一学说，就本文所指政治的执行，极有意义。关于执行法律之应超越政治，其道理至为明显，其关系至为重要。一个国家广义的政治究竟是良好抑腐败，其中最基本的关键，端在其行政与司法两权在执行法律时，能否铁面无私，公平正直。执法之能否公平正直，一方面固由于执法者本身——各级行政官吏与各级法院法官——是否能不畏强项，不愿偏私，不受任何方面之威迫利诱；另一方面尤赖上级之在位握权者是否具有尊重法律之信念和行为，而不运用政治力量，于不知不觉无形之中，歪曲了法律，抵触了法律，因而破坏了法律。凡此云云，即属法治。实在所谓法治，其最深根基，最坚核心，厥在执行法律要超政治。

例如美国联邦政府各独立行政机构如联邦邦际贸易委员会等，其组织法中均规定属于同一党籍的委员不得超过若干人。又例如吾国宪法第七条规定："中华民国人民无分男女、宗教、种族、阶级、党派在法律上一律平等。"第八十条规定"法官须超出党派以外，依据法律，独立审判，不受任何干涉"，又第八十八条规定："考试委员须超出党派以外，依据法律，独立行使职权……"凡此种种均是要维持执行法律要超越政治的条文法规。

兹再举一例，更可想见其余。民国二年（1913年）国会有所谓先举总统后定宪法的规定：十月六日进行选举总统，袁世凯方面利用一种以数千便衣军警组成的公民团，包围国会，扬言非俟公民所属望的总统选出，不让议员出场。从晨间八时许到夜间十时，投了三次票，总算勉强把袁世凯选出。至于后来曹锟方面以金钱收买议员，选曹锟为总统，真所谓贿赂公行。凡此两例皆是暴露在执行上法律不能超政治之弊病。

在相反方面亦即在积极方面，可举一般民主国家法官的为终身职的制度。以英国为例，各级法官除非（一）曾经国会上下两院之决议，或（二）曾经犯法，不得无故免职。此何以故？此种制度盖即保障法官，使能具有独立精神，不受任何恶势力之威迫干扰，尤其是使能不受"政治"方面的干扰。此即使透过司法官的独立精神，在执行方面，法律能超政治。

关于执行法律，专就司法方面而言，程序步骤日益重要，其用意目的亦不外保障司法判决之能超政治。兹以美国为例，美国宪法规定：人民之生命、自由与财产非经适当法律程序不得剥夺。依据多年来美国联邦最高法院之判释，适当之法律程序已不仅应用于法律手续方面，抑且应用于法律内容方面。两者目的，吾人如加分析，当系保障法律在执行上要超政治。

更有进者，法律要超政治，此中所指的政治，不只指官吏之滥用政治权力，而且指个人或团体所能运使之政治权力。在民主先进国家中，对于正在进行侦讯审办的诉讼案，报章杂志不许擅自评论。此盖避免使用意见力量（意见力量亦是政治力量之一种）以影响法官之独立审判。此亦所以保障法律在执行上要超政治。

其二，就法律之订定言，法律要超政治。订定每项法令规章，应当遵循当时当地的法定途径程序。在昔专制时代，一方面虽然皇帝的好恶所在与意志所及，即可成为法令——正像英国奥斯汀所云，法律是主权者的命令。然而另一方面，大臣可以廷争，宰相可以封驳。当时也自有一套实际上规范帝王擅自下旨立法的制度。以言民主政治，则关于法规之订立更有各种周密详备的手续程序，由掌握订立法规之权力者经过慎重考虑予以订立或修正，而不让运用纯粹政治力量或利用纯粹政治手段以订立法规。举例言之，美国国会参众两院所设立之委员会，少数党总得参加；英法国会之委员会亦复如是。其含义所在即为防止仅仅以多数力量不经精密讨论而遽予通过。英国国会对于不属一般性而属个别性之法案（所谓"私法案"）有其特定手续，必须公开听取各方面意见，也是表示对于订立法案之郑重，求能超政治而公正合理。

另举一例，美国盛行所谓"压力政治"，即对于联邦国会及各邦邦议会，有许多"利益团体"（亦称为"压力团体"）对于某某项立法条款，有时希望提出通过，有时希望打销否决，遂延请专人常年活动，每值议会开会时期，经常奔走于议会走廊之间，与各位议员接触疏通，进行所谓"游说"。于是利益团体，压力团体，游说团体，遂成为美国联邦国会以及各邦议会从事立法的一大势力。而其所化费的款项，巨大惊人。此种游说活动，确实就是纯粹政治活动。如果是专以各有关团体之意见相传达，自是代达一部分民意，当然无可厚非。但是如果以各种各式的经济利益来引诱议员，来争取议员对于某某立法案或其中某某条款加以反对或赞成，那就成为严重问题；流弊所及，对于整个民主政治势将由根本威胁，达到彻底破坏。美国国会乃至邦议会所以已有许多法案，规定游说团体必须登记限制，俾游说活动受到规范，其宗旨不外使关于法律之订定，法律要超狭义的政治。

再举一例。英国系内阁制，多数党领袖担任首相，组织内阁，其与下院多数党议员关于法律之订定，并不采用狭义的政治方法，即并不完全出于首相一人之决定与指使。每遇重要法律草案，总是先由整个内阁商量同意，再由其下院多数党籍议员举行所谓"秘议"，以取得多数支持。几经密议之法案，同党籍全体议员必须一致拥护。以故每一重要法案，在首相与内阁阁僚，必须考虑能否得到同党籍议员之支持；在同党籍议员亦必顾及倘不支持则倒阁解散又须重行竞选之可能后果。凡此成规亦即在订立阶段法律要超政治之明证。

此外，民主国家通例，议员除非是现行犯，否则非经议会许可不得逮捕或拘禁；又议员在议院发表之言论，与所作之表决，对外不负责任；此种制度之目的显在保障关于法律之订定，法律要超政治。

其三，就法律之内容言，法律要超政治。就大体说，人类政治生活中，"法律要超政治"之为历史趋向与努力目标，首推在执行方面，盖在执行方面发达得最早最多；次在订定方面，发达时间比较迟晚，发达程度比较浅近，而发达最迟与最浅者当为内容方面，所谓在内容方面法律要超政治者，盖指法律之内容并不偏袒少数统治阶级的特殊利益。而顾到一般群众的共同利益。例如法国大革命之前，在所谓"旧政"时代，能负担赋税的贵族教士反而豁免赋税，而一般无力负担的贫苦民众却须缴纳繁重赋税。当时此种法律之内容自未能"超政治"。又例如美国在南北战争以后修改宪法，保障解放之黑奴，但南方各邦当初所通过之所谓"祖父条款"，形式上虽不排斥黑人而实际上却系剥夺黑人之投票权，此亦是一种不能"超政治"的法律。

再如希特勒掌权之后对于犹太人多方虐待，并且大批屠戮；此种法令，完全基于狭义之政治。[1] 当然，统治阶级一朝权力在手，不论其有意无意总因其出身何方，或代表何方，往往着重其自己利益。此正犹通常笑谈，只因周公制礼周婆未曾参加，故尔一部周礼重男轻女。以故，贵族政体流行之世，法律内容有利贵族而压迫平民。封建时代，法律有利于地主而压迫农奴。基督教会权力鼎盛之际，法律有利于教士而不利于俗人。资本主义发达之阶段，法律有利于资本家而不利于劳工群众。

循上以论，也许有人要想，欲求掌握权力之阶级完全超然公正，势将如求人自举双足离地，虽孟贲乌获实不可能。殊不知昔日以少数而压迫多数，固为"政治"而非法律，而今日即以"多数"压迫少数，所谓"多数暴横"亦同其为权力政治而非法律精神，此其一。再则法律在内容上要超政治，自只为一种趋向、一种目标，虽最高标准只能若即若离，难求完全达到，而有此意识与否，有此努力与否，一出一入之间，其结果乃是失之毫厘，差之千里。就历史过程言，人类确已有进步，法律内容已多"超政治"之趋向。例如自十九世纪之末开始，男女平等已渐次纳入于法律，今日之女子亦已取得政权，获得平等。又今日各民主国家之劳工都受法律之提携保护。而累进率之遗产税与所得税等等税法，早亦针对社会经济之畸形发展有所矫正。

---

[1] 此处略去61个字符——编者注。

吾国宪法第一七一条规定："法律与宪法抵触者无效，法律与宪法有无抵触发生疑问时，由司法院解释之。"第一七二条复规定"命令与宪法或法律抵触者无效。"可见法令本身要逐层地受其较高法律之限制。此其中寓意精神显然就是：以言内容，法律也要超政治。

六、法治

政治要法律化，法律要超政治，两者相辅相成，就为"法治"。法治之含义在今日已有五项。其一，个人与个人间，以及团体间，一切行为关系应有法律为其规范。其二，政府与人民间之关系与权责，应有法律为其规范。简言之，政府应以法律统治人民。其三，整个政府，各级政府上下之间，以及同级政府各单位之间，应有法律为其规范。易词言之，政府应以法律统治自身。其四，政府所订各种法令本身应分别有其母法——宪法及根据宪法所订的法律——为其规范。凡超越者不是违宪就是违法。其五，国家与国家间之行为关系亦应有法律为其规范。

第一种个人间以及团体间之法治，由来最久，程度最深。第二种政府与人民间的法治，随民主政体而有确立。第三种政府本身及其各单位上下左右相互间的法治，亦随民主宪政而有发展。第四种关于法令本身之法治，则为时尚不甚久，大体言之，可谓为随司法解释权之扩张而开始流行。第五种国际间之法治，则提倡虽已甚久，迄今尚在萌芽胚胎之时期。

国际政治之须法律化，国际法律之须超政治，稍一思索立可明了。历史上此种趋向之存在，无可否认。例如美国宪法规定，国会赋有宣战之权。此其历史意义，盖在限制数千百年中一国行政元首对于向外作战固有之"作决定"的政治权力。美国此项宪法规定，可谓为第一步将对外从事作战的政治权力加以法律化。美国对外订立条约须经参议院同意，其历史意义正复相同。第二次（世界）大战后，法兰西、意大利与日本等国新宪法之中，或则承认国际法为法律，同应遵守，或则表示愿在互惠条件之下，限制主权以谋国际和平，此诚为划时代之创举。语云：行远必自迩，登高必自卑，国际政治之法律化自只能循序渐进。国际政治之需要法律化，不特无可置疑，抑且至为迫切。

复次，在今日极权国家之中，权力政治之猖獗至为明显：即处处政治操纵法律，司法不复独立。此种现象固属违反历史趋向，不能长久。综合言之。政治要法律化与法律要超政治，无论在那一方面，那一项目，言各国之国内政治生活也好，言世界国际政治生活也好，范围尚待推广，程度尚待加深，努力尚待增多。

政治要法律化，法律要超政治。此固实际为历史趋向，抑且应当为努力南针。所谓为历史趋向即人类于不知不觉之中有此造就。所谓为努力南针即人类应当有意识的求其实现。吾国古代思想家中，对于政治与法律之关系，不乏零星片段之语句，包含精采真理。周代慎到曾云："法虽不善，犹愈于无法"；又云，"今立法而行私，是私与法争，其乱甚于无法"。所谓法虽不善，犹愈于无法，此当指"立法"而言；有法总胜于无法，这就是"政治要法律化"。所谓今立法而行私是私与法争其乱甚于无法，乃是指"执法"；无论行政或司法，执法必须大公无私，也就是"法律要超政治"。《韩非子·外储》篇中有云，"治强生于法，弱乱生于阿"；又心度篇中云，"治民无常，惟法为治。"此都是强调政治与法律自有其应有之关系，商君书修权篇中有云："国之所以治者三：一曰法，二曰信，三曰权。"《管子·明法篇》中有精辟无比的两句："政不二门，以法治国。"凡上所述，犹值今日民主政治领导者深刻思维与虔诚遵守。

总而言之，一方面政治固然要法律化，可是另方面法律不要政治化。法律而政治化（例如希特勒虐待与屠杀犹太人之法令），则虽有法律之形式却已丧失法律之实质。惟其法律不要政治化，故法律要超政治。复次，一方面法律固然要超政治，可是另方面政治不要超法律，政治而超法律，则等于争权夺位，乱令图利，无所不用其极。惟其政治不要超法律，故政治要法律化。世界前途，人类进步，端视法治之范围能扩展与法治之程度能加深，亦即端赖政治日趋法律化与法律益能超政治。

卢梭之政治思想（J. J. Rousseau，1712—1778）

美法革命之政治思想

马克维里之政治思想

支配现代群众生活之三大政治思潮与动力

现代西洋政治思潮的理论与事实

民主的思想历程

现代西洋政治思潮的回顾与前瞻

孔孟儒家对于"暴横"所采之立场

老子与孔子之"道"：类别、根源、性质及作用

第二编　政治思想史

卢梭之政治思想（J. J. Rousseau，1712—1778）* **

（在法国大革命前之欧洲），普遍浓厚之轻浮习气，使人不复察见其热闹欢乐之底面隐伏着社会之危机。忽然军号一声蓦地响起，一位无名汉，头带盔帽，手持盾牌，跳入战场向世间所有的一切权力，毅然挑战；向观念，向虚荣，向根深蒂固的成见，且向权贵者，富有者，荣乐者，——不宁惟是，向教士阶级，甚竟向君主政治，而其或为尤甚者，向文学家，艺术家，言论家，哲学家，向一切操纵舆论与意见之人挑战……卢梭实系一个新世界，新社会之预言者……无论友好或仇敌均认彼为"德谟克拉西"之理论宗师，且，更值注意者，社会主义与共产主义，正犹民治主义，均夸认卢梭。

——亚密厄（Henri-Frederic Amiel，见所著《卢梭》，1878）

---

* 原载《清华学报》第六卷第三期，1931年。
** 卢梭之政治思想可于其下列重要著作中求之：
  1. *Si les progès des Sciences et des Arts a contribué à corrompre ou à épurer les Moeurs*《论科学艺术与风化之关系》（严几道译为《问文物礼乐之事，果所以进民德者乎？》），1749年作，1750年得奖，1751年出版。
  2. *Sur l'origine et les fondements de l'inégalité parmi les homes*《论人间不平等之由起与基础》（严译为《人类等差原始》），1753年4月作，1755年出版。
  3. *Economie politique*《政治经济论》，1755年；载《百科词典》卷五。1758年有单行本。
  4. *Contrat Social, ou Principes du droit politique*《民约论或政治权之原理》，1762年。
  5. *Émile, ou De l'Education*《爱弥儿或教育论》，1762年。
  6. *Lettres écrites de la Montagne*《山中通信》，1764年。
  7. *Projet de le Constitution pour la Corse*《高锡加宪政刍议》，约1765年著；1861年付印。
  8. *Considérations sur le Gouvernement de Pologne*《波兰政制议》，约1771年2月著；1782年付印。

第一段 引 论

壹、卢梭之重要

在现代政治思想史中,仍占高显地位,仍放灿烂光明,好比残月行天,清辉依旧,犹能使朗朗群星相映而减色者,当推兼文学家、音乐家、哲学家、教育家、社会改造家、预言家于一身的,法国之卢梭。卢梭之政治思想,论其势力之大,影响之深,恐除马克思外,罕与伦比。有人谓一部思想史即系一部人类史,殆非过语。[1] 姑无论法律制度是否全由观念得来,[2] 而一部政治思想史半系写照政治生活之旧现状,半系陶冶政治生活之新方式,则求之历史事实,在在信而有征——卢梭之政治哲学即是一绝好铁证。拿破仑尝谓:无卢梭则无法国革命,此种过甚之词固不必待今日之新派历史学家而始加否认;然试谓,惟有法国革命之将至故有卢梭思想之发生与流行,既有卢梭思想之内容,遂有法国革命某一部分之现象,或非失当。实则,彼之意义与影响何曾限于一时一地?今人有称世界大战后欧洲新兴诸国之宪法中,犹有卢梭之手工在内——犹有其学说理论之承受与实现。[3] 即此一端可以推见其声势。吾人须知思想本身之能否成立,是否错谬,有无破绽矛盾,与其影响之大小,远近,久暂,初不必有必然的正比例关系。故估计卢梭之势力与评判其思想之内容,显系两事。今于叙述本文以前先将卢梭之所以重要者说明。

第一,就政治思想论,卢梭可谓为严格地开辟近代之第一名人。所谓"近代"究于何时起始,大抵为主观见解,人异其说。十四世纪之丹第(Dante 1265—1321)尊政

---

[1] *The history of ideas is the history of man.* 伊里《工业社会之演化论丛》(R. T. Ely, *Studies of the Evolution of Industrial Society*),页 3。
[2] 英儒巴刻在近著《族国的品性》中,有一段言论,似可代表过重思想与思想家之偏见:
"But law and institutions are, in their ultimate nature ideas; and ideas do not grow— they are made by human minds. The ideas which we call law and institutions can seldom be traced to their original springs, but they always proceed from the initiative of single and personal minds." E. Barker, *National Character*, (1927), p. 143.
[3] 参阅赫德兰摩黎,《欧洲之新宪法》(1928)第二章,"新宪法中之政治思想"(Agnes Headlam-Morley, *The New Constitutions of Europe*)。英国当代基尔特社会主义者柯尔(C. D. H. Cole)在其所译《民约论》之序文中亦云:"Rousseau's political influence, so far from being dead, is every day increasing; and as new generations and new classes of men come to the study of his work, his conceptions...will assuredly form the basis of a new political philosophy..." (Introduction, p. xli).

权，抑教会，尚统一，求和平，未始不可谓开近代之先声。十六世纪之马克维里（Machiavelli, 1469—1527）划分伦理与政治，崇拜权力，讴歌族国之一统，更具现代之端倪。至于十七世纪之霍布斯（Hobbes, 1588—1679）以政治权力之根据自神命移诸于民意，以迄洛克（Locke, 1632—1704）与孟德斯鸠（Montesquieu, 1689—1755）等，吾人固可于此数人中，任选其一视为近代之创始者。然而丹第之言论终不过为"旷野呼声"，沉没于当时将亡未衰，余响如雷之中古主义中而无甚所闻；马克维里则只讲"治术"而无"国家学"之贡献；霍布斯不特辩护专制独裁，抑且含有神权政体之气味；洛克虽提倡革命权利，但犹维持君主政体，保守社会现状——一六八八年之英国革命，充其量，仅写一页变易政府之新方式，何若一七八九年之法国革命，乃开人类社会生活之新纪元；[1] 孟德斯鸠不过用历史与比较方法，弃绝对而取相对观念，余亦殊鲜新异。独卢梭则代表法国，亦即代表全世界，受压过度，困苦过甚的一般民众心理之发泄，企求打破现状，另造天地；其思想言论犹之一盏探海巨灯，光芒四射，将社会中之丑恶祸害，尽情照露，而不使纤介逃遁。在积极方面彼为民众于理论上找一出路，觅一方法，求一根据。果其预言理论，整个或部分地实现，足使举世人民之政治生活，因而社会之总集生活，随之旋转。谓卢梭为近代民治理论之第一代表，庸岂无相当意义？

第二，卢梭所自持以推敲诘难，求作圆满答复之问题，如国家何以由起，政府何以成立，人民胡为服从，治者胡为出令，强制有何根据，法律具何条件——皆为政治思想中最基本、最中心、上自柏拉图、亚里士多德即求解决，而迄今尚未成功，恐亦永不能完全成功者。[2] 虽其所拟答案——本意志以解释一切——困难甚多，且不合目前时髦之实在主义，要亦为伟大答案之一。吾人对此"日内瓦公民"之系统理论，抨击易而替代难；彼纵未成功，亦未完全失败。故研究政治思想史者不妨以卢梭为焦点；由此而寻求其来踪去迹，爬梳其枝节异同，则一部政治思想史之精华，约略已入笼罩。

第三，民主政治，已成现代普遍之局面，而民主政治，无论其为代议或直接，在理论上之根据似受动摇，在实行上之结果确系弊病百出；此殊非十八世纪民治论者梦

---

[1] 民耶，《法国革命史》，序文（Mignet, *History of the French Revolution*）。但照拉斯基之见解，则洛克之于一六八八年，与卢梭之于一七八九年，直无差异，且后者之重要政论均可于前者著作中求之。照此，则洛克当为近代政治思想之第一人。阅所著《英国政治思想从洛克至边沁》第一，二两章（Laski, *Political Thought in England: from Locke to Bentham*）。但柯尔斯云："In political thought, he (Rousseau) represents the passage from a traditional theory rooted in the Medieval Ages to the modern philosophy of the state."（见同书，序文，页 viii）

[2] 比较服汉，《卢梭之政治著作》卷二，尾声（Vaughan, *The Political Writings of Rousseau*）。

想之所及。[1] 虽然，政治的德谟克拉西势必引起经济的德谟克拉西；今日西方社会之症结不在政治而在经济，不在民权而在民生，不在只求一人一票，而在求人人能有相当之生活。[2] 只有前者而无后者则譬如空头支票，无裨实际。但未得前者而企图后者，恐积沙为墙不推自倒。是则民治虽系工具，抑亦不可或缺之工具；民治理论之重要不因经济问题之迫切而稍泯灭。尤在暴动，阶级，争斗，个别利益……诸学说膨胀之时，卢梭之政治意志论，乃弥堪令人思索。

第四，卢梭乃研究政治思想史之绝好题目。语其思想，有视为个人主义者，有指为团合主义者，并有斥为无政府主义者；[3] 有认为助长族国主义（Nationalism）者，有指为提倡国家主义（Étatisme）者。[4] 语其影响，语其来源，亦系众说纷纭，莫衷一是。实则著作俱在，史迹可征，非若古人之邈远而不可得其详实。此于求知卢梭之政治哲学者，大可发挥其个人之心得与见解。它若研究环境之如何激起理论，思想之如何影响事实，个人性格境遇之如何与观念有关，更不必于卢梭外，另求他人为例。

第五，卢梭之影响至深且巨，此指思想，制度，现象诸方面言；当于篇末详论之，兹不赘及。[5]

贰、卢梭之背景

卢梭之政治思想，恰如其人，不啻为历史上之一大谜，不易了解，世人喜谈其名字者甚多，而读竟其著作者则绝少。然此非困难之惟一原因。卢梭在其前后著作，甚至同一著作中，往往有莫大之冲突出入，此则能使任何读者，掩卷兴叹。殊不知研究卢梭当从其背景入手。大凡历史上挟具势力，左右局面而影响群众生活之思想，无不有其深长厚博之背景。能揭开此层幕障，则思想本身之真相毕露。卢梭之所以为卢梭，

---

[1] 可阅麦利穆等编，《现代政治思想史》第二章（Merriam, Barnes etc.; *A History of Political Theories: Recent Times*）。
[2] 关于此层下列两作者均有精警之言论：篷，《欧洲民治之危机》，末章（Bonn, *The Crisis of European Democracy*, 1925）；及拉斯基《服从之危险》（第八，十两章）（Laski, *The Dangers of Obedience*, 1930）。
[3] 后人之歧议固不必提，即当时英儒柏克因抨击法国革命，曾先后诋毁卢梭之个人主义与集权主义。柏克，《全集》卷一，页389；页482（Burke, *Works*）。
[4] 见杜骥，《法律与国家》，载《哈佛法律评论》卷三十一，第一号，页27~39（Duguit, The Law and the State, in *Harvard Law Review*）。
[5] 见后结论。

可从社会状况，时代思潮，生活境遇，及个人性格诸方面推究。

（一）**社会背景** 设使卢梭学说诚为法国一七八九年大革命之哲学，则大革命之背景（法国无异为欧洲之代表），必为卢梭之背景。卢梭辞世（1778）之日，路易十六世盖已即位四年。故综其一生，饱阅"旧政"（Ancien Régime）之丑恶（彼虽为瑞士之日内瓦人，但就居住，关系及种切言，无异为法人）。政治方面，国君昏庸，专制无道；大臣之进退全视一人之喜怒，臣民生命更无保障之可言；等级会议（États Genereaux）自一六一四年后迄未召集。社会方面，其最显著者，为阶级之划分，权利之悬殊，封建之余制，处处露骨。经济方面，赋税繁重，尤以地税、盐税、教税为甚；而一切负担，包括当兵修路，直全由平民负荷，特权阶级（贵族与教士）反在豁免之列。[1] 现状若此；何能逃明眼深心人之注意？彼游历法境者尚不乏人惊叹法民之痛苦，忧惧大难之将临；况卢梭个性衷情，易受刺激，其所以愤世嫉俗，呵骂一切制度文物者，自非偶然。某传记者谓卢梭即是法国民众——彼以无产者，游荡者，饥饿者，懦弱者之眼光观察社会，故痛恶财富权势之不平等，[2] 诚不愧为名论。

（二）**思想潮流** 卢梭之成名恐不尽在其学说之如何新颖。反抗现状者，不独彼一人，彼且非第一人。孟德斯鸠有《波斯通信》（*Lettres Persanes*, 1721）；福尔泰（Voltaire）亦有类似文章（lettres philosophiques sur les Anglais, 1733）；余若百科全书派，狄德罗（Diderot）辈，莫不讥诮教会，诽谤政治。特孟德斯鸠抱冷眼旁观之态度，福尔泰怀笑世玩物之志趣；卢梭则具革命家之精神，备改造者之方案，加以诗人之幻想，小说家之文章，故其思想能深入人心，风行一世。例如卢梭之"自然"论，实自当时思想界流行之空气中得来。盖经笛卡儿（Descartes）、牛顿、洛克诸学者之理论先后相成，世界遂成一自然组织；自然法，自然人，自然政府，自然宗教，举凡十八世纪之理性主义，由卢梭推进而完成者，固已先卢梭而存在。由此以观，彼不过集十八世纪"时代精神"[3] 之大成而为其总代表。政治观念，如人民同意，治权范围，主权性质，契约方式，均宗洛克或霍布斯；小国家，直接民治，诋斥政党，推崇"立法者"之重要，此盖渊源于希腊遗风，至于承认地理，气候，历史，民情与政治之关系，训示缓进与调

---

[1] 关于一七八九年前法国社会状况可阅 Louis Madelin, The French Revolution, vo.l; 或 Gottschalk, The Era of the French Revolution; chs. Ⅰ~Ⅲ。

[2] 恩格尔曼，《政治哲学》，英译本，页253（Engelmann, *Political Philosophy, from Plato to Bentham*, trans, and ed. by Geiser and Jászi, 1927）。

[3] 德国学者称之为"Zeitgeist"，无论思想，言论，政党，法律，制度皆受当时当地"时代精神"之支配。拉曾和斐在所著《政治之方法与途径》中极重此点。（Ratzenhofer, wesen und Zweck der Politik.）

和之足取,则又根据孟德斯鸠。时间先后,问题不同,故思想背景之重心亦因而随变。[1]

(三)个人身世 卢梭生于日内瓦,生平尝引此为荣。其父业钟表制造,至多属小中产阶级。卢梭生而其母死;其父旋亦离乡流亡,此与卢梭之一生漂泊,若合符节,说者几疑此为遗传。彼之情性,喜变动安逸,不能刻苦耐劳。综其生平,无职业之可言;而光怪陆离直如趣剧中一位惹人嬉笑之丑角,学艺徒不成,学牧师不成,倏而为律师之书记,倏而为贵胄之僮仆,自音乐教员,私塾教师,诗人,制曲者,编剧家,小说家,使馆秘书,种种生涯无不亲历饱尝;其为生计糊口所遭策压迫者,彰明昭著。不宁惟是,彼因其言论受各地政府之取缔,不得已迁徙流亡,计其一生之困苦颠沛,远甚于片段瞬暂之欢安;加之性好疑忌,友好成仇[一七七六年彼应休谟(Hume)之邀赴英,卒亦不欢而归];晚年之心理尤似变态,竟以为举世之人阴结私谋以图其不利。彼之是否自杀而亡,迄今尚有人怀疑。由是言之,彼之不满意于当时整个社会,恨不得一蹴而翻之,使恢复到简单纯朴之境域,如其政论中所发表者,可断言为受其生平境遇之熏染刺激而更甚。[2]

(四)浪漫性情 卢梭似患口吃,往往语无伦次,尤不善于周旋应对,而其生性之傲慢怪僻,奇特,尤迥异常人;大约"浪漫"一词始可形容尽致。[3]彼明知其种种恋爱经过为礼教所不许,良心所不容,而竟于《忏悔录》(*Les Confessions*)中明白叙述,尽态极妍。[4]此其任情恣意,放浪无拘,可以想见!彼绻恋最深,同居最久者,为巴黎一小旅店之女子;所奇者此女容貌粗恶,常识缺乏,竟至不能计一日之时刻,不能算一宗款项之总数[5]——以卢梭而与之合居垂三十年之久,宁不令人费解?既窃取其主妇之物(无论其为钻石为绸带),而诬陷一无知之女仆,虽追悔哭泣而终不肯毅然承认,其自治能力之薄弱更可推见。至于本奉新教,只因所欢妇女之故,不惜改信旧教,后见绝于妇(Madame De Warens)卒又回守新教;提倡父母之应亲自抚育其儿女与家庭教育之重要,而将先后所生之五孩一一送入私儿院;排斥特权阶级而时时出入

---

[1] 摩黎,《卢梭》,卷一,页140(Morley, *Rousseau*);服汉,同书,卷一,页2~3;又,福得,《代议政治》,页32(Ford, *Representative Government*)。第二篇应征文本洛克之精神;《民约论》大部分含藏柏拉图之理想最末。关于"高锡加"及"波兰"两文,则暴露孟德斯鸠之要旨。
[2] 赖斯基云,"He was shaped by his life, not by what he read." 见《服从之危险》(*The Dangers of Obedience*, 1930),页179。
[3] "A thing is romantic when it is strange, unexpected, intense, superlative, extreme, unique, etc." 白璧德,《卢梭与浪漫主义》,页四(Babbitt, *Rousseau and Romanticism*)。
[4] 史梯芬(Leslie Stephen)谓"No gentleman could have written th Confessions." 实则卢梭类似彼之理想人物"伟大野人"(bon savage)。
[5] 女名德丽撒(Thérèsa Le Vasseur)见摩黎,《卢梭》卷一,页106等。

于贵显之门。凡此种种足征其文野雅俗，兼容并有，思想行为，随在矛盾。以性格禀赋之如此而欲求其前后政治著作中之学说观念，一致贯彻，其何可能！——既不可能，则吾人正亦不必钩心斗角力为掩饰。谭宁谓在政治思想史中求一人之观念受其个性之所支配如卢梭然者，绝不可得。[1]

"山雨欲来风满楼"。法国大革命前社会状况既如彼；而生性放荡，行为不检，感情甚于理智的思想家又如此；此外，对于实际政治彼又无密切经验：明乎此，则吾人所求以了解卢梭之政治思想者，殆已过半。

第二段　初期著作——应征文两篇与《政治经济论》

卢梭政治哲学之不易领会，前已暗示。人徒耳闻《民约论》一书而遗忘《民约论》前后之政治论著；西方且然，[2] 况在吾国。殊不知此篇结晶文字，虽使作者流传，但决不概括，故亦决不能完全代表其政治思想之全部。故吾人以《民约论》为中心外，旁及其前后政治文章，庶几于观念之递嬗，倾向之变更，极端之冲突，得了如指掌。

壹、《论科学艺术与风化之关系》（1750）

一七四九年法国第戎（Dijon）书院有征文之举，题为"科学与艺术之进步究竟败坏抑敦笃风化？"，应征者十有四名，卢梭之反面，偏锋文字，荣获首奖；一时声誉鹊起，震动巴黎。据作者晚年之自述，乃彼于是岁暑夏，为访问系囚狱中之狄德罗，从巴黎至芳森（Vincennes），途中小憩，偶见报纸上征文启事，忽觉思想潮涌不能自已。另一说（根据马蒙忒尔 Marnmntel）则谓卢梭本拟作正面文章，颂扬礼教智识，但狄德罗在狱中劝其推陈翻新，与众异趣，庶几易得文名。[3] 后说而果确，固发生理智忠实问题；然统观卢梭所有著作之精神，此说未足深信。

---

[1] "It is rare in the history of political philosophy that the source of influential theory can be so precisely traced to individual personality as in the case of Rousseau."《政治思想史》，卷三，页 2（Dunning, *A History of Political Theories*, form Rousseau to Spencer）。
[2] 服汉，同书，卷一，页 1。
[3] 摩黎，《卢梭与其时代》（Morley, *Rousseau and his Era*）卷一，第五章。

今将此第一篇应征文之梗概,略述一过;盖此对于彼之政治哲学不无阐明之补助:

> 在昔文化未昌,人固粗野鄙陋;然而纯厚朴质,无假无伪,各表露其个性。今则尔诈吾虞,各戴文明礼貌之面具,外表无不温良和善,而内则阴险疑忌,残暴毒辣,"笑里藏刀"莫可测度。此果何为而然?证之历史,则无一非起因于科学艺术之昌盛。埃及岂非为哲学艺术之发源地?卒见亡于希腊、罗马、土耳其诸民族。希腊自两次征服亚洲而文艺大进后,风化顿衰,终为马其顿所束缚。罗马,中华,亦复如是。反之,如波斯人日耳曼人等留传迄今,以简单,朴素,无知诸美德著。可见打破"无知"适足自掘坟墓,速召灭亡。且天文学胚胎于迷信,几何学发轫于贪得,物理学产生于无谓的好奇,即道德伦理学亦起于人之虚骄。是则哲学科学不过动人听闻之空洞文章。再进言之,何谓真理?孰果知之?即知之,亦孰能持作善用?知微虫孳生之方法,物体吸引之比例……试问此种智识之有无,与社会之安宁,人类之生活,究有何等影响?不宁惟是,崇尚艺术即易引起奢侈;奢侈能消磨人民当兵,尚武,勤俭,忍劳诸美德。余若令子弟诵习他国之古旧文字而于本国现行文字反无所长,勉吟诗词而不求甚解;真假不辨而犹强辩逞词;此皆导人同入歧途。考其致此之由,根本在轻美德而重才智;故人处今日只求取巧伶俐而不知其它。总之,科学与艺术,至多可让一二深思好德之士为之,万不能容许一知半解之辈取作猎名眩世之具,且导群众于迷路。盖"无知"有两种:一为粗暴的,畜生似的;一为有理的,甜蜜的。前者宜增宜舍,后者可爱可取。[1]

上所云云无政治哲学之可言,然卢梭之基本观念,如返乎自然,疾恶"人为",轻视理智,固已昭示若揭;而其"自然境域",[2] 及初民固有美德之两大假定,亦已隐伏。至于文中立论偏倾之得当与否,理由之是否充足,吾人可置不问。作者本人尝自认此文之缺点,谓情感强而理论弱。[3] 全文要旨不过指明有智无德,转不若有德无智;彼治科学艺术,尽毕生之力于一狭小问题而置社会公益于不顾,反自命对于人类之幸福有莫大之贡献者,读此当知所矫正。对于常人则此不啻为切勿迷信专家之大忠告。[4]

---

[1] 摩黎,《卢梭与其时代》,卷一,页 133~139,作者且曾评论私产制度,痛斥尔我、主奴之别,但未十分发挥。
[2] 通常译作"自然社会",但欠妥善。
[3] 《忏悔录》,页 viii。
[4] 摩黎,同书,卷一,页 144~146。

贰、《论人间不平等之由起与基础》

一七五四年第戎书院又循例征文，题为"问人间不平等之由起何在，且是否根据自然法？"此次卢梭虽未得奖，而其应征文之意义与重要，远非第一篇所可比拟。彼之声名由是传播全欧。全文颇长几及《民约论》十分之七。兹先述其大意，再加以评论。

（一）不平等之类别 不平等有两种：一本自然，如体力，禀赋，智慧之不同；一由人为，如产业之贫富，权利之多寡，荣誉之高下。在自然境域中，自然的不平等虽存在而人莫之觉，且无遗患。

（二）自然环境 关于此点之讨论几占全文之半。世界本为森林所笼盖，禽兽所杂居；初民处其中而与之颉颃，取得主宰之地位，满足欲望而有节制，身体强健，远在文化发达、医药昌明时代之人之上；且不知愁苦，不惧死亡，故霍布斯所有人性本恶，人与人永永相争之见解，基本错误；盖原始之人不知何谓"善"何谓"恶"；而洛克心目中之"和平，好意，互助，互存"亦属颂扬过分。在自然境域中，人各自顾，言语未起，相远相离；即家庭犹未形成，男女之遇别会散，全出无心；子女长成，离母他去而不复相见。[1] 故原人社会既非黄金时代亦非恐怖时期，而其纯厚真朴殊不能令人无羡。卢梭谓此种状况之继续，有数百年。

（三）初民性情 自然境域中之初民所以相处甚得者，因其具有一基本而自然的美德，此即为"怜"（易以今日之名词则当为"同情"）；其它美德均由此发源。因其有"怜"，故虽无教育而不相残害。今日号称文明，有见杀人而鼓掌者，以为彼犯法有罪而死，不足怜惜；殊不知惟"文明人"乃有此抵抗天性强自掩饰之理论；野人则无此本领。即以"爱"论，太古之人初不过随时激发，尽传种之功用，非若文明社会发生变态，引起决斗，暗杀，强奸等种种孽祸。

（四）黄金时代 自然境域究竟由何而转成文明社会？一言以蔽之，则因人有发展之能力。但人之痛苦快乐，均由"发展"而胎生。至于此中转变之步骤阶段，只可付诸臆度；或者人口激增，或者生活推进，到达渔猎时期。大抵变迁之来，起于偶然者甚多：如地理、气候、土壤之不同，形成生活之环境有异，如用火取暖，筑土为栖

---

[1] 《论人间不平等》，见服汉，同书，卷一，页153~154。

穴。其后经验渐富,知合作以御强邻。最微细薄弱之家族及财产之制度与观念,即渐次发生;于此际而自然的不平等,向所为众人所不知觉者,今乃次第发现而彰明。例如人常聚处,则无论跳舞,歌唱,体力,姿色之出众者,即予人以认识,判别;而疑忌,妒嫉,怨恨之风亦应运而起。然此犹为快乐时期——在人类脱离自然境域转入政治社会之过渡时代中最快乐时期。此种黄金时代盖又垂数百年之久。[1]

（五）**私产制度** 由第一期（自然境域）至第二期（黄金时代）为进步之幸运;由第二期至第三期（政治社会）则为退步之痛苦。人果胡为而避乐就苦？卢梭之解释如此:"总之只要人们各致其力于一己能作之事,而无需他人之助工,则就自然禀赋之可能范围内,各过其自由、健全、优美、快乐的生活,且继续享受其各自独立而互相交接之愉快。但一旦而此人需他人之帮助,一旦而人们察觉一人兼得二人之所需为有用,则立见平等消亡,私产起源,而劳工亦成为必要。"[2] 可见私产之起源与成立实为人类生活演变之绝大关键,而演变之原因又多基于偶然——如农业之发现与进步,如铁类之使用。[3]

（六）**国家之由起** 私产形成,国家随起。盖"第一个人首先圈划土地,知倡'此归我有'之说,而见众人愚钝无比竟至信以为真者,此实为政治社会之创建人。使当时有人大声疾呼,告其同类曰,'审察此大欺骗者之言语;须知土地不属谁何,其所出产,本备人类全体享受,汝苟忘此则将败灭'。则人类多少罪恶,战争,暗杀,痛苦,惨暴,宁不可以避免。"[4]

是则卢梭在《论人间不平等》中,谓为持经济的国家起原观,亦无不可。彼且谓私产一起,强者愈强,弱者愈弱,智者益得多,愚者益得少,故富者日富贫者日

---

[1] "Ce période du développement des facultés humaines, tenant un juste milieu entre l'indolence de l'état primitive et la pétulante activité de notre amour-propre, dut étre 1'époque la plus heureuse et la plus durable."《论人间不平等》,见服汉,同书,卷一,页175。
[2] 《论人间不平等》,见服汉,卷一,页175~176;摩黎,同书,卷一,页161等。一七五五年西班牙之里斯本（Lisbon）地震甚剧,人民死伤无算。福尔泰曾于次年作诗吊之以志哀悼。卢梭驰书讥责,谓使在朴野时代何来此两万高房,何来此积聚之金钱与产业？——则临难时将无复有贪恋私产而丧其身者。且谓人死归土,同为物化,大有斯多葛派之哲学见解。足征此时之卢梭根本攻击私产;在《政治经济》及《民约论》中,彼始认私产为契约所订以保护之一大基本权利。
[3] 彼谓自然将铁类埋藏地下显本不备人使用。大约火山爆发,人们偶然地发现其使用。
[4] 《论人间不平等》,同上,卷一,页169。拉甫追研究此文之结果,谓卢梭实将自然境域分作四期。第一期:最原始之初民与其他动物无甚差异;无家族,无定居,无争战,亦无社会生活,如是者数百年。第二期:原人渐知使用工具与武器,惟互简陋;且渐相联络,互相保护。第三期:乡村生活与家长权威,渐次形成;初民剥皮为衣,结草为庐,拾羽毛为装饰,作渔舟,作乐器;此为最快乐之黄金时代,又垂数百年。第四期为私产发现。继此则国家成立。阅拉甫追,《卢梭不平等论中之臆想的原始状况》（Lovejoy, The Supposed Primitism of Rousseau's Discourse on Inequality）,载《现代语言学》（Modem Philology）二十一卷,二期,页165~186（一九二三年十一月）。

贫；举凡在自然境域中已存在而未暴露，至少无甚实际影响者，至是乃深刻悬殊，尽情显现；且进而为法律之所承认，国家之所保障。究竟法律，国家，系富者抑贫者之所建设？卢梭答复：富者求巩固己身之利益乃假借为贫者之利益起见，联结织成。在贫者直不知自身之受人愚弄。故法律政治之起原，在形式，表面，理论上，固不由于武力之征服，而其结果，全世界自因于羁绁之中。富者除外，人皆受"工作，奴隶，痛苦"之罪。贪多求得之欲，随社会之堕落而滋长；外战内争遂为人类此后之历史。[1]

（七）**契约与革命** 由私产成立之政治社会中，同时订有一种契约。政府体式视各地环境及财产之分配而不同。迨基本规条有更换或破坏时，则人民返乎自然境域，而有另订新契约之必要。第二篇应征文之尾段，显然与《民约论》之开始，颇有接气。

吾人对于卢梭此文，应按其方法，态度，思想渊源，动机，用意，及在历史上的贡献，分别加以审察。

首论其态度精神，则通篇思想，纯系主观幻想，违背历史方法，此固十八世纪流行之弊病；而其描写自然境域，本画人难而画鬼易之秘诀，尽情畅意，体贴入微，使读之者忘其为幻想，为小说而误以为事实，为历史，[2]——此亦即其动人力量能远过洛克之处。然而无意中且含有演化（Evolutionary）观念，盖循序渐进，逐段变更，初非由自然境域一跃而跻于政治社会；此诚为非历史中的历史见解。[3] 若论其理论本身，无论整个或部分，大是千孔百洞，处处漏水之讥。例如黄金时代已否违反自然？其与政治社会究竟仅程度之差异抑竟性质之不同？偶然之发现，究竟是否自然之一部分？若均基于人类之需要与心理，则犹之花开花谢，果熟果烂，前后皆属自然，何能强分畛域？

复次，请论其观念之渊源。全篇意旨固为卢梭所创作，但篇中包含之重要思想，未尝不可追求其所自。此论之立场实为加浓而变相的洛克之个人主义。彼抨击霍布斯而不知其初视自然境域中人各离立，继又将此各自离立之个人合成政治社会，其与霍布斯之中心理论（性恶争战除外）直为五十步与百步之别。摩里历（Morelly）之颂扬自然，诟病法律，呵斥私产，及以经济解释革命诸点，大约由狄德罗而间接影响

---
[1] 《论人间不平等》，同上，页170~179。
[2] 摩黎，同书，卷一，页149，165。
[3] 服汉，同书，卷一，页123。

卢梭；至于蒙旦（Montaigne）之仇视束缚，唾弃礼教，推崇本性，影响此篇者殊无疑义。[1]

最后，吾人须认明此第二次应征文之非无若干贡献。全篇精华在紧接第一篇中羡古伤今之个人主义，而更发挥光大之，故赞美想象中之原始时代，彼此离立，不受拘牵之个人，而叹惜今日日受法律制度束缚压迫之群众。所谓自然境域之一幅佳景，本不过空中楼阁；即卢梭本人，亦尝反复暗示，此种境域容或得未曾有。[2] 必笑卢梭之以假作真，恐非得当。是则本文主旨或者不在国家之起原，治权之根据，更不在契约之研究；而在借理想中之自然，反映当时社会，政治，经济中一切祸害人生之风俗、习惯、法律、制度而抨击之，反抗之；易词言之，即反抗当日存在之不平等。大凡理论根据，为常人所不能，亦不遑判别者；惟其指斥现状刺激人心，暗示革命，则诚恐入耳而难忘。法国革命初期所崇拜，所模仿，所受赐之卢梭，恐非《民约论》中之卢梭而乃此《论人间不平等》及《爱弥儿》中之卢梭。此种贡献，无庸抑扬，当为历史上之事实。十八世纪虽怀疑现状，然信仰人性可臻完善，社会进化无限，黄金时代总有实现之一日；卢梭则向后想望，谓黄金时代已一去不返，此亦异乎时尚之学说。再者，起自罗马，盛于中古，复经呼克（Hooker），格老秀斯（Grotius），霍布斯，洛克辈充实之"自然法"观念，今卢梭对之乃独步斯宾诺莎（Spinoza）之后，加以摧陷廓清，亦未始非政治思想史上之贡献。

叁、《政治经济论》

两篇应征文中之卢梭，完全为个人主义之忠实信徒，在《民约论》之开卷，犹是同此音调；然而《民约论》全部之意旨与精神，则未尝不如孙悟空之筋斗翻身，一转而为团合主义。[3] 介乎此两端之间而轮廓倾向已近《民约论》者，有《政治经济》一文。此文之著当在预备《民约论初稿》之最早部分。[4] 举凡《民约论》中要点如"大我"（Le moi commun），"全意志"（Volonté générale），法律为全意志之表现，主权论，国家机体说，皆已提示于此。[5] 论其内容枝节，诚多此有彼无，或竟抵牾出入，然就大

---
[1] 摩黎，同书，页150~152；服汉，同书，页122。
[2] 《论人间不平等》；服汉，同书，卷一，页136，141。
[3] "Collectivism"一词，难得妥善之汉译。有译为团体主义者。
[4] 《政治经济论》中有两段文字，一字不变，复见于《民约论初稿》；见服汉，同书，卷一，页229。
[5] 《政治经济论》，同书，卷一，页241~245。

体言，不啻为《民约论》之缩影预告，足征根本观念，在卢梭心中动摇萦绕，推敲斟酌者，甚久且详。

关于国家之起原，论文中所提及者甚属含糊，盖题目所示，原不注意此点；惟否认家族扩大，寓有契约订成，则殊明白坚决；彼且暗示国家乃人类全体社会中分别组成之团体。[1] 对于国家之性质，彼则绝对比作有机体物，并以主权者、法律风俗、财政种切，以头脑、细胞、血液等身体各部分相比拟。国家主权显与政府治权不同：前者之行使能实现自由，平等，公道，后者本人民之意志订施法律。人民之私产乃成立于国家未起之前，抑且为后来建设国家之基础。[2] "财产权乃公民所有一切权利中最神圣不可侵犯者，且，有时看来，较之自由本身抑更重要。"[3] 此则与《民约论》中财产确立于国家形成之后之学说相异。后者完全忽略财政，此文则三分之一探讨此题。彼主张奢侈税及按照能力及生活需要之所得税，迨后《波兰政制议》中，复有精细之讨论。《民约论》所未提及之公民教育，此处，有一段文字，力言其使命之重要。

为此文之思想背景者，当推柏拉图，亚里士多德，洛克及重农派（The Physiocrats）。吾人认识卢梭之初期著作后，可进而研究《民约论》。

第三段 《民约论》*

壹、草正两稿

《民约论或政治权之原理》（Du Contrat Social, ou Principes du Droit Politique）当视作卢梭自述为二十余年来惨淡经营而终未成就的一巨大计稿，《政治制度》（*Institutions*

---

[1]《政治经济论》，同书，卷一，页244。
[2] "La propriété est le vrai fondement de la société civile, et le vrai garant des engagements des citoyens." 同上，页259。
[3] 同上。
* 《民约论》有马君武之汉译；本段所引《民约论》文字原拟采用马译，卒因其译法过重大意而未果。严几道曾著专文，表示卢梭之学说不宜绍介于吾国。彼云："虽然，吾意卢梭以贫士而著一书，其影响及于社会之大如此；一唱群和，固亦其时之所为，而其意之所存，必有以深入于人心，而非即其文辞可以辄得者；固尝平心静气，以察其所据依，庶几为当于作者，而无如其不可得也。"（严几道，《译民约平议》，见《庸言报》第二期，亦经载入上海进步书局出版之《现代十大家文钞》）章士钊尝为文评驳之（《读严几道民约平议》，见《甲寅》第一卷第一号）；大意谓严氏论点，泰半根据赫胥黎（Huxley）。

Politiques）之一部分。[1] 视作如是，则吾人之能了解作者或更深切。《民约论》亦有先后两稿。在一七六二年春季杀青而传流世间者当为其正稿，而目下日内瓦图书馆所藏之笔稿想系其草。两稿内容，大体无异，而微有出入；草稿之卷一，第二第五两章，为正稿所无，想必删去。此固更证卢梭之反复深思，不遗余力，抑其意义更有过于此者。盖一有一无，或增或损之间，其关系全文思想者不容漠视。如《草稿》卷一第二章甚长，论"人类之全社会"，细味其含义，似谓世界诸国家，乃自一个人类全体社会个别分化而形成者；此其见解与由自然境域中彼此本不往还之个人分子忽而合订契约者大有不同。又如《草稿》中之契约，近乎一种想象或理想；而正稿则似认此为事实——至少，不能令读者无此印念。[2] 除此而外无其它重要歧异。[3]

卢梭对于此篇文字之命名，显有莫大之踌躇考虑。草稿上历历可寻者，最先作《民约论》，旋改为《论政治社会》（De la société civile），卒又恢复《民约论》；书之附名，本作《论国家之宪法》（Essai sur la constitution de l'État）一改而为《论政治团体之形成》（Essai sur la formation du corps politique），再易数字而为《论国家之形成》，终改为《论共和国体》（Essai sur la forme de la République）；此未始不值吾人之注意。[4]

贰、方法与精神

《民约论》不能概括卢梭之政治哲学，但足以为最佳之代表著作。今本此论著，佐证以其它文章，将其立论之方法，思想之精神，加以分析。

（一）最明显者，为其违反历史的方法。《民约论》中之描写契约，正犹两篇应征文中之叙述自然境域，不问根据，专意铺张，以之入小说则可，以之入政治思想则不可。[5] 又如批评基督教，谓教徒不能成勇毅杀敌之兵士；[6] 此种武断，稍读历史者当为解颐。然理论之符合史事与否，与其有无掀腾之势力未必关连。[7] 且卢梭于最后几篇

---

[1] 《忏悔录》，ix。大约《政治制度》有若干已写成之部分，经作者将《民约论》付印时自行焚毁；今流传之《战争境域》（l'État de la guerre）大约为此原计划之残余稿件。阅服汉，同书，卷一，页438附注；及卷二，页2。
[2] 《民约论草稿》，服汉，同书，卷一，页435~444。
[3] 《草稿》之完成，照服汉之研究，约在一七五四年左右。
[4] 服汉，同书，卷一，页22。
[5] 摩黎，同书，卷一，页166。尚奈（Janet）以孟德斯鸠相反比，见《政治学史》（Histoire de la Science Politique）（三版）卷二，页465~477。
[6] 《民约论》，卷四，章八。
[7] "We must recognize the historical effect of a speculation scientifically valueless." 摩黎，同书，卷二页239。

政论中颇用历史方法。[1]

（二）次得而言者，为偏重形式的辩证而忽略实质。例如谓执政者有三种意志，[2]此其分类恐只有逻辑上的存在，实质上宁有区别之可能？再如谓一万国民之国，每人赋有万分之一之主权力量；较之十万国民之国，每人仅赋有十万分之一之主权力量者为大：故小国国民较大国国民，较多自由；[3]则其过事形式，强用数学，不辩自明。三如谓法律既系主权之表现，而主权属之人民；则人民既万无自加戕害之理，故法律无不达乎等自由之目的。[4]试问西方实行普选国家之人民，谁果有此乐观之结论？《民约论》中类此论辩，多不胜举。[5]

（三）再次，从其解释政治之立场言，卢梭实代表理性主义或理智主义（Rationalism, or Intellectualism）。作者情感之特殊发达，世所公认；彼曾一再自认为受情感之驱策而抑弃理性；[6]治史者亦多列之于情感派。[7]今谓卢梭为理性派，人必疑此说之无当。殊不知卢梭思想背后之原动力固为情感，其思想之方向色彩固亦受其情感之支配；然论其解释政治之性质与运用，则完全过重人类之理性（前后两说各有所指，并不相悖）。今将国家之成立，不归诸经济、武力、血统、宗教，而基诸于考虑结果的契约；全意志之表现，谓由各国民纯粹以公共福益为前提；谓无党派、无宣传、无运动，给每个公民以发表意志之绝对自由，则全意志自能实现；法律非无数私利私益互相冲突，争竞，调和妥协之结晶，而为此实现之全意志；[8]凡此种种关于政治之中心观念，全基于理性主义。[9]

---

[1] 见下，第四段。参阅服汉，同书，卷一，页72。
[2] 《民约论》，卷三，章二。
[3] 同上，卷三，章一。
[4] 同上，卷一，章七。主权之表现容或有误，作者亦复承认。
[5] 摩黎诋卢梭之立论往往为 "Verbal argument"（同书，卷二，页186）；又曰 "To tell us that a man on entering a society exchanges his natural liberty for civil liberty which is limited by the general will (Cont. Sec., 1, viii) is to give us a phrase, where we need a solution."（页234）
[6] 白璧德在所著《民治与领袖》中曾引译卢梭一段，"I threw reason overboard and consulted nature, that is to say, the inner sentiment which directs my belief independently of my reason."（*Democracy and Leadership*. p.78）
[7] 尉勒特（Willert）曾以"卢梭：情感派"为标题，并云，"Man cannot live on reason alone ... J. J. Rousseau in asserting the claims of sentiment did but give expression to a widely felt feeling." 见《剑桥大学现代史》（*Cambridge Modern History*）卷八，页27。服汉亦谓，"From the first Discourse onward was it manifest that he appealed from the intellect to the emotions; that he thrust aside the rationalist ideals of Voltaire and the Encyclopedist as one-sided and barren ... This was to attack at its very foundation the philosophy of the eighteenth century." 同上，卷六，页825。
[8] 《民约论》，卷一，章六；卷二，章三，章六。
[9] "The essence of these doctrines（指主权不能割弃，政府根据被治者之同意等）is that man should reject every institution and creed which cannot approve itself to pure reason, the reason of the individual."《剑桥大学现代史》卷八，页2。

（四）卢梭固宗师孟德斯鸠，打破最优政体之迷梦；关于高锡加波兰两文，彼尤注意风土，人情，历史；即论全意志彼亦未尝谓全体参加，多数决定，即可必得，[1] 然其政治见解仍不免含带少许机械观之偏狭。视国家为无数各自离立的分子之集合体，既予人民以立法权，而又恐人民之不能善用，于是添设"立法家"，而"立法家"不居任何职位；[2] 每次国民全体大会，首应问政体之应否更易，再应问执政者之应否调换，则人民可永保其所有之主权；[3] 阳奉国教而阴违者，当处以死罪，以为法律如此可以保证人民之必守国教；[4] 政府篡权主权，则契约破坏，人民无复有服从义务——而如何为篡夺，谁得判定其是否篡夺，无服从义务又如何，则彼似未置虑。[5] 一若政治犹之一部机器，政治学者犹之机械工程师。究其主因，实缘忽略政治上大小，轻重，明显，幽隐之种切势力。[6]

（五）卢梭之主要意旨可谓为常人所能了解——至少，常人所自以为能了解者。而其造句措辞，大有生龙活虎逼人注视之势。彼盱衡时世，预测革命之迟早终必实现，[7] 故其反抗现状之精神，不期然而透溢于字里行间，有着物与俱之力量。"L'homme est né libre, et partout il est dans les fers."（"人本生而自由，然到处皆在羁绊之中。"）[8] 即此开卷一语，何等动人！格黎牧（Grimm）称《民约论》为法国大革命之圣经，几几人手一书，家知户晓；诚以主权永在人民，政府必经被治者之同意，人民有变更政体与其人选之权利等诸观念，易为一知半解者之口头禅。历史上影响社会之文字（如马丁路德 Martin Luther 之座谈，马克思与恩格斯之《宣言》）往往不仅在思想本身而尤在文字品质。无怪一七六二年，六月十九日，日内瓦政府焚毁《民约论》，并下逮捕之令中，有指其著作为"鲁莽，暴烈，摇惑人心，危害基督教及一切存在之政府"一段，正与法国之取缔此书，措辞如出一撤；而卢梭则反复声辩，谓书中思想皆为昔人所道过。[9]

---

[1]《民约论》，卷二，章四。
[2] 同上，卷二，章七。
[3] 同上，卷三，章十八。
[4] 同上，卷四，章八。
[5] 同上，卷三，章十。
[6] 摩黎谓《民约论》自首至尾一若计拟一副机械；而如何有旋转运行此机械之力量，则绝未提及。同书，卷二，页233。
[7] "Nous approchons de l'état de crise et du siècle des revolutions."《爱弥儿》，卷三。
[8]《民约论》，卷一，章一。
[9] 见后，第四段。

叁、《民约论》中悬待解决之中心问题

《民约论》一篇究竟有无其总对象？易词言之，彼所企求以理论学说，阐明解决之中心问题，果何所在？吾人诚能提纲挈领，指出全文之主旨，则其余不难迎刃而解。

（一）**问题** 吾人殊可自答如下：《民约论》之总题目，与其谓在"问，国家如何起原，系何性质？"无宁谓在"问，吾人究竟曷故而服从政治上的强制力——如表现于政府与法律者？"[1]因政府乃国家之机关，故必进一步追问，吾人如何而有国家？国家有无理性的根据？因政府之强制力大抵假藉所谓法律而施行，故又必研究法律应如何订立始合理性？——此即询问，吾人服从政治上的强制力，有无理性？若事实上非服从强制力不可，则如何而使此服从合乎理性？卢梭目击当日社会之苦痛，而又身受法律制度之束缚。一方面既觉政治上的强制力完全为事实，而不得不认其为事实（自然境域既不可得，而彼又不趋无政府主义之极端）；再方面，又深信政治为社会一切生活之总枢纽；故彼所检讨者，即为此中心问题，亦即为历来政治哲学家呕吐心血求以解决之中心问题。再易词言之，卢梭不满意于当时之政府法律但非摒弃一切的政府法律；当时之政府法律为病态，为变相；但政府法律有其合乎理性之可能，倘皆根据彼之理想则彼可完全接受。由是以言，《民约论》中之立论甚抽象，其动机则至切实。"予如研究之问题既如是重要，则人将诘予：汝既非君王又非立法者，何为而著书论政治？然予论政治之故，即在于是。设予为君王或立法者，则予所欲论著者，将现诸实行，否则可以沉默。"[2]读者当三覆此言之意义！

（二）**答案** 一篇《民约论》即上述中心问题之答案。去其糟粕而存其精华，则此答案无它；吾人所以服从政治的强制力者，因其有理性的根据，——因国家之存在，政府之设立，法律之订定，皆出于吾人自愿与同意。而此自愿与同意之最基本表现即在契约。试读开卷一段，"人本生而自由，然到处皆在羁绁之中。自命为余众之主人者，实较余众为更大之奴隶。此种变更果何由而来？予不置问。何者能使其合乎法义？予自信能解决此问题。"[3]当可恍然。

"予自信能解决此问题。"——以工具解释政府，同意解释法律，意志解释服从，

---
[1]《民约论草稿》本名《论政治社会》，此较《民约论》胜过一等。
[2]《民约论》卷一，导言。
[3] 同上，卷一，章一。

契约解释国家——此为卢梭之答案。然"自信能解决此问题"者甚多。卢梭欲发挥己说，必先推翻他人之理论。有国家而后有政府法律，故国家起源论为最重要。

（甲）国家起源是否由于家族？卢梭谓社会中最自然，最早之团体，诚系家族；但即就家族论，只在子女幼稚非父母养育保护不能生存时，则其关系纯为自然；及其既长则两不相顾；此际而犹结合，要赖默契与习惯。成年子女之服从父母尚非根据自然，又何况人民之服从政府？故国家由家族扩大之说，不能成立。[1]

（乙）是否凭藉暴力？"最强之人，非以权力变为权利，服从变为义务，不能永为人主。"[2] 盖屈服于力量，乃勉强，不得已；无正义权利之可言。否则甲强从甲，乙强从乙，势将伊于胡底？故暴力非国家之起源，亦非吾人服从政府之原因。

（丙）是否根据奴性？此盖与格老秀斯，霍布斯之学说，针锋相对。卢梭谓以一群民众而自愿为君主之奴隶，生死予夺全受治者一人之支配，此乃万不可能之事。试问自弃一切，委身于人，所为何事？若云可得宁静，则牢狱中未尝无宁静！人非丧心病狂，孰肯自甘为奴，绝对服从？今假定一民族为之，是不啻假定一民族之全体为丧心病狂，天下庸有是理？退一步言，即曰有之，则一代民众，决不能代其后代子子孙孙，将一切自由与权利，放弃尽绝。何况"一人放弃其自由，等于放弃其所以为人之本质"，"绝对为人性所不许"。[3] 是故单方面，无条件的奴性服从之为国家起源，不可信更不可取。卢梭既次第辟开诸说，自然图穷匕见，贡献其自信成功之《契约论》。

肆、卢梭之基本答案——契约

自来谈契约者有两种：一为社会契约，即产生国家之契约（或称国家契约）；一为政治契约，[4] 即产生政府之契约（或称政府契约）。卢梭认为国家由于契约而政府则否。故其所论"民约"全指产生国家而言。特此说不无语病：盖以形式的逻辑言之，政府为国家之一部分，固有国家而后有政府；然以实质言之，所谓国家因其具有政府，将如何而能产生无政府之国家？兹不具论，且述卢梭契约之动机。国家之起源，倘非根据家族，暴力，自弃，则或由契约；但契约又因何而起？

---

[1] 《民约论》卷一，章二。
[2] 同上，卷一，章三。
[3] 同上，章四。
[4] 学者亦有滥用"政治契约"（political contract）指产生国家者。参阅，加涅《政治学导言》，页94等（Garner, Introduction to Pol. Sc.）。又服汉编辑之《民约论》（一九一八年）页 IIV～IXXIII。

霍布斯与洛克之介绍契约，均谓自然境域之亟宜脱离；前者称生活痛苦，初民不复能忍受；后者谓有种种不便利。卢梭于两篇应征文中，曾力夸自然境域之甜美圆满，则初民又何必"自作孽"而与之道别？是则彼欲逼出契约，势不得不作一百九十度之全向后转：

> 予料想人们已到此地步：凡危害他们在自然境域中生存之一切障碍，已由抗拒而胜过每一个人所能引用以图存于此境域中的势力。所以此原始状况，自后不复能继续存在；人类若不改变其生活方式，势将全归亡灭。[1]

今既假定自然境域之亟应避去，自应寻求出路。脱离不难！难在脱离后何往而有较美满之生存！依照霍布斯，人们因畏惧自然境域之残暴，而委身于专制君主为奴隶。在卢梭视之，此何异于逃沸火而跳深渊，相去无几。故难题中又有难题：

> 今欲寻求一种结合之方式，能以全体力量守御与保护每分子之身体与财产，且能藉此结合，使每分子虽与全体相联缔，却仍即服从自己而留续自由如故，此即社会契约（民约）所予以解决之基本问题。[2]

"留续自由如故"；"仍即服从自己"；在今日实在主义者，或实验主义者视之，其不笑为滑稽或幻术者几希。即不然，亦必诋为艰晦无当。然卢梭之引以自豪者即在于此。

（一）**契约之内容** 产生国家之基本契约，究有若干条文？作者未尝明示，且谓不必穷诘；盖，弃其糟粕而取其精华，契约之条件如此：

> 吾人各将其身体及一切能力，共同地委诸全意志之最高指挥之下，而后吾人接受每个分子为全体之不能分的一部分。[3]

卢梭又云，"此其诸项条文，若正确了解之，可节缩为一：此无它，即每个分子，同其一切权利，完全割让于全群。"[4] 然人何以肯举其所有，完全放弃？只因人人为此，

---

[1]《民约论》，卷一，章六。作者在此篇文字中谤毁自然境域不止一处："... avec plus de danger dans l'état de nature, lorsque, livrant des combats inévitables, ils defendraient au péril de leur vie ..." 卷二，章四。"Dans l'état de nature, où tout est commun...je ne reconnais pour être a autrui que ce qui m'est inutile." 卷二，章六。
[2] 同上，卷一，章六。
[3] "Chacun de nous met en commun sa personne et toute sa puissance sous la supreme direction de la volonté générale; et nous recevons en corps chaque membre comme partie indivisible de tout." 同上。
[4] 此处指割让所有的一切，殊与后文冲突。"每人由订约而所割让之力量，财产，与自由，予固承认，乃其总量之一部分而为全群所必须掌握者。但吾人亦必承认只主权者为何者必须之唯一裁判。" 卷二，章四。

尔我一律；且失于己者得于人；予所放弃者甲，乙，丙……壬，癸等固接受之；然甲，乙，丙……壬，癸等各所放弃者，予亦为接受之一分子。结果，"每人委弃一己于全体，实即未尝委弃于任何人。"[1] 不宁惟是，在自然境域中吾只恃吾一人之力量以自保御而求生存；今则订契约而产国家，虽曩日可留以自用者，兹有用以保存他人之义务；然而吾一己之生命，自由，财产，有其他一切人之力量相保障；此其保障力量之大，较之畴昔一己所有，得非十，百，千，万倍？义务权利，两相平衡，殊为得计。

此外，服从多数为契约中之一大重要条文。社会契约本身系全体一致同意而成立；国家既成后之法律，则多数可以决定。

（二）契约之形式 此项使初听者以为"一本万利"的契约，究竟是否成文？是否一件具体的历史经过？抑仅为寓言式的想象，指点乌托邦之性质？后世往往斥卢梭狂妄，认假作真。殊不知卢梭固亦尝踌躇疑虑，显然有依违两可之痕迹，而似有不肯明言之苦衷。《草稿》中有一段文字：

> 使人们聚集之方法可以逾千，使人们结合之方法则只一个。职此之故，予在此文中只述一如何组织政治社会之方法；虽就现存而号称国家之无数人群而言，或竟无两者同其组成之方法，且或竟无其一，合予所述之模范而组成者；但予所求者乃权利与道理，至于事实，可不过问。[2]

即在正稿中亦有恳切之暗示：

> 此项契约之条文……虽或从未经过正式宣告，……却到处同一，到处受默许与承认，直至此社会契约一旦经人破坏则每人取回其原始权利，并恢复其固有的自由而丧失其曾舍弃固有自由以相易得之规约的自由。[3]

可见视订约为史实，恐非卢梭之本意，最低限度，决非彼较高明之见解。草稿附名涂改多次，末为《论共和国体》；正稿之附名为《或政治权之原理》[4] 亦可窥见其着重处不在契约而在用契约以解释者。或者卢梭之契约起原，指点共和国体应有之起源，指理想而不指事实，不指过去而指将来？

---

[1] "La loi de la pluralité des suffrages est elle-meme un etablissement de convention, et suppose, au moins une fois, l'unanimite." 同上，卷一，章五。
[2] 《民约论草稿》，卷一，章五；服汉，同书，卷一，页462，参阅同卷，页434~445。
[3] 《民约论》，卷一，章六。
[4] 见前，第三段，壹。

虽然《民约论》正稿中之契约，语其整个精神，综其全篇论点，并味其描写文字，固不免稍倾于历史事实之解释；至少，作者虽无此心意，读者却皆有此印象。读者所有之印象，卢梭固不能全不负责。故抨击其契约说为非历史者，亦未尝完全诬陷卢梭。

（三）契约之结果　在自然境域中之个人，自订契约则已不复在自然境域。契约之积极结果可得而言者有二。一为国家之产生。"由此项结合之行为，产生一个道德的，集合的团体……而此团体，亦由是项结合之行为，得到它的和一，它的'大我'，它的生命与它的意志。"此种"公人"，昔名市府，今称共和国或政治团体。国家，主权者，国民，人民等等名词均由是而起。国家产生即永久成立（除非契约破坏），盖凡居住境内而不迁徙者，即等于表示同意，默认契约。[1]

其次，为个人福利之增进。原初民之所以订约者，本深思熟虑，预知设立国家后生活之优美。故此种结果本非意外。[2] 统观《民约论》全文，皆暗示国家成立后之和乐光明；而所提及之任何黑暗方面，甚为稀少。吾人倘回忆应征文中之卢梭，不啻判若两人。究竟个人之福利，依照作者之理论，是否促进或增加几何，当俟下论。

伍、契约论之批评

契约论具有悠久深长之历史，自来精细宏博之思想家不乏为此论之信徒。自柏拉图，亚里士多德在其名著中暗示与明辩契约以降，罗马、中古代有契约论者；近世则以呼克（Hooker, 1594），格老秀斯（1625），霍布斯（1642），洛克（1690）为最著。卢梭脱胎于洛克而集其大成，但同时此亦为契约论末日之钟声。自后虽有康德（Kant）与斐希特（Fiehte）接受契约，然躯壳虽留，本魂已渺；名词仍旧，意义已非。正统的契约观念历经休谟（Hume），柏克，边沁（Bentham），哈勒（von Haller），利柏（Lieber），武尔息（Woolsey），缅因（Maine），朴洛克（Pollock）等评论炮火之迫击，已足谓为溃散消亡；然其在历史上之重要与其中一部分之真理，固不因此而完全磨灭；今本卢梭而推论契约。

（一）卢梭，洛克，霍布斯三人之比较　《巨灵》，《政府论两篇》及《民约论》之三著者，世称为契约说之"三杰"。因背景不同，故其见解结论，亦各差别。霍布斯

---

[1] 《民约论》，卷四，章二。
[2] 同上，卷二，章四。

身值英国一六四〇年之清教革命,为正统君主辩护复辟,故其契约之结果为专制独裁。洛克则为一六八八年之无血革命洗刷,为新君威廉觅一伦理的根据,故其归纳为君主立宪。卢梭则欲推翻现状,伸张民权,故其理想为直接民治,不啻开一七八九年大革命之先声。谓霍布斯之对象为君主,洛克为政府,卢梭为国家,非无意义。霍布斯之自然境域,残暴恐怖,不可一日安居,故初民亟求解脱;各人遂以一切自然权利完全交付于不受契约拘束,独高无上之第三者;而一度放弃之后人民永不复能恢复其固有权利。洛克之自然境域,本甚可羡;惟人多事繁,渐感"不便";原人因完成契约,放弃其自然权利之一部分而保留其余;洛克虽未明言,却暗含两重契约,即人民相互订约,人民与政府又复设立条件。卢梭《民约论》中之自然境域,假定为危害人类之生存;原人虽委让其全部自然权利,但不委让于任何人而委让于人民全体,且政府不本契约,故革命权利永在人民。由是以观,在霍布斯主张契约,原不过将绝对君权之根据,自神命移至于民意。特君权神授,较为颠扑不破,而君权民授,则千孔百疮,破绽过多。霍布斯欲以主权置之君主之手,而契约理论之底面显系主权在民!洛克未曾明论主权,但细味其意,主权本在人民,和平时由政府行使,革命时复归人民掌握。至卢梭则以政府为公仆,主权永在人民,于是现代民主政治完全开始。思想与事实之往往携手同途,于此可见一斑。[1]

(二)**契约论之动机与目的** 无论视契约为历史,以解决国家之起源,或视作概念,以解释国家之性质,大抵其动机所在,可得分析而言者恐不外下列诸端:

其一,为避免神命,或武力,或家族起源说。契约论全盛之日,正值君权神授论与绝对君权衰败之时,此非偶然。

其二,为以理智解释政治。亚里士多德谓人本政治的动物,此种自然起源论,病在以不解解之。

其三,为使国家成理性之产品,为人民有意识的结合。

其四,为使人民处主动地位,指挥政治,不受制于政治。

其五,为解释强制力与服从,均由己而不由人,由内心而不由外力,庶几所谓个人自由得有意义。

其六,为指陈国家与政府之权力均得自人民,政府之权威有限,人民之权威无穷。

---

[1] 参考韦罗贝《国家之伦理的根据》(Willoughby, *The Ethical Basis of the State*, 1930)第九("契约论")及第十三("霍布斯,洛克,卢梭三人之比较")两章。

其七，为声明政府应谋人民之福利，人民不供政府之牺牲。

其八，为使革命权利永得成立。

其九，至少为执治权者，求一伦理的根据。[1]

（三）契约论之批评 由上述诸点论，契约论之动机固可嘉佩，但其理论本身，究难成立。史称飞将军误石为虎，拔箭射之中而没羽。假定传说附会之可信，石之为石，初不因一箭而变更。人类历史中容或有因受契约论之影响，助成其举行革命，订立宪法，或采取契约论中之原则者；然而国家之究由何起，强制力之根据究何在，要不因之而改易。契约论之所以暴筋露骨，体无完肤者，因自有其根本缺点。

（甲）就历史言，契约全非事实。所谓"自然境域"乃无有之物，今日研究初民社会者之材料在在证明其为臆断。或谓一六二〇年十一月十一日，在大西洋上五月花船中一百零一位移民所订之自治规约，宁非一例？[2] 殊不知此一零一人何尝脱离"自然境域"而骤然跃入政治社会，彼辈不过由英至美，易地而处，至于思想，习惯，风俗，制度，法律，固尽由祖国携之与俱，何所谓契约起源？美国独立后，各邦制定邦宪亦有称"本邦人民兹已彼此订结一原始的，明文的与庄严的规约"者，此则更系受契约论影响之一种宣言表示，并非由"非政治"入"政治"之阶段。再进一步，个别国家之起源，亦不能解释整个国家之起源。[3] 但契约论者绝少认定订约为事实，即卢梭亦未尝不知为假定。[4]

（乙）仅仅历史的无稽犹不足为此论诟病。就心理言，全体同时订约，实不可能。试观目前世界上教育最普及民智最开之国家，其人民之智识经验，万无站在同一水平线上；今乃想象原始社会之初民，竟能一旦全体豁然贯通，知自然境域之宜鄙弃，见国家成立后之光明灿烂，此宁非梦呓？盖政治权之宜统一，人权之宜保障——此种认识必先由"先知觉者"后逐渐普及。

（丙）就订约者论，以个人为分子单位恐系虚构。亚里士多德视国家为无数家族与

---

[1] 上所云云，非指任何契约论者所必全具；但任何契约论者必有其几。
[2] 订约者自称："Solemnly and mutually, in the presence of God and of one another, covenanted and combined themselves together into a civil body politic for their better ordering and preservation."
[3] 伯伦知理在《国家论》中所举，皆个别国家之起源。
[4] 否则，卢梭评霍布斯之自然境域，至为得当，何以知人则明知己则暗："霍布斯与他人之错谬，在误将人与他们眼前的人相混，而将只能存在于乙种境域之人强认为存在于甲种境域之中。""名誉，自利，成见，仇怨一切驱人于危亡之情感非非人们在自然境域中时所有。"见《论战争之境域》（约一七五〇年著）原文"L'État de la guerre"见服汉，同书，卷一，页306, 293。即"Hobbes was concerned not with history but with psychology and reason; he was interested in the states of mind which no more at the beginning than at all times give the state its firm seat in the saddle of human nature." 霍金，《人与国》（Hocking, *Man and the State*）。

村市之联合，余如十六世纪之布丹（Bodin），十七世纪之阿尔修雪斯（Althusius），及十八世纪之弥拉波（Mirabeau），亦均以国家为团体所组成；近今之麦特兰（Maitland），斐吉斯（Figgis），杜骥，拉斯基辈，更复重视团体。独十八世纪流行之观念则视国家为个人所直接组成。今谓原始社会中，个人已得独立平等之地位，不受血统，宗教，经济诸团体之束缚，恐殊违反今日大多数历史家与社会学家之结论。

（丁）就法理言，契约亦无效力。契约乃国家，政府，法律成立后之名词与制度，谓初民有此概念已属滑稽。此即不论，试问判别此契约之是否成立，已否破坏之正式机关，究竟安在。订约时已有此机关，则明明国家早存；无此机关，则所谓"契约"，殊无意义。若推上帝为监督，则近缥缈。卢梭并排斥自然法，认人民在订约以前尚无道德观念，是则订约者对此契约不特无法律义务，抑且无道德义务。[1]

（戊）再进而言之，就政治本身论，以契约为国家之性质则国家之稳固性尽失。人民既可由意志产生政治社会，当亦可由意志取消之；循是以谈，政治可有可无，国家可立可废，此岂事实所容理论所许？[2] 须知吾人对于政治生活，非能挥之使来驱之使去，国家之性质，诚如柏克所云，非若公司合伙可任意散合者。卢梭在《论人间不平等》及《山中通信》中，曾暗示契约之非有不可，果诚如此则已非复契约。[3]

（己）契约之严格意义，包含提出与接受两造。在国家契约论中，无论所谓人与人约，[4] 或各个人与余众之全体约，或各个人与己亦在内之全体约，[5] 吾人只能注重精神忽略形迹，苟稍拘泥字义，将费解欠通。[6] 但其主要精神不过人民自约，易言之，提约者即接约者；此何异于己与己约，或左手与右手约，究有何种意义？

---

[1] 服汉，同书，卷一，页43~44，443。韦罗贝则谓历史事实与法律效力两点不足推倒契约论（同书，页222~224。）

[2] "Whatever is man-made may with advantage be otherwise made or even unmade." 霍金，同书，页88。无怪哈勒（Von Haller）以人与日光订约相比拟。

[3] 服汉谓卢梭在此两文中，"represents the formation of civil society as being due not to individual caprice, but to the inevitable pressure of events determined by human nature, i.e.; more or less as a natural process. In that case, however, the term 'contract' becomes manifestly inappropriate." 见所编订《民约论》单行本，序言，页129。

[4] 霍布斯即谓人与人约："As if every man should say to every man"（《巨灵》，章八）。"as if" 两字应值注意。

[5] 卢梭谓己与己订约——民法所不许者——和己与全体（己亦在内）订约不同（《民约论》卷一，章七）。恐亦未必。

[6] 请言其详。若谓人与人约，则设有甲，乙，丙，丁，戊，己……壬，癸十人，势必甲与乙约，甲与丙约，乙与丙约，乙与丁约，丙与丁约……共须四十五约；每约之效力只及于订约者（甲乙，或丙丁……）两造，而不能及全体。若谓人与余众之全体约则（甲）与（乙＋丙＋丁…＋癸）等约；（乙）与（甲＋丙＋丁…＋癸）约；等等。然而余众之全体，即（乙＋丙＋丁…＋癸）等究竟由何产生？是否同持契约？此契约又如何订定？此所谓全体——即（乙＋丙＋丁…＋癸）宁非成"moi-commun"之政治社会？至于己与己亦在内之全体约——（甲）与（甲＋乙＋丙＋丁…＋癸）约——其问题正复相同。政府契约亦难避免此项困难。

（庚）今姑抛开一切历史与法理问题，契约说仍有其根本缺陷，无从弥缝。假定某时某地某群个人，用可能想象的方法订结契约，然其效力只限于当代。试问此一代之人众何以能束缚继续未来之后一代与再后一代之子子孙孙。况今代与后代之递嬗，诚如犬牙衔接，分划不明，非如有山水界石之可以割断，每越若干载而另订契约者。如云不离国境继续居住者，即含寓同意，无异覆订者，[1] 是又牵强文饰之空论。以经济，心理，社会，言文诸点言，能自由离国他去者，世有几人？且离国他去，亦不过由甲国入乙国；除效鲁滨孙荒岛独居外，谁果能跳出政治社会，回返自然境域？[2] 不宁惟是，幼稚无知，伤心病狂者之权利与义务，果系何若？定约之后，何以多数之决定即能强使少数服从？此与同意论是否完全抵触。[3]

（四）**契约论之价值与影响**　契约论之欠缺，诚如上述；然其在历史上之影响，固有极光荣之一页，且，吾人苟分析其含份，未始无具有永久价值之部分者。十七世纪中，英人之驱逐哲姆斯第二世，即以"破坏君主与人民间之原始契约"为第一条罪状。美洲十三州之独立宣言，亦标榜政府之权"得自被治者之同意"。今日实行内阁制之国家，其实际政府之起伏存亡，全视选民总投票之结果（如英），或视人民代表之向背（如法），此其中不可谓丝毫无契约意味。即在总统制之国家，政府有任期，权力之限制，倘再采取创制复决则其含义与内阁政体正相仿佛。可见略形原神，政府契约固非纯粹空论。至于民治国家之有成文宪法，人民权利义务之日见明定，出国入国之渐趋自由，似亦暗示国家契约之说非全梦呓。[4] 盖国家为人民谋福利之工具，政府得人民之同意而统治，法律持民众之公意而有强制力，此数原则应为理想国家之基础者，均已包含在契约论中。

陆、主权与主权者

主权在民之观念，发现甚早，而开展甚渐；谓其不自卢梭始，[5] 诚为精当。盖亚里士多德即称国家中有最高权力，由一人，少数，或多数掌握；罗马则有君权（尤指立法权）本自民众得来之见解；中古世纪，在教会"大分裂"后渐起教权不在教皇而在全体信徒之手之论调。代议制度与主权在民实先盛于教会，而后移用于国家。自马栖

---

[1] 参考服汉编订《民约论》单行本，注释页129~130。
[2] 休谟谓不同意者可离国他去，是犹言船在海中乘客之不同意者可自由它去。《论民约》一文中。
[3] 韦罗贝，同书，页226~235。
[4] 多元主权论者往往视国家为寻常会社结合之一；充其意，则国家契约不犹公司契约，可以实现？
[5] 摩黎，同书，卷二，页190~219。

略（Marsiglio of Padua, 1270—1340）,奥坎（William of Ockam, 1280—1347）至阿尔修雪斯（1557—1638）,主权民有之论显已成立。霍布斯暗含此义,洛克默认此说,是皆先于卢梭。但以政治思想史会合政治史而表里同求,则主权在民之观念确由卢梭而结晶而成信仰,而挟具莫大势力。有谓卢梭之伟大,正在其思想之简单者,[1] 若然,则"主权在民",当为一证。

（一）今先述卢梭之主权观念。

（甲）主权之所在　卢梭谓主权必有所在,[2] 特不在政府,[3] 而在全体人民——全体人民系国家之主权者。[4] 盖契约既由人民自订,并须全体参加及全体一致之同意,则最高、最大、最原始之权力,自应属诸组成国家之团体。本此原则,无论为农,为工,为商,为士,为任何人,皆成掌握此主权之一分子。在专制铁蹄下挣扎呻吟痛苦无告之民众,一旦闻此理论,能不如沙漠黑夜,忽见一道光明,而奋喜疾趋,求得所在,犹之今日饥寒交迫之贫民,一闻产业公有之说安得不色舞眉飞目迷心醉?杜骥斥卢梭之绝对主权为现代专制暴政之祖,恐仅记其主权论而忘其主权在民论。[5] 卢梭在民治未盛行之日,以"主权"可在人民全体为理想;杜骥处民治已行之后认"治权"有永集于少数执者之事实,以此评彼,自非尽当。

（乙）主权之性质

子）主权为绝对最高,此正与霍布斯相同。因人民将其在自然境域中所有之全部自然权利付诸团体,涓滴无余,则此团体（国家,主权者）之所有当然为整个而最高无上。即契约本身亦不能限制主权:

> 主权者（即全体人民）而以一项不能更改之法律自相束缚,此乃与政治团体（国家）之性质,相违背。……世无有,且不能有任何项能束缚人民之根本法律,即民约本身亦不能。[6]

---

[1] 滕（Taine）谓 "What gives extraordinary power to the ideas of Rousseau is above all the simplicity of the conception. As a matter of fact, the political reasoning that it produces is as easy as the rule of three." 见白璧德,《民治与领袖》,页83。
[2] 《山中通信》,服汉,同书,卷二,页217~219。
[3] 《民约论》,卷三,章一。
[4] 同上,卷一,章七。
[5] 杜骥云:"J. J. Rousseau is the father of Jacobin despotism, of Caesarian dictatorship, and, upon closer observation, the inspirer of the doctrines of absolutism of Kant and Hegel." 杜骥,《法律与国家》,章二,载《哈佛法律评论》,卷卅一,第一期（一九一七年,十一月）。高一涵,《卢梭的民权论和国权论》（东方,廿三卷三期页59）牵涉此题。
[6] 《民约论》,卷一,章七。"Il est contre la nature du corps politique que le souverain s'impose une loi qu'il ne puisse enfreindre ... Il n'y a ni ne peuty avoir nulle espèce de loi fondamentale obligatoire pour le corps du peuple, pas mêne le contrat social."

且主权之所以应为完全绝对，更因主权之无误——主权者之永不能误：

> 主权者乃只是其构成分子——无数个人之所集成，既不有，且决不能有任何利益与其构成分子之利益相反；是以主权的力量无须予其庶民以保障，盖以全体而愿伤害其一切分子，实不可能。[1]

此言之病，在假定人各知其真利益之所在，全体能知全体真利益之所在；并在假定确有全体能共享的利益之存在；较之日后边沁派乐利论中最大多数、最大量幸福之假定，此殆有过无不及。

然而卢梭固仍认主权之有相当限制。最低限度可分两层。其一，庶民（人民相对主权者之称）应以全心全力服从主权者之任何命令；"但在主权者此方面不能以无益于社团之负担桎梏，强加诸庶民之身。"[2] 其二，对于庶民之一切行为法律，应公正平等，无丝毫偏倚。[3] 大概卢梭之所以曾一则谓人民放弃自然权利之全部（似霍布斯），再则谓仅放弃一部分（似洛克），前后冲突者，吾人可以恍然：

> 各个人为契约而所割弃之权力，财产，与自由，乃其总量之部分而其使用为社团所需要者；但吾人亦必承认，只有主权者为何者为需要之唯一裁判。[4]

或者所谓绝对，最高，无限制，乃指法律上主权者可任意决定；所谓限制，指道德，伦理上之目的，动机而言。

丑）主权之第二特性，为整而不分。"今日言论家将主权者制成一离奇之怪物……（即分主权为立法，行政，对内，对外等）犹之一人而数身，此具眼目，彼具双臂，另有具双足然者。"[5] 卢梭明白指示，出令权与立法权，政府官吏之权与国家人民全体之权，根本不同。今日主权与"治权"之分划，至是遂告完成。

虽然卢梭曾谓一万公民之国，每人所有之自由较之十万公民之国之个人所有者为少，[6] 此则暗示主权能分之见解。否则犹之个人，吾人曾不能视其身体之大小，高矮，轻重，而定其意志之强弱（假定人有意志）。其为矛盾，殊无疑问。

---

[1] 同前页注 [6]。
[2] 同上，卷二，章四。何者为"无益"，又只能由主权者决定！
[3] 同上。
[4] 同上。
[5] 同上，卷二，章二。
[6] 《民约论》，卷三，章一。

寅）主权之为物，不能任人割弃。霍布斯之主旨，即认人民有割弃主权以与君主之可能；卢梭明知此而承认，则举凡绝对，不分无误诸论，益将教猱升木，为虎添翼；故斩钉截铁，断定主权之永久在人民。譬如，人之身体不能自鬻，人格不能转移；否则身体为牛马，人格告破产。

> 主权者诚然可云，"予今以某人所已表现之意志为己之意志"……但绝不能云，"某人明日所将表现之任何意志，予即以之为己之意志"……倘人民竟允许相服从，则国家即因而解体，而其为一国人民之资格亦即丧失。[1]

卯）主权之表现不能由人代表。主权究为何物，有无具体之表现？卢梭谓主权非它，乃全意志之运用。[2] 运用犹属抽象，运用之形象为何？卢梭又谓全意志之表现为法律。是则主权即立法权，惟《民约论》中之所谓法律等于或近于吾人今日所称之宪法。全意志不能委任或信托一个人，或多少人之代表；立法必由人民全体参加，故主权必由主权者表现。

辰）主权永久无误。[3] 主权而有误即不成其为主权。绳以定义与逻辑，全意志既为主权之表现，全意志无误，亦即主权不能有误，此点容于讨论意志时再详及之。格林有言，卢梭所称主权者，形式上指人，实质上指大公无私之理；堪值研究者之反复玩味。[4]

（二）根据上述各点，则卢梭对于主权者行为之结论，自有其意义。主权之行为，一，系一种相互的协约，而非在上者与在下者，或全部与一部之规约；二，因有民约作根据，故为合法；三，因其目的与效果，为众人之福利，故为有用；四，因有公众权力作后盾故为稳定；五，因其对于全体之效力与影响均系一律，故为公平。[5]

（三）格林之评论与诠解　卢梭政论中似为美满无疵之"主权"，果否与事实符合？现代国家中，多少具有，抑或甚且，能否具有此绝对，最高，整不能分，为全意志之表现，而永久无误之主权？此则吾人所亟欲明了之问题。今以格林之评论为本，[6] 间附吾人一得之见，作此题之检讨。

（甲）困难　以卢梭之尺寸，严格准绳，则现代国家中，除瑞士之"全民诸邦"

---

[1]《民约论》，卷二，章一。
[2] 同上。
[3] 同上，卷二，章三。
[4] 格林，《政治职责之原理讲演》（Green, *Lectures on the Principles of Political Obligation*），页68。
[5]《民约论》，卷二，章四。
[6] 格林，同书，页78~97。

（Landsgemeinde Cantons）与如英国举行总选之霎那时间外，直无主权之可言；即就瑞英两例而言，是否有全意志之表现，亦大是疑问。苟起作者于地下，恐必摇首否认。充卢梭之说而尽之，其结果必有不能两立，无一圆通之结论，或，现代皆系无主权之国家，则现代竟无一国之存在。[1] 苟不然者，则其学说如何成立？作何解释？或者卢梭所谓主权，即通常称作"法本主权"（De jure sovereignty）；而今日国家之主权仅系"事实主权"（De facto sovereignty）。然而"法本主权"一词，虽经卢梭用过，[2] 但衡以其全部正统思想，此实不辞。既曰主权，必须法本；徒有"事实"，何来主权！[3] 试读下列一段可知其主旨："一旦人君不复依照法律治理国家，而篡夺主权力量……则国家立即瓦解，民约立即破坏……一切平常国民依权恢复其自然的自由，且至多受迫而服从，实无复服从之义务。"[4]

（乙）奥斯丁（Austin, 1790—1859） 与卢梭之主权论全异而尤为法家与律师所崇奉者，当推奥斯丁所代表之法律主权论。奥斯丁之有名定义为：

> 设若一位可以明确指认的在上者，本身无服从另一同样的在上者之习惯，却得到某社会中大部分之习惯服从；此位确定在上者即是该社会之主权者，而该社会（包括主权者）即是一政治的与独立的社会。[5]

是则无论在部落，市府，或民族，国家中，只须有雏形政府之存在，事实上有明确之在上者，与有使多数服从之力量，即有主权与主权者之存在。此与卢梭相较，似大迳庭。实则两种学说各趋极端，各得其半；合而求之，则相得益彰。

（丙）调和　卢梭所持者为政治主权论，奥斯丁所指者为法律主权说。徒重法律主权而鄙弃政治主权，犹闻见登场傀儡之声音容貌与举动跳跃，而遗忘其内幕牵线上下之主人。只信政治主权而拒法律主权，是何异研究卢梭之思想，而必否设其黑白成文装订成册之著作为其思想之所在。以长时期言之，政府（在上者）之所以能使用强制力而邀得人民之服从者，要因有多数之同意；否则反抗革命，何代蔑有？反之，人民之要求，祈望，意志无论若何迫切，不经执政者之采取毫无权力之可言。法律主权与政治主权固"一而二，二而一"。至于主权之是否存在，有无必要，不在此处范围以内，可不赘论。

---

[1] 格林，同书，页78。
[2] 《民约论》，卷三，章一。"De droit"。
[3] 同上；卢梭谓"事实主权"发生，则国家立亡，契约立破；可见"事实主权"不能存在。
[4] 同上，卷三，章十。
[5] 奥斯丁，《法学讲演》（Lectures on Jurisprudence）。

柒、卢梭之政治意志论

在纯粹观念方面，卢梭政治思想中之比较最创造，最深刻，最有永久价值者，当推其意志论。彼之"全意志"几几妇孺皆知，但其本意与涵义，则谈者各有不同之见解。要知卢梭之理论，虽多疏漏牵强之点，而今日之心理学已抛掷意志于不问；然意志在政治思想中之重要，未必因此而全灭。凡研究政治而不肯仅仅接受事实现象，不肯视人类行为完全为刺激与反应之结果者，恐不能驱意志论于藩篱之外。[1]

（一）**意志之类别** 卢梭所论之意志，细分析之，可得四种，即"个别意志"（Volonté particulière），"团体意志"（Volonté de corps），"总意志"（Volonté de tons）与"全意志"（Volonté générale）。知其一，即可知其三。

（甲）**全意志** 全意志乃国家成立后，其全体人民所有之主权之运用，故谓为国家意志，未始不可。全意志之表现，即为法律（卢梭，非吾人，之所谓法律），故构成全意志者亦即所以构成法律。构成全意志之条件，缺一不可者有三：

其一，参加发表而形成此全意志者必为国民之全体；否则无全意志之可言。全意志不必为全体一致绝无异议之意志，但不可不有全体之参加。[2]因此，卢梭主张直接，或纯粹民治（亦称"全民政治"），而反对代议制度，诚以代议制度仅百千万分之一能亲自参加。代议既不可，委托与放弃，固亦不能。吾人应记忆者，全意志非全体一致之意志，多数意志不必即是全意志，但全意志至少当是多数意志。[3]

其二，全意志之对象必为全体——申言之，必与全体有关系，而全体所受之影响又必一律。"全意志而有个别目的，则其性质已更变，全意志不能对于人物或事实作何决定。例如当雅典人民选举或撤革其首领，颁给荣誉于此，判加罪刑于彼，且以无数政令，施行政府之职务时，彼辈举动已不复处主权力量，而处官吏之地位。""从此吾人可知凡所以使意志化为全者，不真在发意见者之数目，而在联合彼辈的共同利

---

[1] "As soon as a basis of right, and not of mere fact, is sought for human association, there is no escape from invoking the principle of human will." 柯尔，《社会学理》（Cole, *Social Theory*），页8。
[2] 《民约论》，卷二，章六。
[3] 服汉谓全意志或竟为少数意志（见所编订《民约论》单本，注释页137）。此言不甚精确。仅指意志之对象与动机言，则任何一人之意志，有为全意志之可能。但从制度言，全意志在睡眠状态时无人能断定其为全意志与否。黄之意志为甲，陆之意志为乙，两人均可自信其所持之甲或乙为全意志。但全意志具体化时，必人人参加而形成法律——此则非多数莫能决定；全意志之必为多数意志，似无疑虑之余地。所难答者，卢梭又谓多数意志不一定是全意志（见后）。

益。"[1]再以例言，关于采取君主政体或产生特殊利益之存在，有表现全意志与法律之可能；但关于决定谁为君主，或何人享此特殊利益，则只系政令，而非法律，必无全意志之可言。[2]

其三，参加者各个人于其决定与发表一己之意志时，必以全体之共同利益为动机，而不可以一己，一族，或一阶级之利益为前提。易词言之，形式上之全体参加，客观上以全体为对象，犹不足保证其必产生全意志，务使每个公民主观上各本天良，为国家之利益着想；不然，同床异梦，人自为谋，纵有多数或竟全体一致之决定，亦不足称以全意志之美名。[3]

（乙）总意志　缺乏全意志之第三条件者为总意志；两者之差别，其间诚不能容发。"总意志与全意志之间往往有莫大分别，后者只顾及共同利益而前者则顾及私人利益，且不过是许多个别意志之总数；但取去此许多意志之相互抵消的正负加减则留得其相差之总数为全意志。"[4]《民约论草稿》中亦有"全意志罕为总意志"之句。[5]所云"但取去……"一段决非卢梭之要旨，且无深奥意义之可言。卢梭之苦心孤诣，实在训示全体参政，多数决定之不尽可恃，必人人有舍小己而为大我之精神始可以语国家意志。

（丙）个人意志　"每个人，处于其为人之地位，可有一个别意志与彼处于其为国民之地位而有的全意志，不同或相反。"[6]可见，依据卢梭，尔我个人所有之意志非即个别意志，或，较严格言之，不即是个别意志。尔以全体之共同利益为前提则尔个人

---

[1] 《民约论》，卷二，章四。
[2] 同上，卷二，章六。
[3] 同上，卷二，章四；卷一，章七；卷三，章二；卷四，章一及章二。
[4] 同上，卷二，章三。末段原文，"... mais ôtez de ces mêmes volontés（particnliéres）les plus et les moins qui s'entre-détruisent, reste pour somme des differences, la volonté générale."最难解释。各国学者费尽心血，欲为卢梭曲解者甚多，其所拟之说法亦伙，然卒无一圆满。吾人之意见可分数点言之。第一，此指会议，讨论，提案，通过之一切程序，而不指制宪复决或仅仅投票。盖投票只对于已成之议案表示赞成或反对，投票者绝不能参加意见而使有增损。第二，此段文字只能着重其大者远者——其精神本意，而加以解释；吾人似不应拘泥字句，以词害意，否则将成不解之谜。第三，所谓大者远者，精神本意，盖或在是：人人倘各本大我而为全体之福利着想，则对于某一法律案之意见当近一致而无甚差异。但人往往为小我所限制束缚，因其所抱之意志（个别意志）较之彼应有者（全意志）大有出入，犹之本来近于同一之数目，今则加有正负记号之不同。倘各人能将因小我而持之意志一律屏除；——倘在会议，讨论之际，甲之一部分主张为乙所反对，乙所主张之一部分为甲拒绝，以此类推，其结果犹数目上之正负记号彼此恰相抵消，而成为大我应有之意志。第四，苟非然者，吾人将无从得任何有意义之诠解。今若拘泥文字而谓：各人之个别意志可以A+B, A+D, A-D, A-B等数目符号代表，所谓彼此抵消者即+D与−D, +B与−B相抵，则A即为此四人之全意志。但此种曲解困难诸多。（甲）吾人何以能保证正负之定能彼此相抵？[阆托然（Tozer）所编，英译《民约论》注解，七，页235。]（乙）吾人更何所根据而假定每人之个别意志（或任何意志）中一定含有此A部分。卢梭并未谓每人之全意志必归一律；只须大我着想则少数者可退而自慰，自认错误。是故吾人对于此段文字，不能，且亦不必，强求曲解。
[5] 原文，阆服汉同书，卷一，页462。
[6] 《民约论》，卷一，章七。

之意志为全意志——最低限度，为尔所认为之全意志；我以我一己，一族，一派之个别利益为动机则我之意志为个别意志。至是，则总意志为个别意志之总和一说，自大明显。虽然，个别意志不仅指个人之所有，举凡不以国家（即全体）福利为标准者，如一阶级，一社会，一团体之利益对于国家言皆为部分意志，或个别意志。故卢梭谓官吏阶级或政党[1]之意志各对其本身言可谓为全意志，对国家言则必称为个别意志，亦称"团体意志"。

（丁）团体意志　此盖如上所述指国家中非一个人而系一部分个人，团体，会社，阶级，党派，所有之意志而与国家之全意志相抵牾者。然而吾人可"以子之矛，攻子之盾"，反诘卢梭：每个国家之全意志（今姑假定其存在），是否世界人类之个别，或团体意志？狄德罗曾有人类之意志观念，卢梭竟于《草稿》中驳斥此说，[2]且谓国家相互之关系，如人在自然境域中之关系。[3]就此点言，卢梭之理想较之狄德罗，似逊一筹而有余。

各种意志之相较，团体意志较个别意志为弱小，较全意志为强盛。[4]

（二）全意志实现之保障　全意志既为国家必有而亦应能实现之意志，果如何而可保障实现的意志之为"全"意志？卢梭所揭示之方法有二。一为直接民治，即全体国民参与立法（女子当不在内），彼舍在彼眼前之瑞士诸邦，而远溯之往古，良以时间久远，真相模糊，人多记其长而忘其短。殊不知全意志之有意义与价值在质地而不在形式，今必着重方法，步骤，人数，因而诋斥代议制度之必与全意志抵牾，则其重心已由质而趋于形——已由彼所好之全意志，倾而为彼所恶之总意志。较具体言之，今日创制复决罢免，诸制大盛，直接民治之精神日张；然而真为全体民众图谋福利之意志是否较严格的代议制度盛行时，必然容易实现，恐大是疑问。此类问题必非逻辑定义所能解决！

二为避免政党。欲全意志之明确实现，"国家中应无偏党组织，而每个国民应只发表其一己之意见。"[5] 卢梭之意，国民对于议题，固应有相当之智识，见解，但不可事前与人接洽，免受直接间接，明言暗示，有形无形之运动。人人当各本其所知，各本其认为全体福意之公意者表示之。万一党派不能尽免，则愈多愈好，愈多则离全意

---

[1] 《民约论》，卷三，章二；卷二，章三。
[2] 《民约论草稿》，第二章；阆服汉，同书，卷一，页451~452。
[3] 服汉，同书，卷一，页242。
[4] 《民约论》，卷三，章二。
[5] 同上，卷二，章三。

志愈近。[1] 实则反对政党，视为纷烈祸乱之源者，可谓为昔人直觉上的成见。[2] 美国创宪诸公，假定政党之可无，至少，抱无党之理想；华盛顿，亚当斯（Adams），马迪孙（Madison），哈密尔敦（Hamilton）诸人均讽戒恐惧政党之将发生，殊不知政党之起即在此眉睫之下，而彼辈犹不自觉。[3] 甚至政党政治早已完成，而研究政党者至二十世纪而始发达。[4] 至于今日，群固认民治与政党相依为命，不能"离婚"。[5] 卢梭知一人之意志可私可公，可正可谬，独不知一党之意志，犹复如是。假如全意志有存在与实现之可能，则代议制度，政党政治，均无不可。且一党或一团体之中，分子复杂，利益分歧，意见亦绝难永久一致，谓为国家之缩影诚无谬误。今卢梭假定一党之意志对本身为"全"，对国家为"个别"得毋缺乏根据。至于民众政治教育之重要，则《民约论》显未提示。

（三）**全意志之功用与危机**　　卢梭《民约论》之中心观念，与其谓为契约，无宁谓为全意志。契约仅系一种工具，使粒粒如散沙之个人，如经幻术，如起化学作用，一变而成团结的国家。然以有生机体相比拟，国家犹之人身躯壳，由无数互赖之细胞组成；政府则更不过如耳目口鼻手足，受指使而非能自主自动；惟此全意志则处运用此五官，主宰此躯壳之地位，等于宗教家所称之灵魂，道德者之人格，生理者之脑经，其重要当可推见。组成国家即生"大我"，全意志实即此"大我"之意志。

全意志之功用在是。卢梭用契约产生国家，答复其难题求解之一半；但国家何以能继续永存，人民何以能在国家中，继续"仍即服从自己"，何以能"留续自由如故"？此则完全持赖此全意志。全意志之表现——法律之订定，必有我一人之意志在内。服从法律，直接服从"大我"即间接服从小我，我之意志与全体之意志合而为一。[6]

然而万一有不服从法律，即不服从全意志者，将奈何？卢梭云：

---

[1] 同上。"Mais quand il se fait des briques, des associations partielles aux dépens de la grande, la volonté de chacune de ces associations devient générale par rapport à ses membres, et particulière par rapport à l'état; on peut dire alors qu'il n'y a peus autant de votants que d'hommes, mais seulement autant que d'associations ... Enfin, quand une de ces associations est si grande qu'elle l'emport sur toutes les autres, ... il n'y a plus de volonté génèrlae, et l'avis qui l'emporte n'est qu'un avis particulièr."
[2] 孟禄谓一七八七年以前英国名儒，除柏克外，无敢为政党辩护者；此言甚确。（孟禄，《美国政府》Munro, *Government of the United States*, 页312。）
[3] 阅布鲁克斯《政党与选制》（Brooks, *Political Parties and Electoral Problems*），章四。
[4] 参考奥斯特洛高斯启，《民治与政党》，卷一，白贲士（Bryce），序文及作者自引。（Ostrogorski, *Democracy and Political Parties*.）
[5] 马略特，《现代国家之机织》（Marriott, *Mechanism of the Modern State*）卷二，章三九。
[6] 可以死刑作例；见《民约论》，卷二，章五。

> 是以欲求民约之不仅为具文空式,其中默寓此项规定,亦即能使其余条项发生效力之规定——凡拒绝服从全意志者,必当受全体之强制而服从;此无它义,即其人必当受强迫而为自由。[1]

"其人必当受强迫而为自由!""受强迫!""为自由!"吾人不能不钦佩卢梭之勇敢与其公式之惊人!无论谁何,其所持之意志与全体之决定有不符合,甚或相背者,当退而自慰,谓己必谬误;[2]万一国家以暴力相强制,束缚我言论,身体,或性命,此俱能使我自由。循此而论,少数政敌,少数派别,少数教徒,少数民族之受摧残屠戮者何一不可以卢梭此言为掩护解释,须知舍形而言质,有时多数之专制,无异于一夫一姓之专制。[3]杜骥之诋斥卢梭不遗余力,殆亦因是。[4]

虽然,卢梭固理直气壮,振振有词:"全意志是永久正当合理"。全意志既永不错误,则其用强制力,自有理性之根据。此盖犹见饮鸩者强灌以药剂,见童子之匍匐将入于井者,将强勉援之于手,有何遗讥不可之处?殊不知全意志永无错误之说,除形式的定义,字句的逻辑外,末由成立。有卢梭之"全意志",则此意志自不有误;意志而有误,即非卢梭之所谓"全意志"。[5]今舍定义字句,而论现代民治国家中之法律决议,则上述之美景奇观,将如海市蜃楼之顿然不见。

抑更有进者:

> 全意志是永久正当合理而倾归于公益;但此非谓人民之决议,常有同样的公正。吾人常愿望己身之福利,但不常认识福利之所在;人民固决不至腐败,但往往易受欺弄,——人民之所以有时似愿望己身之祸患者,在此。[6]

惟其人民之决议(法律)容有错谬,则强制使自由之原则,根本成为大谜。直言之,卢梭之所谓全意志,如指人民应有之意志,则第一,何为应有之意志?固绝不可客观地决定。第二,纵曰有之,如何可使人民实有此应有之意志?第三,全体参加与此应有之意志有何必然的联带关系?反之,就可捉摸者论,全意志当指人民实有之意

---

[1] 《民约论》,卷一,章七。
[2] 同上,卷四,章二。
[3] 拉斯基,《服从之危险》第一章。
[4] 杜骥,《法律与国家》,章二,载《哈佛法律评论》卷卅一,第一期(一九一七年,十一月)。
[5] 服汉谓此乃"a play of words",同书,卷一,页66。
[6] 同上,卷二,章三。比较卷四,章一,"La volonté générale ... est toujonrs constante inaltérable et pure."

志，多数之意志；然多数不即无误，"实有"未必"应有"。[1]

（四）卢梭意志论之批评 康德，与黑格尔政治思想之中心为意志，此即卢梭学说之影响；而全意志之观念，迄于今日，仍变相化名，而闪烁思想界。[2] 故卢梭之整个的意志论，甚值吾人之仔细检讨。

（甲）全意志能否有具体之表现？假定国民有全意志，此全意志能否有具体表现，能否使人明认无误？此为第一问题。卢梭谓主权在民，国民须人人参政，加入立法；然所谓人人，充作何解？妇女固未提及，婴儿，罪犯，狂人是否包括在内？若否，应否受法律之约束。[3] 再次，全意志之表现，是否必有表现之机关？国民大会是否为表现全意志之惟一机关？无机关，则"一人一义，十人十义"，有何全意志之可认识？有机关，则舍多数（过半数，或三分二等）决定，别无办法。国民大会若为表现全意志之惟一机关，则其多数决定，必视为全意志。今乃谓"全意志是永久、正当、合理而倾归于公益，但此非谓人民之决议常有同样的公正"。[4] 试问，是否有同样的公正一层，其权应在谁手？若国民大会外，另产机关，是则此机关之权力，将远过于"主权者"，全体人民！

卢梭固承认全意志最薄弱，团体意志次之，个别意志最强。[5] 是固明示全意志之不易战胜其它而实现。彼却又谓人之受贿投票，非真毁灭，不过滑失，其人之全意志，此言更乏意义。总之，以全意志为理想，吾人自无间言，惟暗示此理想之终为画饼，水月，则此理想已失其所以为理想之价值。

（乙）全意志能否别于总意志？今姑退一步，假定全意志之可能实现，究竟与总意志有何分辨之方法？

（子）倾向主张能分，或应分者，在近今尚不乏人，兹举博山克与霍金为代表。

A. 博山克（Bosanquet）云："所以必要坚持'真正'与'显似'间，'普遍'与'诸个别之总数'间，'全意志'与'总意志'间之区别者，只因'真正'利益，通常总需若干度之努力或勉励，或竟牺牲；而纯粹为私或'显似'利益——吾人各各在其

---

[1] 吾人本卢梭之理论方法，可作下列之例比。吾人如为婚姻下一定义，"恋爱之结合"，又为恋爱解释，"永久不变"，则结合当为结婚者永久恋爱，有离婚者可强迫使之和好。但同时又云，婚姻为恋爱之结合，但男女间之订约，嫁娶，同居，不常本于恋爱此中究有多少意义？卢梭上述之立论，得毋类是！
[2] 罗威尔之所谓"公意"（Public Opinion），殆为卢梭"全意志"之转胎，化身。阅其所著《公意与民治》（Lowell, *Public Opinion and Popular Government*）。
[3] 卢梭曾谓己未参与之法律对己不生效力。《民约论》，卷三，章十五。
[4] 同上，卷二，章三。
[5] 同上，卷三，章二。

寻常惯例心境中之利益——众人往往受其支配，而全社团最容易受其引导的利益。全意志之所以值得见别于总意志者，盖在于是。"[1] 易言之，为私易而为公难，为己者众而为人者寡，以全意志相标榜者正是"取法乎上仅得乎中"之旨趣。博山克又谓卢梭认明两种意志之应分，而其辨别则未成功；卢梭力求指出全意志之征象，实则反为总意志描写。[2]

B. 霍金认卢梭意志论之枝节，容待商酌，而其本干则立直不倒。彼坚持"然"与"应然"（"Sein""Sein Sollen"）之亟宜区别。彼谓人有自觉性（Self-consciousness）故能评判一己之行为有无错谬；人既能发现一己之错谬，较之在未发现时必近真理一步，至少，可以避免错谬之重复。此自评自判之我，当然胜过其所评所判之我；再次，自疑有误而生畏惧的我，优于刚愎，自信，武断，肯定的我。[3]

博山克与霍金之论诚有"高山仰止，景行行止，虽不能至，然心向往之"之精神。但两人对于总意志与全意志之应有区别，固言之剀切诚挚，夫复何言；惟对于如何区别，则仍无指点，读者不免仍在五里雾中。

（丑）最近政治思想界之趋向，显似否认"全""总"两种意志之分别。

A. 拉斯基之意，世无"真我"（Real self）此物；"我"者即由我个人好歹，不好不歹的种种行为，而使他人对我发生之总印象。各人有各人之地位，利益，兴趣，因此各有其希望，意见。对于某一事物，尔我可有同一目的；若谓尔，我，彼，同有一个"真我"，此"真我"对于一切事项必抱同一希望、意见、目的，则全属虚构。"简言之，国家之意志，乃由彼此为求能主宰社会势力而互相争竞的亿万意志之冲突中，经过采取的意志。国家之意志，并非熟筹审虑之结果，此即谓其并非永本合理的计虑而决定。国家之意志从来未能单一，此即谓就其所应用之人论，从未曾得到全体一致之合意。"[4] 是则拉斯基只认个别意志，与总意志，而不认全意志之存在。

B. 社会学家马岐昧（Machver）亦觉此区别之不可能，且不必有。"人民之意志罕为一个自然地由内发生的表示。既乏完备形体，又乏自动能力，欲其集中于一焦点而成立，势必经过精细繁复的组织机关，而此种组织当然同时为控驭与表示之机关……（卢梭既不讨论组织，则无表示意志之可言）。意志之事实，而非意志之'纯洁'，或

---

[1] 《哲学的国家论》（The Philosophical Theory of the State），页114。
[2] 同上，页116~117。
[3] 节述大意，霍金，《人与国》，页290，页407。
[4] 《政治典范》（Grammar of Politics）。

大公无私，乃是民治之基础。意志之纯洁程度永非吾人所能计量。教育进步，智慧增长，则人民之意志较为清明有力，此自无疑义。意志之质地，即人民之质地。"[1] 在马岐味之主旨只须国民有尽量发表其意志之自由，则不必苛求其意志之是否纯洁。

（丙）意志是否存在？吾人可完全谅解意志论者之苦心。用意志解释，则政治为人类智识理性之产品。然意志究否存在？倘根本无有意志，则全意志论失所凭依，为鬼将亦弗灵。当代心理学家罕谈意志，无论本能派，行为派，均摒斥意志于门外；一切地理支配，生物支配，经济支配，心理支配诸论甚嚣尘上；据此，则人之所自夸为意志者，实皆有物质背景之支配与决定，政治生活似不容吾人能有所上下左右于其间。[2] 另自一方面观之，则科学日昌，交通益便，生产愈繁，人之能战胜外界自然者日大，而人之能了解节制内心心理者亦渐多希望。即使生物，地理，经济，心理等等，为包圈人类行为之经纬，然在此密网阵中，政治生活（犹其它方面的生活）之形式，方向，与实质，似亦未始不可受理智之指导与劝诱。自择与意志，宁可一笔抹杀？此本易问不易答之点，且在政治思想者能力范围以外。

（五）**博山克之新解释** 博山克之辩护卢梭最动听而有力。彼以为卢梭之意志论，精神是而方式非，遂加以修正，希其能借尸还魂，延长生命。彼云，所谓"全意志"与"总意志"实即"真意志"（Real will）与"实意志"（Actual will）之区别；真意志为吾人纯真的企求，永久的目的，无误的决定。而实意志乃吾人实有的企求，片暂的目的，有误的决定。[3] 一人如是，一国亦如是。今举例言之，人或为饥寒所迫，自卖其身，为他人之奴；或因嗜好赌博，倾家荡产，而流离乞食者；卖身与嗜赌皆为"实意志"而非"真意志"。国家之举措行为亦往往与其真意志相左。

> 试将一月或一年中吾人意志之所为，前后较量，则其大足以暴露者：吾人当每次行为时所概想之行为目的，无一能使吾人意志之种切要求尽行包括而满足者。即吾人所愿望过活，而平均言，吾人实地过活的人生，亦永不能在任何个别的立志动机中，整个地呈现于吾人心目之前。如对于吾人意志之

---

[1] 马岐味，《现代国家》（*The Modern State*），页 198. "The will of the people rarely issues as a spontaneous expression. It is too inchoate, too inert. It must be focus seal and established through an elaborate mechanisim of organization and of course such organization is an agency of control as well as of expression ... The fact of will and not its 'parity' or control disinterestedness is the fundation of democracy. Its degree of purity can never be estimated."
[2] 试阅蒲哈林，《历史的唯物观》（Bukharin, *Historical Materialism*）。
[3] 博山克，同书，页 117~118。

所在，欲得一完全记述，则吾人于任何一霎那间所需望者，至少必经其余一切霎那间所需望者之纠改修正，而此亦不可不与他人所需望者纠改修正使相和谐而不抵触——至于他人所需要者当然须经过此同样程序。但吾人之意志，经过若干度次纠改修正后，而再归来，其形貌已改，直将使吾人不复能认识……设若进而再加补充与整理，使此意志不特代表吾人大体上能努力实现的人生，而且代表一理想的无矛盾之人生，则必更将远异于吾人所知者。此种调和与整理程序，使一大堆材料，成合理形式，即是所谓批评。而批评一经应用于吾人之实意志，即能显露其为非真意志；更用最浅明之词言之，凡吾人真需望者是广于，且异于吾人在任何霎那间所觉得企求者，虽吾人随时觉得之种种需望在在皆归结到吾人之真需望（真意志）。[1]

本上所述，博山克不啻一位化装的卢梭，其立论要义为：一，每人有彼之"真我"（即"真意志"）；二，"真我"乃今日之我，昨日之我，明日之我，再四反复冲突修改而成良知之我，且须与他人之群"我"相调协和谐；三，"真我"即"应然"之我，常我即"然"之我；四，人人有其"真我"，人人有其"真意志"，而"真我"与"真意志"千万同一；所以，五，我一人之"真我""小我"，即是全体，国家之"大我"，我一人之真意志，即国家之全意志。

（六）和布豪斯（Hobhouse）之反攻 博山克自信其易名称改理论，一种改头换面保留精神之学说，足以补救卢梭之不足。和布豪斯则认此新解释仍无足取，辩诋甚烈。卢梭意志论之尚未成夏鼎商彝，于此可见。

（甲）和布豪斯首反对此"真意志"之名词。人所需望者诚有时与本人实际上无益而有害，"但彼既选择目的，此选择即是彼在当时之真意志——用'真'字之本意，即非假定而是实在"，此其一。"且彼施行选择，而选择有谬误，此是彼意志之缺点（限制）；人之意志乃连此易误在内，不能除此不计"，且吾人何能假定人能有完全合理之一霎那意志，此其二。"严格言之，整个的我中，无一部分较其它任何部分更'真'"。倘"我"为"真"，则我之任何行为或愿望，无论有无道理，是否久暂，均是"真"而非假，此其三。若谓真意志云云，原不过指深沉潜在，固定永久之人性，以见别于其肤浅上层，游移变幻之表现，则吾人亦不能不承认此点：固定人性中根本含有深刻

---

[1] 博山克，同书，页118~119。

博大的矛盾抵触之可能性，而无假定其为完全和谐之科学根据，则更何能假定人能实现一个自始至终，四面八方整个和谐的生活？此其四。故和布豪斯谓，博山克之真意志，其意义为"理想意志"，或"合理意志"，"但此理想或合理意志，在常人中为不'真'，即在最优秀分子中，亦不完全"。[1]

（乙）舍真意志之存在问题而论其在政治上之含义，则和布豪斯认为更应排斥。"社会之前进由继续不断的尝试与谬误"，而：

> 此论之特殊流毒，在既指出某一种生活为个人之真意志之表现，则下项论辩已有根据：即谓强制任何人过度此种生活，并非干涉彼之真意志。吾人假定此任何人竟不能判断决择。若此，则（国家）所以加于个人之禁制束缚者，在原则上直无限制止境之可言；且无些微自由之中心，为国家行为所不能"染指"者。而明显莫甚者，所谓真意志者究竟为何，无一实在的人或众人之结合能确知之。[2]

（丙）即再退三舍，假定每人之意志可化为理想或合理——假定每人有博山克所称之"真意志"，究竟此是否即可成全意志？和布豪斯用心理与哲学论证，否认此说。今采述其要旨于此。人与人，尔与我间有和一（Unity）或同一（Identity）之可言者，厥为两端。其一，为对象，外界，之可为绝对和一或单一。譬如尔我同读一书，同究一题，同嗅一玫瑰，同营一商业，同为一社会之分子。此书，此题，此玫瑰，此商业，此社会之对尔我，固为同一而无疑。其二，为人我间之"部分同一"（Partial Identity），即玫瑰对尔我，同呈芬芳之气，营业之发展同为尔我之目的……然而由兹之相同，吾人断不能一跃而达尔我完全同一之结论。盖一人先先后后，大大小小之各种经验，有继续性及共同性，与另一人之一部分经验至多相像而绝非同一。设若我闻玫瑰之芬芳而赏玩不释，数日不忘，此与尔之经验绝不能完全同一。进言之，以与对象之关系言，个人乃一位与众殊异、独自成立的主体，乃一个知觉，感觉，思想，意志之中心。此知觉，感觉，思想，意志，与其所觉，所感，所思，所志之对象，绝非一物。甲之经验，完全为甲所私有，而乙莫能得之。例如统治者甲，施刑罚于被治者乙；诚如博山克之"真意志"即"全意志"论，则乙所身受与心感之痛苦，甲亦将同样感受，毫忽不爽；然而征之事实，此不过一似是而非之理论。统治者惟其无被治者之经验，故其施用强

---

[1] 和布豪斯，《玄学的国家论》，页45~48。
[2] 同上，页49。

制力往往滥而重，故其谋划为己身，为部分。事实如此，而犹以真意志，全意志之说，为治者之护符，则遗害将不堪设想。[1]

博山克与和布豪斯之论战，实即代表政治思想中唯心论与实在论之一部分冲突。孰是孰非，全视吾人因时代背景以及个人心理，哲学，教等而各有之倾向，为定。今可折入本文，继续陈述《民约论》中之其它重要观念。

捌、卢梭之法律与立法家论

关于法律之讨论，卢梭暴露其思想中抽象与具体，绝对与相对，假定与历史的冲突。何者为法律？此犹基于其个人创造的正统思想。何者为立法家？此答则另辟途径。何者为立法之要点？此则纯系孟德斯鸠之方法与精神。

（一）关于法律者

（甲）法律之性质　卢梭之法律与全意志，犹唇齿相辅之不可片刻离。"当全体人民为全体本身之事，议决命令……此项行为，即予所称之法律"。而政府官吏，个别意志之决定则为法令（décret）而非法律。"规定法律时，不论个别的人某甲某乙，而论总合的庶民；不论个别的某某行为而论抽象的行为"。是以"法律能设立君主政府，及世袭继承，但不能选定君主，指定王室"。[2]

国家主权者之全意志，具体化则成法律，故吾人可不必问：谁赋有订定法律之权？当然属诸全体国民，而必须人人参加（故意放弃又如何，彼却未及）。亦不必问：君人者（即政府）是否在法律之上？盖政府人员为国民之分子，当然同受法律之制裁。且不必问：法律有无不合公道之可能？盖个人既不愿以不公道自加诸身，则全体安有自害之理。卢梭云，"所以任何国家只须受治于法律，无论其政体为何，予称之为共和国家。"又谓，凡合法政府皆系共和。[3] 则《民约论》之受焚烧禁止于当世诚非怪事。

（乙）法律之种类　法律可分四种：政法（或宪法），即根本大法，规定全体与全体间之关系；民法，乃人与人或人与全体间之规定；刑法，即不成文之习惯法，如风化，

---

[1] 和布豪斯，《玄学的国家论》，页49~60。
[2] 《民约论》卷二，章六。即宣战媾和亦非主权之应用，故亦非法律。（同上，卷二，章二）是则宣战媾和之权属政府而不属人民。
[3] 同上，卷二，章二及六。

习俗，舆论，公意是。[1] 卢梭最推崇第四种法律之重要：[2]

> 第四种（习惯法）为各种法律中之最重要者，不刻写于铜版石表之上，而雕镌于国民心坎之中。此种法律创造国家真宪（指政体）且日日增长其新力量；再次，于别种法律转成陈腐废弛而歇绝时，此犹能使之复活，补充不足，保护人民于其固有制度之精神中；更于不知不觉中以习惯之势力替代权威之势力。予所言者盖指风化，习俗，及最重要者，论见（l'opinion）——此为一般政客所不知之境域而实为其它法律成功之关键。自外表观之，大立法家所注意者，为诸个别规定，初不知其暗自操心积虑者在此（习惯法）而不在彼（成文法）；此个别规定实不过如图穹之加盖以顶，而风化——虽其发展较迟——实为不可动移之"拱心顶石"。[3]

卢梭关于此风气，习俗，时尚，精神之心理见解，透彻无比，大不类吾人平常心目中之《民约论》作者！以之与当代法学家之最精彩学说，如杜骥，克剌伯（Krabbe），磅特（Pound）诸人所代表者，甚为接近。准此以绳其历史的契约起原论，即卢梭自身恐亦将哑然失笑。后世读《民约论》者奈何将此段重要文章往往轻忽放过，误解卢梭。古今中外之立法者往往舍本求末，以为法律之为法律全在手续形式，又何怪如毛法律尽成具文。

虽然，卢梭谓法律为公正与自由之母（此固与谓有国家始有道德之论若合符节），[4] 此又隐含矛盾。兹之所称法律，究系何种？若指不成文法，则其发展甚为迟缓，当与公正自由同时胚胎而成形。若指成文法律，则卢梭固明明宣言，成文法有赖于不成文法。且无公正与自由之人民，又何能一旦组成国家而顿能创造第一批法律以产生公正自由？意者彼亦虑及此点，故指出立法家以作弥缝。

末，吾人可注意者，卢梭曾谓法律以少为贵，多则足征其国政治之腐败。[5] 世有斥彼为容忍专制政治，持全意志旗帜之掩护而侵略进犯群众生活，漫无限制者，似可

---

[1] 《民约论》，卷二，章十二。
[2] 彼于《政治经济论》及《波兰政制》中，亦曾反复言之。
[3] 同上，页165。
[4] "Car la loi est antérieure à la justice, et non pas la justice à la loi."《民约论草稿》，服汉，卷一，页494。"Cést à la loi seule que les hommes doivent la justice et la liberte."《政治经济论》，服汉，卷一，页245；复见《草稿》，同上，页475。
[5] "Tout état où il y plus de lois que la mémoire de chaque citoyen n'en peut contenir est un État mal constitué... Si l'on me demandait quel est le plus vicieux de tous les peuples, je répondrais sans hésiter que c'est celui qui a le plus de lois."《论法律》，残稿，同上，卷二，页330。

三复此言而相当地修正其过度的批评。

（二）关于立法家者

（甲）立法家之重要　立法家（Législateur; law-giver）乃希腊政治思想中之重要人物，不图于十八世纪卢梭之学说中亦见推崇，此果曷故？究竟国政之有赖于立法家者又安在？

> 人民服从法律，应为法律之作者；犹之结合会社之条件，应只由结合者自定。但法律将如何而订成？是否将由人民方面一旦豁然感悟而一致规定？国家果有无表示其意志之机关？谁将为初期之深谋远虑，拟订法律（草案）而刊布之？且遇非常紧急时期，国家又将如何宣布法律？一般愚盲的群众罕知何者为己身之福利，故往往不识其所愿望者何在；则又如何而能成就此伟大艰难之事业，如有系统之立者？在人民本身，永求其自己之福利，但不能永永洞察其福利之何在。全意志固永久正当合理，但引导全意志之判断，却非永久开明。吾人必使全意志能烛知事物之本相，或事物应呈之状态，再必昭示其所寻求之正途，而弗使受私别利益之引诱；又必使其察见种种时间与空间，及权衡近显之利益与远隐之祸患。个人常知其所摈拒者之福利何在，公众则常不知其福利之所在而期望之。两者均需向导。前者必强其意志依从道理，后者必教之使知所需。然后，由公众开明结果而为知识与意志之合一，由各部分相互合作，全体得至大最高之力量。立法家之需要端在于此。[1]

卢梭言国家之需要立法家，可谓动听。但此与其前部，或全部思想，实多扞格。知自然境域之可弃，知自然权利之可宝贵，而订约成国，此非有理智能明察之人不办。奈何今又称之为一般愚盲的群众。民众能造国于前，何独不能立法于后？昔何信仰民众，今何藐视民众？意者卢梭内心中视契约为虚构，而立法为不可逃避之事实，故暴露其不信任群众之潜在观念。然而彼固自觉矛盾，力谋文饰；惟冰炭水火，欲盖弥彰。

彼之弥缝方法有三。一为人民与立法者之关系，立法者之独到建议非经人民采决无效，[2]故主权似仍在人民。二为立法家与政府之关系，立法家号称重要却手无治权（卢梭云，如造机器之工程师，运用此机器者则为官吏），以免趋向自私之病。三为借神

---

[1]《民约论》，卷二，章六。
[2] 同上，卷二，章七。但此又与各人应自动地发表意志，不受任何人之鼓吹，宣传，运动一说冲突。

灵之权威以诱导人民尊重接受立法家所建议之草案[1]——殊不知此已回蹈君权神授论之故辙。

今姑无论上项方法能否补救其矛盾，另有一更基本的问题，不容漠视。卢梭之立法家，究系民约初成后暂期之需要？抑为人民永久依赖之导师？如系前者，果几何时？如系后者，则主权在民与全意志两观念，完全成镜花水月，虚幻不真。

（乙）立法家之工作　"凡敢为一国人民从事筹订法制者，当自觉其有莫大才力，不啻能变更人性；能将本为一个完全与离立的全部之个人，变成一较大的全部之分子而从此得其生命与身体；能更革人之组织精神而使愈坚固；能以一个社会的、道德的生存，替代吾人得自自然之独立的、物体的生存。一言以蔽之，必将人之自然的、固有的权力铲除，而易以若干外来的而无他人协助则不能运用的权力。自然固有的权力，愈磨折消亡，则外来取得的权力，愈伟大而永久；而人民之法制亦愈坚固与完善。所以，设若每个国民，除与其余全体联合外，直等于零，且只能等于零；再设若全体之取得权力，较之一切个人原有自然权力之总和为相等或超过；则吾人可言立法已臻其可达的最高完善点。"[2]

由是以观，政治社会中之生活必以违反自然为第一义。立法家之才能，只视其能使人"不自然化"（denature）之程度为定，此与应征文第二篇中之卢梭，岂非判若两人？"人本生而自由，然到处皆在羁绊之中"一语，至是全无意义。[3]

（丙）立法家之资格　所期望于立法家者既如是之重大，则立法家之必有拔世出俗之才智，非常人所能望项背者可知。第一，立法家须"洞知人们所有的一切情欲，而自己却不亲历其任何之一，绝不类似而能彻底了解吾常人之性情"。次，立法家之生活当有保障，庶不致受任何引诱亦稍歧于大公正道。"其人之快乐不有赖于吾人，而其对于吾人之快乐却极关切。"再次，立法家必无急功好名之心，无欲速贪巧之志，必须肯"惨淡经营于一代而享受盛名于他年"。此犹不足，彼必洞知群众心理，以群众所能理会领悟之言语文字，宣传其怀抱，否则对牛弹琴，空劳无补。[4]然而立法家之最应注意，亦即《民约论》中一部分观念往往受读者之忽略者，为时间空间环境之重要。

---

[1]《民约论》，卷二，章六。
[2] 同上。
[3] 故有人强作"人本为自由而生者……"（Man is born for freedom）解释。
[4] 同上，卷二，章七。

玖、政治环境

卢梭在探讨立法家应知急务之数章中,显然挣脱洛克影响之桎梏,而露示孟德斯鸠之精神,即不论抽象原则而尚实际利便;此则在《民约论》中,无异"异军苍头",独树一帜,又如旷野孤松,惹人注意。彼云:"犹之建筑家,当营造大厦以前,必先考察查验地基土壤之是否能胜重任,聪慧立法家不先规划本身优良之法律,而先考量其所为立法之人民能否受用此法律。"民族绝不类同,"此一民族从其起原可与为治;它一民族即千年之后无能为力",且"世间存在许多民族永不能有良好法律"。[1] 循是以言一国之法律制度全视自然及人为之环境所支配——地理,气候,人口,疆域,民族性格,宗教,教育,文化,思想诸点。[2] 环境支配政治之论,在今日已为老生常谈,在十八世纪之卢梭言之则大足注意,尤以彼日后为高锡加、波兰筹商宪政时,曾发挥此环境重要论之故。

卢梭以为各民族有个性。凡幼稚之民族,易伸缩而易为治;及其老大衰朽,则诸难更改;盖成见习惯既深,人民不复愿,且不复敢革新,譬犹愚怯病夫见医药而战栗,无复尝试希望之勇气。剧烈变动如革命,有时或能起死人而肉白骨,恢复一民族生命之源,使流通而复活。然此非能一概而论,因内乱而速亡者正不在少。至于效颦邻邦,步趋相同,如俄皇彼得之号称维新然者,卢梭力肆攻诋,因其摧残民族国家之本性。[3]

次及国家之疆域,卢梭主张小国。国家大则弱,小则强。彼所持之理由为国大则经费繁,负担重,执行法律亦不易,阴谋叛乱较难防止,且人民之风俗习惯往往互异;法律同一,固不宜,纷歧又太混杂;官吏机关更必林立。彼之理想小国当以国民彼此认识,可直接交换意见不致有秦越之分为标准;但亦不宜过小,人民当能自给自足,不仰求邻国之产品。[4] 大约雅典,斯巴达,日内瓦为卢梭思想之背景,加之彼未能预见联治之制度与效用,及地方自治与分治之可能而同时,又限于直接民治之理想,故势必主张小国。

至于国家之人口,亦不当漫无限制。疆域与人口应有一适中之比例。土地过小,

---

[1] 《民约论》,卷二,章八。
[2] 同上,卷二,章八至十一;又卷三,章一,二,六至八。
[3] 同上,卷二,章八。
[4] 同上,卷二,章九。

生产不敷，则有侵略它邦引起战争之趋势；土地太大，过于人口所需，则易启强邻之觊觎而有自卫战争之祸患。只因地理，位置，气候，土壤，出产生育之种种歧异，故人口与面积之适当比例，随国而异，无绝对数目可言。[1]

更有进者，立法有其适当时机。和平之世较扰攘时代为宜。而最为千载一时之立法良机者为：已团结之人民而尚未受法制风俗与迷信之桎梏，无外患而能抵抗任何强邻，国民能彼此认识，地小而能自给，不贫不富，众人之负担相同；有老大民族之稳固而加以新兴民族易于听制受教之特质。[2] 此诚古今中外绝无仅有之国家。卢梭以此为理想则可，若以此为立法家用武之地，则又何异一位无病之硕壮少年又安用延请名医为其诊视。

立法家能有上述之资格与了解，始能操刀而割，游刃有余。但一切立法之目的何在？卢梭以自由平等两大原则为答。所谓平等，关于权力及财产，并非绝对一律，铢锱无差。富者以不富到能有购买他人之力量为限，贫者以不贫至自鬻其身为准。[3] 此种平等世虽罕见，非不可能。卢梭之未暗示共产，于此可见。然而即此自由与平等两原则，亦须其国之特殊环境（尤以地理为甚）而各定法律，不可强纳一炉如法炮制。[4] 此则为《民约论》中不可多得之至理；其值得有权者之考虑，虽反复不厌其详。

拾、政府与政体

卢梭之政府论不甚新颖，其谈政体，多本孟德斯鸠。

（一）**政府之起原与性质** 第一点，吾人曷为而有政府？彼云，凡事必包含意志与实行两元素，缺一不成。譬如疯癫者欲行而不得，健旺者能行而可静。国家亦复如是。法律立而不行，等于无法；设行政而无法律，则又安用行政。立法权操诸全体人民，行政权则属诸政府；政府非国家，全体人民势不能皆为官吏。第二点，政府果为何物？此乃庶民与主权者两者间之媒介机关，负执行法律，传递消息及维持民政自由之责任。

---

[1]《民约论》，卷二，章十。
[2] 同上。
[3] 同上，卷二，章十一。"Ce qui suppose, du côté des grands, modération de biens et de crédit, et, du côté des petits modération d'avarice et de convoitise." 此诚名言不厌百读。迷信仅仅制度可以改造社会而不信心理，观念，教育，精神，风气为尤根本者其三复斯言！
[4] "Il faut assigner a chaque peuple un système particulier d'institution, qui soit le meilleur, non, peut-être, en lui-même, mais pour 1'État auquel il ést destine." 同上。

所谓传递消息，即指政府受主权者之命令下诸庶民，故政府为人民公仆。[1] 第三点，政府是否由契约订成？卢梭绝对否认。盖无人能居主权者之上，而主权者无接受任何限制之可能。不宁惟是，人民而与某某（政府）订约，此举即非法律。[2] 但关于政府非本契约一说，卢梭亦似有矛盾理论。[3] 第四点，然则政府经过何种程序而成立？第一步，人民（即主权者）用法律规定政体；第二步，人民出法令指定人选——

> 由前者，主权者决定应有某体式之统治机关；此项决定之为一条法律，明显无疑。

> 由后者，人民推举首领，负政府成立后统治之责任。此项推举乃为个别决定并非第二条法律，而只上述第一条之结果；且实为一种政府职务。[4]

再申言之，决定政体为人民处主权者地位所订之法律；推举政府人选，为人民处官吏地位所下之法令（故曰"一种政府职务"）。卢梭曾云"凡合法政府皆为共和"，盖即指此。

吾人对此学说有两评点。彼曾谓主权者只立法而不行政；今则显然承认人民可使用行政权，是直矛盾。[5] 就理论言，或可云先国家而后有政府（例，亚里士多德），但就历史程序言，若非先有政府而后有国家，[6] 至少国家与政府必同时存在，有其一必有其二。今本卢梭之立论，一若可有无政府之国家者，其为玩弄字句，疏忽实质，自无待言。

（二）政体之类别与原则 卢梭因袭前人，以政府治权所在之人类分别政体为四：在全数或过半数为民治政体；在少数为贵族政体；在一人为君主政体；兼杂上项者为混合政体。

政体无绝对优劣。"每一政体在某境地可以为最优在它境地可以为最劣。"[7] "不同

---

[1]《民约论》，卷三，章一。
[2] 同上，卷三，章十六。
[3] 何以言之？彼谓政府执政者苟以其个别意志，替代人民应有之全意志，苟以全体权力强使人服从其个别意志，则显有法本与事实两主权者之存在；则"社会之结合瓦解，而政治团体消亡"（《民约论》，卷三，章一）。易言之，即民约破坏。然而政府之方式，乃已订民约，已成国家之人民，用立法采定之；而政府之人选，则人民仅以其行政权决定之，可随时进退起伏（卷三，章十七，十八），是则政府而篡窃主权，只政府独倒，而民约尚存，国家尚在。安得谓民约破国亡？若视民约破而国家亡岂非将政府官吏作为契约之一部分或系另一种契约？
[4]《民约论》，卷三，章十七。
[5] 阎服汉，《民约论》单本，序。
[6] 事实上，必先有政府之现象数百年，始渐有政府之概念；必先有国家之事实而后始有国家之认识。
[7]《民约论》，卷三，章三。

政体不特对于不同人民各有适宜，抑且对于同一人民，在不同时代而适宜有异。"[1] 彼且云，自由非任何人民所能享受。[2] 此固承取孟德斯鸠之唾余；彼亦亲认而不讳。准此以论，则国体与政体绝对不同。然君主政体与主权在民果否能并行而不悖，彼殊无放怀之肯定。[3]

政体与环境之适宜问题，亦难详定枝节。大体趋向可得而言者：论地理出产，则贫国宜民治，富国宜君主；[4] 论气候，则热带多专制，温带多自由；论人口，则密集之地，政府愈难篡夺主权；其最重要者，为大国宜君主，小国宜民治，疆域适中者宜贵族。此何以故？彼谓政府人数与政府权力之关系，有一定律：政府之人数愈多则其权力愈薄弱，反之，人数愈少则权力愈厚大。盖政府中人，各有三种意志——个别，团体与全意志。若政府只一君主，则此人之个别意志亦即政府之团体意志；两者无冲突之必要与可能。故其留为全意志之权力者最大。苟政府人多，则官吏间个别意志与政府全部之团体意志争竞甚烈，而为全意志之权力者反余无几。[5] 此种理论固多玄学色彩，然对于实际政治，谓无丝毫意义，恐亦过甚。[6]

（三）政体分论

（甲）民治政体　国小事简，为民治政体之先决条件；否则人民不能常全体集合，行使其行政权。社会上之地位与经济上之财产，均须有相当平等。此外，生活质朴，绝少奢侈，亦为成功之辅助。诚以民治政体包含形式与精神；徒有其一，即不完全；欲两者吻合并存，其难固如登天。卢梭云，"世间若有神灵组成之国家，则可有民治。完善如斯之政体，殊不适合凡人"。"以其名词之最严格意义言之，从未有，且永不能有，民治政体之存在。"[7]

（乙）代议政体　今日普遍流行之间接民治，统称代议政体者，卢梭目为封建余毒，

---

[1]《民约论》，卷三，章二。
[2] "La liberté n'etsnt pas un fruit de tous les climats, n'est par à la portée de tous les peuples." 同上，卷三，章八。
[3]《政治经济论》，服汉，卷一，页 254，263。
[4] 白赉士谓民治政体最为靡费，非富俗之国不能支持；见《现代民治政体》(Modern Democracies)，卷二，结论。
[5] 均见《民约论》，卷三，章二。
[6] 今以浅近之商业言。个人经营者能集中贯注其精力与目的，营业之利即彼个人之利。若由合股以运公司则资本与经理者隔膜重重，往往股东亏损而经理却私囊饱满。谓为各种利益（意志）之冲突非无思索之价值。开明君主以天下一人之饥寒为忧，意到令行，法政严饬。民治则为"议治"（所谓 Government by discussion），而议会尤近"话店"(Talking shop)。地方，职业，团体，党派种种竞争，冲突，牵制，合纵连横，使立法行政之权力，不无减损。
[7]《民约论》，卷三，章四。

攻斥不遗余力。因意志不能代表，故立法权不能代表，即行政权亦不能代表。[1] 其后在《波兰政制议》中，彼之主张稍改，谓代表如完全听命于各选区之民众（所谓 Mandats impératifs）而表决一切，则大国未始不可用代议。[2] 此项论点，影响于法国革命者甚大。罗伯斯庇尔（Robespierre）曾力持一切法律须付人民总投票公决之说，[3] 而其原则且采取于法国一七九三年之宪法中。无论如何，"授命原则"（Principle of "Delegation"）与"代表原则"（Principle of "Representation"）犹为今日政论家一大争辩问题。

（丙）**君主政体**　依照卢梭，主权永在人民，故国体只有一种——民治国体。是故兹之所谓君主政体，乃指限制的、立宪的君主政体。在君主政体中，政府之力量固最大（见前），但个别意志之能战胜全意志，此亦为最易。易言之，君主政体可为最优，亦可为最恶；其故在"君主总愿望为绝对专制"。何况大臣多蝇营狗苟，奴隶性成；而其阴谋叵测，播弄是非，尤深祸患。至于君位选举，则易惹争端，君位世袭，则不啻排斥贤能而保障"儿童，怪物，愚夫"之在位。[4]

（丁）**贵族政体**　贵族政体得分三类。一为自然贵族，即根据年龄，地位，能力，才智，而在事实上握有治权者。卢梭并暗示此或为最早之政体。二为世袭贵族，"一切政体中之最劣者"。三为民选贵族，此为贵族政体之正义，亦且为可能的最优政体。盖人少则易集合，议事既精，决定亦复迅速。

> 总之，以才智最强者治理民众，而吾人倘有把握，彼等将为民众而非为己身之福利以治理，则此乃最优最自然之制度。吾人不必徒增方法而一无效用，更不必以一百选士较能胜任愉快者，付诸二万人之手。[5]

然彼对于民选贵族与代议制度之类似，似未认明。不然，若选举贵族时，"无人愿往"投票，且均谓"国事与我何干"者，[6] 则其结果可以想见。吾人从此得知任何政体皆有形式与精神两方面。

（四）**统治成绩**　政体只有相对适宜而无绝对优劣。今舍政体与环境而论政府之治绩，有无客观标准以觇其效率之高下？卢梭独辟众说，谓一国政治之良窳有一，"简单征象"即其"数目与人口"。

---

[1]《民约论》，卷三，章十五。
[2]《波兰政制议》，章七。
[3] 服汉，《民约论》单行本，页152~154。
[4]《民约论》，卷三，章六。
[5] 同上，卷三，章五。
[6] 同上，卷三，章十五。

"统计学家？此乃君等之职事——计算，度量，比较。"[1] 意谓国家平治，则人口增加。此论之在今日尚有信徒。

拾壹、革命

《民约论》固指点与激起革命，但试细阅全书，彼并未明白地以革命为标题而详加讨论；故关于革命之思想，乃文中暗含而寓有者。

国家与政府绝然不同。国家而欲合法，只有主权在民之一种。[2] 循是而论，处不合法国家中之人民，而欲发挥同意原则，创设民治国体，实为其本有与应有之权利。揆诸当日欧洲之国家与政府，此说之暗示革命，富有炸性，可想而知。至于政府，除独夫统治外，余皆有合法之可能；[3] 但无一能永存不亡者。"如斯巴达、罗马，尚归亡灭，何国能希冀永存？则吾人筹划一经久政体，正可不必梦想其为亘古不灭。"[4] 此果何故？

卢梭谓政府之堕落腐化，约有两途。其一，为政府之收缩，即由民治缩而为贵族，或由贵族缩而为君主。"此乃自然趋势。"至于伸涨，即由君主而贵族而民治，则"不可能"。[5] 此种断语之错谬，历史固已证明，毋待吾人置喙。其二，为"国家之解体"。国家之解体不外两方：（甲）国家之收缩，即主权由人民而移入政府之手，如是则民约破而国家亡；（乙）治权之收缩，即政府之全部治权为政府中一部分人篡夺强握，以致法败国覆——总称之，为无政府，分称之则民治成暴民，贵族成寡头，君主成暴君。[6] "此盖为最优组织的国家之必然趋势。"[7] 味其含义，此颇近政体循环之论。吾人宜在此处注意者，即无论政府之收缩，或国家之解体，其间必有革命。卢梭虽未有如亚里士多德与马克维里之明白探索如何防止革命，然其发挥如何保持主权，[8] 及如何预防政府之篡夺，[9] 其动机对象，与两氏正复相同。

---

[1]《民约论》，卷三，章九。
[2] J'appelle donc république tont État régi par des lois sous quelque forme d'administration que ce puise être." 同上，卷二，章六。
[3] 见前，拾，三，丙。
[4] 同上，卷三，章十一。
[5] 同上，卷三，章十。
[6] 同上。
[7] 同上，卷三，章十一。
[8] 同上，卷三，章十二至十四。
[9] 同上，卷三，章十八。

（一）主权之保持　卢梭云：

> 人民在全体集合之大会中，不仅应以由批准一条法律而采决国家之政府（宪法）为满足，亦不仅应设立一个永久政府，或一劳永逸地规定此后永不变更的选举官吏之方法。在预料不及非常事故所需要之临时集会外，应有一种定期集会，任何事故不能将此废止或停延，俾一到指定日期，人民不必等待集会之正式通告而得合法地开会。[1]

但彼对于此定期自集之国民全体大会，颇怀疑惧与悲观，盖全体人民集合之日，即政府治权暂告停顿之时，官吏至是乃如奴仆之面对主人；此辈能不事前畏惧，千端万计，诱惑煽动反抗使人民渐生厌恶此大会之心理，而彼辈得遂篡窃立法大权。

吾人若回忆法国自一六一四年至一七八九年国会之久未召集，当时人读此，当起何感想！再者，大战后新宪法中（爱尔兰即一例）多有规定国会如期自集，不必行政首领之召集者，不图其制度精神，早为卢梭所提倡。

（二）治权之保障　在上述定期集会中，有两大先决问题应首付国民表决：

第一，主权者愿意保持现存之政体否？

第二，人民愿意将行政权仍归属现下受托之官吏否？[2]

此种制度，在彼视之，一方面可保障主权之永在人民，再一方面可避免革命，而更易政体。倘求之事实方面，吾人不可不谓英国之万能国会，集造法立法两权（除其为代议政体与卢梭学说根本不合外），按期开会，时时举行总选，理论上可变更宪法之任何部分或全部，而事实上由政党政治决定政府之人选——与卢梭之理想大有仿佛之处。然卢梭之悲观曾不因此稍杀，谓此种制度（两大先决问题）只能延缓，而不能完全防止政府之篡夺。

洛克称革命为"诉诸于天"，视为郑重。卢梭颇有此遗风，谓"诸此（政府）变更总甚危险；对于已成立而存在之政府苟非与公众福利绝对不能两立，永不应妄加更革"。[3] 日后彼且警告波兰民族，谓勿因改革心切，而将旧制之优点，长处，一概抹杀；政制非不宜改更，但必格外审慎。[4] 彼致日内瓦人民书中，亦云：

---

[1] 《民约论》，卷三，章十三。
[2] 同上，卷三，章十八。
[3] 同上。
[4] 见《波兰政制议》。

诸君若能，则恢复自由。但为奴隶，犹愈于自杀。

苟不可免……仇人之血可流；但同胞之血应视为神圣。[1]

是则使卢梭而目击一七八九年法国革命之流血恐怖，恐将趑趄畏缩，难保不如马丁路德之一见农民反叛而顿起反动。

拾贰、财产论

卢梭之财产观念，似先后四有更动。初则在第二篇应征文中攻击私产，既斥为莫大祸患之源泉，又斥为政治社会之所以由起——私产乃攘夺之结果而非权利。次则在《政治经济论》中，认国家之有胜于无，故亦承认私产为不可侵犯之神圣权利，且寓示民约之起，即因于此；是则财产之成立，当在国家成立以前。大体上此为极端的个人主义。再次则在《民约论》中持团合主义（Collectivism）；视个人之财产权，在国家中始确实成立。国家与个人对于财产共同享有，而充尽至极，国家之权较个人之权为大。末则在《高锡加宪政刍议》中，显然更进一步〔（或受摩里历 Morelly 之影响）〕，主张财产国有；其为一种社会主义，殆可无疑。此种观念之变迁，系就大体精神而言，若仔细推求，则任何一著作中，常有矛盾相反之论调；固谓吾人绝对分划四期将为误解。

《民约论》之财产观念当可谓代表卢梭之主见。[2] 人民在自然境域中，或毫无私产之可言；[3] 或即已有"优先占用"之事实，特此为财产权之胚胎，财产权尚未成立；及订立契约人民将一切所有及一切权力，完全交诸全体，然后再由主权者加以承认，分配还诸个人。而个人除其所得之部分外不能过问其余，并不得侵犯他人所有。至是，私有财产乃成合法，私产始成权利。[4] 故照卢梭之见解，财产权不根据强者之暴力，而根据此"优先占用"原则。苟非然者，弱者无而强者有，强者多而弱者少，势必引起纷乱。"优先占用"之原则含有三大条件：

第一，所指土地，必尚未为任何人居住者。第二，每人所占之面积，以只能支持其生存为限而莫能或逾。第三，彼收有此地不能以空洞仪式而必以

---

[1] 见服汉，卷一，页78。
[2] 《民约论》，卷一，章九。
[3] "此亦可能之经过：人民在主有任何财产以前，即开始结合；及后已占用全体足用之土地，彼辈公有享用或分配各人——非平分即照主权者所定之比例。"同上。
[4] 斐希特之财产观念，颇类此点，见谭宁，卷三，页141。

劳力及耕耘——此即为缺乏法律证据时之唯一的主有标帜。[1]

然此"优先占用"之原则本身，又何所根据？作者舍"每人对于为彼所必需者，自然地有权（占用）"外，似亦未进它解。

卢梭此处所指之财产，似仅为土地（卷一章九，标题为"Du domain réel"），而未及其它。土地既根本尽为国有，由国家分配个人而允许私产，则循理推论，主权者倘随时重行分配，未始不可；否则所谓贫富不均之程度，以不致此卖彼买人身为限之境况又何从而维持或恢复？[2] 在与《民约论》同年出版之《爱弥儿》中，彼曾明言，国家虽不能侵犯一人或数人之所有，却能——当然由主权者之全意志决定！——向全体公平地划取或竟收回国有。[3]

此项社会主义的思想，至后而益显：

> 予雅不愿国家贫乏；适得其反，予甚企愿国家主有一切，而每人则仅按其工作服务分享公产……予之企愿并不在绝对地破灭私产，因为此不可能；而在纳私产于最小范围之内，在给予私产一个标准，规则，一个藩篱，以节制之，引导之，克服之，而使之永以公众福利为前提。一言了之，予企愿国家之财产尽量地强大，而个人之财产尽量地弱小。[4]

今人喜问，卢梭是否一社会主义者？此殊不必问。但彼之意义固甚明显，即人在政治上有平等机会而经济上仍无之，则民治亦属空虚。即在《民约论》中彼亦曾表示，国家之有利于人者正因人皆均有，而无人独有过多。[5] 十八世纪之政治学者大抵过重政治，以为政治解决，一切将随之而解决，故对于民生经济，或缺而弗提，或论而弗详。

拾叁、国民宗教论

《民约论》末章讨论国民宗教，其精神与含义几令人疑为变态的，或另一卢梭所著。此章固引起当时各方之非难，后世亦都讥其为画蛇添足。然惟其如是，吾人更可

---

[1] 《民约论》，卷一，章九。
[2] 同上，卷二，章十一。
[3] "Ainsi le souverain n'a nul droit de toucher au bien d'un particulier ni de plusieurs mais il peut légitimement s'emparer du biens de tous..."《爱弥儿》，章五。
[4] 《高锡加宪政刍议》，服汉，卷二，页337。
[5] "Il suit que l'état social n'est avantageux aux hommes qu'autant qu'ils ont tous quelque chose, et qu'aucun d'eux n'eux n'a rien de trop."《民约论》，卷一，章九，小注。

窥见作者之政治思想。

（一）主旨要义 彼深信国家无宗教则不能久长，而国家所宜有者，为法律所规定，人民共同信仰恪守之国民宗教。彼既抨击历史上与当时存在之宗教，遂发挥其一己之主张：

> 虽然，有一纯粹国民的宗教信誓，此其条文之规定，乃主权者之职务，不必真作为宗教信条但实视为合群性表示之情感，无之则人不足为一个好的国民或忠的黎庶。主权者无强迫任何人信仰此条文之力量，却可将不信者放逐出国，不因其不肯虔敬上帝而驱逐之，而因其无合群情性，不能诚实地爱护法律与公正，及不能于需要时为职务而牺牲生命。但任何人公开接受此种信条后，而其行事一若不信然者，应受死刑；盖彼已犯最大罔极之罪，即已在法律面前欺谎。

> 国民宗教之信条当为简单，短少，精确明显，无需解释与注疏。上帝之存在，大力量，聪慧，慈善，先知及博施之上帝；来世；善人之得乐报；恶人之受苦刑；民约与法律之神圣；此皆为积极信条。至于消极教条予只述一，即"不容认"是……

> 今既无有且不能再有独存的国教，故凡能容忍其它宗教之宗教，只须其教义与国民职务绝不相背者，吾人皆当容忍之。但若有敢倡言"在教会外无超渡得救之方"者，吾人应驱之国外——除非国家即教会，人君即教皇。[1]

（二）宗教之功用与类别 吾人读《民约论》至此段者，孰不咋舌惊讶，卢梭之违反自由抑何至是？以之与当日福尔泰相较，其间固奚啻天壤，即衡之以平素所知之卢梭，此言一何其不类！考国民宗教一章，本不在《民约论》原稿计划以内，乃稿已付印行将杀青之日，彼匆匆写就添入者。[2] 究竟彼曷为提倡国民宗教？据其自陈"人们一旦进民政社会而生活，必赖宗教维持。一个民族未曾能或可能，无宗教而久长存在。"[3]

历史上之宗教不外三种。其一，为自然宗教，或精神宗教（如原始，非今日的基

---
[1]《民约论》，卷四，章八。
[2]《草稿》中亦有此章。参阅服汉，卷一，页 87。然全章意境固非偶然急就。一七五六年致福尔泰书中已露示此要旨。"Il y a, je l'avoue, une sorte de profession de foi que les lois peuvent imposer ... un code moral, ou une espéce de profession de foi civile." 同上，卷二，页 163~165。
[3]《民约论草稿》，服汉，卷一，页 499。正稿中虽无此句仍留此意。

督教），无寺院教堂，无神龛香案，无礼拜仪式，只在内心中敬仰至大至高最尊无上之上帝。但此系个人之宗教，于民政国事不特无利，抑且有害，盖此重个人而轻团体，重来世而轻今世，故对于暴政专制，宁肯忍受而无怨。其二，为初民宗教，即一国一民族所独有，视天上神灵为人民之保佑者，有教义，仪式，且有法律规定之祈拜方式；对于其它异教绝端排斥，视它人为野蛮，为伪，为异端邪说。此种宗教，合崇拜神灵与爱护法律于一炉而熔化之，其利甚多；然诱人迷信，过于狭小，且往往残杀异教，仇视邻邦。其三，为僧侣教士之宗教，处人于两派领袖，两重法律，两个国家，及两层相背相反的职务之下（如喇嘛教，罗马天主教等）。从政治立场上观察，此为最劣下之宗教，无需论辩。[1] 卢梭以三者均有欠缺，乃独开生面，建议一种自以为于国家有百利而无一害之宗教；其意谓上述诸大信条乃任何国民所应有而不可或缺者，无论何种宗教能与此符合不背者，皆可容忍其存在。彼之以宗教为国家附属品，直与霍布斯一辙。

（三）评论与解释 然而卢梭之学说本身果有多少价值？信仰乃内心之事，道德行为，心理趋向，绝不可强。强而信从，非必真信。今以放逐及死刑相恫吓，有何意义？——此与一手持刀一手持《可兰经》之劝人仰信何异？且国民之职务，奚必信仰卢梭所列举之信条全体而始能尽？不信上帝存在者，未见其必非良民。虽然，抨击卢梭之荒谬甚易而推测其动机则难。

或谓卢梭虽力求挣脱当代传统制度思想之桎梏，然卒不能完全自拔，有时亦卒为其时代精神所羁绊。倡宗教容忍之说者固有其人，但视宗教与政治有密切不可分之关系者，则虽密尔顿（Milton），洛克，斯宾诺莎（Spinoza）辈，亦非例外。彼之谈国民宗教，即深受中古主义之遗毒，不能预见宗教与政治之可"尔为尔我为我"。然，无论如何，此不能解释卢梭之必在《民约论》中如是提倡。或又谓卢梭之动机，在欲挽当时唯物主义之狂澜；或且谓此乃为民约另觅一重保障。

以吾人观之，或者卢梭以为认主权之所以在民者，贵在人民之有全意志；而全意志虽必由大多数机械式地表现，特其价值不在形式，而在精神，在国民之能以"大我"为怀。惟人人能标"大我"为前提，则全意志始有实现之可能。试问此种舍"小我"（个别意志）而为"大我"（全意志）之精神，何由可得——则决非形式，制度，法律之所能为，而必在社会中潜存默在之精神，风气，势力——一种非旦夕所可酿成，而弥

---

[1]《民约论》，卷四，章八。

漫全国，深入人心之精神、风气与势力。

"实在，第一条法律，亦惟一的真正基本法律……即每人遇一切事务均以全体最大之福利为前提。"[1] 卢梭环顾当日之主权者，人民，当知其道德理智之程度（大半何莫非"刘阿斗"？）；它姑不论，即能了解政治责任者，果有若干人？故彼借此"上帝之存在……民约，法律之神圣"诸条简约而易记者为其国民之信誓，俾理智所不及者以信仰替代之，思想所不逮者以情感补充之，则民众服从政治或能如克林威尔之畏神（God-fearing）兵士；至于放逐，死刑之说，或系一时过度之辞。

（四）影响 及法国革命起，卢梭关于宗教之思想，遂亦呈其发生影响之痕迹。勺麦特（Chaumette）与克罗次（Clootz）承袭福尔泰之观念，崇拜"道理"。巴黎及其他城市有以"道理之女神"捧入教堂，以替代十字架者。罗伯斯庇尔等则承受卢梭国民宗教之学说，诋斥上述两人为无神论者，为危害社会，摇动国家，遂送之上断头台。此中之影响，蛛丝马迹，不无可寻。至于一七九〇年之《教士之民宪》其亦胚胎于卢梭者，更不待言。

《民约论》中之要点，似已无余；今将与《民约论》同时或其后之政治论著，简略述评，庶几吾人所知者非仅为《民约论》中之卢梭而为整个完全的卢梭。

第四段　其它著作中之政治思想

与《民约论》同年问世者，有《爱弥儿》，即著名之教育论。据其自述，卢梭曾立决心，此后不再有关于社会政治问题之著作。[2] 但一七六四年彼终以受人抨击，不得不稍有剖白以自护，故有《山中通信》之作，此盖纯为《民约论》与《爱弥儿》辩诬。旋又应高锡加之请，于一七六五年完成其宪政刍议。末则有一七七二年之《波兰政制议》。此数文中，无论直接，间接，发挥，补充，或修改，皆含重要之政治思想，类皆为常人仅读《民约论》者所遗忘忽视。

---

[1] "En effet, la première loi, la seule véritable loi fondamentale, qui découle immédiatement du pacte social, est que chacun préfère en toutes choses le plus grand bien de tous."《民约论草稿》，卷二，章四；服汉，卷二，页493。
[2] 《忏悔录》，X（17.59）。

壹、《爱弥儿》

在今日政治权威者，可视作平淡无奇毋庸过问之《爱弥儿》，在当时曾先后受巴黎及日内瓦当局之焚毁与禁缔且经法国最高学府之正式声讨，斥为邪说危论，足以震撼政府之基础。仅此一端，可证其文中思想，要不限于教育而已。此书避免通常论文之呆板格局，而采用小说体裁，活泼圆转，绘影绘声。内容系述一贵族少年，自初生以迄成人，所受教育之经过。教育理论本身不在吾人研究之范围，可缺弗论；兹之所提为映衬补充卢梭之政治思想者。

（一）个人主义　无论何人，初读此《教育论》一过，必将惊讶失措，何以此与《民约论》同时出版，而著者却判若两人。《民约论》基于"团合主义"，着重团体生活，标榜国家大权；《爱弥儿》则除卷初数段外，全文为极端个人主义之暴露，只赞美个人生活，不容纳集众行为，且仅提社会而少提国家。卢梭谓：

> 凡百事物，其始出自自然，无不美善，一入人手便成恶化。

又谓：

> 开化的人，其生其死，均在奴隶境域之中。

更谓：

> 吾人对于自然与社会制度，既实逼处此地不得不反抗其一，则只有在为人与为民两者之中决择一途；因为人与为民不能同时造就。[1]

"为人"与"为民"直如凿枘之不相入，冰炭之不相容者，必其一为顺应而一为违反自然。彼之教育理想不外两层：一为返乎自然，去都市之繁华，趋林野之清静，脱离传统制度，思想，礼教之束缚，争求原始野人之自由。二为倾归消极，即屏除欲速不达，速食不化之病，且灭绝外界人为之影响，使儿童能自动，自觉，自长，自进。此其主旨，诚如卢梭自言，[2] 与最初两篇应征文，同流一气，而与《民约论》相反者。盖服汉之言甚为精当，"其矛盾在此：在《爱弥儿》全文中，人之道德生活视为——至少，

---

[1]《爱弥儿》，卷一。
[2] 见一七六二年，正月十二日，致友人（Malesherbes）函。（服汉，卷二，页137，注。）

初读之印象如是——个人一己之创造；在《民约论》中，则视为国家之所赐。在《爱弥儿》中，个人生活可离国家而过度，在《民约论》中则在在受制于国家"。[1]

（二）**矛盾与辩证** 《爱弥儿》与《民约论》（删去卷初数语而言）之抵触，正犹《爱弥儿》本身前后之有迳庭，无可讳言。卢梭情感浓而幻想富，有时只求妙语惊人诚不自知其有矛盾。若以逻辑严格准绳之，恐每页将体无完肤。即举《爱弥儿》之例言之。彼主张自然教育，至尽至极，然而教养此文中之主角儿童者，乃可谓为世界上"无此动物"最不自然之人；其所应用引诱儿童之方法，直人世间最人为，最不自然，最虚伪矫揉之方法。[2] 然此种根本冲突——个人主义与团合主义之冲突果何为而发现？

照服汉之解释，此项矛盾并无吾人所能想像之重大。吾人根据此意而扩充言之。此两篇文字之出入亦正犹《民约论》首句与正文之不贯；大约前后所指实非一物。应征文与《爱弥儿》中所指陈抨击者，恐系社会而非国家。《民约论》破卷名语"人本生而自由，然到处皆在羁绊之中"；此之所指，为现存社会，即彼所目睹而身经之社会。《民约论》本文中所谓予人以道德与正义之社会，国家，乃彼理想中应有之社会，国家。当时现存之政治社会为人类之牢狱，固宜力图打破，此牢狱之铜门铁壁，即制度，法律，思想，务必将其摧陷廓清扫地以去。至于理想中之政治社会能解放人之身体精神，增加人之能力与乐利，则吾人均应参加而惟恐不速。使卢梭舍弃契约或明言契约之仅为假定，则其矛盾或可化为乌有。无如彼踌躇徘徊于歧路之间，欲以民约为史实而不可，欲视作幻想而又不肯。根本冲突或即因是而起；至少，因是而昭彰。盖因现存社会之宜打破，故标帜个人主义；因理想社会之应维护，故发挥团合主义。《爱弥儿》中全力进攻之目的，称为社会，国民等等者，皆指现存而非指理想。"为人"乃为"应为之人"，"为民"乃指"已为之民"：前者为卢梭之理想，后者乃当代之事实。准是以论，则"为人"与"为民""不能同时造就"之说，或大有意义。[3] 爱弥儿应先学为（卢梭理想中之）人，而不必先学为当世所谓之国民；惟其能成为"应为"之人则可为（卢梭）理想中之国民。[4] 或人谓"《爱弥儿》中之教育学说，乃附属于彼之政治与社会思想；在彼心目中，社会与政府之改造，需要一种士女与实际存在者彻底不同。因欲造成此

---
[1] 服汉，卷二，页137~138。
[2] 例如欲童子操练腿力不肯明告其故而以饼饵奖给竞走而胜者，于是爱弥儿暗自思量，己亦有腿岂不能胜，由是遂奋发竞赛。又如欲童子领悟天文学之有功用乃引之入森林，佯作迷途忘返，使童子因腹饥思食亟亟求归，其师可乘机以向所研究之天文学理指点提示，使其情急智生发现归途之方向（卷二等）。
[3] 见上，本段，壹（一）。
[4] 《爱弥儿》，卷一，及卷五。《爱弥儿》届成人之期，当预备学为国民。

新士女，故所需之教育亦与当时存在者彻底不同"。[1] 此不愧为一针见血之至语。

不然，何以《爱弥儿》末卷之内容与观念，全与《民约论》吻合而无背谬？至少，卢梭本人似未悟见两文之扞格不入。又例如在爱弥儿幼时，当即教以私产观念，并使其了解"优先占用"之原则必辅以劳力耕种。再又如彼之推崇民众，与《民约论》中初无二致：

> 人类乃平民组成……一切等级皆同其为人；故人数最多之等级最值尊敬……倘将人世所有之君王与哲人一扫而空之，天下将依然无恙。[2]

其它，如谓人人应学习职业，此明明以共同生活之社会为前提。而《爱弥儿》所领略之自然宗教，尤为《民约论》中国民宗教说之补充。

（三）关于自然之相反观念　上项解释，固本缓颊之精神，难免无曲解文饰之嫌疑。但另有一根本冲突好似始终萦绕于卢梭心中而卒未能解决，因此两端迭见，彼此背驰者。此无它，即何者为自然，人类应否依照自然？——社会，制度，文物，礼教，国家，法律，政府，凡此种种显似违反自然者，吾人应否颂扬而接受？抑应服从自然而生活？卢梭对此左右模棱，依违两可；此其矛盾或更远过于个人主义与团合主义之南北悬殊。盖彼对于个人主义与团合主义，至少在彼之主观方面，似本无所容心，或可认为起点与终点而非水火之不相同处；独此政治社会与自然境域之何去何从，则黑白混淆，无从窥见其真意所在。

在第一篇，《论科学艺术》中，彼明明指认社会，文化，制度，法律，为绝对不合自然。第二篇，《论人间不平等》划分不平等为人为与自然两类；而人世之苦痛，祸患，战争，皆起于人为的不平等，其中尤以私产及因私产而起之国家政府为甚，可见卢梭视政治为违反自然。[3]《政治经济论》中之理论，以假定的国家为起点。在《民约论》中，彼显然以自然为亟宜离弃，而政治社会乃违反自然，至少根据人为而不根据

---

[1]　裴因（W. H. Payne）英译《爱弥儿》，自序。
[2]　《爱弥儿》。
[3]　见前，第二段。
　　"De quoi s'agit-il donc précisément dans ce Discours? De marquer dans le progrès des choses le moment où, le droit succédant à la violence, la nature fut soumise à la loi..."
　　"Telle fut, ou dut être l'origine de la société et des lois qui...détruisirent sans retour la liberté naturelle fixèrent pour jamais la loi de la propriété et de l'inégalité...et assujettirent désormais tout le genre humain au travail, à la servitude et à la misere."《论人间不平等》，服汉，卷一，页140，181。

自然。[1] 人惟脱离自然，乃能有美满生活，道德生活。[2] 且人必随时节制自然，克服自然，易言之，违反自然，而后生活乃臻完美。[3] 是则与应征文两篇之拥护自然，呵责人为，绝无调协之余地。今在《爱弥儿》中，彼又视自然为大模特儿，吾人教育生活应一一以之为宗师。吾人不妨覆引其代表全文之一语："凡百事物其始出自自然，无不美善，一入人手便成恶化"。但语及民事政治彼又暗示为之反面自然。

> 自然的人，是就其自身而一切已完全；彼乃一整数的单位。一绝对的整个；只与自己或个别的同类有关系。民政社会中的人，是只靠分母的一个分子单位；其价值在与全体——社会组织——之关系中。美善的社会制度，即种种能使人"不自然化"之制度，取去个人之绝对存在，而与之以相对存在。且将此小"我"纳诸于大我之内，使每人不复自觉其为一个整个，而仅觉其为一大单位中之纤小部分，且除在全体之中，无复感觉之可言。[4]

"使人'不自然化'。"故在《民约论》中受颂扬之立法家来喀古士（Lycurgus）今卢梭在《爱弥儿》中，称其能使人违反自然。[5]

卢梭恐亦自知其有矛盾的自然观念，曾自称"摇荡进退于自然及道理之间，予在永久的矛盾中过活而不为愿为之事"。[6]

庸矩知自然一名词，随人之解释而所指遂各异。充其极，自然中有美有丑，有善有恶，有足宗师，有足反抗者。卢梭或亦见及而未明言，[7] 致起矛盾而不可解之纷论。

《爱弥儿》一书在当世有莫大影响。法国内外，受其鼓动而起所谓"返乎自然之运动"者甚多。在政治思想方面，使卢梭迄今日而以个人主义著名者，当推此篇与应征文之力量。

---

[1] "Mais l'ordre social est un droit sacré qui sert de base à tous les autres. Cependant ce droit ne vient, point de la nature; il est donc fondé sur des conventions."《民约论》卷一，章一。
[2] 同上，卷一，章七。
[3] 如（同上，卷三，章二）谓：照自然而论，人之个别意志最强而全意志最弱。但国民应使其全意志最强，个别意志最弱或等于零；此非违反自然而何？再如（同上，卷二，章七）谓立法家当能改变人性，又何莫非违反法自然。
[4] 《爱弥儿》，卷一，此段文字应与《民约论》，卷二，第七章一段文字参较。
[5] Platon n'a fait qu'épurer le coeur de l'homme; Lycurgue l'a denature." 同上。
[6] 致友人（Tronchin）函。见墨累《政治学史》（Murray, History of Political Science），页248。即《民约论》卷二章四亦提及"道理之法律"（la loi de raison）及"自然之法律"（la loi de nature）之区别，似含对待之意。
[7] 卢梭云，予承认一切权力由上帝得来，但任何病症亦来自上帝，则吾人是否不应延医诊视？《民约论》，卷一，章三。

贰、《山中通信》

《爱弥儿》于一七六二年五月出版。六月十一日，巴黎法院命将此书当众焚毁并拘捕其著者；理由为不信上帝，侮辱基督教。卢梭于三日前预得此讯星夜登程，逃往瑞士之百伦（Berne）。初不料同月十九日，日内瓦（彼所崇拜爱护之日内瓦！）竟亦下令公焚《民约论》及《爱弥儿》两书，且亦下著者入境立即拘捕之令。更甚者，百伦亦有将取同一步伐之风闻，彼于是局促难安不得不即它去；从此漂泊来往，行踪无定者盖有八年。当日内瓦窘迫卢梭之时，彼固正式宣告，自动地抛弃其日内瓦国籍，此不啻为《民约论》中同意观念之应用。而彼之友人，亦多予以声援，攻击当局处置之非当；国中舆论显分壁垒。《山中通信》盖卢梭为自己辩白之文字。[1] 然此曾同受劫运，遭巴黎，海牙诸市之焚毁。

计《山中通信》共有九篇，其大旨要趣可得而述者如下。卢梭称《民约论》中思想，全本洛克（大约此为掩护策略；否则彼决不肯埋没其自信为创造之思想），既非关于宗教之探讨，又未牵涉时局；一篇研究原则之政治文章不应受执政者之忌讳与干涉。书中云云纯粹为政府寻求理论根据，与所斥为推倒政府者绝对相反。何况作者乃敬仰日内瓦之政治制度者，日内瓦政府更不值加以压迫。[2] 至于《爱弥儿》一文，则阐明纯洁最真之基督教教义，尤无可禁之理。即使不然，宗教问题应先由教会机关通过告发，始合法律手续；更应传讯著作人，俾有剖白答辩之机会；奈之何靳此不予而遂判以罪名。再进一步，书既焚，令既下，则对于公民一再所上之请求书（Représentations），政府（指 Petit Conseil）无置之不理之权。"绝对否认权"（Droit négatif）仅限于立法方面之建议；此处则系法律之实施问题，当然不能应用。盖主权在人民全体，而不在政府。[3] 彼又举证历史，引用法典，以示其所言之有凭依。

吾人当着眼者恐在其论点或思想以外。其一，此为卢梭与实际政治初次发生密切的接触；于短兵相接赤手肉搏之中彼当认识政治理论与政治事实之迥异；而其论辩非为空洞之原则而为切身之利害。其二，信中用历史方法，而精神态度甚为从容，论文

---

[1] 命名如此者，含有答复脱伦伦钦（Tronchin）《乡野通信》（攻击卢梭）之意。
[2] "Ouoi! le magistrat de Genève se fait le protecteur des autres gouvernements contre le sien même! Il punit son propre citoyen d'avoir préféré les lois de son pays à toutes les autres!" 第六信，服汉，卷二，页 204。
[3] 同上，第七信。

布置，亦井然有条，决非如或人视为有疯狂心理的卢梭所能写就。其三，主权在民，政府与国家之别，治权根据被治者之同意，诸观念，至是遂经应用而发现实际方面之意义。其四，彼之声名因此而愈著，彼之思想更得意外的宣传。从此吾人可悟压迫钳制，适足以使受压迫钳制之言论增加其不胫而走不翼而飞之速率与范围。其五，与传统观念相异者往往不见容于流俗抑且见忌于握权位之当局；然而著作之内容终不能焚，思想之传播永不能禁。

叁、《高锡加宪政刍议》

有系统思想之政论者莫不自信其理论之能实用而企求试验。是以柏拉图屡作冯妇而不灰心，边沁再四受人之白眼而无怨慽。以夸奖立法家之卢梭，一旦而受一新兴小国之请托，代为筹划政制，其必于仅仅虚荣自大外，自觉其使命之重要而精心殚虑以副人我之期望者，当为至真之人情。

高锡加本受日内瓦之统治；奴制暴政，压迫甚深。人民之图谋独立者屡起屡败。后在武人帕奥利（Paoli）领袖之下，居然全岛团结，宣告自由（一七五五——一七六八年）。《民约论》之作者曾颂扬高锡加人民之奋勉有为，前途无限。[1] 大约因此赞美之词及其声名之大，而新权威者又有几分好善求治之心，遂有遣人（Buttafuoco）与卢梭接洽之事（一七六四年）。[2] 彼本拟切实研究，三载而后始作报告；今之所知，大约在彼流奔后所作。但"好事多磨"，曾不转瞬，而法国购买此岛。一小民族之自由且告末日，何况一文人之心血自然尽付东流。然此篇虽为历史陈迹，于研究彼之政治思想，却不无补益。

关于卢梭，有一极通常极普遍而包含错谬之见解，即因视彼为法国革命之预言家与权威者，遂以为彼乃激烈偏狭绝对不懂调和，只顾理论而不问事实，宁打破制度，扰乱现状以求合其理想而不肯斟酌通融迁就环境。殊不知彼固亦富有调和精神与历史观念，彼固亦求按步之工作，依可能之曲径；即在《民约论》中盖已有类似孟德斯鸠之处。[3] 若翻阅为高锡加撰拟之宪政刍议当益征信。彼自受托之日，即从事搜集关于高锡加地理，人口，历史，工商，财政，宗教，司法，组织，制度及其风化，习俗，

---

[1] 《民约论》，卷二，章十。摩黎（同书，卷二，页99）谓，后《民约论》七年而生于此岛之拿破仑庶几近此预言："此区区小岛或有震惊全欧之一日。"
[2] 波兹卫尔在《高锡加记述》（Boswell, *Accounts of Corsica*）中，则云帕奥利另有用心，惟求名人之颂谀，非有采取建议之诚意。
[3] 见前，第三段。

民族性等等。[1]可见卢梭初未尝假定政治中有包治一切病症之万应灵丹，"俟诸百世而不惑"者。至对于教士之处置，教税之保留，彼亦昭示保守调和之精神；明知其弊而不肯于时机未熟时轻易更动。此与《民约论》中所谓犹工程师之必须调查土壤地基者先后若合符节。

重要观念取自《政治经济论》及《民约论》两篇者颇多。国家之由于契约更有具体化之表示；凡岛上人民自愿加入高锡加国家者当于同日举行庄严神圣之宣誓：

> 上帝昭鉴！予兹以神圣不易之誓，将予一切——身体，财产，意志，与一切权力，呈献诸高锡加国，俾予及一切倚赖予者，完全为国所有。予誓为国而生，为国而死，恪守一切法律及依法产生之主官与群吏。上帝赐助，其宥予魂！自由，正义，高锡加共和国万万岁！阿门！[2]

此种誓约之方式颇与今日入美国籍之誓约类似；而其内容则又似加入义勇军或敢死队之志愿书。余若主权在民，人类平等两观念，彼亦反复申述。财产私有之权，非由天赋，乃经国家认可而赐予；故国家亦可随时收回，惟应出相当之赔偿。此处之社会主义较之《政治经济论》中，更进一步。农业极受重视。"商业生产财富而农业保障自由"，其意谓农乃立国大本，"民以食为天"，此一解决，可无乞赖于邻国之虞。民族性格与政治制度有关，有则发扬光大，无则亟须培植。[3]彼惟认民族性格之可受培植，指导，故云，"如此情形之下，智者观察相当关系，造成政府以适合民族。然另有一较善之办法，即造成民族以适合政府"。[4]此其含意一若如是：倘必曲从民族之性格，则政治仅处被动，受制的地位；反之吾人若能改造民族性格采一标准政体，则政治已处主动，引导的地位。

肆、《波兰政制议》

（一）背景由起　经一七七二，一七九三与一七九五年前后三次瓜分而亡灭之波兰卒能死灰复燃，于大战后宣告复活。今日波兰民众倘翻开卢梭之《波兰政制议》而与

---

[1] 服汉，卷二，页298。
[2] 《高锡加宪政刍议》，《卢梭之政治论文集》，卷二，页297，350。
[3] "La première règle que nous avons à suivre, c'est le caractère national: tout peuple a, ou doit avoir, un caractère national; s'il en manquait, il faulrait commencer par le lui donner." 同上。
[4] 关于此句之解释，阅服汉，卷二，页298~299。

现下之波兰宪法较读之，当有无限感喟。当第一次瓜分以前，国内纷扰，内忧外患，束缚重重。一七六八年二月，有邦联派起事，反抗干涉内政之俄后；一时民气激昂，声势甚盛。一七六九年之末，全国代表竟能集会于毕奥拉（Biala）。就中通过议案之一，即为敦请法国名儒代拟政治制度，俾能于解脱外人之桎梏后，正式采用。主持此事者为维儿浩斯基（Wielhorski），而法儒之被聘者为马不里（Mably）与卢梭。此足征当日维新与革命领袖，未尝以《民约论》之为空洞放诞。卢梭此篇，大约在一七七一年之冬季起草而于次岁春季完成。[1]所惜者，波兰此时之回光返照恰如高锡加之昙花一现。

（二）方法精神　波兰之历史悠久，背景复杂，非如一片白纸可以施朱则赤施墨则黑。卢梭认清此点，以之为计划之基础；是以历史方法，相对观念，妥协精神，举凡孟德斯鸠之影响，较在《高锡加宪政刍议》中为更甚；是以贵族政体，教会财产，农奴境遇，工商阶级之无有政权，凡此违犯《民约论》中主张之旧制，依旧保留。或者《民约论》侈谈理想与原则，此则解决事实与应用，故前后有泾渭之分。或者卢梭年已六旬，趋向守旧与反动，故一翻其壮年之学说。此其两说均有若干真理。研究者当知思想观念往往随题，随境，随时而起更易；此乃人情之常无足怪者。必欲以矛盾冲突相讥评，殊非得当。

（三）主要论点

（甲）民族性格　彼颂扬波兰人民，谓其赋有个性，勇敢英俊，不屈不挠，在内外夹击国势危亡之际，而犹不灰心失望；且谓欧洲各国外强中干，末日不远，惟：

> 波兰则虽处盘根错节之祸乱中，仍显露其豪迈勇进之少年精神……虽身已陷落羁绁之中，而犹争辩其何以保持自由之道。波兰盖自觉其有一种力量，非任何暴政之一切强力所能束缚。[2]

惟其有特殊之个性，故法律亦以适宜个性为准。最优法律非纸面之具文，乃镂刻人心中之法律。彼力劝波兰人民勿惑于一时之情感，尽弃其固有之美德，流风，善政。此与《民约论》中驳斥彼得之效颦它国，正复贯彻。

（乙）国民教育　教育，尤其是国民教育之重要，彼发挥无遗。但其立场见解与《爱弥儿》大异：昔重私立，今倡国办，昔尚个性，今务纯一；昔以陶冶理想中的个人为主要，今以训练事实界之优良国民为正鹄；故祖国之历史，地理，语言，风化，文物，

---

[1] 遗稿几份之文字微有出入；参考服汉，卷二，页373~375，395~409。
[2] 《波兰政制议》，章一。

当自幼灌注于儿童之意识中，以保持及发扬祖国之民族性格，盖：

> 此为一切之本根。教育者当以民族性格镂刻于国民心中，且指导其兴趣与意见，俾其由倾向，热情与必要，皆成爱国之志士仁人。[1]

吾人于此不啻读柏拉图之《共和篇》或后来斐希特之《致德意志人民书》；前者重视教育，后者开现代族国主义之先声。

（丙）联治　波兰之祸患在不统一，当时之人，固尽能言之。卢梭之建议，不在单一政体而在联治制度，谓波兰可分作三十三个小邦，甚且谓瓜分之事对分去者为祸，对分剩者为福。

> 总而言之，君等当扩充与完善此联治政制——此系惟一政制，兼具大国与小国之利益，因此，为贵国惟一适合之政制。君等若弃掷此计划，则君等事业之能否完善，予盖不能无疑。[2]

吾人粗视之，必谓此乃迁就调和之结论，实则联治固为卢梭素抱之主张，且本为《政治制度》一部分之计划。[3] 联治有深浅不同之方式，自同盟，协约，而邦联，而联邦；而地方自治（Municipal Home rule），立法分卸（Devolution），行政分治（Decentralization），皆含有联治精神。卢梭所持乃近邦联。彼在《民约论》中曾视国与国之关系，犹自然境域中人与人之关系，吾人前已述过；但在《爱弥儿》中则彼曾暗示全世界，人类可用联治方式组成一政治社会：

> 吾人既已讨论各种政治社会之本身，当进而相互比较，以求得其各种不同之关系：有大国，有小国，有强国，有弱国，彼此攻击，相互破坏；而在此继续不停之动与反动间，所结果痛苦之多与损失生命之大，较之倘人们仍保持其原始的自由时，实有超过。吾人可深自诘问：人之设立社会，是否有过或不及之处？以个人而服从法律及服从它人之权威，而同时各个国家仍以处自然境域之地位相对待，此是否使个人蒙两重境遇之弊害而不得享受任何其一之福利？换言之，扫一切政治社会而去之，是否不犹愈于有几个国家？……此种部分的、不完全的结合，岂非暴政与战争之原因？……
>
> 吾人最后将研究人们曾持以抵抗斯类祸害之补救方法——同盟与联治。

---

[1] 同上，章四。又，"La loi doit régler la matière, l'ordre et la forme de leaurs études."

[2] 同上，章五。美国一七七六年独立后，卒能有今日者，正因迁就事实按步渐进；今则联邦其名而国家民族之精神较之任何单一制之国家不稍减色。

[3] 大约彼曾著有十六章，惟稿已不存；《战争境域》及《圣阜尔永久和平节述》（Extrait du projet de Paix Perpétuelle de M. L'abbé de Saint-Pierre）一七五六年著，一七六一年印）亦曾提示联治。

此盖使每个国家仍为其自己之主人，而同时得增加其武装，以对抗一切外来的无端侵犯。吾人将探讨如何能设立一种良善的联治结合；何者能赋以永久性；且联治权究能扩大到何地步而同时不侵害主权。[1]

由是以观，卢梭对于国际关系，虽少详论，然其酷爱和平，评黜战争，已可想见。[2]

（丁）渐进　关于人权与民权之扩张，及农奴之解放，彼主张鲜明，力劝缓进。欲速不达之讥，即在今日亦到处难免。有相信主义制度可用强力采取或蓦地变化者不妨三复斯言：

> 自由是犹一滋补浓美之食品，但需强壮之消化，必有健旺之肠胃，始能享受。彼有自甘为阴谋家之试验品，彼有丝毫不解其作何意义而口口声声呼喊自由者；且彼有心中装满奴隶性之恶习而梦想一起反叛，即可得到自由者——我对于此辈堕落之人民，惟有一笑。至尊神圣的自由！倘若辈可怜人，只要真认识汝之真相，只要真能了解，得汝护汝之须有何种代价，只要能领略汝之法律较暴君之束缚更倍其严刻——则彼等之将畏缩求避于汝者，将百倍于其求避于奴隶境况；彼等将视汝为垂危欲压之巨石而惊骇奔逃。[3]

可惜《民约论》中少此一段棒喝！

其余所提出之积极改革，如关于君主之应由选举而不应世袭，上院全部或一部之应由下院选定而不应由君主指派，"自由否决"（Liberum Veto）之应加限制，赋税负担之应归诸土地出产，与官吏之应循级升任者，[4] 于彼之政治思想似不重要，兹不赘论。

第五段　结　论

卢梭之为人，情胜于理，放浪恣肆，恍如天马行空。本不受人间羁勒，一旦落入尘世之槽枥，安得不呼吼奔腾，求所以咬断丝缰，掀翻金鞍。试观卢梭自少至壮之文字，

---

[1] 《爱弥儿》，章五；服汉，卷二，页157~158。
[2] 彼在《战争境域》中，痛斥格老秀斯之国家起原论；谓战争乃国与国，非人与人间之关系，而战争之惟一正当目的为求国家之平等。服汉，卷一，页291。
[3] 《波兰政治议》，章六。
[4] 同上，章八，七，九，十一，十三。

何一非反抗社会？《论科学艺术与风化之关系》系反抗当时所称誉之文明；《论人间不平等之由起与基础》系反抗当时之社会；《新亚罗伊兹》（Nouvelle Héloïse）系反抗当时之家庭制度；《民约论》系反抗当时存在之国家；《爱弥儿》系反抗当时之宗教与学校；《山中通信》系反抗当时之法律与政府；而其《忏悔录》则不啻反抗其一己之生活。卢梭曾自谓其"心"之与"脑"判若两人；故其思想恰如其生活，包罗万象，美恶，冲突，无不俱备；惟其如是，各时代各个人，对于卢梭之见解因而大相悬殊。倘吾人将彼之心理，人格，生活，拳拳服膺，则认识卢梭，似或较易。[1]

吾人以下之结论悉以《民约论》为本，间或辅以其它著作；盖不提纲挈领，直无着手总评之处，而卢梭对于政治思想之贡献，确在此而不在彼。卢梭之所以影响伟大名垂不朽者亦以《民约论》为主。况其重要观念之冲突（如个人主义与团合主义，理性见解与历史精神等）皆可于《民约论》中求之。

壹、关于卢梭思想之总结与批评

（一）《民约论》之目的果否达到？　此之所问，即谓卢梭对于彼自己所拟难题求解之答复，是否成立？[2] 吾人不能亦不必一一作肯定之评语，分拟数点以供研究者之思索：

（甲）契约能否解释国家之起源？——可谓绝对不能。自然境域，究属幻想；[3] 而彼之主旨恐不在国之起源而在政治权之根据。

（乙）卢梭之契约能否解释国家之性质？——诚恐难能。柏克谓国家究非如烟草或胡椒公司，合散由人，存废随意；伯伦知理（Bluntschli）亦谓如撮沙雕像，势所难成。[4]

（丙）全意志能否解释人民之自治？此全在吾人之信仰与哲学如何。凡承认人有自由意志，或绝对信仰民众之有无限政治能力者，当可接受此说。若以人之取舍从违，左右，均受制于经济，地理，心理等环境；[5] 或以民治中政权总在少数，[6] 则全意志论

---

[1] 见前，第一段，贰，（三）与（四）。可阅普洛，《卢梭之心理》（Louis Proal, La Psychologie de J. J. Rousseau），章七；尚奈，《政治学史》，卷二，页415~416。
[2] 阅前，第三段。
[3] 福尔泰曾致书讥诮卢梭，大意谓，读君文字几令人欲四肢伏地而效畜兽；君果决意"啮草为生"可来鄙人之田地上实行。
[4] 《国家论》（Staatlehre），章四。
[5] 今之拉斯基，柯尔，杜骥，克剌伯，华赖斯（Wallas）辈均否认卢梭所谓之意志。
[6] 白赉士《现代民治》，卷二，章七五；迈克儿斯《政党论》（Michels，英译 Political Parties），第三段，章五与八。

不攻自破。

（丁）今将问案略变形式，卢梭曾欲调和个人自由与国家权威，究否如愿？——恐决不如彼一己之所想象。无论绝对无限之个人自由，或绝对无限之国家权威，同为概念中物，绝非事实所能证许；主张其一尚不胜任，何况坚执两端，欲强使之接合成环，贯彻无痕，其将如何而可？彼因彻底主张个人自由，故谓法律不经我之同意对吾即无效力。[1] 又谓政府侵夺主权，则国家亡。[2] 如是，则国家之权威固犹一发千钧几何其不立即倾覆。但彼亦彻底主张国家权威，故一则谓人将所有一切交付全体，再则谓必要时为维持国家故，执政者得暂行停止法律，[3] 三则谓个人可受强迫而自由：若然，则所谓个人自由又岂非履深渊而临薄冰时刻有灭顶之患。以云调和，殊恐未必。

（戊）再退一步，卢梭之理论中果否为个人争得最大量之自由？此亦难言。就强迫自由，国民宗教两点言，已证多数暴政之可虑，即外交、战争之决定，在现代最能束缚、破灭个人自由者，彼竟付诸政府之手而不让人民决定，因此非法律。[4] 是则政府可将人民之生命财产掷之一试，而人民本身却无自决之权。且实际上人民自由之增减伸抑，有文字上之法律者少，而在执行与司法官吏之应用法律者多。卢梭对于后者，直未提及只字。

（二）**卢梭系个人主义者抑团合主义者？** 《民约论》之包含两极端之主义，无待赘言；服汉之解释，缜密精当，吾人亦难再加一词。[5] 第吾人不能已于言者：一，卢梭之出发点——无宁谓为焦点，恐系个人。彼之一切政治著作，均以个人为本，个人之福利即全体所求实现之福利；彼固未尝倡"全体之福利异于全体分子之福利"之理论。个人为目的，团体为路由。[6] 二，"仁者见仁，智者见智"；一七八九年与一七九三年法国革命首领所以前后借重卢梭之权威，正因其能于《民约论》中各取所需，各窃一页。

（三）**卢梭之矛盾何在？** 综观前后著作，其重要冲突，难解之观念可得择而举

---

[1]《民约论》，卷三，章十五。
[2] 同上，卷三，章十。
[3] 同上，卷四，章六（论逖克推多）。
[4]《民约论》卷二，章六。即宣战媾和亦非主权之应用，故亦非法律。是则宣战媾和之权属政府而不属人民。
[5] 服汉，同书，卷一，节一至二。又服汉，《民约论》单行本，序文，页XII。
[6] 杜骥明斥卢梭为绝对的团合主义者，但同篇中有云 "That Rousseau is a convinced individualist we cannot deny"（页27）；其所著之《现代国家中之法律》（拉斯基英译 The Law in the Modern State）亦称 "Rousseau, the high priest of individualism"（页42）。是则杜骥所反复申辩谓卢梭决不能为法国一七八九年《人权与民权宣言书》之鼓动者宁非露出破绽？即服汉亦云："It was just because he set so high a value upon individual freedom that he found himself driven to bend the individual to the sovereignty of the State."（服汉，《民约论》单行本，序文，页XVI）。墨累谓卢梭"起于个人主义而终于团合主义"（《政治学史》，章八），信然。

例者如下：

其一，个人主义与团合主义；

其二，自然之宜顺应与宜违反；

其三，契约之为历史与为假定；

其四，订约时全部自然权利与部分自然权利之放弃；

其五，自然境域之个人能订契约而合群，但道德观念，必于订约立国后，始能发生；

其六，主权在民而需"立法家"之指导；人知订约而不知立法；

其七，财产为国家成立以前与为国家成立以后之制度；

其八，人民之多数意志，不即为全意志；而全意志又至少是多数意志；

其九，全意志永不错误，但人民之决定往往不能合理；

其十，政府非由契约而成但政府篡权，国家随亡；

其十一，个别国家成立以前，人类全体社会之似有与似无；

其十二，教育宗教为"人"为"民"；而为"人"为"民"，时则视为背驰，时则视为相辅；

其十三，一切合法政府必为共和，而自由又非任何气候之产品。[1]

上述矛盾，仅其荦荦大者。此固不足为卢梭诟病，抑且为其伟大之一因。吾人与其代为弥缝，而捉襟露肘，欲盖弥彰，曷若本原其动机精神，而了解其所以矛盾之故。"赞扬者与反对者往往冤屈卢梭——将其后来之主义，强与其《论人间不平等》中粗浅发表之见解混杂，即将其实在无从调和的理论，强求其为一整个纯粹的，逻辑的系统。彼之矛盾冲突，正足表示其对于各问题有一较涵博之见解。"[2]

（四）卢梭之政治思想有何永久价值？ 卢梭所研究者，为整个政治之最中心问题，亦即数千年来学者所求解而迄莫能圆满解决者；无论吾人之信仰见解为何，彼所拟答实为出路之一，当无疑义。何况彼之思想在历史上之影响至大且远，谈民治者不能不知卢梭，不能不考量卢梭之学说。即此两端，可谓为其永久价值之铁证。若论枝节，则民本政治，主权在民，政府工具，官吏公仆，法律同意，直接参政，"大我"意志，皆为易批评而难替代之原则。[3]至于卢梭之精神与方法，固渊源于柏拉图，洛克，斯

---

[1] 散见本文前面各段。
[2] 《剑桥大学现代史》，第八卷，章一。亚密厄尔亦有是说（见所著《卢梭》，章四）。
[3] 参阅前文，第一段，第三段。柯尔谓卢梭所探讨者"With ought rather than with is, with questions of right rather than of fact."（见所著《社会学理》，页 21）。

宾诺莎，孟德斯鸠诸人；读其垂暮著作，如关于高锡加与波兰两文，则此言之有根据，当更为昭著。

贰、关于卢梭影响之鸟瞰与寻求

最末，最困难，而亦最有兴趣之要点，即为《民约论》诸文对于当世及后代之影响问题。人莫不承认卢梭之影响重大，但重大之程度，与影响之所在，则几几众口异词。实则断章取义，刻舟求剑，皆属不可；有时一作家思想其影响所及，可意会而难形容者；有时当求之于法律制度之外而寻之于"时代精神"与社会心理之中。卢梭之所以虽死犹生者，因其观念单纯，而理论能动人之情感；对于革命前法国及欧洲诸国受压民众之心理，又最适合。[1] 但彼之影响，于当日重在情感，于今日则重在思想。

（一）**对于法兰西革命之影响** 身经法国革命者多颂扬《民约论》，以之为当时革命之《圣经》；但反对斯说者正复不少。治史者之评语，亦见纷歧。法儒尚奈无异复述拿破仑，法无卢梭则无革命之说；[2] 墨累则谓饥荒重税，无卢梭无《民约论》革命亦不能免。[3] 此南北悬殊之两论代表已往及现在历史家见解之倾向，实则执两说之中，庶几合符真相。非卢梭则虽有革命前之状况，未必有《民约论》之产生；非一七八九年前之旧政，则虽有卢梭或不有激发反抗之《民约论》，即有之，亦安见其百户争传，"洛阳纸贵"。民众受痛苦，尚不足虑；惟使民众能自知其所受痛苦，则一切迥异。至于将法国革命时期之好影响推诸卢梭之身，将其恶影响为卢梭洗刷卸责，此又大可不必。[4] 盖为善为恶，本无绝对标准；即有之，任何人之影响决不能完全为善，或完全为恶。政治思想，无论何种，往往引起意外的影响，为论者本身所不及料甚或非所愿望者。例如路德·马丁与农民叛乱可为一证。吾人不能谓此非路德·马丁之本意故必非其影响。且人徒知法国革命时期，人民所受之苛暴与痛苦；独不知法国革命以前

---

[1] "吾人于《民约论》中所听得者乃暴怒盛忌之平民，引吭高呼，以博爱之名煽动仇视与阶级争斗。"白璧德，《民治与领袖》，页77。尚奈亦称之为"Monsieur Tout-le-monde"，尚奈，卷二，页407。
[2] "On peut le dire sans exagération c'est lui(Rousseau) qui a fait la révolution." 尚奈，《政治学史》（第三版），卷二，页455。
[3] 墨累，《政治学史》，章八。
[4] 霜匹温（Champian）著《卢梭与法国革命》一书（J. J. Rousseau et la Révolution Française）专为卢梭辩护，谓其不负恐怖时期惨怖之责。(阅其自序）尚奈亦谓一七八九至一七九二年之经过不当归诸孟德斯鸠之影响而应归诸卢梭。(见所著《政治学史》，卷二，页455~460。摩黎亦然: "The author of a theory is not answerable for the applications which may be read into it by the passions of men and the exigencies of a violent class." 摩黎，同书，卷二，页190。)

无数平民所受之痛苦，恐质量有十百千倍于是者。是可为力求辩护卢梭之恶影响者进一解。

今可引据若干史事为后世认作卢梭思想之影响痕迹者以供推敲：

（其）一，在一七八九年法国等级会议以前，各地所呈递之"诉愿书"（Cahiers）中有已含《民约论》之原则者。

（其）二，"何者为第三级？"（Qu'est-ce que le Tiers État）显系主权在民论之结晶；而作者西耶士（Sieyès）即于一七八九年七月十七日，建议将第三级改为国民会议者；而此国民会议之第一议决案，即宣告立法权之不可分割。[1]

（其）三，一切阶级，特殊权利，封建余制之废止（一七八九年八月四日），甚合卢梭无平等则无自由之论。

（其）四，一七八九年之《人权与民权宣言》虽有美国《独立宣言》与维基尼阿（Virginia）邦《人权宣言》为其先例，然谓绝无卢梭之影响于其间恐亦过犹不及。[2] 其第一条为"人们生而永自由，永平权。"其另条云，"法律乃全意志之表示。"[3] 谓与《民约论》无关，究何根据？

（其）五，一七九一，一七九三，一七九五等年之宪法，似有国家契约之含义。[4]

（其）六，主权在民之原则，字句虽稍有出入，皆列入前后之宪法中。

（其）七，除一七九九年之宪法外，行政机关之权力限削甚弱；此似应用卢梭之学理。

（其）八，"教士阶级之民宪"将教权完全隶属政权，当与《民约论》末章"国民宗教"并阅。[5]

（其）九，罗伯斯庇尔与圣鞠斯特（Saint Just）之反对夕麦特与克罗次而处之死刑，亦显受《民约论》末章之影响。[6]

（其）十，圣鞠斯特指陈路易第十六之罪，谓破坏契约，分应处死，此其口吻全自《民约论》脱胎；即置之《民约论》中，恐莫能辨。

---

[1] 民耶，《法国革命史》，页31。
[2] 德儒耶林芮克（Jellinek）谓法国之《人权与民权宣言》完全抄制美国之成例；法儒布忒梅（Boutmy）则力斥此说：几令读者疑民族主义竟牵连至学术问题。但法儒杜骥固亦谓卢梭之思想与精神决不能产生个人主义的人权宣言。
[3] 可阅安得森，《法国宪法与公文》（Anderson, *Constitutions and other Selective Documents of France*）。
[4] 阅服汉，《民约论》单行本，附录B。
[5] La constitution civile du clergé，安得森，同书。
[6] 见前文，第三段。

（其）十一，一七九四年四月二十日，公安委员会之通令中，谓解放人民必将其"完全改造——铲去其成见，更变其习惯，限制其所需，拔除其恶毒，纯洁其欲望"。此与《波兰政制刍议》第四章有渊源可寻。[1]

（其）十二，革命各派领袖如西耶士，丹敦（Danton），马拉（Marat），罗伯斯庇尔，圣鞠斯特等等，皆自信为卢梭学说之门人。无论如何，一七九四年（卢梭死后十六载），革命政府决定移葬卢梭于国茔（Pantheon）；送者万人而仪式中有人捧《民约论》一书为前导；此种热烈表示，最足证明当时朝野人士之自信其为卢梭之信徒与实行者。

自信为遵照卢梭即系卢梭思想发生之影响。但自信为一事，实际是否遵照，另是一事。否则，诚如或人所云，革命时期之行为与卢梭反背者正复不一而足。卢梭谓宪法宜订定于和平之世，此则草建于纷乱之时；彼谓大国宜采君主政体，此则废止而试共和；彼承认联邦，此则反对；彼谓国都可无定址，此则依旧以巴黎为京城；彼主分权，此则不分；彼攻击党派，此则多设俱乐部与小团体；彼劝诫不宜暴动，此则组织恐怖。在在相反何影响之足言？[2]

（二）对于其它国家之影响 论美国革命之哲学家群推英国之洛克。诚然，盖因民族，环境，及文字之关系，洛克之著作学说，自较普遍流行而有力。但"纳税而无代表"口号中之同意原则，一七七六年《独立宣言》中之要旨，亦未始不可谓与卢梭通相当气脉。[3] 英国方面，普来司（Price），普利斯特利（Priestly），佩因（Paine）和葛德文（Godwin）之思想，均有根据卢梭者，其激烈处可谓间接从法国革命得来。至于日后格林，博山克之弹其遗音留调，自不待言。卢梭在德国之影响，至为深大。唯心派以意志为本，以自由为目的之政治哲学，皆基于卢梭。康德称之为政治思想界中之牛顿，其推崇信仰可见。[4] 若论今日，《民约论》与《民约论》著者固尚留有相当势力。[5] 将来实在主义倘因过盛而有衰颓之一日，安见卢梭之不再为众星环拱之北斗；盖政治思想，犹之服装时尚各有其盈虚消长起伏盛衰之波动时期。

---

[1] 摩黎，同书，卷二，页183。
[2] 霜匹温，同书，章十一。
[3] 麦利穆（《美国政治理论史》，*A History of American Political Theories*，页89~92）谓影响极少，因卢梭之观念皆可于洛克求之。但摩黎之见解则反是（同书，卷一，页2~3）。波加达斯谓哲斐孙（Jefferson）《独立宣言》时大受卢梭之影响。（见所著《社会思想史》，Bogardus, A History of Social Thought，页184）
[4] 斐希特谓使人采用正当政体，取得法律权利，皆可以强迫出之（墨累，同书，页264）；黑格尔谓人人应择属一宗教（服汉，同书，卷一，页95）；此皆绝似卢梭处。
[5] 前文，第一段。

美法革命之政治思想

> 每值困苦与混乱时代，人类群众对于其当日恰所需要之片段真理，往往具有本能的觉悟；且对于既能表显其痛楚复能映射其希望之公式方案亦往往得到自然的领会。在世界伟大变更中为领导的势力者并非任何学派或著作文字之"形式逻辑"而乃社会利便（social convenience）之"应用逻辑"。人们从其所宗师之学说与主义中只择其需要切合者尽量采取，而其余一切则弃掷不问。故法国雅各宾党（Jacobins）接受卢梭之"主权在民论"而有意地遗忘其夸扬自然境域与呵斥文明社会诸点。美利坚之革命主义者欢欣地借用"人本生而自由与平等"之说但仍保留其所畜之黑奴。
>
> ——摩黎（见所著《传记集》；John Morley, *Biographical Studies*）

宗教改革——以德国路德·马丁于一五一七年将所著《赎罪券论文》九十五条钉于威丁堡教堂门上，与英国残缺国会于一六四九年将查理士一世宣告处死为此项运动之两大界石——要求人在信仰界得到独立自主与自由平等。人而要求，且既取得，宗教方面之独立自主与自由平等（至少，一大部分），则其势必进而企求摆脱政治方面之压迫束缚，自不待言。美法革命可谓为继宗教改革而起之政治革命。[1] 由是而论，人既可相当地享有自由平等的政治生活再进而求自由平等的经济生活，奚值骇怪？今日以经济改造相标榜之运动实继美法政治革命而起。[2] 是则一七七六年与一七八九年革命领袖之背景何似，理想为何，主义何若，含意何在，与其所发生之远近久暂的影响与成绩，倍值吾人之探讨。

---

* 原载《清华学报》第七卷第二期，1932 年。
[1] 阅摩黎，《传记集》，页 396~397；窝雷斯，《历史之趋向》（Wallace, *the Trend of History*），页 1~14；立契，《自然权利》（Ritchie, *Natural Rights*），三版，页 6。
[2] 阅拙著，卢梭之政治思想（载本报六卷三期），§四及注 7。

第一段　美法革命理论之连带与重要

壹、必然与偶然

法儒雷朋在其《革命心理》中曾谓"观念","领袖","军队"与"群众"乃一切革命不可缺少之四大因素。[1] 吾人对此分析殊有怀疑。"偶然"或为革命之第五因素。请申其说。

以十八世纪第三季中（或可谓自一七四二年，卢梭之第一篇应征文，至一七七六年，美利坚之《独立宣言》）之思潮言之，固显然有阴云四合雷电初作，启示狂风暴雨骤然将至之光景。盖无论所讨论者为社会，为宗教，为法律，为经济，为政治，当时思想界之趋向皆为不满现状，要求改革，对未来则抱无限希望，对道理则信为万能，而倡言改造生活又佥以自然为标准：一若人心不定空气紧张，剧烈变动终必爆发而且岌岌不可终日然者。[2] 是则美法革命之事实发现以前其革命精神早已浸透西方社会。

虽然，谓假定"旧政"而不稍改善则反抗叛乱甚至革命之终不能免，容或得当。若谓"旧政"必不能改善而洛克，卢梭，百科全书派，重农学派，亚当·斯密诸人之学说必定引起美之独立与法之革命：此又恐附会命定曲解史事。[3] 最近历史学家之著述中不乏翻案文字，证明法国在大革命前之社会状况非若传统派所描写之恶劣。正如今人咸知称中古世纪为"黑暗时代"之属于谬误。[4] 所谓，"必然不免"（inevitable）

---

[1] Le Bon. *The Psyehology of Revolution*, Miall, 英译本，页 66。
[2] 阅拙著《十八世纪后半欧洲之社会,道德,法律与经济思想》（载《武汉大学社会科学季刊》第二卷，第四期等）。
[3] 比较厄泽吞，《美利坚革命》（Egerton. *The American Revolution*），章一及八。
[4] 参阅塞,《十八世纪法国之社会与经济状况》（Henri Sée. *La France Économique et Sociale an XVIIe Siècle*）。例如三级之各自团结甚为薄弱，而彼此间之阶级观念远无后人臆想之深；每级中之要求与利害亦形纷离（末章）。墨累云："If there is a law of history, it is surely that which states that a down-trodden people never revolts. The dangerous moment for such a people is when the government begins to amelld. The French were much better governed under Louis XVI than under Louis XV, yet they rebelled under the former. The change in the existing regime provoked the French to rise in revolution, and the change in the existing regime provoked the Americans also to rise."《政治学史》（Murray, *The History of Political Science*），页 273。

乃历史学家不得已而取用之词，此言实为精当。[1] 吾人所宜拳拳服膺者，十三州殖民最初抗拒政令原不过反对国会初非有分离独立推翻君主之本心；[2] 即法国第三级之代表，当初亦何尝不仅在稍伸民权，稍减负担，而仍力求君政与代议之调和。[3] 其后美之卒独立，法之卒革命，且其过程有如历史所记载者实非反抗者之原定计划更非被抗者之梦想所及：乃由无数细微"偶然"前后积聚而激成——尤以执政者之昏庸愚笨，优柔寡断，犹豫反复为主要酝酿。明于此革命事实中之"偶然"成分则吾人对于革命理论可免过犹不及之重视。[4]

贰、革命思潮之交流与关系

一七七六年之美利坚独立与一七八九年之法兰西革命，就政治史或思想史言之，绝难截划而实相连带——不宁惟是，抑且与一六八八年之英吉利之光荣革命，消息相应，脉络相通。宛如一系山岭外形上虽起伏断续暗中则贯串衔接。

英法因殖民美洲而起冲突。法既败挫怀恨甚深；故其后十三州揭竿起事，法人不免幸灾乐祸。法国少年贵胄如拉法夷脱（Lafayette），波马社（Beaumarchais），克剌斯（de Grasse），洛双波（de Rochambeau），厄斯汤（D'Estaing）及味真兹（de Vergennes）辈均同情独立自效驰驱。而法政府所给予之援助未始非十三州克奏成功之一大要因。至于美利坚领袖所宣告于天下之革命理论（以《独立宣言》为代表），虽大体取自英国一六八八年之革命亦即洛克《政府论》第二篇中之原理，然间亦有取自卢梭之《民约论》者。[5] 不转瞬间，法之革命亦突然爆发。法之革命始自等级会议。而等级会议之所以召集，一部分未始非因政府助美；盖增加费用财政困难故不得已而有此要求。[6]

---

[1] "Inevitable results in history ... are about the last resort of the despairing historian." 马启尔汶，《美利坚革命》（McIlwain, the American revolution），页 X。又墨累，同书，页 270。

[2] 即一七五七年七月六日《武力抵抗之理由宣言》（Declaration of Causes of Paking up Arms）尚云，"we mean not to disolve that union which has long and happily subsisted between us（英，美）and which we sincerely wish to see restored."见摩立孙，《关于美利坚革命之原料与公文》（Morrison, Scurces and Documents illustrating the American Revolution），页 145。

[3] 见后。

[4] 谢多勃良（Châteaubriand）论法国革命，谓 Elle ne vint pas de tel ou tel livres mais des choses（见霜匹温，《卢梭与法国革命》，Champion. J. J, Roussean et la Révolution Française，页 104）。此可矫正拿破仑，法无卢梭则无革命之偏见。拉斯基曾云："But Burke forgot that the real secret of Rousseau's influence was the success of the American Revolution."《英国政治思想：从洛克至边沁》，（Laski, Political Thought in England, from Locke to Bentham, 页 169）此则引起思潮之相互影响问题。

[5] 阅法易，《法美之革命精神》（Bernard Faÿ. L' Esprit Révolutionnaire en France et aux États Unis à la fin du XVIIIe Siècle. Guthrie 英译本）页 79~81。又，拙著，卢梭之政治思想（载本报六卷三期），§一。

[6] 此见一七八八年法人之所著小册，Le Comte de Vergennes, Cause des États généraux 法易，同书，页 253。

至于美之革命学说有以激发法人之反抗现状者,亦莫能否认。自一七七五至一七八九年,其间法国人士讨论,宣传,颂扬,及介绍美国之生活,状况,思想,制度者实繁有徒:马不里(Mably),累那尔(Raynal),塔机(Target),度帕提(Dupathy),弥拉波(Mirabeau),马扎(Mazzei),戎提(Abbe Genty),孔道西(Condorcet)与加尔加(Gargaz)等均认美国前途光明发展无限,大可为当时自然哲学之理想之实现地,而拉法夷脱与其徒党甚且有根据美人之共和观念以改善祖国之意。[1]《独立宣言》不啻为《人权与民权宣言》之导线。[2] 若论英国,则自巴士底狱陷落以后(The Fall of Bastille),初甚同情于法;普里斯特利(Priestly)及普来斯(Price)辈曾作欢欣之回响。[3] 试阅葛德文(William Codwin)之著作犹可想见法国革命激烈主义之流波。及后惨暴恐怖,屠杀过度,于是英国舆论由同情而转为厌恶,柏克(Burke)之学说遂为守旧时尚之代表。但反动思想不特于英而然,美法革命亦各有其反动。[4] 若欲寻觅一人可以代表英美法三国之密切关系则佩因(Paine)可当仁不让。彼本英国国民而同情于美法革命,不特为文字上之宣传抑且积极参加两地之革命事业;言思想精神此本渊源于英人之崇拜自由,但因实际政治,彼卒不能获祖国朝野之谅解。[5]

准上以论,民族国家间政治思想之来回往复正如海潮河流之涨落分合;其相互影响之深著者抑莫逾于此英美法之三大革命(一六八八年,一七七六年及一七八九年)。今不惮烦絮而复述其梗概。其一,英国一六八八年之革命同洛克之学说以及代议民治制度,其影响于法国孟德斯鸠,卢梭及百科全书派者甚深。[6] 至于十三州殖民之曾受其影响更系衣钵传家无须索解。是为英国政论流入法美时期。其二,美利坚独立借重洛克与卢梭之学理而加以修饰变化,造成一部自成一家的美国政制与美国政见(如亚当斯·约翰(John Adams)之著作及哈密尔敦(Hamilton)诸人之《联治论(The

---

[1] 同上,页 194, 229~251。布里索著《美国新游记》(Brissot, *Nouveau Voyage dans les États-Unis*),颂扬美之自由无微不至,甚至称赞美之生产番薯为自由民族之食品!同上,页 285。即厄泽吞亦谓,美无革命则法国革命之时间与方式必异。厄泽吞,同书,页 1。
[2] 窝雷斯,同书,页 74。耶林芮克,人权与民权宣言(Jellinek, *Die Erklärang der Menschen-und Bürgerrechte*, 1895)。阅后。
[3] 拙著《十八世纪后半欧洲之社会,道德,法律与经济思想》,§三。
[4] 谭宁,《政治思想史》(Dunning, *Political Theories*),卷三,章五。
[5] 拉法夷脱以巴士底狱之钥匙,托佩因持赠华盛顿;一若冥冥之中以此琐屑细事表现三国思想精神之关系。佩因且云:"That the Principles of America opened the Bastille is not to be doubted, and therefore the key comes to the right place." 佩因,《全集》(*The Writings of Thomas Paine*, Conway's edition, 1896),卷三,页Ⅵ。
[6] "Les idées anglaises ont exercé aussi une influence très profonde sur les écrivains Français du XVIIIe siècle." 塞,《十八世纪法国之政治观念》(Sée, "Les idées Politiques en France au XVIIIe Siècle"),页 11~18。

Federalist)》等）。政治思潮遂有自美而趋英法之端倪（尤以趋法为甚）。[1] 其三，法国革命较美剧烈，故其应用之自然权利哲学亦最深刻；以素重民权素尚自由平等之英人视之自表同情；美则不特感恩图报且觉同舟共济，更易接受。此为法国"一七八九之原理"之输入英美者。其四，物极必反，由过度而趋反动。英有柏克，美法何尝无之？英国之守旧主义寝假而成美法之普遍现象。思想潮流至是已成一循环。[2]

叁、异同与重要

法国革命包括社会，经济，宗教，政治，法律，习俗种切方面，其范围至深且广；故名曰政治革命实一社会革命。法人无历史上已得之人权与民权，无民治之习惯，所以倚赖于抽象的自然权利者最重，而其成功亦最迟缓——自一七八九年以至一八七五年盖九易国宪。美利坚革命则虽有经济动机要不失为纯粹的政治革命，而自治，代议，选举，权利，凡英人所享有而引以自荣者，殖民亦早已习用；故其革命理论半持宪法以自辩白，而其成功之能如是迅速者，实非意外。吾人如以一六八八年英国革命与一八四八年欧洲普遍革命相较，而以之比拟美法革命，庶几可领悟两者之相异。

然美法革命之关系与重要在相同而不在相异。相同之处约有四端。一为激荡民治运动而助其传播；二为表现中流社会之兴起与握权[3]；三为促进成文宪法之普遍；四为暗含民族主义之初兴。在政治方面，主权而永在人民，法律而必得被治者之同意，政府而以乐利与契约为基础，人民而权利平等且可反抗与革命，无君而可为治，元首而可民选，官吏为公仆——举凡在今日已成老生常谈闻之生厌而在当日则彼此"相惊伯有"者：皆经此美法两革命而确定成立。后此之一切政治革命（俄国一九一八年之革命似当另列一类），乃为此整个运动之补充与完成。[4]

---

[1] 翻阅 Scherger, *Evolution of Medorn Liberty*，章十；Rosenthal, *France and America*；谭宁，同书，卷三，页 99。但阿克吞则云，"But France was impressed by the event（指美之独立）more than by the literature that accompanied it"。见《法国革命演讲》(Acton, *Lectures on the French Revolution*)，章二，页 32。
[2] 法之波那尔（de Bonald）与梅斯特（de Maistre），其守旧与反动盖十百倍于柏克。谭宁《政治思想史》(Dunning, *Political Theories*)，卷三，章五。
[3] 窝雷斯，同书，页 31，60，80，106，又 131 注。
[4] 华盛顿曾谓美国革命 "Seems to have opened the eyes of almost every nation in Europe, and a spirit of equal liberty appears fast to be gaining ground everywhere。见阿克吞，同书，页 32。白璧德云：The (French) Revolution almost from the start took on the character of a universal crusade。(Babbitt. *Democracy and Reaction*，页 129）。

肆、理论与材料

欲求政治事实与政治思想之相互影响，恐除美法革命外无更显明之例证。当时之革命口号如自然权利，如主权在民，如自由，如平等，并非佩因，哲斐孙（Jefferson），西耶士（Sieyès）一般人所能临时创作，而乃迭经洛克卢梭辈所鼓吹铸成者。然革命领袖不徒感觉利便而采为标语，抑且尽心竭力求此基本的革命观念具体实现。故主权在民见诸共和政体，自然权利见诸宪法保障，[1] 牵制平衡见诸中央政制。然而政治理想同时亦备受政治事实之限制。不然，美既宣称人类平等，何以黑奴不得解放？法既诛戮暴主，取消君位，何以不久而有拿破仑之称皇？

复次，自然权利哲学经十八世纪之推崇到美法革命而登峰造极；过此则一蹶而不振。其所以然者无非在满足一时之需要，过此则不复适合。学者往往谓法兰西民族富于情感浓于理智且偏重抽象逻辑故有"一七八九之原理"。[2] 殊不知号称务实求用之盎克鲁撒克逊民族，每因便利与必要，正同样地偏重抽象逻辑。试细审一六八八年与一七七六年之革命理论，其应用自然权利，熏染玄学色彩，较之一七八九年之革命哲学，相去果几何？佩因与葛德文之政治思想所以不能笼罩英国而必待边沁之功利主义转移一代风气者非民族性使然，实因社会状况宜此而不宜彼。苟不然者美法之革命理论大致相同，又何以法受其累而美受其赐？

美之独立犹法之革命，其政治理论，宪法学说绝难以任何个人或任何著作中求之。若为便利计必欲求此两大革命之代表人物与代表文字，则当推英人佩因及其《常识》与《人权》。余则《独立直言》，亚当斯与哲斐孙差可代表美国；而《人权与民权宣言》，西耶士与孔道西可约略概括法国；更有进者，美法革命之政治思想不当仅求之于会议记录，议案，宣言，公文，宪法及领袖人物之著作，演说，通信，抑亦求之于报章，杂志，图画，讽刺，口号，标语及一般民众之举动行为中。[3]

---

[1] 美国邦宪都有人权书；一七八九年之联邦国宪虽本无此，但第一至第十条修正案即为《人权宣言》之补充。

[2] 例，尚奈，《政治学史》（Janet, Histore de la science politique），卷二，页693。

[3] 例如亨德孙，《法国革命中之征象与讽刺》（Henderson, Symbol and Satire in the French Revolution）一书为研究法国之革命思潮者不可不阅（尤以章一，二，三，四，十三为重要）。"The cap of Liberty, the Carpenter's level to denote Equality, the scales of Justice, the eye of Vigilance, the bundle of fagots to denote Unity and Indivisibility: all these and many more recur literally thousands of times...They reveal the spirit of the time as no mere printed words should ever do ... they filled a real need, for they appealed even to the illiterate." 页 V~Vi。

至于革命本身之一切现象与定律，例如，如何酿成，如何爆发，如何发展，有何特征……足以间接地为政治思想另辟新路者大可于美法革命中求之。但此非本文范围所及。[1]

第二段　美利坚革命之政治理论

壹、背景与原因

美利坚革命究于何时起始？如必以正式宣告独立为准则系一七七六年。如以流血开战为发轫则系一七七五年。如谓公然反抗法本政府与合法政令即系革命则远在一七七五年以前。[2] 革命本一种运动，非朝夕间所能酿成。原殖民与祖国政府之龃龉，因地方之选权，纸币之发行，罪犯之流徒与航运之禁制诸问题而起者甚早且久。地理辽远，种族复杂与宗教分野又在在扩大情感与意见上之裂痕。而新英吉利一带殖民尤由地方政制与教会生活中得到自治习惯及自由精神，故其反对祖国之过度干涉更多渊源。[3]

但直接地逐渐激起革命者当推乔佐三世。彼于七年战争（一七五六——一七六三）终结后忽一变其习惯上疏远放任之传统政策而从事于积极干涉。原其动机实为财政。前后执政诸臣（如Grenville，Halifax，Townshend）咸以为祖国既为殖民地而战，且积一万万金镑以上之债务，殖民应分此负担。故巴力门于一七六四年通过糖税律（The Sugar Act）复于次年通过印花税律（The Stamp Act）。[4] 在殖民州方面，一时舆论哗

---

[1] 可阅雷朋，《革命心理》；爱德华滋，《革命之自然史》（Edwards. *The Natural History of Revolution*）；苏鲁金，《革命之社会学》（Sorokin, *The Sociology of Revolution*）。
[2] 阅马启尔汶，同书，页2~6。翻阅亚当斯，《美利坚革命之政治观念》（R.G.Adams, "Political Ideas of the American Revolution", 1922）。
[3] 例如：Richard Mather(1596—1669). "An Apologie of the Churches in New England for Church Convenant", 1639; "Church Government and Convenant Discussed", 1643; "Model of Church and Civil Power"; John Cotton(1585—1652), "The Way of the Churches of Christ in New England", 1645; "The Way of Congregational Churches Cleared. 1648, Thomas Hooker (1585—1647). A Survey of the Summe of Church Discipline", 1648; John Wise (1652—1725), "A Vindication of the Government of New England Churches", 1717. 皆力言契约推崇神命法，与自然法重多数之意见而倡民治精神。是则1776年之革命哲学固不必抄袭洛克而殖民不曾自有。
[4] 印花税律原文见《美国史原料小丛书》，册二十一（*American History Leaflets*, No.21）。

然，群情激昂，尤以沿大西洋岸工商发达诸州为甚——就中以维基尼阿（Virginia）及马萨诸塞（Massachusetts）为最；而波士顿（Boston）与纽约两市之巨商，实业家与政客之结合反抗更形剧烈。一切宣传与扰事（如下半旗，罢市，捣毁税局）亦以此两市为中心。内地之农夫初本漠视。同年，有九州参加之印花税律会议（The Stamp Act Congress），此实为完全自动的与法外的集议之首例。会议结果曾郑重声明纳税而无代议之不当。伦敦政府迫不得已，乃下令取消印花税律但同时宣称国会确有向殖民州征税之立法权。假使英政府见机而作，知难而止，从长计议彻底之妥协，则十三州之或永为十三州或演化而为今日之自主地（Self-Governing Dominions），诚未可知。无如"执政者鄙未能远谋"，而统治偌大的美洲属地又无经验成例可以援引；是以先则刚愎用事继则因循反复，既惹起殖民之恶感而激成其联合，复又举棋不定一再示弱。一七六七年巴力门又通过坦增德律（Townshend Acts）在美洲征收玻璃茶叶等物之入口税，意在补助国库而不仅在管理贸易，但殖民反抗益力。一七七〇年英又撤销上项律令而仅留茶叶轻税。殖民方面至是乃有得寸则尺之势，并此茶叶轻税而一并拒绝。所谓波士顿屠杀（The Boston Massacre，一七七〇年三月五日）与波士顿茶会（The BostonTea Party，一七七三年十二月十六日）等案乃不可避免之结果。美洲各地先后有通信委员会之组织，彼此既互通声气，民气益形嚣张。而英政府又于一七七四年订布"五大昏律"（The Five Intolerable Acts）。于是第一次全洲会议（The First Continental Congress）应时而生，（有十二州之通信委员会参加）通过《权利宣言》（Declaration of Rights，一七七四年十月十四日）及《联合声明》（The Association，十月二十日），以不运货往英，不进英货，不用英货为抵制。纷争至是，盖已弃掷英宪中民权理论而重用自然法中之人权哲学。再进而有康科特与勒克星敦之接触（The Battle of Concord and Lexington，一七七五年）及邦刻邱陵之战役（The Battle of Bunker Hill）。由是而至一七七六年七月四日之《独立宣言》盖已如箭离弦一发而不可收拾。

总之，美洲殖民既有自治之习惯，复享放任之自由，而于教会生活中充满民治之理想，[1] 故其反抗祖国政府，绝不能仅仅以经济动机完全概括。至于英国政府，在一七六〇年后曾企图更改传统政策由消极而趋积极则有之，必谓故意施行暴政，诚恐未必。但其昏庸颠预，反复无常，有以纵容或激成殖民之革命则吾人莫能隐讳。殖民

---

[1] 麦利穆，《美国政治学说》（Merriam, *American Political Theories*），章一。

之革命的心理与精神固已先《独立宣言》而存在。[1] 一七六一年奥替斯（Otis）之《指助状申辩》不啻早为一七七六年之《独立宣言》开其先声。[2]

贰、反抗理论与革命理论之性质 [3]

出世者冷眼观察社会，或觉社会中芸芸众生自少壮以至老死无非为名与利。但就芸芸众生自身言之，大部分固竟不知生活之所以，其一小部分为事业之领袖者则往往

---

[1] 亚当斯 (John Adams) 曾云："The Revolution was effected before the war commenced. The Revolution was in the minds and heads of the people"。见士来新权，《美国史之新见解》（Schlesinger, *New Viewpoints in American History*），页 162。当时即有人谓殖民求独立者不满五分之一（同书，页 162）；但无论何地每遇革命必有大多数民众漠然不问。

[2] 《指助状申辩》原文载《美国史原料小丛书》，册三十三（James Otis, "Speech on the Writs of Assistance"）。奥替斯谓人在自然境域中享有自然权利——生命，自由，财产；政治结合之由起即在保障此自然权利；英国宪法与法律中本包含上项原则；今英政府干涉殖民贸易之律令皆违背自然权利故亦抵触英宪。指助状乃 "The worst instrument of arbitrary power, the most destructive of English liberty and the fundamental principles of law that ever was found in an English law book"（同册，页 15）。亚当斯 (John Adams) 云："American independence was then and there born."（同册，页 13）奥替斯之申辩，代表马萨诸塞州之公意，正犹两年后亨利之《关于牧师付薪事之辩驳》（Patrick Henry, "On the Parson's Cause", 1763），代表维基尼阿之公意。关于美利坚革命之酝酿背景可阅张宁，《美国史》（Channing, "A History of the United States"），卷三，章一至七。

[3] 美利坚革命之理论可于下列演说，报纸文章，著作，决议及公文中求之：

A，第一期(1760—1763) 自乔佐三世即位，因《航运律》（*The Navigation Act*）等引起之反抗：奥替斯，《指助状申辩》，1761；又，《为马萨诸塞代议院之举措辩白》（"A Vindication of the Conduct of the House of Representatives of the Province of Massachusetts Bay"），1762；亨利，《关于牧师付薪事之辩驳》，1763。

B，第二期（1764—1766）因 1764 年糖税律与 1765 年之印花税律而引起之反抗：奥替斯，《殖地权利举证》（"The Rights of the British Colonies Asserted and Proved"），1764；霍布金斯，《殖民地权利之探究》（*Rights of the Colonies Examined*），1765（次年，此文又刊行于英，改名为 "The Grievances of the American Colonies Candidly Examined"）；雕兰内，《论英国会为增裕国库而在殖民地征税之是否适当》(Daniel Dulany, "Considerations On the Propriety of Imposing Taxes in the British colonies, for the Purpose of Raising a Revenue, by Act of Parliament"），1765；《维基尼阿关于印花税律之决议》（"The Virginia Resolves on the Stamp Act"）；《印花税律会议之议决案》（"Resolutions of the Stamp Act Congress"），1765。

C，第三期 (1767—1773) 在坦增德律以后之反抗：笛肯生，《一位农夫之公开信札》(John Dickinson, "The Letters of a Pennsylvania Farmer"），1767—1768；《维基尼阿一七六九年之决议》；亚当斯撒母耳，《殖民之权利》(Samuel Adams, "Rights of the Colonists"), 1772；《条举权利之侵削与违反——波士顿市民会议之决议》(A List of Infringements and Violations of Rights—Proceedings of the Town of Boston, Oct—Nov, 1772)；《盆布鲁克之决议》（"The Pembroke Resolves"），1772。

D，第四期 (1774—1775) 由"五大昏律"而起者：哲斐孙，《总论英属美洲之权利》（Jefferson. *Summary View of the Rights of British America*），1774 年；威尔逊，《讨论巴力门之权威》（James Wilson, *Considerations on the Authority of Parliament*），1774 年；笛肯生，《论大不列颠在宪法上对于其美洲殖民地之权力》（*Essay on the Constitutional Power of Great Britain over the Colonies in America*），1774；第一次全洲会议之《权利宣言》，1774；亚当斯约翰，《新英人》（*Novanglus*），1755（此乃答复 Leonard 在报纸上发表之 Massachusettensis 而作）。

E，第五期 (1775—1781) 由开衅以迄独立而邦联：《武力抵抗之理由宣言》，1775；佩因，《常识》（*Common Sense*），1776，及《美之危机》（"*The American Crisis*"），1776—1783；《维基尼阿之人权书》（*Virginia Bill of Rights*），June l2, 1776；《维基尼阿之宪法》，同年 (June 29)；《美利坚独立宣言》（*Declaration of Independence*），同年 (July 4)；《宾夕法尼亚之宪法》（*Constitution of Pennsylvania*），同年 (Sept 28)，等等；《邦联约章》（*The Articles of Confederation*），1777。

以立德立功立言，为人为社会为后世而努力，以自期许。以出世者视入世者或觉其为妄诞，但后者视前者正亦同感其为虚伪。

美利坚革命之主因或诚为经济；[1]然当时领袖与受其鼓动之民众所信奉为革命之动机与目标或，至少，为此动机与目标之一，大部分者实为权利，为原则，为主义，为政治。苟其不然，则轰轰烈烈之革命理论将尽成自欺欺人之掩饰文章！夫岂革命理论者所能忠实地承认？明于此，吾人当能领悟革命思潮之为一坚强实在的政治势力。

综合由反抗以至革命之论点，不外有四大根据：（一）殖民州之宪章（Charters）；（二）英国之不成文宪法；（三）自然法与自然权利（此与英宪有时相混，因视自然法与自然权利已有采入与包含于英宪中者）；（四）神命法及上帝所赋予人类之权利（此又与第三点相混）。[2]易词言之，殖民所持以抗英自护之理论乃处于为殖民，为英民，为人，为上帝之赤子之四种立场。前两项产生具体的宪法理论；后两项引起抽象的政治哲学。一七七四年第一次全洲会议宣称美洲殖民之权利根据"自然之亘古不变的法则（谅包括神命法），英宪之原理与若干宪章或契约"，但殖民领袖所着重之顺序适与上述者相反。[3]

叁、根据宪法之立论——消极反抗

美洲殖民最初持以抗拒祖国之干涉者为其宪章（Charters）中之权利。[4]雎兰内谓殖民州之立法权乃宪章所赋予且已"充分完全"；除殖民州自己之代议院外，无需，且不能，由其他任何机关所另代表。[5]亚当斯撒母耳谓根据马萨诸塞之宪章，任命官吏（除宪章原本规定为例外者外）乃马萨诸塞自有之权；今伦敦政府派员作收税监督实为违犯宪章；而宪章之性质乃系契约[6]。一七六五年维基尼亚之《决议》[7]与一七七四年

---

[1] "Commercialism, the desire for advantage in trade and industry, was at the bottom of the struggle between England and America." 张宁，《美国史》，卷三，页1。甚至美之联宪，俾耳德亦以经济支配论解释，阅所著《美国宪法之经济观》（Beard, "Economic Interpretation of the Constitution of the U. S."）。

[2] 奥替斯谓政府根据"will of god, the author of Nature." 《殖民地之权利举证》；见摩立孙，同书，页5。亚当斯撒母耳分"Natural rihts of the colonists as men""The rihts of the colonists as Christians""The rights of the colonists as subjects"三种；翻阅所著《殖民之权利》，载《旧南小丛书》，页173（Old South Leaflets, No.173）。即独立宣言亦有"Laws of nature and of Nature's God"；见摩立孙，同书，页157。可见自然法与上帝法分作两物。

[3] 马启尔汶，同书，章二。阅后。

[4] 最早亦最著名之例为Jeremiah Dumner之"Defence"，1721。

[5] 讨论见摩立孙，页28。

[6] 《殖民之权利》，见摩立孙，页92~93。

[7] "By two royal charters ... the Colonists (of Virginia) are entitled to all liberties, privileges and immunities of denizens and natural subjects...as if they had been born within the realm of England." 见摩立孙，页17。

第一次全洲会议之《决议》尚提宪章为根据。[1]

虽然，自一七六五年以后，以宪章作本营之立论日见衰少。盖，第一，宪章非一切殖民州所有；即就有者论，内容亦多出入。第二，宪章为英王所颁赐而非国会所订定；英王可颁赐亦可收回——传统正解，宪章究非契约，且此不过减少或否认巴力门之权威初非有意为英王之权威辩护。第三，宪章，在成例上，常受法庭判决与国会立法之限制。故纷争愈急，美洲殖民愈不得不偏重英宪以作抵御。

（甲）私人意见——奥替斯，笛肯生，威尔逊与两亚当斯

自印花税律颁布，而殖民之反对文章与呼吁请愿乃如雨后春笋；及"五大昏律"通过，则更如风起而云涌。私人论著大抵不署真名而就中流传之作者多为日后革命领袖。此中立论当然牵涉自然法，自然权利，上帝意志——然其大体精神确以英宪为标准。今先将此期之私人文字与公众决议，择要叙陈，再将此项根据宪法之理论加以分析评估。

（子）奥替斯，《殖民地之权利举证》，一七六四年。奥替斯乃一激烈分子。彼谓政府基于上帝之意旨而非基于暴力，财产或仅仅契约。上帝以自由赋予人类，人类之"自然自由"（natural liberty）非任何人主或任何法律所得剥夺。人进社会出于自愿；同意固可限制自由，然法律与统治全以遵循自然法为准。英宪之所以值得誉扬者正因其根据自然法。美洲殖民既同为人类自应与欧洲人民同享自然权利，更应同享英宪所担保之英人权利。巴力门之对于次属政府虽有为公利公善而立法之权威，但必须以自然法为根据。盖法之为法在合自然，决非任何通过之规条即是法律。[2] 巴力门而通过违反自然法之法律，巴力门应自动取消；再不然，法庭应宣告其为无效。最后之主权本在人民；一切须为人民着想。

税无内税外税（internal tax，external tax）之别。凡系赋税应由殖民政府各自立法订定。不得殖民州之同意，英政府更不应强迫征收。盖大宪章，通法及自然法均有此纳税必经议之一大原则。殖民无代议而须纳税，此犹英王不待国会通过而向英人征税，同为谬误。奥替斯固极端赞成各殖民州议院之永宜保留，但同时主张各州应选送代表以参与一全国之"帝国"大会议。彼一再指示，在巴力门撤销法令以前，殖民仍应一致服从。[3]

---

[1] 见同上，页 119~120。
[2] "To say that Parliament is absolute and arbitrary is a contradiction. the Parliament cannot make 2 and 2, 5: Omnipotency cannnot do it."《殖民之权利举证》，见摩立孙，页 7。
[3] 霍布金斯谓巴力门之权威仅及于其所代表之区域与人民故仅及英国本土。英国人民全体尚无管理美洲殖民全体之权，则巴力门更无根据。《殖民地权利之探究》。

（丑）笛肯生，《一位农夫之公开信札》，一七六七——一七六八年。关于取消律令解除痛苦，彼固坚持和平与合法之正当途径；[1] 然又鼓吹团结，暗示"是可忍孰不可忍"。[2] 前后基本论点颇有矛盾。既谓

> 吾人（殖民）仅为一整个之部分，故……总应有一个机关掌握一种主管与保守此良好关系之大权力。此种权力盖在巴力门。[3]

又谓殖民地之赋税，无论内税或外税，巴力门不能征收。[4] 彼谓收印花税以增国用，乃开破天荒之首例，其流弊不堪设想。[5] 作者立论之精神已由宪法而移至政治：

> 吾人应自视为人——自由人，基督教的自由人——吾人与世界之余众固相分立，惟吾人相互关系则为同一的权利，利益与危险所坚固地结合……诸殖民州结合而成一个政治团体，每一殖民州为此团体之构成分子。[6]

可见美利坚诸殖民州之各为一民族，而宜联治与独立，此一观念其由来甚渐。

（寅）亚当斯撒母耳，《殖民之权利》，[7] 一七七二年。亚当斯撒母耳鼓吹独立之功甚大，世以"革命之父"称之。此篇文字之政治哲学盖已为整个的革命理论，去一七七四年之《权利宣言》与一七七六年之《独立宣言》已复不远。文中援引洛克及发忒尔（Vattel）诸人且根据新约，大宪章，殖民州之宪章，英宪，等等。全篇分三段；其要义在坚持英宪本于自然法，自然法既不可违犯，英宪亦即不可违犯；故巴力门之违宪法律应即取消。

彼首论殖民处于人的地位之自然权利。自然之第一原则为自卫自存，故殖民之自然权利以生命，自由，财产及维护此三者之权为最根本。在自然境域中人本各为其主，有留居自然境域之权，有易地迁居之权。人们之进入社会由于自动的同意且系契约性

---

[1]《公开信札》，第三封，见摩立孙，页35。
[2] 同上，第一封，页34~38。
[3] 同上，第二封，页89。
[4] 同上，第四封，页46~47。
[5] "This I call an innovation, and a most dangerous innovation." 同上，第二封，页40。Duties laid for the sole purpose of raising revenues are taxes，第十二封，页53。彼于一七七四年在《宪法上之权力》一篇中且云，"A dependence on the Crown and Parliament of Great Britain is a novelty"，此则更进一步。（见马启尔汶，同上，页23）。
[6]《公开通信》，见张宁，同书，卷三，页100~101。
[7] 此乃为波士顿市民大会所起之决议草案，后经采取。开会时亚当斯未能亲往，由奥替斯报告，时人遂误以为奥替斯所作。佛兰克林（Franklin）曾将此文刊行英国，故亦有误认为佛兰克林所作者。原文载亚当斯，《著作全集》（Cushing ed, *The Writings of Samuel Adams*），卷二，页350~358；亦载《旧南小丛书》，册173。

质。契约虽立，社会虽成，但各人所未放弃之自然权利依然存在：盖进入社会而放弃之"自然自由"仅为一部分——为"社会最大目的，全体之至善"而放弃之一部分。[1] 其所剩余之"自然自由"（亦即自然权利）绝不受尘世间任何权力任何立法机关之约束。易言之，生命，自由与财产乃此剩余，乃上帝之赐予，人生而俱有永不受剥夺者。政府之起在保卫此三者。故政府当局实"社会之荣显公仆"。[2] 而财政上之负担应全由人民自定。

次论殖民处基督教徒的地位之权利无甚足述，末论处英国庶民地位之权利，彼谓英人所享之自由即"自然自由："英人所享有之"自然的，基本的，固有的与不能分离的权利，自由与法益"，殖民亦应享有。此盖诉诸神命法，自然法，通法实在法而皆云然。上述英人之权利与自由中，三者为最贵。其一，国家之第一条实在法为设置立法权，而第一条自然法——此且支配立法权本身——为社会之维护与保存。其二，立法机关对于人民之生命与产业无绝对的任意处置权。其三，人民之财产不经人民本身或其代表之同意外不受剥夺。今美有五百万人民而在英巴力门内无一代表，美之距英又有三千余里，而谓巴力门可向美征税，则所谓自由与权利安在？此而不反抗，则"是可忍孰不可忍"？

吾人最应注意者即殖民并无要求代议之诚意。彼既谓无代表之权利故无纳税之义务，却又宣称：

> 即使殖民而能选送代表参加英国巴力门，其结果亦只有害而无益；盖，因地理位置与地方情形，美人而欲真实地、适宜地得到真实代议，势不可能。[3]

波士顿市民大会除通过亚当斯撒母耳之草案为决议外，又根据其报告之第二段而加以修正，是为《条举权力之侵削与违反》。[4] 所条举者共十二项；如英国巴力门宣称有为美洲殖民"关于一切事务"（in all cases whatever）之立法权，而不必征求殖民之同意；如无代表而纳税，如遣派海陆军至美，如派委收税监督，皆认为违宪。

（卯）威尔逊，《讨论巴力门之权威》，一七七四年。[5] 此文要旨不外四点。首为泛

---

[1]《殖民之权利》（《旧南小丛书》，册173），页2。
[2] 同上，页3。执政者与人民间关系之原则与"The laborer is worthy of his hire"相同。
[3] 同上，页4~6。
[4] 见亚当斯撒母耳，《著作全集》，卷二，页359~369；亦见摩立孙，页91~96。
[5] 载威尔逊，《全集》（Andrew辑，*The Works of James Wilson*），卷二，页522~543。节文见摩立孙，页104~115。亦见来特，《美国政治学说之原料选辑》（Wright, *Source Book of American Political Theory*），页68~78。

论政府之性质与由起。

> 一切人们本自然而平等自由：无论谁何，对于他人，苟非得其同意，无统治指挥之权威。一切合法政府基于被治者之同意，而此同意之所以给与，其目的在保障与增进被治者之福乐俾较其在自然境域中所能享得者更大而更多。因故，社会之福乐乃为任何政府之第一条根本大法。[1]

总之，同意与功利乃政府性质与由起之两大原理。

次，为驳斥巴力门有全权处置殖民一切事务之说。"巴力门不能永无错误，亦不能事事公正。组成国会之议员同是肉体凡人，故有错误之可能；且议员或受利益之影响，更有不尽其应尽职责之可能。"[2] 英之法律必须君主，贵族与平民两院三方面之同意，故英人之权利自由有充分保障。今英国国会中，美无一位代表，而谓有"处置一切事务"之全权，则美之殖民直无丝毫保障。故以政府之性质与由起言，以英宪之精神言，以殖民之福利言，美洲殖民不应受巴力门之全权管辖。

复次，美所服从者为英王而非为巴力门。"忠顺君王与服从国会，两者所基之原则不同：前者基于保护而后者基于代议。"[3] 谓美人应服从国会之一切法律，此说之无根据上已言之。谓美人只应服从英王则根据甚多。当殖民占用美洲系用英王名义；其使用土地，与红人订约，甚至建设殖民政府，均以英王名义出之。英王有媾和，宣战，订约，管理内外贸易，任免官吏，与否决议案之特权；惟立法权则确在人民之代表。英国国会中既无殖民代表即不能干涉殖民。威尔逊以为宁可承认英王有管理殖民地贸易之权，万不可承认国会有处置殖民之无限权威。

最后，美与英之地位相等——乃在同一君王之下一个帝国之平等分子。

> "英美之居民同为英王之庶民。""不列颠帝国之不同分子乃彼此分立之国家，但因在同一主权者（即君王）之下而有关联"。[4]

此盖为今日不列颠合众共和国联治制度之理论先声。

（辰）亚当斯约翰，《新英人》，一七七四——一七七五。[5]《新英人》之材料观念虽

---
[1] 《讨论》，见来特，同书，页 69。
[2] 同上，页 70。
[3] 同上，见摩立孙，页 108。
[4] 同上，页 115 及注。
[5] 载亚当斯约翰，《全集》(*The Works of John Adams*)，卷四，页 1~177。重要数段节载摩立孙，页 125~136；亦见来特，页 87~96。("massachusettensis" 亦节载来特，页 79~86)。

大半近于琐屑，但弃其糟粕而存其精华则不愧为一七七四年中最上乘之小册文字；且因逐日发表于报端（Boston Gazette），其流行之广影响之深恐非其他论著所及。至其援引洛克，格老秀斯，溥分道富（Puffendorf），布拉克斯吞（Blackstone），科克（Coke）诸名家并诉诸历史与成宪，则措辞立论颇具学者之风格，与普通报纸之宣传文字不同；而其"是可忍孰不可忍"之议论亦甚动人听闻。

亚当斯约翰为拥护自由之政论者并同时为自己剖白动机：发表抗拒祖国之文章非所以煽动民众，且假使事实上政府而无暴动，亦无人能煽动反抗。[1] 英国保守党少数领袖（彼再四称之为"The Junto"）固深思熟虑谋所以变更殖民政策[2]，但朝野主张显分畛域。在朝者以军队为后盾欲借武力压迫殖民，而在野人士则多同情于美。至于殖民方面之坚持反抗则诸州如一。彼谓：

> 以上帝法（laws of God）及国法言之，对于篡夺权利与非法暴行之反抗，甚即公开而用武力之反抗，不是叛乱。[3]

盖反抗之目的不在脱离英王而独立，乃在恢复殖民固有的权利。

干预美之内政或向美征税以充国库——在英国巴力门固夸认此权，但美人本始终否认。[4] 美非王土（realm）之一部分，既无代议于巴力门又因相距辽远决不能有妥善代议。究竟

> 英国巴力门治理美洲之权威根据何项法律？以《新约》《旧约》中之上帝法言，无之；以自然法及万国法言，无之；以英国通法言，无之——盖通法，及巴力门根据通法而有之权威从未扩用于王土四境以外。即以条文实在法言，亦无之；盖在殖民州成形以前，巴力门未尝专为订定任何条文法律，至于一七六六年之声明律（The Declaratory Act，巴力门宣称有处置殖民一切事务之权）乃未经吾人之同意而为一巴力门其权威本不及于四境之外者所订定。然则吾人果有何种宗教的，道德的，政治的义务而必承认巴力门为吾最高之立法机关而予以服从？曰丝毫无有！[5]

---

[1] 《新英人》，见《全集》，卷四，页14。
[2] 马萨诸塞总督 Bemard 曾于1764年著 "Principles of Law and Liberty"，主张以专制方式治理殖民。同上，页22~28。
[3] 同上，页57。
[4] 同上，页49，128。
[5] 同上，页37~38。

然则亚当斯约翰是否并管理贸易权而否认？是又不然。彼承认巴力门有管理殖民地贸易之立法权[1]；但此权之"根据在殖民州之契约与同意，不在通法或条文法之原则，亦不在英宪之原则，更不在巴力门为最高的，主权的立法机关而有全权处置一切之原则"。[2] 同意之理论，至此而百尺竿头已臻极步。

彼之中心论点实为"自主地论"（Theory of "Self-governing Dominions"）较威尔逊所持者更深切而详尽。当时英国舆论多谓美洲乃不列颠帝国（The British Empire）之一部分，巴力门既为帝国之国会其立法权力自应笼罩全部，故殖民地当然在巴力门权威范围之内。[3] 亚当斯约翰则谓"帝国"（Empire）一词有两意义。一指专制制度之"帝国"言，以此相绳则不列颠并非"帝国"。一指政府统治言，依此，则所谓"不列颠帝国"即"不列颠君国"（The British Kingdom）。[4] 然而美洲殖民州并不属于不列颠君国，其所处地位与爱尔兰相异。[5] 何以言之？不列颠君国之由起在英吉利与苏格兰之合，且出于巴力门之立法方式；而殖民州之成立则远在此前，此其一。英之宪法系君主贵族与平民之混合政体；今美洲既无代表，而谓根据宪法应受制于巴力门，明明矛盾；此其二。或谓万国法学者持祖国自有管理殖民之全权；但诉诸历史如希腊，罗马等，实不尽然；此其三。总之，驻伦敦之巴力门并非帝国国会；其权力仅及不列颠而不及美洲。[6] 帝国国会非不可有惟事实上尚无此物。如欲根据英宪之精神而扩充巴力门为帝国国会，理必容纳美洲之代议：

> 试谓英吉利有六百万人，美利坚有三百万，则下院中英吉利如有代表五百，美利坚应有二百五十。

而美洲以外其它英属殖民地，亦应各送其代表。能如是则（帝国）巴力门始有处置一切之立法全权。然其不便可想而知。[7]

---

[1] 《新英人》，页 52。
[2] 同上，页 100。航运律为殖民州所同意，且似一种商约。页 114。
[3] 即殖民中亦有持此说者。When a nation takes possession of a distant country and settles there, that country though separated from the principle establishment or mother country, naturally becomes a part of the State." Massachusetteasis，见马启尔文，页 138。
[4] The terms "British Empire" are not the language of the Common law, but of newspapers and pamphlets 又 We are not a part of the British Empire; because the British governmnent is not an Empire...It is a limited monarchy...a republic. 《新英人》，页 37，106。
[5] 同上，页 158。
[6] The authority of Parliament was never generally acknowledged in America.
[7] 同上，100~103，123~124。彼戏谓：美洲人口之增加较为迅速，则将来帝国国会势必由伦敦迁至美洲！

在积极方面，彼谓美洲殖民所顺从效忠者——为英王之本人而非英王之王座。[1] 不宁惟是，即谓英王之王位得自巴力门之法律，然殖民州之宪章乃英王处本人之地位所赋予，与巴力门无干。易词言之，彼对于此项事实似根本不肯承认，即一六八八年光荣革命后所谓服从英王已仅为法律的虚构（legal fiction），英王之权威已由英王本人移置于代行王座权威之巴力门与内阁。彼以为每一殖民州之地位与英吉利同，彼此属于英王，谓英王同时为

马萨诸塞之王，罗得岛（Rhode Island）之王，康涅狄格（Connecticut）等各州之王，此非悖谬可笑之论。[2]

（乙）几件公文中之宪法论辩

私人文字大抵激昂，而殖民州或殖民市所议决发表之公文自较稳健。但前者所含之宪法论辩大体皆经后者采纳，此固由奥替斯，两亚当斯，威尔逊，笛肯生，哲斐孙辈同时为参与政治，影响正式决议或宣言之领袖；然一般代表之肯毅然接受亦足证明此项宪法论辩已为殖民社会所公认而信仰。今以维基尼阿之《关于印花税律之决议》（1765年），印花税律会议之《议决案》（1765年），波士顿之《条举权利之侵削与违反》（1772年），及第一次全洲会议之《权利宣言》（1774年）四者约略言之。

根据英宪与殖民宪章以作反抗理论者，除印花税律会议之议决案外，其余三项公文皆先后重视。[3] 夸称美人所享之权利与英人所享者绝同，对于此点四者无异。而纳税应随代议，税律应由各殖民州代议院自定：尤为四项公文中一致坚决之主张。[4] 至于殖民州因地远人多不便选送代表参加巴力门之意，则印花税律会议之议决案中始有之，及第一次全洲会议之《权利宣言》乃更肯定。[5]"自主地论"亦早于波士顿之决议中充分暗示。[6] 大约离一七七六年愈近则公文中之立论亦愈倔强。一七七四年之《权利宣言》——尤以第四条为甚，称英政府管理殖民州之贸易基于后者之同意——可谓为殖民宪法论辩之最终一步。上述四项公文之所以严格地为反抗的而不为革命的理论者，只因对于英王之赋有特权与美洲之应服从英王，尚皆前后承认。

---

[1] "But allegiance is due universally, both from Britons and Americans, to the person of the King, not to his crown." 同上，页114。
[2] 同上，页115。
[3] 见摩立孙，页17，92~93，118~120。
[4] 同上，页17，33，92~93，120。
[5] 同上，页33，120。
[6] 从 We cannot continue a free state 一句中可以想见。同上，页93。

肆、宪法论辩之分析与评估

综合美利坚独立以前殖民所凭持且所自信为违抗法令拒绝纳税之一切宪法论据而分析之，虽间有出入，要可分作五点。

其一，抽象的立法权与具体的法律必皆以被治者之同意为基础。以巴力门而为美洲之立法院，美人从未同意；而巴力门所订征税等法律，更不能得美人之同意。此一理由实为其余一切宪法论据中所包含或含示之最大原则。[1] 法律当经人民代表之同意，此固英人公认之原则，但问题所在乃对于美洲殖民此一原则是否适用。

其二，"有税负而无代议"为抵触英宪之精神。[2] 英自一二一五年之大宪章以降，纳税必经代议实为天经地义之宪法原则。殖民之喋喋声辩，谓渡大西洋而移居美洲而仍享受此"英人之权利"者，盖正为此。至于殖民在巴力门中有"等于代议"（virtual representation）之说，即英之政治家亦尝斥为曲解无稽。[3] 或云，当时英国人口众多而一无代表之城市（如Birmingham, Sheffielld, Leeds）多不胜举，则殖民所持之论点殊不全确。[4] 虽然，新兴工业区之无代表而"腐市"（rotton boroughs）之有代表者，乃条文法律之不完善，与英宪之原则无关——英宪之原则固为纳税连带代议。至谓美重"授命原则"（principle of delegation）而英重"代表原则"（principle of representation），美重本地人士为代表，而英无此风，所以美洲殖民之见解歧异而酿成抗辩，此说较为切实。然而殖民之目的似早即不在要求参加巴力门之代议。（印花税律会议开会时，奥替斯受马萨诸塞之训示，令勿赞成任何请求代议之提案）

其三，内税与外税有别。巴力门得为管理贸易而课关税，但无为充裕国库而征内

---

[1] The inestimable right of being governed by such laws, respecting their internal polity and taxation as are derived from their own consent...《维基尼阿关于印花税律之决议》。又，"The British Parliament have assumed the power of legislation for the colonies in all cases whatever without the consent of the inhabitants, which is ever necessary to the right establishment of such a legislative"《波斯顿条举权利之侵削与违反》。见摩立孙，页17, 91。
[2] 阅摩立孙，页17, 18, 25~27等。即英人(Camden)亦有谓，"Taxation and representation are inseparably united; God has joined them, no British Parliament can separate them"（Parliamentary History, Vol. XVI. Col. 178）。
[3] 茶坦姆爵士于一七六六年一月十四日，在巴力门中曾云："There is an idea in some that the colonies are virtually represented in this House. I would fain know by whom an American is represented here", The Stamp act be repealed absolutety, totally and immediately because it was founded on an erroneous principle。见，《旧南小丛书》，册199。（Lord Chatham's Speeches on the American Revolution），页4, 11。
[4] 例，麦利穆，同书，页45~46。

税之权。[1] 当纷争之初，殖民似均承认此点；英之壁德（Pitt），亦赞成此区别。及后争执愈烈，于是将此管理贸易权之根据由巴力门之有限权威移至英王之特权；再由英王之特权移至契约与同意之上。[2]

其四，美洲殖民应服从英王而不应在巴力门立法统治权之下。[3] 初则多数人士尚认巴力门有管理殖民地贸易之例外权，继则因巴力门宣称得处置殖民一切事务，遂进而否认服从巴力门之任何义务。[4] 殖民所持之一部分理由为：宪章乃英王所赐，与巴力门无关。然此说亦有其困难。[5] 所谓服从英王似为应用封建时代之旧观念，否则亦系否认光荣革命。[6] 历史家向不注意而在今日最堪昧之论点厥推下列一项。

其五，美洲各殖民州非不列颠帝国或"王土"之一部分故不受巴力门之统治而系直接在英王之下的"自主地"；[7] 殖民州之立法权本完整而独立，惟因特殊情形可以自愿地同意接受相当限制。此一论点确有历史根据而能自成立。[8]

虽然，自主地之理论与制度，经长期酝酿——至少，自一八三九年达剌谟爵士之报告（Lord Durham's Report）以迄一九二六年帝国会议之宣言——至今日固已显明，但在当日英美纷争时期犹未结晶成形，即言论者与政治家亦恐茫然无认识。不宁惟是，设使英国巴力门有及于"四海以外"（beyond the four seas）之立法全权说为法律的虚构；则所谓殖民地只服从赋有特权之英王而不受巴力门权力之干涉亦未始非法律的虚构。在巴力门权威方兴未艾之时，自不能容纳殖民之绝对否认；在殖民州则已由童年而至

---

[1] 阅摩立孙，页30，39，46等。
[2] 见前。
[3] 阅摩立孙，页18，107，108，112，115，134等。
[4] 佛兰克林亦谓："that Parliament has a power to make all laws for us, or that is has a power to make no laws for us"之两种极端见解，各有相当论据。彼倾向于第二种见解。（"Writings of Benjamin Franklin", Smyth,ed., 卷五，页115）。
[5] 见前。
[6] 阅马启尔文，页10~11。
[7] "自主地"一词，当日虽未用过，然所指之理想实即如今日加拿大，爱尔兰等"自主地"所处之地位，阅摩立孙，页108，111，115，127等。
[8] 翻阅马启尔文，同书。彼谓英美纷争之根源远在一六四九年五月十九日，长期巴力门(Long Parliament)所宣称之新原则："The people of England and of all the dominions and territories thereunto belonging are and shall be and are hereby constituted, made, established and confirmed to be a Commonwealth and Free-State, and shall from henceforth be governed as a Commonwealth and Free-State, by the supreme authority of the nation, the Representatives of the People in Parliament, and by such as they shall appoint and constitute as officers and ministers under them for the good of the people, and that without any King or House of Lords."（见同上，页21~22）。日后巴力门欲应用此原则，遂引起爱尔兰之抗争，其所持理论与美洲殖民（如两亚当斯，威尔逊等所代表）之理论如出一辙。《新英人》之论点不啻背诵爱尔兰某氏之宣言（"A Declartion setting forth How, and by what means, the laws and Statutes of England from time to time came to be of Force in Ireland"无著者姓氏，约1641年付印），及达锡之《辩论》（Darcy, Argument, 1748, 同上，页33）。且海峡群岛（Channel Islands）亦曾早有否认巴力门立法干涉权之先例，同上，页90。参阅亚当斯，《美利坚革命之政治观念》。

少壮在在企求充分之自主；故纷争愈烈意气愈多卒至双方决裂。吾人应注意者，殖民之反抗理论实为独立与革命运动中一大势力[1]：而根据宪法之抗辩并非无聊的掩饰或仅用以激动民众之空论而实为一般领袖之忠实的信仰。[2]

伍、根据自然法与自然权利之抗辩——积极革命

（甲）一七七六年之《独立宣言》

一七七五年六月四日之《武力抗拒之理由宣言》：（一）犹以巴力门为攻击之目标；（二）犹以宪法为抗拒之根据；（三）犹否认图谋独立之野心；（四）犹以"恢复固有的联合"为惟一宗旨。然期年而后，全洲会议即已训令各邦开始组织革命政府。迨一七七六年七月四日《独立宣言》发表则犹如峰回路转豁然别开天地。佩因之《常识》虽先此刊行（是年正月；未署真名），而弹奏新调：然《独立宣言》究为革命时期自然权利哲学之简短精悍之总代表。此篇宣言由抗议而变成革命，由反对巴力门而易以声讨英王，由援引宪法与英人权利而改为根据自然法与人类之自然权利。此后各邦之宪法或宣言直均以此篇为蓝本。[3]

《独立宣言》中所列举英王之罪状可不置问，开端两节为其精华所在：

> 在人类事变之过程中，当一群人民对于其本相联结的另一群人民而遇有断绝关系之必要，且欲在世界大国间取得其独立与平等的——亦即自然法与主宰自然之上帝之法所赋予的地位时，则彼辈因尊重人类之意见故，应将其被迫而分立之理由公开宣告。吾人深信下列数项乃不言而自明的真理。一切人民皆生而平等，皆受上帝所赋予的若干不可割弃的权利，就中即为生命，自由与求乐。为保障此项权利故，人群中始有政府之设立，政府之公正权力盖得自被治者之同意。任何政体而至破坏上述目的，则人民有更改或废弃旧政府而另建新政府之权——新政府所根据为其基础之原则与其权力之组织方式均以人民所认为最能达到安全与快乐者为准。谨慎深思所训令吾人者当然

---

[1] 英人亦知论辩与思想之可虑。"In the end it will be cheaper for us to pay their army than their orators."（Soame Jenyns, Objections Considered, 1765；见摩立孙，页23）。
[2] 英人罕普登（Hampden）曾为"三先令之船钱"（ship money）而反抗。"Hampden was not oppressed, and neither were they（指 Adamses, Wilson 等）."马启尔汶，页187~189。
[3] 《独立宣言》之原文甚易觅读；摩立孙书中亦有之；页157，汉译，可阅小颦女士，《政治思想之源》，（第一篇，《美利坚独立檄文》），一九〇三年版。

为此：凡成立久长之政府不应因细微之故而受变更；以故，一切经验证明，苟祸害而犹堪忍受，人类宁愿忍受祸害而不愿骤将素所习惯之制度毅然废弃以平冤屈。虽然，政府而至再至三，先后施行其目标同一之滥权与攘夺，欲降陷人民于绝对专制之下；则推翻此政府而另立新护卫以保守未来之安全，实为人民之权利，亦实为人民之义务。[1]

上述宣言中之政治哲学无异于洛克辩护一六八八年革命之理论。然谓此即抄袭洛克则又不然。[2] 此中有无卢梭之影响？此为历来众说纷纭之点。但吾人若完全否认，恐贻刻舟求剑之讥。卢梭扩充洛克而发扬光大之；洛克思想之能传播，卢梭亦有极大助力。譬如山巅冰雪，由上下滚，体积愈大，力量愈强而速率亦愈增；其所以体积大，力量强而速率增者正有赖于沿途积合团结之冰雪。一六八八年，一七七六年与一七八九年之三大革命其背景之枝节虽异，而其反抗君政求所以为人民革命得一理论上之根据者则一。境遇既酷肖而时代精神又同一，则立论自不免雷同，初不必以抄袭与模仿视之。[3]

（乙）各邦之宣言与宪法

吾人对上述解释如犹怀疑不妨细审梅荪（George Mason）所起草之《维基尼阿权利宣言》（一七七六年六月十二日）。其中论辩直与两句后哲斐孙所起草之《独立宣言》绝同：

> 一切人们本自然而平等地自由与独立，且有若干固有的权利；在人们进入社会时决不能由任何契约剥夺其子孙所有之此若干权利，且亦不能代为放弃。此若干权利为何？即生命与自由之享用，同其取得与主有财产之方法，及求得快乐与安宁。一切权力属诸人民故亦必取诸人民；官吏乃人民之受托人与侍役者，永向人民负责。
>
> 政府之建立实为，或应为人民，民族，或社团（Community）之共同的利益，防卫与安全；凡能产生最大度之快乐与安宁，而又能最有效力地保证确无污政之危险者乃一切政体中之最优政府，任何政府倘果不能达到甚或违反上项

---

[1] 《独立宣言》，见摩立孙，页157。
[2] 参阅贝克尔（Carl Becker），《独立宣言》，页18~23。
[3] 一五八一年《荷兰独立宣言》谓：上帝为民设君，非为君设民，故君人者应视人民如赤子；苟侵犯人民之利益，则为暴君，而非复人主。此为最早之革命宣言，提示乐利，为民，契约，反抗权诸原则。可见远在洛克之前即有"洛克的"学说，此岂非环境使然？

目的，则社会中之多数有丝毫无疑地，不可割弃地，不能破坏地改进，变更，或废弃政府之权；而改进，变更或废弃之方式全以促进公众福利为标准。[1]

自然境域，自然法，自然权利，契约，主权在民，被治者之同意，政府目的，革命权利——举凡美利坚《独立宣言》之所有者均已在此篇中明言或暗示。此项"自然权利哲学"曾经先后反复采入各邦之宣言或宪法中。今略述一二于下。

（子）自然境域与契约　自然境域乃假定的起点，其状况与演化初无发挥之必要，盖一经诘问则疑难纷起。根据自然法，人本平等，无生而为治人者或治于人者之区别。人由契约踏进政治社会，[2] 维基尼阿邦宪（1776年）开首一语即宣告解散旧政府，意即谓人民返乎自然境域而另立政府。马萨诸塞邦宪（1780年）之引言云："政治团体乃由无数个人自愿结合而组成；此乃一项契约……"。故全邦人民加入"一原始的、明文的与庄严的契约"。[3]

（丑）主权与权利　北卡罗来纳（North Carolina）邦宪宣称"一切政治权力只属诸人民故亦取自人民"；新罕布什尔（New Hampshire）邦宪则谓"一切合法政府均原始于人民"；两者词异而意同。[4] 马萨诸塞邦宪第五条云：

> 一切权力本寓诸人民故亦从人民得来；政府之一切官吏与掌握权威者，无论其为立法司法或行政，皆为人民之代理者与受托人，故永向人民负责。[5]

人民之所以有此主权，实因人民生而俱有自然权利。所谓自然权利当然例举易而列举难。除生命，财产，求乐外，大概以自由，平等，置产，服官，言论，信仰，集会，建国，同意，安全，迁徙，陪审等为普通之例举。[6]

（寅）同意与革命　政府基于契约，政府基于同意；政府基于其能促进与保障人们之自然权利，此三论点之精义全同。政府而违反其本来目的即为侵犯人们之自然权利，即为不得人民之同意，即为破坏契约；人民至是可行使革命权利。

（丙）"后退"抑"前进"？

美洲殖民由抗拒而革命，始则借重宪章，继则偏用英宪，终则倚赖自然法与自然权

---

[1]《维基尼阿权利宣言》，见来特，页120。
[2] 有名施密（Smith）者，当选为邦民代表，（代表South Carolina）。人或攻击其当选之为无效，其所持理由为：一七七六年美利坚独立时，彼不在美洲故未曾参与新契约。阅麦利穆，页60，注2。
[3] 摩立孙，页151, 136。
[4] 来特，页136；麦利穆，页54~55。
[5] 来特，页138。宾夕法尼亚邦宪亦有同样原则；摩立孙，页162。
[6] 来特，页116~127, 136~151；摩立孙，页162~176。

利。说者谓始因宪章之根据不足乃转而凭恃英宪，继因英宪又不足以屏障（即，英人之宪法论据是而殖民之宪法论据），乃改以自然权利作掩护，此乃在理论方面之步步后退。[1]

虽然，宪章乃各州单独之根据，且非尽州皆有。及诸殖民州处同舟共济之局面而联合抵抗，自必进一步着重英宪。英宪之中，在殖民领袖视之，包含或，至少，根据自然法与自然权利，[2]即英之学者素亦夸称此点。最后，殖民州决定独立，发表宣言，则其所著之公文，所揭之理论乃为世界所审判，为子孙所传诵，而非复向祖国之政府呼吁：则其弃英宪而不谈者——《独立宣言》即不提英宪——乃"为事有必至理有固然"者。与其谓此乃步步后退，不如谓为节节前进。[3] 关于美利坚革命之政治思想约略已如上述，今叙述两大理论领袖，佩因与哲斐孙。

陆、佩因之政治思想（Thomes Paine 1737—1809）[4]

以一身而参加美法之革命运动兼为其革命思潮之代表，媒介与连锁者当推英人佩因。美洲殖民州自发出《武力抵抗之理由宣言》后，对于行动之究竟，尚不一致。次年正月佩因不朽之作《常识》出现。其主旨在鼓吹独立。"辩论之时期今已过去……死者之血与自然之声均向吾人高呼——兹已届决绝分裂之时刻。"此篇意义浅显，文笔生动，而情感浓厚，故能"不胫而走，不翼而飞"，且能使久积之燃料着火而燎原，其在当时势力之大与激成独立之功，即华盛顿诸人亦均承认。[5]《常识》而后继之以《林樵信札》。在美之危机中吾人更可追索独立运动之历程阶段。[6] 佩因之贡献盖远在仅为美国议会中外交委员会秘书之上！

---

[1] "At best, an exposition of the political theories of the Antiparliamentary party is an account of their retreat from one strategic position to another." 士来新权，同书，页179。
[2] 见前。
[3] 关于节节前进之说，阅马启尔文，结论；又亚当斯（R. G. Adams），同书。
[4] 著：（1）《常识》，1776。
（2）《林樵信札》（*The Forester's Letters*），1776。
（3）《美之危机》（信札十三封），1776—1783。
（4）《政府论究》（*Dissertations on Government*），1786。
（5）《人权》，第一篇，第二篇（*Rights of Man*），1791，1792。
（6）《反君政论》，（*Anti-monarchical Essay*），1792。
（7）《政府基本原理之论究》（*Dissertation on First Principles of Government*），1795。
余如《田农政策》（*Agrarian Justice*），1797；及《道理时代》（*The Age of Reason*），1794—1795，与彼之政治思想亦有关系。
[5] 张宁，《美国史》，卷三，页182~195。
[6] 第一封信之起句为："These are the times that try men's souls,"最末一封之起句为："The times that tried men's souls are over"。佩因，《著作全集》（Conway 编辑，"The Writings of Thomas Paine"），卷一，页170，370。

及法国革命爆发彼又以全力相赴。先后作《人权论》两篇以驳斥柏克（Burke）。[1] 当法王路易十六世图逃未成之后革命领袖犹豫未决之时，彼草《宣告共和》一文粘贴巴黎墙上；其后又在议会中抵抗西耶士之君主政制论，彼对于法国之效劳不可谓少。革命政府始以法国国籍赐予佩因，以示荣宠（1792）；曾不转瞬而又视彼作外人，拘捕入狱（1793—1794）。彼之卒未上断头台者其间真不容发。以施德得怨之虎口余生，而犹继续地拥护革命，信仰主义，推崇民众，诚不愧为豪杰之士。[2]

佩因之思想系单纯坦直而非曲折深邃；然其伟大力量正亦在此，彼论政治学云：

> 讨论政府乃人人最感兴趣之问题。盖无论贫富，人之安宁与发达均与政府息息相关。故熟知政府之原理与其应有的实施，实为各人之利益与职责。任何艺术或科学，无论初起时若何幼稚，一经累代之工作，已由研究改进而渐臻完善；独此政府之治理学，则依旧固步而无进……

> 虽然，政府之治理学，虽受一般欲羁囚，劫夺与宰割人类者之有意播弄而陷入神秘之包围，实为一切事物中最不神秘而最易了解者。

故彼之著作少引证与史事，而惟发挥"简单事实，浅明论点与常识"。[3] 至于所受洛克与卢梭之影响，究有多少，殊不值吾人之深究。彼之新颖本不在观念而在措词造句。[4]

佩因含带神政观念：美之宜独立，欧洲之将有普遍革命，莫不归诸上帝之意旨。[5] 彼之人道主义如力求女性平等与提倡解放黑奴，反对侵略战争，皆为不应埋没之卓见。

（甲）论国家

佩因区别社会与政府，至再至三；但对于国家一观念则始终模糊隐约。盖彼所指之政府有时实即国家，而论及国家又往往称作社会。[6] 国家——用佩因原字，则"政府"——

---

[1] 《人权论》乃辩驳柏克之"Reflections on the French Revolution"（1790）；及柏克继作"Appeal from the New to the Old Whigs"（1791），彼又续著《人权论》第二篇。
[2] 阅《政府基本原理之论究》；又《全集》，卷三，页279。
[3] 《常识》，同上，卷一，页84。
[4] "Tyrany, like hell, is not easily conquered."（卷一，页170）"He that rebels against reason is a real rebel, but he that in defence of reason rebels against tyranny, has a better title to 'Defender of the Faith' than George the Third."（同卷，页179）"Every honest delegate is more than a monarch."（同卷，页150）所谓"语妙天下"，此可当之，但流弊所在，文胜于质。
[5] 同上，卷一，页89；卷三，页98。
[6] 例如"Government（应作 State）is nothing more than a national association acting on the principles of society."《人权论》，卷二，页411。又"Man did not enter society（应作 State）to become worse than he was before nor to have fewer rights than he had before, but to have these (natural) rights better secured."同上，页306。但彼称宪法为"国家之政治圣经"（同上，页431），又谓国会不能推翻国家之契约（同上，页147）时，显将政府与国家严加判别。

果何由而起？彼谓欺骗，暴力，迷信，压迫虽皆为历史上国家（或"政府"）之起源，但惟一合于法理之手续在人人订结契约。[1] 至政府与人民间则绝无契约之可能。[2]

进一步言，国家因何而起？由彼视之，先有社会而后有国家。人性喜群居，而因满足欲望之故不得不彼此合作——此两动机实使人们团结而成社会。[3] 迨人们在社会中既已战胜基本的困难，彼此之职责与亲爱日形疏淡（是则人"可共患难而不可共安乐"），于是有设立政府之必要——从无政府之社会到有政府之国家。故国家之起，由于道德之欠缺与不足尽恃。[4] 国家之职能在保障各人之自然权利。

> 在自然境域中人们之权利彼此平等而其权力则彼此不平等，盖弱者不足以抵御强者。惟其如是，所以有民政社会（Civil Society）之制度，俾权力得以均平……一国之法律，苟其订立适当，应合于此义；每人所持法律之力量以自护者较其持一己之力量为有效，以故，关于设立政府及订定法律，人人有平等之权。[5]

易言之，"人之自然权利乃其民政权利之基础"。仅仅持征服或暴力所得而无自然权利为根据者不足称"权利"。"权利非此人所能赋予他人或此阶级所能赋予它阶级者……""一篇权利宣言并非权利之创造或赐予"。言自然权利人人本皆平等，故言民政权利，亦必人人平等。[6]

关于主权，彼曾谓"每一政府（应作国家）有一主权，即一个控制其余种切而自身不受任何控制之权力"。在专制国中主权属君主，在共和国中主权属诸人民[7]，后又曾谓主权在民族。[8]

（乙）论政府

国家与政府两词之混乱，前已言之。但佩因所苛斥轻贱者恐多指政府而少指国家。

---

[1] "Individuals themselves, each in his own personal and sovereign right, entered into a compact with each other to produce a Government（应作 state），and this is the only mode in which governments have a right to arise...and to exist"，《人权论》同上，页309，又，同卷，页73，137。
[2] 《人权论》卷二，页309。
[3] 同上，页406；《常识》卷一，页70。"Necessity, like a gravitating power, would soon form our newly arrived emigrants into society."
[4] 《常识》，卷一，页70~71. "Here then is the origin and rise of government（the State）; namely, a mode rendered necessary by the inability of moral virtue to govern the world."
[5] 《政府基本原理》，卷三，页272。
[6] 《人权论》，卷二，页306；《公益篇》（"Public Good"），同卷，页35；《政府基本原理》，卷三，页27。
[7] 《政府论究》，卷二，页132。
[8] "Sovereignty, as a matter of right appertains to the Nation only, and not to any individual."《人权论》，卷二，页385。

此可于其区别社会与政府一段中窥见之：

> 几位著作家将社会与政府混用，一若绝无区别；实则两者非徒性质不同抑且起源互异；社会乃吾人欲望之产品而政府则起于吾人之险恶；社会与政府均促进吾人之快乐，但前者积极，由联合吾人之亲爱，而后者消极，由限制吾人之恶行。一则奖励交际，一则造作区分，一为恩人，一为罚主。
>
> 社会，无论其处何境域，乃一幸福；而政府，即在其最优境域中，亦只为一个必需的祸患，若在其最劣境域中，则成一个不堪忍受的祸患……政府，犹之衣裳，乃天真堕落之标帜。[1]

职是之故，彼以为文化之进步有赖于政府者殊少。"人类中间存在之秩序大部分非政府之效能而起于社会之原理与人之本性，即未有政府之时早已存在，如将政府而铲除亦自存在。"此所云云，即谓政府消亡，社会决不因之瓦解。"文化愈趋完善则其需要政府者愈少。""盖社会之一切重要原则均系自然之原则"，譬如通商、贸易、宗教等等非政府之命令有以致之。[2]

此项思想，不特以放任为归宿，[3] 且倾向于无政府主义。但吾人不得不怀疑者，恐佩因之立论另有背景。革命乃铲除旧政府之谓。知铲除政府而社会决不至瓦解则吾人可大胆放怀拥护革命，而不必采纳柏克之心理与论调。至少，此可为辩护美法革命之消极论据。不然，佩因非不知"政府为一国风化与道德之源泉"，[4] 何故加以轻贱？

> 政府非一种卖买事业，任何个人或任何众人所得设立行使以自取利，而全系一种信托……政府本身只有职责而无权利。[5]

惟其为信托故政府之目的在公益与群乐。[6]

关于政体之分类，彼虽曾谓政体乃幻想中物，其数无限，然实承认两类：一为选

---

[1] 《常识》，卷一，页 96。布朗之评语堪值思味，"Who that has experienced the World War of 1914—1918, that orgy of 'statism' let loose, but will sympathise with Paine's distinction"。《英国政治学说》（Brown, *English Political Theory*），页 81。
[2] 《人权论》，卷二，页 406—409。
[3] 《论立法与行政两种》，卷二，页 245。
[4] 《美之危机》，卷一，页 246；又，阅卷二，页 188。
[5] 《人权论》，卷二，页 432，又《林樵信札》，卷一，页 149。"Government should always be considered as a matter of convenience not of right."
[6] "Public good is not a term opposed to the good of the individual; on the contrary it is the good of every individual." 《政府论究》，卷二，页 137。此与斯密亚丹及十八世纪学者之精神吻合。

举（与代议）政体，一为世袭政体。后者包括君主与贵族；前者即为民治或共和。[1] 若从历史观察则政府或有三种：基于迷信者（神权政体），基于权力者，及基于"社会之共同利益与人类之共同权利"者。[2] 前两种势必出于世袭，后一种则必民选而始得当。佩因反复声明，只民选与代议之共和政体为合法。

> 道理与无知，为两大极端……无论其一倘能充分地普遍于一国，则其政府之为治甚易。言道理则服从自己，言无知则顺从任何权威。[3]

可见世袭政体端赖人民之无知，而欲设立共和，必使人民发展道理。此外，求良好政府必祛除"猜疑"[4]；欲政府坚强必扩大人民之自由。至于政府之治权彼仅认立法与行政（包括司法）两种。

（丙）论世袭君主政体

> 即几何学中之任何题解，其精确莫逾于是：世袭政体无丝毫存在之权。故吾人若取消一人之世袭权，吾人之所取消乃彼本来无权可以取者，且亦非任何法律任何习惯所曾能或可能给予与彼使；彼有取有的根据者。[5]

何以言之？第一位世袭君主究竟如何起始？谓为抽签决定，则既可抽签何必世袭！谓为民选，则曷不继续！谓为夺取则其无根据可知，更不值驳斥。[6] 由佩因视之，原始的君主本不过流氓盗魁之金装变相：

> 今有盗匪数股，联合而侵掠一地使之岁进贡献，占其土地而奴其居民。及出征告竣，群盗之首领遂采用君或王之尊号。在一切部落中——渔猎者，耕种者，畜牧者——君政之起盖尽如上述。
>
> 其后，第二匪首莅临，自以为以强力夺取他人曾用暴横以征服者于情不为不平，于是遂将第一匪首羁囚诛戮，剥取其所有而代为之治。年月荏苒，而此种起源之形式渐归泯灭而不复有人记忆。继承者更用新颖方式以统治众人，故行小惠，腐化左右；并制造虚伪之世系使其家族之所自呈神圣色彩。

---

[1]《政府基本原理》，卷三，页257。彼否认混合政体。
[2]《人权论》，卷二，页308。此与《常识》中以直接民治为最早政体而代议继起者（卷一，页70~71），显有矛盾。
[3]《人权论》，卷二，页382。
[4] 彼谓法在革命以前，主仆间，朋友间，君臣间，政府与人民间，无不充满"猜疑"——"a government founded on suspicion."语重心长要为不朽名论。《论立法与行政两权》，卷二，页246。
[5]《政府基本原理》，卷三，页258。
[6]《常识》，卷一，页37，81。

而教士之奴性奴行亦为虎作伥。彼号称君主者竟以宗教为护符。从此而后暴政不绝；夺取之权力遂作为世袭之权利。[1]

此种暴力起源说，在佩因不过因攻击英法之君政而驰骋于幻想之境域，不图与今日号称以科学方法研究此题者，颇多暗合。[2]

今舍起源而论继续。即世袭君主，"既经起始，能否因长久时间而渐成权利？"佩因谓"此乃假设一不通之论，盖此乃以时间替代原理，或以时间高居原理之上。实则时期与原理两不相干。千年前起始之'非'，其为'非'正与今日起始者绝同；而今日所起始之'是'，其为'是'无异于起始于千年之前者"。[3]

今再退一步而论世袭君主之功用。佩因亦期期以为不足辩护。国内扰攘曾不因之而少减；而国外争战反因之而倍增——英国自诺尔曼民族入主（The Norman Conquest）以来已有十九次叛乱，八次内战。[4]执政元首应详知民隐，而君主则深居简出沉酣于货利声色之中而不复问民间疾苦。世无世袭诗人或世袭数学家，又安能有世袭贤君！君主不特自身多为"愚夫"，"童骏"，"白痴"，"疯汉"，抑且使一般民众堕落腐化。[5]

最后，世袭君政可否有霍布斯（Hobbes）所指人民之同意为其根据？彼云，以亿万人而舍身于一主为其奴隶，此决非人情之所愿，且一代人之行为断无拘束后代之力量或权利。[6]总之，佩因攻击专制之理论不啻直捣黄龙，犁庭扫穴，极摧陷廓清之能事。彼于美法革命之贡献，此实最大之一。至于驳斥世袭贵族，共列六大理由，殊与攻击世袭君主之论类似，兹不复赘。[7]

（丁）论共和政体

佩因想象中之共和政体实含三大原素：代议，公正与公利。"予之所谓共和，即民选代议政府——建筑于人权宣言原则上的政府"。"共和国者乃以公正为主权，以见

---

[1] 《反君政论》，卷三，页102~103。在《常识》中彼早谓历史中之君王大概 "Nothing better than the principal ruffian of some restless gang, whose savage manners or pre-eminence in subtility obtained him the title of chief among plunderers." 卷一，页80。又，《人权论》，卷三，页412。
[2] 阅奥本海麦，《国家》（Oppenheimer, "The State"; Gitterman 英译，1922）。
[3] 《政府基本原理》，卷三，页260。
[4] 《林樵信札》，卷一，页150。
[5] 彼痛骂君主为 "royal brute" "sceptered savage" "breathing automatom" 可谓极文章之能事。《常识》，卷一，页71，32，等。
[6] 阅后。
[7] 《人权论》，卷二，页322；又《政府基本原理》；卷三，页270。"Blush, aristocracy ... your progenitors were thieves." 今日读之，如闻其声。但佩因虽主张将路易十六世审判而不赞成处以死刑。《全集》，卷三，页114~118，119~124。

别于以意志为主权者。"[1] 欲有公正，必以人民之公利为前提；若徒有民选之形式不足当此名称。[2] 共和政体之优点在基于被治者之同意，既能使人民自由又能使才智集中，使智识与权力相合而不相分，相辅而不相背——"以社会及文化为根据；以自然，道理及经验为向导"。不宁惟是，共和政体可以免除战争。[3]

关于制度，彼力主一人一票；行政大权不应集中一人，而行政元首不应操绝对否决；地方法官可逐年民选，政党政治宜受屏除。彼尤主张一院制之立法机关，谓双院制具三项流弊：（一）此院正在讨论或有发现新见解之可能，而他院早已表决；（二）两相牵制，无一彻底；（三）议案有由少数通过之危险。[4]

（戊）论成文宪法

佩因对于成文宪法一观念有宝贵之贡献。

> 宪法之为物非仅空名而系事实，非有理想的而有现实的存在。凡国家而不能以宪法示人者即为无宪之国家。宪法先政府而生，政府乃宪法所产。一国之宪法非其国政府所能决定而系建设政府之人民之所定立……宪法包含：政府据以成立之原理，政府组织之方式及其权力之范围，选举之方法，国会之任期……行政部之职权；及，总而言之，关于政府整个组织之一切规定与政府之行为和限制诸项原则。[5]

是故政府与宪法截然为两物；宪法在政府之上，其一部分内容虽系产生与支配政府，但其设立为人民，而非为政府。惟人民始能订修宪法，政府无权过问。除革命的非常时期外，立法权与制宪权不能由同一机关操握。宪法不必求，亦不可能，万世不易。盖"人权为每世每代之人权（断非某一世某一代所能独有）。吾人曷为企求后人之福利而完全为之代庖，且竟疑虑后人之能力？"后生可畏，又焉知来者之不如今？宪章制度倘果优良，后世将珍惜保存之不暇，何惧更易，否则虽强令后人因袭，亦系泡幻。

---

[1]《致西耶信》，卷三，页9；《政府论究》，卷二，页141。

[2] "Republicanism is not any particular form of government... (and) is not other than government ,established and conducted for the interest of the public."《人权论》，卷二，页421。此段似非佩因之本意，盖充其极，世袭君主亦可视为共和政体。但彼之要旨在兼重精神。

[3]《全集》，卷二，页338，403~404，418，424，446。

[4] "例如两院各有代表五十。苟此院全体一致，而彼院以二十六对二十四，则二十六人之是或否可胜过七十四票而成立。易言之，四分之一加一可胜过四分之三。假使两院人数为六十对四十，七十对三十。或八十对二十，则其弊更大；盖如是则十一票可胜过八十九票——倘此一票反对本院之九票同时反对他院之全体。"《论立法与行政两权》，卷二，页243。

[5]《人权论》；卷二，页309~310；又，页428，"Government without constitution is power without right"。

佩因以为修改宪法应有定期。[1]

英国无宪法可言；一因无成文形体，一因英政府能变更其自身之制度。[2] 彼又力诋英制，斥混合政体之无稽，笑"牵制平衡"之虚伪，而对于美之国宪与邦宪及法之新宪则颂扬备至。[3] 此殆革命领袖所必具之心理与应有之信仰。

（己）"每代活人"（The living generation）之绝对自主权

关于人权之享用与制度之采纳，佩因完全着眼现在。每一现代绝不受制于任何往代；故每一来代亦决不受任何现代之束缚。倘吾人之所见异于是，则吾人不为奴隶即为暴君：为奴隶，倘承认往代有限制吾人之权利；为暴君，倘信仰吾人有支配后代之威力。[4] 彼反复声言。世界为活人之世界，权利非死人之权利。

> 在任何国家中，从来未有，总不至有，且永不能有一种国会或其他名称之团体或即一代人民之全体，其权利或权力能束缚与管理万世无穷之来兹，或能决定政府之制度与人选使其永不变更。以故凡法律，命令与宣言，其内容有为订立颁布之机关所本无权利或力量实行者，即作自始无效而不能成立。每一代活人有处置自身一切之自由。人既老死入墓而犹求统治社会，此种虚荣与自大乃最可笑与最无理之暴横。人不能以他人为产业，一代不能以后代为产业……世界之所供应与方便为活人而非为死人。人既物化则其权力与欲望同归于尽，死者既与世事无关，则对于统治者应为何人，政府之组织宜何方式或行政应如何实施自无指挥之权威。[5]

彼之精神恰与柏克相水火。惟其推崇活人之自主故轻贱死人之遗制。不特宪法当定期修正，即普通法律凡已成立三十年者即应作废。但佩因只见其一而未见其二。法度固不能亘古不变，所谓"治世不一道，便国不法古"，但过去人之思想习惯制度风气之在在束缚与限制吾人之思想行为者非"应然"而系"实然"之事。法国革命之所以有长久纷乱者未始非对于立法过分迷信而欲于一朝一夕间完全另起炉灶。且现代活人虽不必尽为来代庖，但一切举措是应否应以来代之福利为怀?

---

[1] 《立法与行政两权》，卷二，页 239，249~250；又《人权论》，同卷，页 452。
[2] "The act by which the English Parliament empowered itself to sit seven years, shows there is no constitution in England."
[3] 《全集》，卷一，页 72~74，83；卷二，页 310~328，450~451。
[4] 《政府基本原理》，卷三，页 262。
[5] 《人权论》，卷二，页 277~278；又 281，304。

（庚）革命与经济

世界既属活人，人权又绝平等，而共和政体且为惟一的合法制度，则革命权之有根据自不待言。佩因谓美法革命非局部事，凡属人类均宜欢欣鼓舞。[1] 革命以破坏为手段以建设为目的。佩因之理想国家似宜满足两项条件。其一，以人民之自由意志决定一切。"惟一目的在发现全国人之普遍感觉（意志）而受其统治。倘此普遍感觉宁愿取劣政而舍改进，宁肯担任实需赋税之十倍，人民固有此自择之权。只要多数所待少数之条件无异多数之所自待者即无'不公正'之可言。"[2] 其二，社会经济与文化亦宜美满。"任何国家而能当此称誉，贫乏者亦觉安乐；无知与痛苦绝迹；途无乞丐，狱无羁囚；老者有所养；赋税轻简任何国家而能如是，则其宪法与政府足以称豪于世。"[3]

佩因虽未明言，实认经济为重要。英政府殖民政策之为错谬（与殖民战争，"不啻纵猛犬以噬店肆门前之顾客"），与美之宜独立，均可以商业为论断。一国之商业兴盛全赖他国之共存共荣。[4] 原始土地本为人类之共同产业；以划分耕种形成土地之私有。照彼计算，每隔三十年，自然财富（natural wealth）必将一度更易主人。彼曾建议，政府应重征遗产税（百分之二十至三十）；以此税之收入积为基本金，凡年满二十五者可岁得十五金镑：如是则人之原始土地权虽已丧失，犹可得相当调剂。[5] 是则在政治上倾向个人主义之佩因，在经济上未始无接近社会主义之暗示。

柒、哲斐孙之政治观念（Thomas Jefferson，1743—1826）[6]

于美洲殖民领袖中，必欲求一革命理论之代表恐以哲斐孙为最当。彼不特发挥

---

[1] "The cause of America is ... the cause of all mankind."《常识》，卷一，页6；又页84~87，91，93，97，99。又《美之危机》，卷一，页195。论法国革命则曰，"It is much to us as men; much to us as Englishmen"。《公启与宣言》，卷二，页253；又页257，272，386，456，558；又《人权论》，同卷，页508~509。
[2] 顾近马岐昧（McIver）之见解，阅拙著《卢梭之政治思想》。
[3] 《人权论》，卷二，页500，508。
[4] 英国而能消灭其他国家之一切贸易，英国将最有效地破坏其自己之贸易。《人权论》，卷二，页457~458，又云，"全欧可成一国"；"予之国家为世界，予之宗教以为善"。页453，472。
[5] 《田农政策》，卷三，页322~344。"It is wrong to say God made rich and poor."
[6] 彼之政治观念可于下列著述中求之：
  1.《权利总论》（"A Summary View of the Rights of British America"），1774。
  2.《独立宣言草稿》，1776年。
  3.《邦宪草案》（"Proposed Constitution for Virginia"）1776；1783。
  4.《维基尼阿邦述要》（"Notes on the State of Virginia"），1781年著，1782年刊行；实则1784年始出版。

宪法论辩（《权利总论》），抑且宣传自然权利之哲学（《独立宣言草稿》）。复次，彼为维基尼亚之领袖又两度为联邦总统，故其学说信仰之曾能影响实际政治与条文制度者甚深。

《权利总论》之主旨在否认巴力门统治美洲之权威——此盖较当时承认其有一部分权威者，更进一步；而其理论之含义或其立论之终极，则分明视殖民州为今日之自主地。彼云，"吾人宣告上述（巴力门所订）法律之无效者盖根据此点——巴力门绝无统治吾人之权威"。美洲之由荒野而成文明者皆殖民胼手胝足冒险轻生以至高代价换来之成绩；殖民盖自食其力而英政府从未曾牺牲一人，化费一文以相援助。故一方面，殖民所有之"英人权利"丝毫未曾放弃；再一方面，支配美洲土地之权完全在殖民自身而不在英政府。[1] 今英乃反客为主，得寸进尺，在在侵犯与剥夺殖民之权利——"上帝与法律所平等地独立地赋予一切人们之权利"（如划分美洲土地，以与英政府之嬖幸私人，如制止美人与全世界之自由贸易，如不得殖民之同意而遣派军队至美洲，又如解散纽约之立法院）：则是英只自谋其利而置美于不顾。"是可忍孰不可忍？"盖：

> 若干单独偶有之横暴法令，犹可诿诸于一时之不经意；但一批连续地有系统地压迫处置，始于某一明显时期而以迄于今，虽内阁屡易而方策卒未稍改，则其证明一种有考虑有步骤的计划以降陷吾人为奴隶者至为浅显。[2]

统治美洲之权，巴力门既根本无之，则是否在英王？哲斐孙暗加否认。英王"不过为人民之首席官吏，其任命由法律，其权限有范围，其职务在助理人民……是以英王实受人民之监督"。[3] 彼以为殖民州应各各自主而以英王为虚名主权者；实际上最高的立法统治权应在各州之立法院。故彼对巴力门将纽约立法院解散之事，抗议至为激烈；且有"一个自由而独立的议院（指巴力门）而竟自命可以停止另一个同样地自由而独立的议院（指纽约立法院）"为绝无根据之结论。

谓以不列颠十六万选民应代替美洲各殖民州中之四百万民订立法律——

---

[1] 《权利总论》，载 Ford 编，《（哲斐孙著作）全集》(*The Works of Thomas Jefferson*, Federal edition)，卷二，页 71，78，65，85。"These are the acts of power assumed by a body of men, foreign to our constitutions, and unacknowledged by our laws."（《权利总论》亦可于《美国史原料小丛书》，册 11，中读之）。
[2] 同上，《哲斐孙著作全集》，卷二，页 72。
[3] 同上，页 64；又 "Kings are the servants, not the proprietors of the people"，页 87。

而美人之道德，智识与体力完全与英人相等——究有何种理由？[1]

哲斐孙为《独立宣言》起稿时，年方三十有二。彼自言此不过包括常识与流行信仰，既未参考书籍又未企求新颖。《草稿》与正式公布之《宣言》，出入甚少。[2] 论此中自然权利哲学之来源，似不必专指洛克。牛顿（一六八六年著《原理》，Principle）物理学说之影响，早已波及思想界；畴昔"上帝"之地位至是遂由"自然"取而代之。故十八世纪欧洲之思想几完全为自然哲学所熏染[3]。哲斐孙《独立宣言》稿中之观念盖由当日空气中吸取，除文字之堂皇严正外本无创造之可言。不宁惟是，与其谓彼之自然权利论完全取自洛克与卢梭，毋宁谓大半有美洲殖民自身历史上之渊源。同意之说在一六四一年马萨诸塞湾之《自由之总体》中早即见之。[4] 而呼克之民治理论岂非洛克契约说之先声。[5] 葳兹之重自然法，主张平等，提倡民治尤足谓为卢梭学说之前导。[6] 至于一七六八年勒克新敦市民大会中之议案更足证明自然权利哲学之早已普遍接受。[7]

哲斐孙信任民众，酷爱平等（曾反对奴隶制），尤嫉恶专政与集权之领袖。君权乃由篡夺得来，毫无理性根据。贵族有人为与自然之别；前者基于门第与财富，后者基于美德与才能。治权而操诸自然贵族之手，是为最上乘之政体。欲行民治必以教育普及与地方自治为两大基础。政府之治权宜小，人民之政权宜大；而政府之治权万不可集中中央。故彼对于一七八九年之联宪不表满意而对于美国各邦之余权视为宝贵。[8]

---

[1] 同上，页73,88。在《武力抵抗理由宣言之草稿中》，彼曾有此说："By charters of compact under one common king who thus became the link of union between the several parts of the empire." 同卷，页113。

[2] 《草稿》原文载《(哲斐孙著作)全集》，卷二，页199~217；亦载《柏刻》，同书，页160~171。

[3] 阅拙著《十八世纪后半欧洲之社会，道德，法律与经济思想》。

[4] "We hould it therefore our dutie and safetie... to collect and express all such freedomes as for present we foresee may concern us, and our posteritie after us and to ratify them with our solemne consent." 阅《美国史原料小丛书》，册25："Extracts from the Massachusettes (Bay) Body of Liberties." 此篇系Nathaniel Ward 所起草。

[5] Thomas Hooker (1586—1647), "The Way of the Churches of New England", taken from "Survey of the Summe of Church Discipline", 1648. 阅《麦理穆》，同书，页20。

[6] John Wise (1652—1725), "A Vindication of the Government of New England Churches", 1717；载《旧南小丛书》，册165。篇中论点如下：自然法应为一切之准则而契约即根据自然；人性自利但亦合群，且生而平等与自由（"By a natural right all men are born free." 页6）；故政府为人民而设，其所有权力得被治者之同意；政体以完全直接民治为最优（"a democracy, which is when the sovereign power is lodged in a council consisting of all the members, and where every member has the privilege to vote." 页9）；国家乃一人格而有全体意志（"A civil state is a compound moral person whose will is the will of all." 页8）。然则1776年《独立宣言》之理论，岂非早见于此？1772年曾有人将此篇文字刊行流传（页15）；安知哲斐孙未曾寓目而受其影响？

[7] "Where as it is the principle in civil society, founded in nature and reason, that no law of the society can be binding on any individual without his consent, given by himself in person or by his representative of his own free election..." 阅《旧南小丛书》，册156："Lexington Town Meeting from 1765 to 1775."

[8] 《(哲斐孙著作)全集》，卷十一，页381。

彼拥护邦权甚至暗示"脱离论"(Theory of succession)。[1] 至于主张三权之宜绝对分立；[2] 议员之应每年选举；行政元首权限之应弱小[3]，乃革命时期盛行之信仰。佩因所持现代活人具有完全自决权之说，哲斐孙表示同意。"死者已成无物，无物即不能主有何物。"[4] 故宪法应定期修正，每十九或二十年即应更易一次，否则犹童年所制之衣裳至少壮则不复适用。宪法之成立或修正必经人民之同意。革命与流血乃保存自由之寻常现象，吾人正不必惊惧——自由之树应随时受暴君与义士之热血灌溉。

捌、美利坚革命之建设的政治思想

谓美利坚革命之革命理论必系当时殖民全体或大多数接受信仰，恐远非事实。每值巨大政变，社会中之舆论必起分裂。普通一般人士往往模棱两可甚或倾向保守。但论辩之为用攻击易而护御难。且一人以全力相赴的坚决主张，较之数十百人不愿发表或不肯负责之意见，其力量之大或有十百千倍者。故美洲殖民中非无忠君派[5]，但忠君派之理论无甚势力。

雷温那特之精细论辩堪值注意。彼以为当时之争执全由少数民党所鼓动，其政策"正与公善相反"；大有"盲人骑瞎马，夜半临深池"之慨。三种政体固各有利弊，但民治最易"堕落变态而引起纷乱，暴横与无政府"。"一国之中决不能有两个最高与独立的权威存在"。"殖民州乃不列颠帝国之部分"，故其完全应受政府——英王与巴力门——之统治者乃为必然之事。彼谓持此说者只守正论而反对此说者乃倡异说：盖反对此说即抱"国中有国"（Imperium im imperio）之谬见。且就殖民州宪章而论本无自定赋税之权利。殖民之权利充其量与英境以内之英民同；今云无代议士即无纳税之义务，是谓殖民之权利较大于英民，其无根据可知。"政府之起在御外侮而平内乱"，故殖民而不自省悟乃先自破坏政府成立之本意。[6]

至于部社（Jonathan Boueher，1733—1804）之文章，虽至反动与守旧时期而始发

---

[1]《(哲斐孙著作)全集》，卷十二，页418。
[2] "The Legislative, Executive; and Judiciary officers shall be kept forever separate; no person exercising the one shall be capable of appointment to the others or to either of them."同上，卷四，页165。
[3] 彼谓人有权力迟早必用以利己。同上，页22。
[4]《(哲斐孙著作)全集》，卷十二，页13。
[5] 可阅凡·泰因，《美利坚革命中之忠君派》（Van Tyne, "The Loyalists in the American Revolution"）。
[6] Daniel Leonard, "Massachusettensis"，信第二，三，六封。见来特，同书，页79~86。Jonathan Odell 则云："But see! how deluded the multitude fly to arm in a cause that is built on a lye!"其指斥革命论据可谓至极。见 Muzzey, *Readings in American History*，页158。

表确亦代表忠君派之见解。[1] 彼否认同意为政治或法律之基础，以事实言既系虚幻，以理论言亦欠稳固与永久性。国家起于契约之说更难成立；古今人民决不能全体具有此意识与智慧。人之不齐犹天阶星斗，其光彩大小，参差不同；平等乃欺人之词。彼因袭菲耳麦（Robert Filmer,"Patriarcha", 1680）之学说谓原始第一人掌政治之最高权。民治与革命彼尤竭力排斥。

君主派之立论仅在维持现状；而革命派之思想非徒为反抗祖国之理论武器，抑且演绎为事实，为制度，为法律，为不成文之信条。[2] 兹将建设的革命观念之大者远者条举如下：

其一，为成文宪法。此观念与此制度实为美利坚革命对全世界最出色的贡献。宪章与约章（如克伦威尔（Cromwell）时代之"The agreement of the People", 1648—1649；及"Instrument of Government", 1653）[3] 当然早有先例，但严格的成文宪法之成为原则与制度乃由十三州独立而完成。契约与同意两观念亦曾有具体化的制度。

其二，为共和政体。废止君政，选立元首，民选代议，此皆因佩因与哲斐孙诸人学说之鼓动与殖民素有自治之精神与经验，有以致之。

其三，为主权在民。此不独于各种宪法之文字中载之，且反映于制度之中，如宪法受人民批准，国会之不受解散，行政元首之职权有限，革命权利之明文承认，皆是。

其四，为三权分立。孟德斯鸠之无据学说因适合当时境遇遂为美洲中央与地方政府之第一原则。[4]

其五，为权利平等。选权虽有限制，黑奴虽未解放，然以大体精神言，革命时期所高唱之平等不得不谓现诸制度。

---

[1] 著《美利坚革命之原因与结果》（*A View of the Cause and Consequences of the American Revolution*），1797。

[2] "The Americans were the first people in history to frame consciously and deliberately a system of government in which leading dogmas of philosophy received the form and sanction of law." 谭宁，同书，卷三，页97。

[3] 载《旧南小丛书》，册26，27。

[4] 关于孟德斯鸠整部学说对于独立后各邦制宪之影响，可阅奴斯特，《孟德斯鸠与美利坚联邦之邦宪》（Knust, *Montesquieu und die Verfassungen der Vereinigten Staaten von America*, 1922），页57~129。

第三段　法兰西革命之政治原理

壹、背景与事变

华盛顿尝云："美利坚革命或当代之特殊光明似已震醒欧洲各国，而平等自由之精神显已到处膨胀。"[1] 此非妄自夸大之语。欧洲之解放确随法国革命而起，而法国革命之发生与经过，其有赖于美利坚革命之尝试与成功者至深且巨。惟美洲殖民早已有民治之精神，习惯及生活，故仅需革命理论以辩护独立；独立后之新标准与独立前之旧程度相去不远，苟有积极努力即可达到。法国则素无民治经验；新理想与旧生涯之间不啻有长江大河而不可飞渡。故一则经过十年训练而联邦之根本大法告成；一则由革命而复辟，由复辟而革命，盖凡九易宪法而共和始见奠定。[2] 惟其如是，法国革命之激烈非美利坚独立所可比拟，而与一九一八年俄罗斯之革命差相仿佛，盖欲凭借强制权力以空洞理论改变实际生活者，其结果往往如是。德儒黑格尔（Hegel）尝谓法国当大革命之际人皆倒立，头着地而足向天，以观念而不以经验为根据，信然。

（甲）原因

法国革命之原因何在，迄今尚无定论。[3] 实则，恐无定论之可言。盖所谓"法国革命"果何所指？若单指第三级代表之自称国民大会，或《人权与民权宣言》之经通过，或一七八九年宪法之成立，或一七九三年路易十六世之处死，苟所指者系一件事变其原因虽亦不可一元化，比较要属简单。倘以法国革命指一七八九至一七九五年中之一切酝酿，运动，现象与经过则当然无一个总原因而只有前后，大小，轻重，有意无意，

---

[1] 见前注释。
[2] 1791年，1793年，1795年，1799年，1814年，1830年，1848年，1852年，1875年九次宪法。
[3] "People have not yet ceased to dispute about the real origin and nature of the event（指法国革命）. It was the deficit; it was the famine; it was the Austrian committee; it was the diamond necklace, and the humiliating memories of the Seven Years' War; it was the pride of nobles or the intolerance of the priests; it was the philosophy; it was freemasonry; it was Mr. Pitt; it was the incurable levity and violence of the national character; it was the issue of the struggle between classes that constitutes the unity of the history of France." 阿克吞，《法国革命演讲》，页345~346。

错综复杂，相互关连的种种原因。

依照昔日传统习闻之一种"神话"，则法国人民在政治与经济上之困苦贫乏已达极点，无论如何，旧政迟早必消灭，改革迟早必实现，故革命乃不可避免之事。[1]殊不知除旧布新之方向，步骤，精神，与程度，尽可有不同，何以法国革命之经过必如此而不如彼？此其中盖有"偶然"与"意外"之成分。[2]譬如路易十六世（1774—1792）之为人较之路易十五世实有过而无不及。告密信之暴横，人权之无保障，卖官鬻爵之贿赂公行；因为事实，但此非路易十六世所倡行。且法王号称专制，其权力亦并不绝对；实际上辅助法王之咨议及政务机关甚多（如Conseil privé，Conseil d'état, Conseil des finances 等）而法院（Parlements），贵族，教会处处为王权之桎梏。故虽有励行改革之贤君难有雷厉风行之效果。[3]高级贵族与教士固争自为谋不顾公益，然一七八九年等级会议中之维新或激烈代表不乏贵族与教士〔如Mirabeau，Siéyès，Noaille（即有名之"Jean sans Terre"），d'Aignillon，du Châtlet 等〕；而首先倡议剧烈变革者亦半系此辈。盖贵族有贫有富（总数约十万或十四万，有估作四十万者），教士有大有小（总数约十三万）；如以为此两特权阶级相互地或个别地一致团结与中产及无产阶级（总数约全人口二千三百万左右中十分之九）处壁垒分明之对敌地位，乃大谬误。以言经济，则土地之分配大约法王，贵族与教士各有五分之一，而五分之二属诸民众；而平民所负担之赋税固甚繁重——有地税（Taille，贵族与教士豁免），人头税[Capitation，教士因随时有"自由捐助"（Don gratuit），故亦豁免]，财产税（Vingtième），盐税（Gabelle）及内地运货税（Aides）种种。然而一七八九年法国人民之痛苦未必较前为烈；大约非仅仅压迫而必待压迫之经人道破与宣传，乃为争斗与革命之主要条件，而信以为真的假定痛苦，其力量影响或远出于实际上具有而尚未觉察的痛苦之上。[4]

惟其如是，故自孟德斯鸠，福尔泰，分隆（Fénelon, 1651—1715），部郎微耶（Boulainvilliers, 1658—1722），阿戎松（d'Argenson, 1694—1757），以及卢梭，摩里历（Morelly），达兰贝耳（d'Alembér），狄德罗（Diderot），揆内（Quesnay），波马社（Beaumarchais，

---

[1] 阅滕氏，《旧政》（Taine, "L'ancien Regime"）卷一，页429；又如霜匹温援引Alsse女士之语，"Tout ce qui arrive dans cette monarchie announce sa destruction."（时为1727年1月）实则伤时、悲世痛国亡之无日者，代有其人！见霜匹温，《卢梭与法国革命》，页19。
[2] 见前。有若干影响为当时思想家所不及料（如族国主义之兴起）或非所愿望者（如恐怖时期）。
[3] 参阅斐雪，《欧洲之共和政风》（Fisher, "The Republican Tradition in Europe"），章四，页63。
[4] "The sufferings of the people were not greater than they had been before: the misgovernment and oppression were less..." 阿克吞，同书，页39。爱德华滋则且谓革命以前必有困苦与贫乏之说乃一"神话"。每值革命之将起，被压迫者之财富，智识，力量必有显著之增进。（见所著《革命之自然史》，章三）又迈克尔勒，政党论（Michels, "Political Parties"，页248）。

著"Mariage de Figaro",1882)之抨击社会之学说亦为推动法国革命之一大势力。[1] 而佩因,西耶士,孔道西辈之政治观念亦为使革命过程如此而不如彼之一大条件。

路易十六世未始不欲为善。原其励精图治之初衷即置之当时开明君主(如西班牙之查理斯三世,普鲁士之腓特烈大帝,奥地利之约瑟夫二世,葡萄牙之逢巴尔爵士(Marquis of Pombal)之列,无甚愧色。但有志无才,优柔寡断,既不知人又不知己,而听凭其爱慕虚荣不谙民隐之外籍王后(Marie Antoinette)干预政事。谚所谓"牝鸡司晨惟家之索"又所谓"谋及妇人,宜其死也";此殆近之。

(乙)经过

法国革命可视作一出五幕之大戏剧。[2] 开场之楔子为路易十六世自即位以迄革命之前一夕,十五年中半死半活,欲变法改进而未果之政治。第一幕为一七八九年等级会议之集合(五月),巴士底狱之陷落(七月)以至法王在民众威胁之下由凡尔赛迁至巴黎(十月)。自杜阁(Turgot)与芮克(Necker)之改善计划迭经特权阶级首领之反对而一无成就后,财政之困难日甚一日。一七八六及一七八七两年中法王曾先后召集元老会议而不得结果;后者遂建议召集此自一六一四年后迄未举行之等级会议。人民对于此一百七十五年来久未运用之制度盖多已茫然。但选举前后,讨论改革表示希望之小册文字直如雪片飞舞弥漫全国。[3] 西耶士之《何者为第三级》即于此期刊行。而各地应命而进呈政府或交递代表之《疾苦诉愿书》(Cahiers)尤能描写当时一般国民之希望与观念。及三级代表(贵族285人,教士308人,平民621人)群集首都,政府对于代表资格之如何审查一问题犹豫莫决,卒引起第三级代表由不肯依据旧习分别开会进而自称为国民大会(Assemblée nationale constituante)。其余两级始虽倔强而终归软化。即法王亦不得不迁就事实。此一事变实有莫大的革命意义——亦当做法国革命之起点。弥拉波(Mirabeau)与西耶士为此期之重要领袖。

第二幕为国民大会之立法工作(是年十月至一七九一年之九月)。人民政权之扩充,

---

[1] 翻阅鲁斯吞,《法国革命之向导》(Whyte 英译,Rouston,"The Pioneers of the French Revolution")。彼谓六十年前,人以法国革命归功于一般"哲学家"(les philosophes);但六十年来则趋向一变,学者往往谓法国革命与一般"哲学家"无关;即有影响,为祸而非为福。鲁斯吞力辟后说。(页15)又参阅 Hearnshaw(ed.),"The Social and Political Ideas of Some Great French Thinkers of the Age of Reason"章一、三、四、六、九。
[2] 此意本自汤卜逊,惟段落之划分参以此稿作者之私见,(阅《法国革命之领袖》,Thompson,"Leaders of the French Revolution",页 xi-xiii)。
[3] 阅罗威尔,《法国革命之前一夕》(Lowell,"The Eve of the French Revolution"),章二十。

封建权利之取消,《人权与民权宣言》之通过（均一七八九年之八月）；教会财产之没收（十一月）；地方政制之变更（十二月）；《教士之民宪》之颁布（一七九〇年之七月）；司法机关之新组织（八月，九月及一七九一年之正月与五月）；与第一次宪法之成立（九月），皆为其荦荦大者。[1] 此期中政治党社风起云涌而马拉（Marat），丹敦（Danton）与罗伯斯庇尔（Robespierre）均先后乘机握权。在路易十六世潜奔（一七九一年，六月二十一日）之前，大多数领袖与为巴黎市后盾之中产阶级，尚无不拥护君政；使路易而认识情势鉴于英国查理斯一世之覆辙，而真心诚意恪守新宪，则残暴，流血，混乱，战争之或可避免，容未可知。

第三幕为法王出奔以至一七九二年八月十日之"第二次革命"。共和党社之诞生实在法王潜奔而未成之后。拉法夷脱虽双手支持，但究系暂局；法王与革命领袖间之猜疑冲突，终不能免。根据第一次宪法而产生之立法大会（Assmblée national legislative）尤多躁进轻狂缺乏经验之士。有奥地利与普鲁士之匹尔尼次宣言（Declaration of Pillnitz，一七九一年，八月二十七日），谓是"法王之境遇乃对于欧洲一切君主有共同利害之一件要案"；遂有法国国民代表会议（Convention nationale）之夸大决议（一七九二年十二月十五日），谓法军所占之地即应用主权在民之原则而任何民族有拒绝自由，平等与博爱之主义者，法国即视之为仇敌。[2] 但在后者发表以前，巴黎暴众早已将政府推翻；巴黎市之权力已由中产阶级移入无产阶级之手，立法大会之剩余代表已停止君位而召集国民代表会议以重订宪法。因巴黎既已陷入无政府状态，遂有"九月屠杀"之恐怖。

第四幕为吉敦特党（Gironde）之崛起与覆没（约一七九二年，九月至一七九三年，六月）。法国军队先败后胜；发尔米（Valmy）战役不啻决定共和政体之命运。国民代表会议在大体上确能代表一般平民之利益与精神；其重要工作有改元易朔（以一七九二年九月二日为共和纪元元年正月一日）；废除君位；宣告路易之死罪；没收出亡者（émigrés）之财产；与注重经济社会方面之改革等等。然吉伦特派在国民代表会议中得势之际已为重心在会议以外之雅各宾党社所猜忌而反抗。故一七九三年之宪法草案（普通称为吉伦特派宪法草案，大体为孔道西与佩因之作品），除人权新

---

[1] 有人计算国民大会所订立之法令有二千五百项之多！阿克吞，同书，页198。迷信法制之万能即此可见。
[2] 阂安得森，《法国之宪法与公文》（Anderson, "Constitutions and Documents illustrative of the History of France"）页57；又129~133。

宣言外未能成立。而罗伯斯庇尔暗得丹敦之赞助或容忍，卒将吉伦特党诛戮殆尽：此次苦迭达（Coup d'état）亦称"第三次革命"（一七九三年，五月三十一至六月二日）。吉伦特党崩溃，而法国革命开场具有之解放，自由与宪治精神遂随之而同归于尽。

第五幕为雅各宾党所操纵的"委员政府"之起伏（一七九三年六月至一七九四年七月），亦即"恐怖时期"之始终。革命初起时之所标榜之"自由，平等与博爱"今乃一变而为事实上的"压迫，专制与仇恨！"推原其故，当吉伦特派受戮之日法国直与全欧洲作战；而国内保王党，天主教徒与守旧派之反动变叛日益活跃，形势益严重而恶化。故雅各宾党（即山岳党）以为当此内忧外患四面楚歌之中，惟一出路在产生与维持一坚强巩固之中央政府。公安委员会——或竟罗伯斯庇尔一人——之为迭克推多，事非偶然。但谓事实上乃巴黎暴众为迭克推多而罗伯斯庇尔或公安委员会仅为此暴众之傀儡（当然彼此利用！），亦未始不当。[1] 总之，环境最能限制或支配思想与制度，此期经过亦非例外。一七九三年正式成立之第二次宪法（曾付人民表决以 1,801,918 对 11,610 票通过）从未实行。罗伯斯庇尔处丹敦于死（四月）固表现其不可一世之权威；但此乃等于自掘坟墓，不待识者而知其本身之末日已近。

此剧之结场为反动，由浅而深，以至于极。罗伯斯庇尔既死（七月），国民代表会议似又反映中产阶级之精神。一七九五年之第三次宪法已暴露守旧与反动之端倪。巴黎之国民军曾欲推倒政府而未果。拿破仑遂因缘际会显露头角；至一七九九年而"司马昭之心路人皆知"。但法国革命之精神乃遂扫地无余。

吾人能明了法国革命之背景与事变，则对于其政治哲学当更能欣赏。今于叙述后者以前吾人不惮再度声明：一部分革命思想当求之于小册，报纸，公文，宣言，议案，法令及名家著作以外——正因其流行或暗含于民众心理及社会现象之中。譬如城堡之焚毁，贵族之屠戮，"男公民与女公民（citoyen, citoyenne）"之称呼，"自由帽"之流行，"三色旗"之飘扬，"拉马赛雷兹"（La Marseillaise）之歌调，男女衣装之别开生面（sans-cullotes, sans chemises），"联合节"之举行，"道理女神"之崇拜，以及改正朔，弃星期（改为每十日休息一天），等等，无不包含民众化、通俗化、具体化之革命理论。[2]

---

[1] 会议容纳旁听；往往旁听人之声势，呼噪，好恶，从违可以决定议案之命运。假使采用"闭户"政策或可减少暴众之专横。阅斐雪，同书，页74。
[2] 同前。

贰、《疾苦诉愿书》中之政治意见（Cahiers des Plaintes et Doleances）

法国革命政治观念之暴露，当以一七八九年各地各级根据旧习为其代表备忘参考或托代呈政府之《疾苦诉愿书》为起点。此类文章之总数约在五六万以上；近来专究此项之学者渐众，故其意义与价值亦渐昭著。《诉愿书》之背景与内容各各不同。有系学者所撰著，有系本地之乡绅或学究之手笔；有系自上而下，根据地方政府或巴黎政客所发给之"模范诉愿书"而稍加增损；故其精神不过"奉行故事"者，亦有贵族或教士，或平民在教堂，学校，甚或公茔地集合讨论认真从事者；或侧重地方疾苦如盗贼之宜除，断桥之宜修，有着眼国家根本章制如宪法之宜明定，大臣之宜负责，封建制度之宜铲除，教会财产之应移作济贫补助者；有仅仅指陈现状；有详拟改革计划者。十之八九系写照当时社会实况——三级各认为为当时亟宜改善之现象。然间亦有一二，包含（暗示或明指）革命的政治哲学，如人权，民权，契约，同意政府之目的，治权之来源等点。[1] 治史者认《诉愿书》具莫大价值者有之，以为此乃孟德斯鸠，卢梭[2]，马不里（Mably）诸人学说之结晶；但认为发泄，呼喊，空气作用，而不足重视者亦有之。

大约《诉愿书》之重要在能使法国人士经此一番之宣传，集会，讨论，议决，批评而引起对于政治之兴趣。爱戴路易，拥护君政，固千篇一律；然而惟其不满现状企求改革已于不知不觉中酝酿革命。网球场之宣誓，与巴斯底狱之陷落，其来由盖有渐。《诉愿书》中之痛苦即或过甚其词，要亦为当时民众之切实感想。吾人所应注意者不必在篇篇雷同之点而或在少数中独立特异之论。仅仅数目之多寡不足以判定任何论点之是否代表社会中之普遍的或应有的见解与要求。[3]

今将《诉愿书》中之积极要求略述一二。第一，要求宪法。国家须有根本大法，

---

[1]《诉愿书》载《议会文库》（"Archives Parlementaires"）卷一至六（卷七有引得）。翻阅霜匹温，《诉愿书中之法国》（Champion, "La France d'apres les cahiers de, 1789"）；塞，《十八世纪法国之政治观念》；维阿雷，《第三级之诉愿书》（Vialay, "Les Cahiers des doleances du Tiers Etat aux Etats Généraux en, 1789"）。

[2] 布腊（Blois）地方贵族之诉愿书中有云，"La loi ne peut etre que l'énonciation de la volonté générale". A. P. III，页 661~662；阅霜匹温，《诉愿书中之法国》，页 34。

[3] 一七八九年七月二十七日国民大会之宪法委员会曾有《诉愿书总述》之报告一篇；计委员会所称：公认原理有十一项。如第五条，执政者负责；第七条，人民得订立法律，由君王批准。意见不一致者有十八条。但名曰《总述》，甚不完全；盖委员会所研究者仅乃《诉愿书》中之宪法观念。《总述》原文见勒格，《法国革命之重要公文》（Legg, *Select Documents of the French Revolution*），卷二，页 103~104。

庶政府之权力不致滥用。[1] 第二，要求改造，如关于监狱待遇，司法手续，教育精神，教会组织，甚至如海陆军况均有诚挚恳切之革新建议。[2] 第三，要求自由。此为任何地方任何阶级之一致呼声，包括言论，信仰，工商，工作诸方面。自由与平等当然连带。[3] 第四，要求减税。如地税之宜取消，如负担之宜公平，尤为第三级所特别重视。第五，平民自觉其地位重要企求承认。三级之代表应否集合一院共同开会？第三级之答复显然一致：三级应合组一院。[4] 民意如此，而路易十六世犹复虚与委蛇模棱干预，何怪洪流溃决一发而不可收拾！

叁、《人权与民权宣言》（*Declaration des droits de l'hommee et du citoyen*），1789

　　法国革命之整个政治哲学——俗称"一七八九之原理"——可于其最重要公文，《人权与民权宣言》一篇中见之。其余宪法，法令，设施，以至领袖之言论提议殆可谓为此一篇宣言之推论，解释，应用，补充与增损。乌拉谓"法国革命即在此《人权宣言》与在求以实现此《宣言》之一切努力之中"，诚非虚语。[5] 考《人权宣言》一观念在革命领袖中似甚普遍，盖撰著草稿以备采择者大有人在。（如 Lafayette, Siéyès, Target, Maunier, Servan, Gouges-Carton 等均拟有"Projets"）

---

[1] 《诉愿书》中提及"Grande charte" "Pacte francais" "Maxime fondementale"等词者甚多；惟关于其内容性质，往往缺而弗详。Beauvais 之第三级《诉愿书》有云："une regle invariable dans tontes les parties de l'administration et de l'ordre public, cést-à-dire une constitution." A. P., III, 229；见霜匹温，同上，页 30。Proins-Montreau 之贵族亦希望："La nation ne vent plusetre soumise au pouvoir arbitraire"。同上，页 72；又页 92。

[2] 同上，章七至十四。

[3] 同上，页 70, 73, 155, 161, 215, 229 等。Dombes 之第三级云，"La nature a fait les hommes éagux" A. P., VI, 69；见同上，页 233。

[4] 有称第三级人数占全国人口二十四分之二十三者。同上，页 86。今人有为第三级一切诉愿书之内容概括如下："Que demandent les trois ordres, à peus près d'un commun accord ? Que la Nation seule ait le droit de consentir l'impôt par ses représentants; que les Etats Généraux soient périodiques; qu'aucune loi n'ait force de loi sans le vote des députés; que l'on abolisse les lettres de cachet, les commissions judiciares extraordinaires, et les évocations; l'abolition des maîtrises et jurandes et des compagnies privilegées, de la vénalité et de l'hérédité des charges judiciares; l'interdiction d.acquérir la noblesse par agent ou par charges et offices; la suppression des apanages des princes du sang; qu'aucune personne ayant charge à la Cour, et même qu'aucune fonctionnaire royal ne puisse être député, l'entière liberté du travail et du commerce, etc." 沙拉梅，《法国自由史》(Challamel, "Histoire de la Libertdé en France")，卷一，页 481。

[5] 乌拉，《法国革命政治史》(Aulard, "Histoire politique de la Revolution Francaise")，页 782。拉法夷脱曾云："美利坚革命时代可谓为全世界开一新社会之纪元；严格言之，乃一个权利宣言时代。" Memoires de Lafayette II, 303；见法易，同书，页 265。

（甲）内容

一七八九年之《宣言》共十有七条，冠以引言一段陈述订布《宣言》之缘由——此乃柏拉图与卢梭所曾竭力主张：即每项法令必先说明旨趣。引言云：

> 法兰西人民代表，兹已组成国民大会，思维公众痛苦与政府腐败之惟一原因，乃由于对人类权利茫然无知，漠视不顾，甚或任意蹂躏而起；故今兹决定，将人类之自然的，永存的，不能割弃的，神圣的权利胪举而公布于一郑重庄严之宣言中；庶几此项宣言既时刻呈现于社会团体之一切构成分子心目之前，俾能永久牢记其自身之权利与职责；庶几立法权与行政权之举措行为，既任凭众人之随时审问以持与政治制度之本来目的相互对照，更能得到被治者之尊敬；且庶几此后人民之疾苦诉愿，一以单纯明显的原理为其根据，且皆将维护国家之宪法与全体之福乐。
>
> 国民大会用是根据上述原由，承至尊上帝之昭鉴与启迪，敬此承认并宣告下列各项人权与民权。[1]

宣言十七条之内容并非全系权利之列举。就中数项实乃权利，民治，宪法或制度所应持作根据之基本原则。故第一条云，"人们生而永为自由，永为平权。一切'社会区别'（指阶级，高下，荣辱等区别）除基于公益公善者外，不能成立"。第三条为"一切主权根本地寓诸民族。非由民族得来之任何权威，无论任何团体或任何个人不得行使"。第十六条为"一社会中而无个人权利之切实保障与治权分立之严密规定，是为无有宪法"。余如第四条则解释自由；第五条说明法律；第十二条发挥武装军队之所以存在[2]；第十三条指陈赋税之由起与性质，第十五条声称官吏应向社会负责。

《宣言》中所列举之权利（并未明白划分人权与民权两种），以第二条为全部主脑："一切政治结合之目的在保持人之自然的与永不丧失的权利。此项权利为自由，财产，安全与反抗压迫。"其余诸条不啻为此条之补充：有参与立法权，盖"法律乃全意志之表现"（第六条）；身体自由权（第七及第八）；依法受审权（第九条）；信仰自由权（第十条）；意见自由权（第十一条）；法定赋税权（第十四条）；及财产私有权（第十七条）。

---

[1]《人权与民权宣言》，载乌拉与弥干·给泽维支合辑，《世界人权宣言汇编》（Aulard et Mirkine-Guetzévitch, "Les Declarations des droits de l'homme", 1929），页 15~16。

[2] "人权与民权之保障必需国家军队之存在。所以国家军队之设立乃为全体之公善，而非为掌握军权者个人之私益。"同上，页 17。

（乙）意义

国民大会于百端待理之时特先讨论此空洞宣言；自提出以至通过共逾六星期（七月十一至八月二十六）而实际讨论至少有两周之久；其故果何在？吾人综合各家之说，而论之，此《宣言》之动机与意义恐不外下列数端。[1] 其一，所以辩护革命；为当日革命行为（如自称为国民大会，废除封建权利等）觅一理论根据；是故有"人们生而永为自由永为平权""一切主权根本地寓诸民族"之揭橥。其二，所以防止将来之暴政。在起草与通过此《宣言》之际，绝大多数领袖尚无改用共和政体之意向；而英国之虚君立宪乃为多人之模范。在法人视之，英人之享受自由在人民权利之有保障；则其重视《宣言》，夫何足怪！其三，《宣言》中所标榜者只为自然权利；所以如此者正因法兰西人民无历史上传统的，素有的权利。隆举伊内（Lanjuinais）曾在大会中提出一八六四年之宪章以作根据，[2] 即此一端可见非借重自然权利不可。其四，一七八九年之《人权宣言》正犹一七七六年之《独立宣言》，从其订立者观之，本不仅在遍告国人而重在昭示世界。既有激昂发扬之精神亦即有往古无传来世无匹之心理。故某代表（Duport）有言，"吾人所企求者在造一足为全世界矜式的《宣言》，俾一切人类，一切时代，一切国家得所遵循。[3] 其五，《宣言》实为以后宪法应当，且确曾，持作根据之基本原理。[4] 其六，以个人生而俱有之自然权利纳诸《宣言》之中，又以此《宣言》为国家主权及政府治权之限制，此固个人主义之吐露亦即十八世纪政治哲学之正统精义。其七，此《宣言》乃为十八世纪"时代精神"的理智主义之结晶。人或谓法兰西民族喜抽象重逻辑，故有此人权《宣言》；一若此为其民族性之铁证然者。殊不知此与民族性无干；而完全由环境时势与时代精神所形成。不然，英人尚实际，何以一六八九年亦有《权利书》（Bill of Rights）？美人更务致用，何以有一七七六年之《独

---

[1] 参阅布卢，《人权与民权宣言》（Engène Blum, "La Declaration des droits de l'homme et du citoyen", 1909），页 9~34；又里斯，《人权与民权宣言》（Rees, "Die Erklarung der Menschen-und Bürgerrechte von, l789"），章五，页 102~169。
[2] 阿克吞，同书，页 103。
[3] 布卢，同书，页 24。
[4] 某代表云："Je suis chargé par mon bailliage de réclamer une déclaration des droits de l'homme, qui serve de base à la Constitution et de guide pour tous les travaux de l'Assemblée; cette déclaration, qui devrait être affichée danz les villes, dans les tribunaux, dans les églises mêmes, serait la première porte par laquelle on doit entrer dans l'édifice de la Constitution nationale. Un peuple...qui réclame ses droits doit connaitre les principes sur lesquels ils sont fondées et les publier... le peuple sera plus soumis aux lois lorsqu'il connaît a leur origine et leurs principes." 见布卢，同页；又，《法国议会史》（"Histoire Parlementaire"）I, 472; II, 63。

立宣言》，维基尼阿诸邦之宣言与宪法，及一七八九年宪法之前十条修正？[1] 讨论至此，吾人及涉及渊源问题。

（丙）渊源

关于《人权与民权宣言》之渊源，众说纷纭莫衷一是。大别言之，可有三说。一为渊源于法国自身；二为渊源于美；三为渊源于英。持前两说者门户相对，壁垒森严；第三说则主张者少而不力，大抵仅为暗示与疑问。[2] 相信渊源于美者其所指与所重亦有出入：有谓美之《独立宣言》为其榜样[3]；有谓美之联宪乃其脱胎之所自[4]；但今日多数美源论者谓取自维基尼亚与马萨诸塞等邦邦宪中之"权利书"[5]。至于主张宣言之渊源即在法国本身者亦大有人在。或归功卢梭，或侧重孟德斯鸠，福尔泰，卢梭及一般"哲学家"，或溯诸一七八九年之《疾苦诉愿书》，或谓当时环境情形所造成。[6]

法国《人权与民权宣言》之受美国的相当影响，当丝毫无疑义。盖一七八九年七月十一日提出《宣言》之议案者即为亲自参与美利坚独立运动并饱尝新大陆生活而热烈颂扬其制度与精神者拉法夷脱。《独立宣言》之轰动欧洲，固不言而喻，即美洲各邦之邦宪早已汇集刊印（一七七八年）流行法国，而美国邦联国会似曾专印二百册送往法国。杜阁，马不里与孔道西辈均曾评论而称道之，而国民大会中亦确曾提及美例。[7] 问题之症结不在有无美国影响乃在影响之程度：即，第一，法国人权宣言是否完全根据美例而无本国之渊源？第二，按照耶林芮克列表对照之训示，法国《宣言》中任何一条均有美例可寻[8]，究竟此点是否证明抄袭美例？易词言之，使无美例，或法人而不

---

[1] 阅布卢，同书，页12，尚奈，同书，卷一，页 xi; "Les droits de l'homme ne sont pas une invention idéologique née d'une métaphysique arbitraire. Ce sont des besoins réels, concrets, parfaitement détermines, dont la société souffrait depuis de longs siecles et qui étaient devenus intolérables." （又页 L. LVIII.）立契，《自然权利》，页5~6，10。

[2] 如谷区，《十七世纪英国民治观念》（Gooch, "English Democratic Ideas in the Seventeenth Century"），附录C，白赍士谓美之人权书乃 "The legitimate child and representative of Magna Charta and the English Bill Of Rights"（Bryce, "The American Commonwealth", 章三十六），是则以此而推论《人权与民权宣言》，美即为父，英即为祖！

[3] 阅济柏尔，《革命时代之历史》（Sybel, *Geschichte der Revolutionzeit*, 1882）。卷一，页 73~74。

[4] 豪然，《法国革命史》（Hausser, "Geschichte der franzosichen Revolution," 1867），页169。司蒂芬司亦持此说；阅所著《法国革命史》（Morse Stephens, "History of the French Revolution"），I, vii, 页165。阅鲁滨逊《法国权利宣言》，《见政治学季刊》（Robinson, "The French Declaration of Rights", in Political Science Quarterly），卷十四（1899），页654，注1。

[5] 耶林芮克，《人权与民权宣言》(1895)；原名见前，注14；又《国家学总论》（"Allegemeine Staatshehre"），卷一。受耶林芮克之影响而接受其见解者有德法之 Zweig, Meier, Thimm, Giese; 及 Saltet, Walch, Aulard, Mealy, Doumergue 等。参阅里斯，同书，页5~10。

[6] 如美之鲁滨逊；法之 Pierre, Boutmy, Bertrand, Blum; 德之 Schmidt: Rees; 意之 Del Vecebio 等。阅里斯，同书；页11~18。

[7] 鲁滨逊，同篇，页655。

[8] 耶林芮克，《人权与民权宣言》，第四版（1927），页20~29。彼甚至谓 "Die Franzosen haben nicht nur die amerikanischen ldeen, sondern ancb die Form rezipiert, die sie jenseits des ozeans empfangen haben", 页29。

知有美例，是否无《人权与民权宣言》之可能？

吾人之见解倾向，可以下列数点为归宿。（一）渊源所在决非一元。谓美法两国，甚而至英美法三国均先后相互、直接间接地影响而产生此《宣言》者未必矛盾。[1]（二）就方式与时尚言，或可谓大有赖于美例，若论《宣言》之精神与内容则自有其法国之渊源。谓为抄袭美例显系谬误。盖（三）法之革命时代政治状况实为产生此《宣言》之先决条件。[2]即《疾苦诉愿书》中已不乏明言或暗示。某地（Mantes 与 Meulan）贵族曾要求一篇：

> 权利宣言；兹之所谓《宣言》即一法令。国民代表应借此法令，以全国国民之名义宣告一切人们所有的权利——一切人们以其有道理，有智慧并能有道德观念的资格而有的，亦即在任何社会制度成立以前自始即有的，一切权利。[3]

而里昂（Lyons）之平民亦云，"吾人之第一企求为建设一个真实的国宪，此项国宪应规定全体之权利及订立保持权利之法律"。[4]（四）卢梭之相当影响亦历历可寻。[5]盖卢梭之学说不仅为团合主义且含有个人主义；即以《民约论》而论，亦以自然权利为起点，以保护人民之（自然）权利为终点。"一七八九之原理"与卢梭之一部分学说并不相悖。[6]

总之，耶林芮克指《宣言》为整个的模仿与抄袭美例，不徒过甚抑且谬误。如必云

---

[1] 盖美之《独立宣言》，维基尼亚之《权利书》与其余邦宪，究有何种来源？阅上文。

[2] 鲁滨逊谓法国领袖之所以要求宣言者，"it is in the conditions and course of events in France, not in foreign example." 鲁滨逊，同篇，页655；又，里斯，同书，页267；"Der Gedanke an die Aufstdlung eines Katalogs spezialisie Freiheitsuehte wurde sicherlich nicht durch das amerikanisehe Vorbild bedingt."

[3] A.P, III, 661, 见霜匹温，《诉愿书中之法国》，页658。

[4] A.P, III, 608, 见鲁滨逊，同篇，页657。又，Rennes 第三级《诉愿书》："Perfectionner la Constitution et les lois..." "Les députés aux États Généraux commenceront par une déclaration détaillée des droits essentiels des citoyens et de la Nation, de ecs droits qui ne doivent ou ne penvent être abrogés par aucune loi humans." 见塞，《十八世纪法国之政治观念》，页256。

[5] 《人权与民权宣言》第四条云："所谓自由即为所欲为而不侵害他人。以故，每人行使其自然权利之惟一限制，即保证社会中其余人们之享受同样权利。此项限制惟法律能规定之。" 但法律既为人民之全意志（第六条），则人民可任意订定自然权利应受限制之范围。由此言之，谓自然权利有限制固属一理，谓无限制亦未尝不可。此种论证精神全似卢梭。（阅拙著《卢梭之政治思想》）Lally-Tollendal 曾云，"Que la declaration de nos droits ... soit un pacte social, un contrat universal"。A. P. VIII, 222. Cremiere Duport 亦有此说。阅勒兹罗布，《法国一七八九年国民大会之国家学说》(Redslob, *Die Staatstheories der Französischen Nationalversammlung von* 1789)，页45。

[6] "Rousseaus'Staatslehre widerspricht zwar einer Erklärung der Menschenrechte nicht, aber die Dekaration kann anderseits anch nicht als Formulirung seines Staatsvertrages betrachtet, die Theorien konnen in ihrem gesamten Umfange nicht als identisch bezeichnet warden." 里斯，同书，页263。比较 Cbuquett, "J. J. Rousseau" 第三版（1906），页148。

然，是何异于谓卢梭之思想完全抄袭洛克，洛克之思想完全抄袭呼克（Hooker），或谓美利坚《独立宣言》完全抄袭一五八一年荷兰之《独立宣言》？且耶林芮克仅指法国之因袭美例，独不阐明美例本身又果何所据？[1] 认识《宣言》之背景与意义，其重要不在推度其渊源之下。[2]

（丁）沿革

一七八九年之《宣言》，略有数字之更易，即全部纳入一七九一年之宪法。[3] 自此而后人权宣言遂为法国宪法中之天经天义：自一七九三年，一七九五年，而一八一四年，一八四八年，以及一八五二年之宪法莫不有此信条。[4] 惟其文字，内容与精神则前后相异或竟相背，随每次立宪之背景而定。故一七九三年宪法之人权条文最为激烈；一七九五年之人权条例则已露反动之初步；一七九九年宪法则无此人权一章。故吾人研究一七八九年《人权与民权宣言》之沿革不啻研究当时革命运动缓急进退之确实消息。所奇者，法兰西为《人权宣言》发祥之地，而今日法兰西之宪法（一八七五年）却无《人权宣言》或关于人权之特别条文！意者人权观念经近百年之宣传，努力，尝试与奋斗，而已深印人心故无复有成文规定之必要？抑建设第三次共和国之领袖，悟于历史之教训，感觉厌恶而不愿多此一举？[5]

一七九三年宪法（亦称《法兰西共和纪元第一年宪法》）中之《人权宣言》共三十五条代表雅各宾党（亦即山岳党）之激进思想。[6] 其第一条即称"社会之目的在共同福乐（le bonheur commun）"。可见团合主义已渐见重。政府之所以成立在保障各人之自然权利——"平等，自由，安全与财产"（第二条，此条与一七九五年之规定全同，惟后者以自由列首，平等次之）。"主权属诸人民；主权者乃单一而不可分割，不因占

---

[1] 立契谓法之人权宣言乃 "The logical outgrowth of the Protestant revolt against the authority of Tradition, the logical outgrowth of the Protestant appeal to private judgment, i e, to the reason and conscience of the individual."（《自然权利》页 6）此言较堪玩味。柏特龙云美之《独立宣言》乃 "non pas mère, mais soeur ainée de la notre, car toutes deux sont filles de la philosophie Français"。见所著《人权与民权宣言》（Alexis Bertrand, "La Déclaration des Droits de l'homme et du Citoyen de, 1789."），页 54；又参阅马加基《宣言之各种渊源》（v. Marcaggi, "Les Origines de la Déclaration…"），页 223~225。

[2] 关于宣言之渊源问题可阅下列一篇详博精细之文字：张奚若，《法国人权宣言之来源问题》，载《武汉大学社会科学季刊》，第二卷，第一，二等期（1931）。

[3] 但一七九一年宪法中之人权条文不仅此宣言而止。宪法之引言及第一章"宪法所保障之基本规定"亦当做人权条文看待。故救贫，教育，迁徙，集会，诉愿等权，均已提及。

[4] 关于法国前后一切人权宣言，可阅乌拉与弥干给泽维支合编，《世界人权宣言汇编》，页 15~42。英译可阅安得森，《法国之宪法与公文》，页 15, 58, 170, 212, 456, 507, 522, 544。立契，《自然权利》，"附录"中亦载重要宣言数篇惟不完全；又，勒格，《法国革命之公文举要》（Legg, select Documents illustrative of the History of the French Revolution），卷二，"附录" G。

[5] 比较尚奈，同书，卷一，页 vi, vii。

[6] 当与罗伯斯庇尔于是年四月中所提出之宣言草案比阅。见安得森，同书，页 160。

用而丧失，不能自动而放弃（第二十五条）"。"任何人而篡夺主权，可立刻受自由人士之诛戮（第二十七条）"。吾人不禁疑问，"属诸人民"之主权，如何而能为"任何人"所篡夺？且何谓"篡夺"？是否篡夺？而自由人士始可将此篡夺者诛戮？可见《人权宣言》之条文一经审视便不可捉摸。积极权利如济贫与教育颇受推崇，故第二十一条云，"国家济贫乃一神圣义务。社会对于困苦无告之国民有尽力维持之责任，或代为求得工作，或为不可工作者保障其生活之供给"；第二十二条云，"教育者乃人人之所需求"。至于反抗与革命权利亦受彻底承认。"政府而侵犯人民之权利，革命（l'insurrection）乃为人民，或人民任何部分，之最神圣的权利，且亦为至不可缺的职责（第三十五条；又，第三十三条）"。[1] 第二十八条之内容，"一国人民永有评论，改善，与修改其宪法之权利。一代人民决不能强使后代服从前代所订法律"，显受美利坚革命哲学之影响。[2] 第五，三十，三十一，三十四等条颇近道德格言而实无法律性质。[3]

一七九五年之宪法，适值恐怖初过力求安定之际，故其所冠之宣言，名为"人与民之权利及义务宣言"。义务（共九条）而与权利并举。足证当时订宪诸公已领悟只谈权利而不谈义务之流弊。不宁惟是，关于反抗与革命两权利，只字未及；此种遗漏自有用意可寻。"每人对于社会之义务为捍卫社会，服务社会，服从法律与尊敬官长。"[4] "主权属诸国民之全体（l'universalité des citoyens）（权利第七十条）"。由"民族"而"人民"由"人民"而"国民之全体"，即此数字之更迭亦不难略窥革命思潮之高下进退。至云，"法律乃人民或其代表之多数所表现之全意志（《权利》，第六条）"，则迁就务实之精神更可想见。所谓人民之义务有两大原则为本：

己所不欲，勿施于人。欲人施己，己先施人。[5]

是直以孔丘与耶稣之道德格言列入宣言条文之内！而义务，第四条，"惟为良好人子，良好人父，良好兄弟，良好友朋，良好人夫者，始为良好国民"云云，恐令今日之读者哑然失笑。倡议及采纳此类条文者，其志固可嘉，其情更可悯，然其愚亦正

---

[1] 订立此项条文之动机大约确因 "la nécessité d'énoncer ces droits suppose, on la présence, on le seouvnir récent du despotisme."（第七条）
[2] 见前。
[3] 例如第五条中一段："Les peuples libres ne connaissent d'autres motifs de preference, dans leurs élections, que les vertues et les talents."
[4] 义务，第三条。又，第四条提示合作："Le sûreté résulte du concours de tous pour assurer les droits de chacun."
[5] 义务，第二条。"Ne faites pas à antrui ce que vous ne voudriez pas qu'on vous fit: faites constamment aux antres le bien que vous voudriezen recevoir."

不可及。一七九五年订宪诸公对于只谈权利而不谈义务之有流弊似已觉悟,但对于空洞口号纸上具文之无补于实,似未能领略;否则,格言箴训式之条文岂当列入宪法。

一七九五年而后人权一章虽屡次嵌入宪法,但激烈条文如革命权利等,均付缺如,潮流所趋,不过成为时髦与点缀。一八一五年人民代表院(下院)虽有《法人权利宣言》,就中且有"一切权力来自人民"之句[1],究属敷衍粉饰;一八五二年之宪法第一章第一条仅谓"承认,批准与保障一七八九年所宣布之大原理"[2],其已成强弩之末,不言而喻。虽然,惟其必须,或不能不敷衍、粉饰或点缀,即已证实此项思想已成势力。再进而言之,文字上之光焰气势或似每况愈下,然而人民认识与拥护其可贵之人权与民权则当然竿头日上。

(戊)应用

一七八九年之《人权与民权宣官》,就其条文内容之应用言,究竟成功抑失败?明明主权在人民,而人民之参政权有财产资格之限制;明明人民平等而国民有"积极"与"消极"之别(citoyens actifs, citoyens passifs),而被选举权亦有财产资格为限制(所谓 Marc d'argent)明明财产为不可侵犯之自然权利,而教会与逃亡贵族之财产先后经政府没收;明明标榜完全自由与司法保障,然而特种法庭之设立及嫌疑犯之处置适与此相反[3];明明信仰自由,而教士对于民宪与宣誓必须一律服从;明明取消封建权利与贵族阶级,而世袭君主制仍旧。[4] 上所云云,只就政治制度与《宣言》之矛盾而言。若论政治现象则更不一而足:譬如法律既称为全意志之表现而党派分歧仇视敌声;又如政府既为保障自然权利而设断头台而由"断头台"入"枉死城"者以百千计。虽然,此非法人之特短,政治观念与政治制度欲具体化成政治现象断非一朝一夕所可幸致,尤非仅仅宣言与立法所可成功。[5] 何况废止封建权利,取消教税,禁止奴隶制等等究不失为《宣言》之部分的实现。

(己)评论

所谓"一七八九之原理"者,简言之,即人生而有自然权利,因保障此自然权利故有国家;政府为实行保障之机关,法律乃人民意志之决定。故先有个人之权利而后

---

[1] 乌拉与给泽维支,同书,页36。
[2] 同上,页42。
[3] 阅安得森,页154~156,185~187。
[4] 参阅笛肯生,《革命与反动》(Dickinson, "Revolution and Reactioan in Modern France"),页31~35。
[5] "The principles of 1689 were politically mature, and spread with rapidity during the ensuing century. The abstract humanitarian principles of 1789 were premature, and did not come even to partial recognition until the middle of the following century." 窝雷斯,《历史之趋向》,页119。

有保障此项的众人合组之国家，再易词言之，个人之权利非国家或社会所产生；适得其反，国家乃个人权利之产品。

在当日国民大会中即有人表示怀疑；甚且有谓订定《宣言》是犹置人山巅示以锦绣河山而不能使人身履其境者。外籍人士（如Dumont，Campe）亦多暗肆讥诮；初不待柏克与边沁（Bentham，著 *Anarchical Fallacies*）作系统地批评而始受非难与排斥。因法国革命之过度而诋毁此《宣言》者代不乏人；而就《宣言》之理论本身加以驳斥使不能成立者尤为今日之时尚。[1] 吾人初不必为一七八九年之领袖辩护，特以为下列数点未始不值攻击者之考虑。

其一，法国革命之所以偏激过度应否归咎于此《宣言》或《宣言》中之信条？在任何朝代，一姓兴亡之际尚不免大规模之流血，今从专制骤跃民治，则颠沛自多，必将偏激与过渡不归罪于环境与偶然而诿诸一篇《宣言》与其中原理，是否公平？其二，评论《宣言》，究应持何为对象？《宣言》之精华果在其逐条文字中之枝节的，形式的，逻辑的理论，抑在其根本的精神，目的或方向？论前者则固矛盾破绽，千孔百洞；论后者则不过以人类，在法律上，应享有平等自由；在政治上，应自治而可革命；在宪法上，应为一切治权之渊源。凡此种种恐只有困难而无谬误。若必视自然权利论之能成立与否以判别此《宣言》之有无意义，宁无避重就轻，抑且出主入奴之嫌？其三，退一步就自然权利本身而言之，此乃十八世纪之时代精神，流行理论。以今视昔固觉其幼稚简陋，不符史实；然以后视今（如杜骥之"客观法"及"社会团结"论，或拉斯基之"多元政治说"，等）难保无同样感想！其四，仅仅以个人主义或团合主义概括一种思潮是否欠当而失实？一七八九年之《人权与民权宣言》固特重个人；但惟其承认个人为不足而必需群集之国家，以人民全体之主权保障各人之自然权利[2]，此即其中之团合主义。今日乃团合主义奔腾澎湃之期；然，只须承认人人有生活权，工作权，且应受国家之保障（如载在德国新宪法第一六三条）者，此即个人主义。其五，所谓"自然权利"，本作为"绝对权利"，实则，即系"理想权利"。吾人知权利之为物固系

---

[1] 例如杜骥，《法律与国家》，载《哈佛法律评论》，卷XXXI，期I（Duguit, *The Law and the State, in Haward Law Review*, 1917）。"Man...can not live alone, has never lived alone, can live only in society and has never lived except in society."（p23）"Consequently, if we suppose the natural man isolated, he cannot have any rights. Man at birth cannot bring rights into the society which he enters; he can have rights only after he has entered society"（p24）"Man cannot oppose society with natural rights which he has not; he cannot place in opposition to it rights that he has only because he lives in society."（p25）"The individualistic doctrine reduces itself necessarily either to the negation of political sovereignty and to anarchy, or else to the negation of individual liberty and to political absolutism."（p26）

[2] 可阅立契，《自然权利》，页5，又摩黎，《传记集》，页394。

主观而非客观；而社会中之"实在权利"（Positive rights）固只相对而不绝对；然而任何时代任何社会中之"实在"与"相对"权利，无一不以"理想"与"绝对"权利为标准。《宣言》中之权利不过持作标准而已。[1] 今必以事实之可能与否，以相测度，以相评论，毋乃太苛？且以"人格"或"个性"或"最低限度之需求"等词替代自然权利，其为抽象而有困难几何其间不容发！不宁惟是，今之论个人者虽不复谈自然权利；但今之论团体者则不啻多主张团体有类似绝对的自然权利！

法国《人权宣言》之影响至为远大。只就形式言之，自十九世纪以迄于今，一切成文宪法直无不有人民之权利一章（法国今日之宪法乃一例外）[2]。土耳其宪法（一九二八年修正）第六十八条云，"一切土耳其人生而平等生而自由"。俄罗斯，苏维埃，社会主义，联邦，共和国之宪法，一方面宣称为工作者与被压迫者之无产阶级谋权利，一方面又承认国民之权利平等。[3] 若就精神而论则其为普遍而有力，迄于今而不衰者自不待言。[4]

肆、《教士之民宪》（*La Constitution civil du clergé*，1790 年）

"物必自腐而后虫生之。"福尔泰非能攻击教会，实教会有可攻击与应攻击之处。考《诉愿书》中关于教会改革之要求并不激烈；此无他，一般凡夫俗士尚未深觉教会之祸患。实则，法国教会本身并非一个和谐一致的团体，教会本身亦分治者与被治者，榨取者与被压迫者，教会中间亦即有革命火线之埋伏。故革命初起，下级教士颇表同情。及是年（一七八九）十一月二日通过教会地产应受国家之支配议案，是为国家与教会初步之冲突。而一七九〇年七月十二日之《教士之民宪》——附教于政，脱离罗马教主之节制，重划教区，主教与牧师之由公选，教会经费之仍由政府担任等等，尤为革命原理由政治而冲入宗教之明证。

天主教徒因对此《民宪》之宣誓问题，横分两派。芬底（La Ve dée）之叛抗遂造成一种可以预料之环境与心理——热心革命者视不宣誓的教士为国贼为公敌。激烈者

---

[1] 参阅《现代法兰西法律哲学》（"Modern French Legal Philosophy"）页 164~165，167，171；Alfred Fouillée，"Idée Moderne du Droit"，卷五。
[2] 见前。
[3] 乌拉与弥干·给泽维支，《世界人权宣言汇编》，页 213；172~174。德国新宪法代表最近趋势，页 45；而波兰宪法（1926 修正）则先举义务而后举权利，页 148。
[4] 一九一六年美国国际法学会所通过之《国家之权利与义务宣言》不啻将一七八九年关于个人之原则移用之于国家。可阅韦罗贝，《政治权威之伦理根据》（Willougby, "The Ethical Basis of Political Authority"），页 357~360。

更进一步欲彻底地改弦更张，以"道理之神"替代基督教中之上帝。一时群情沸炽弥漫全国，闭教会，毁神像，而崇拜"道理"。在提倡者观之，固自命为实行福尔泰之宗教主张。[1] 然疾风暴雨不能终朝。罗伯斯庇尔以卢梭《民约论》中之宗教观为政策，竟能于转瞬之间推倒"道理之神"而另以"至尊之神"（L'Etre supreme）拥居正位。但"至尊之神"与"道理之神"正同其为短命。至于自一七九五年起逐步恢复旧状之历史吾人可置不问。[2]

从《教士之民宪》及革命与宗教之关系史而论其在政治思想方面之意义或可择举数端。（一）根据《人权与民权宣言》，当以信仰自由为前提；今以天主教为国教，且必须教士对《民宪》宣誓，是否矛盾？（二）《民宪》中有"吾人有改易宗教之权力"一语，此即代表革命时期绝对地信仰理智，与立法之万能而置历史，习惯，风俗，心理于不顾。（三）国教独立（脱离罗马）可谓为民族主义之表现，而教附于政亦可视为有国家主义（Étatisme）之成分。（四）芬底之叛抗固为宗教剧变诸幕之背景，然无福尔泰与卢梭之主张在前，则勺麦特（Chaumette）与罗伯斯庇尔所领导之剧变亦将持何为理论根据。可见思想与事实，确有密切关系。（五）革命时期民众之心理固成变态，即领袖之理智亦常欠健全。故言行之间尚极端，多矛盾，重意气而不自骇怪。无论何派，苟握强制权力，则视旧思想旧信条在必须完全推翻之列。但结果则往往与逆料相反。[3]（六）信仰自由，犹之其他自由，不可一蹴而就。"一七八九之原理"其根本欠缺即在过信理智与立法，以为纸面文字上之变更可以影响生活与现象。就革命与宗教之关系亦足证明此点。[4]

伍、前后宪法中之政治观念

革命时期之三宪法（一七九一，一七九三，一七九五）皆为当时流行政治思潮之结晶，虽其结晶程度有深浅，内容之精神有殊异，而其堪述吾人之切实注意者则一。

---

[1] 乌拉谓无"芬底之叛抗"，则无道理之崇拜。见所著《基督教与法国革命》（Lady Fraser 英译，"Christianity and the French Revolution"）页 98。巴黎有以坤伶扮作道理之女神而入国民代表会议高居首座之举。革命行为之形式庄严而性质滑稽者当莫逾于此。革命心理即此可见。
[2] 可阅安得森，同书，页 134~140。
[3] 翻阅苏鲁金，《革命之社会学》，章三及章九。一六五四年克伦威尔（Cromwell）即云，"Overthrow, overthrow, overthrow, this was all that was in the minds and hearts of the people" 见同前，页 48。
[4] 关于革命与宗教之关系，除乌拉，《基督教与法国革命》外，可阅：Lafont, "Le Politique religieuse de la Revolution"；Sloane, "French Revolution and Religious Reform"。

《诉愿书》中要求宪法者甚多，但对于宪法之意义，方式与内容，尚不确切。英国宪法固早受法儒之颂扬，特英宪为不成文；今毅然出以成文形式，分条别款，眉目清新，此恐半由环境，半由美例。自此而后，即拿破仑称帝（一八〇〇年），路易十八世复辟（一八一四年），拿破仑第三之鼎革（一八五二年）亦莫不有其成文宪法，足见一七九一年所开之例，影响非浅，此其一。每次所采之宪法，既非实际上最适合背景最能运行灵便者，亦非理论上最合逻辑无隙可乘者；不过为多数制宪领袖一时好恶之取舍，[1]此其二。以一时流行于少数智识领袖间，而尚未深入一般国民之潜在意识中，甚且尚未得到群众信仰之政治观念，遽尔笔之于书勉强砌入宪法。一方面此固证明思想之能影响制度，然再一方面，每次宪法成立，墨迹未干而政变又起，此盖表示宪法之只能渐次长成而不可一旦造就，此其三。至于不信任行政首领而少与之权，立法代表之任期短暂；选民之有财产资格为限制（一七九一年及一七九五年）；治权之分立抵衡；宪法之须人民批准（一七九三年及一七九五年）；议员以代表全国为原则；甚至法官之由民选；政府之治权系由人民所赋予，凡此种种皆与美国独立时期所订定邦宪及独立成功后之联宪，同其理论。谓法人抄袭美例固属过甚，谓绝未受美国影响亦过犹不及；谓由类似的革命背景与类似的革命理论而产生类似的制度，庶几近之，此其四。下之所述皆指三次宪法中之政制及其含义，至于各宪中之人权一章前已言之不复赘及。

（甲）一七九一年之宪法

法王之权限，行政与立法之关系，及地方政区之重订，似为备受讨论之重要问题。比较稳健一派（如 Mounier Tonnerre, Lally-Tollendall 等）意欲取法英制；其计划中有绝对否决权，解散国会权及国会以两院组成等制度。但较为激烈之民治派得最后胜利。主权在民族，法王为虚名君主，一切治权皆系民族之所委托，民族之代表为议会与君主。[2]国会以一院组成，任期两年，不受法王之解散，其产生系（三步）间接选举；其权限取列举方式。选权属诸"积极国民"，有财产资格。女子与"消极国民"不得参政，此与《人权宣言》之原则固若凿枘之不能相容。法律之权威，认为高于一切。

---

[1] 如 Mounier 所代表之折衷派宪制未经采取（1791）；而 Condorcet 所拟之草案（1792）以与1793年成立之宪法相比，就逻辑理论言，恐为较优。

[2] "La nation de qui seule émanent tous les pouvoirs, ne peut les exercer que par délégation. La constitution française est représentative; les representants sont les Corps législatif et le Roi." 第三章，第二条。但日后拿破仑自称为法国之总代表亦未始不可以此理论为根据。

君王只能根据法律令人服从。法王虽有悬暂的否决,而其权限至为微细。[1] 国务大臣处负责地位但不得同时为议员（遂使行政与立法之间少一连锁）。司法方面,旧制法院（Parlements）取消;法官亦由民选。地方政制亦有革新;全国分划为八十三省,有相当的地方自治。国府向外战争,必经国会通过;且

> 法兰西民族放弃一切以侵略为目的之战争,并永不用其军队以破坏他国人民之自由。

宪法可以修正,此乃人民最基本而不受剥夺的权利之一。佩因与哲斐孙所力主世界为活人之世界及法律不受死人支配之信仰,法国革命之领袖显加接受。至于西耶士与孔道西所大声疾呼,严分造法与立法两机关之学说未能全部采取。[2]

一七九一年之宪法至次年而见弃。其失败原因不在其制度本身之欠缺,更不在其理论之有破绽。[3] 环境固负大部分责任,而路易十六世之无眼光无诚意,实尸其咎。且日历,正朔,名号,制度,政体,无不可用强制力以更始;惟此心理,习惯与遗风所以运行制度发生现象者则绝难骤然改变,尤不能以纸面之制度改变之。

（乙）一七九三年之宪法

此宪曾经人民投票批准（1,801,918 票对 11,610 票）。法兰西改称共和国。行政首领采多元制,以二十四人组成之行政院任之,其人选由国会就每省推出一人之总名单中举定之。治权分立之原则显受唾弃。国会为最高权威之所在。行政院院员对于国会可出席发言,但向后者负责。国会得弹劾行政院。国会仅有一院,由公民直接选举;代表之任期为一年。投票资格采用普选;惟限于男子。国会之议决案,按照宪法中分别规定之题目,分为法律与法令两种。法律必须经人民明示的或默认的同意。故代议政体之中兼含直接民治之意。此外,宪法中不乏若干条文,反映当时环境,如一切公民皆为军士（第一○九条）;无总司令（第一一○条）;武装团体不得集议（第一一四条）;法国人民决不与占据法地之敌国议和（第一二一条）。而条文之内容音调颇近伦

---

[1] 当时君权之受限制无微不至;第三章第六条;法王入国会时除太子及国务大臣外,不得有他人随侍。
[2] 阅宪法第七章,安得森,同书,页94。
[3] 勒兹罗布（Redslob）以为国民大会之立宪工作系表现卢梭及孟德斯鸠两人之学说,精神,与方法。"Wenn wir berucksichtigen, dasz die Nationalversammlung ihre deduktive Denkweise vornehmlich Rousseau entlehnt und dasz sie ihre geschichtlich-politischen Betrachtungen in der Hauptsache auf Montesquieu grandet, so konnen wir sagen, dasz die Arbeit der Nationalversammlung den hin und her wogenden Kampf darstellt zwischen den Principien von Rousseau und Moutesquieu." (《法国1789年国民大会之国家学说》页360)。彼且谓从吾人今日之客观解释孟德斯鸠之影响更大（页366）。

理格言者亦不难寻。[1]

一七九三年之宪法最为激烈，盖系雅各宾党屠戮吉伦特党而订立之宪法。谓为代表雅各宾党之政治哲学殊无不妥。然雅各宾党包办把持之后又用违宪手续停延此宪法之实行；故此一宪法仅为历史上之陈迹。

（丙）一七九五年之宪法

一七九五年之宪法，最为冗长，较之一七九三年之宪法约为四倍，较之一七九一年之宪法亦多七分之一。此宪大体系西耶士之拟计，原则与理论较少而具体规定较多。反抗与革命权利，固只字不提[2]，而权利与义务亦复并列。分权原则复活，行政首领之职权扩大。选权仍恢复财产限制，国会又采两院。行政首领以五人组织之执政院担任之。反动端倪不一而足。总之，此期有权者之心理已自万世不易之空洞原理而移其注意于即能实行之规定，已自纷扰残杀之乱象转求平静调协之局面，已轻视逻辑而重视经验。

此项反动与守旧之倾向紧随政局而推移，至一七九九年之宪法而遂集其大成。盖是年宪法，虽形式上曾经人民以三百万对一千七百五十票之批准，实乃拿破仑一手之指使。关于主权，完全未提；故不必问主权之所在。（意者，宪法由人民批准或尚能暗示主权在民之原则？）法律之性质，亦未提示，更不必问法律是否人民全意志之表现。关于人民权利固有条文，但无复冠首之宣言。全文节目，关于政府者多而关于人民者少；关于中央政制者多，关于地方自治者少。以中央政制论，重心已在行政而不复在立法。立法机关仍分两院。行政院名为三人，实则大权由一人（第一护民官）独揽。及一八〇〇至一八〇四年拿破仑由独裁而称帝则"一七八九之原则"扫地以尽。

虽然，拿破仑之举措，谓为恢复常态可，谓为革命运动中之一大反动亦无不可。一八四八年之共和宪法又一返一七八九年之革命精神，且亦有有过无不及之处[3]，但一八四八年之革命又不啻昙花一现。可见革命必须代价，由专制而民治，尤须更高之代价。思想可成为势力，特终究仅为势力之一。仅仅思想，理论及只有文字之规定，

---

[1] 例如第一二三条，"法兰西共和国旌表忠诚，勇毅，耆年与孝道；闵恤困苦；且恃赖一切美德为其宪法之保障。"

[2] 第三六二条日禁止私人政治团体之活动（包括禁止穿戴任何标帜）。第三六五条谓一切武装暴众等于破坏宪法，政府当即以武力驱散之。（阅安得森，同书，页252~253）

[3] "Elle (la Republique française) a pour prineipe la Libeaté, l'Egalité et la Fraternité. Elle a pour base la Famille, le Travail, la Propriété, l'ordre public." 一八四八年法宪引言，（四）。"La Republique doit proteger le citoyen dans sa personne, sa famille, sa religion, sa propriete, son travail, et mettre à la portée de chaeum l'instruction indespensable à tous les hommes; elle doit, par une assistance fratenelle, assurer l'existence des citoyens nécessiteux, soit en leur proeurent du travail dans les limites de ces ressources, soit en leur procurent du travail dans les limites de ecs ressources, soit en domnant, à defaut de la farmille, des secours à ceux qui sont hors d'état de travailler." 同上，（八）。

决不能蓦然变更一民族之颓唐生活。任何主义与制度，无政风为之后盾而欲求其于旦夕间实现成功，此乃不健全的侥幸心理，决非历史所能证许。

陆、西耶士[1]之政治观念（Emmanuel Joseph Siéyès, 1748—1836）

在法国革命领袖中堪称政治思想家者厥推西耶士与孔道西二人。前者本属教士阶级，后者隶籍贵胄。前者信仰虚君共和，为人阴深慎重，识时知人，故能于波浪滔天之政潮起伏中不特数度执政，见重一时，且能明哲保身，终其余年。后者坚持彻底代议；惟忠于所信，锋芒太露，故吉伦特党覆亡而彼亦波及，虽暂时偷活卒不克善终。两人之性情，历史，见解固有所异；但其思想之方法，精神与趋向，相同甚多。[2]

西耶士于一七八八年即撰时论两篇，惟尚未邀国人之注意。及次年刊行《何者为第三级》而声名顿震。此册之动机讨论当时行将集合之等级会议之组织问题，其中政治观念皆为前人所道过，惟笔端带有情感且适应斯时之民众心理与政治环境，故能耸人听闻。[3]譬如开始数语："何者为今日之第三级？无物不足道！何者应为第三级？一切！何者为第三级之所愿？有相当权力！"[4]此开门见山之数语，已能揭橥全文意志，此与《民约论》之劈面一句同样地具有麻醉力量。

彼谓农产，工业，商务，以及自最低之苦贱工作上至最高贵之文化事业莫不由社会中之平民担任；甚至军队，教会，司法，行政等工作，其二十分之十九亦皆由平

---

[1] 西耶士并无巨大著作，下列为其重要小册：
  1.《一七八九年代表应有举措之吾见》（"Vues sur les msyens d'exécution dont les représentants de la France pouront difposes en 1789"），1788。
  2.《特殊权利论》（"Essai sur les privilèges"），1788。
  3.《何者为第三级？》（"Qu'est-ce que le Tiers-État?"），1789。
  4.《会议中应有之讨论》（"Délibérations a prendre dans les Assemblées"），1789。
  5.《对于人权与民权之认识与解释》（"Reconnaissance et exposition raisonnée des droits de l' homme et du citoyen"），1789。
  6.《致爱国志士之自愿宣言》（"Déliberations volontaire aux patriotes"），1791。
[2] "Outre clue, tous deux privilégiés, ils s'étaient dévoués à la même cause, la révolution nationale, condorcet et Siéyès avaient le même goût pour les spéculations abstraites et métayhysiques. Tons deux professaient la meme théorie que la politique est une science exacte, à priori, et que les règles de l'art social, les dispositions d'une consitution peuvent se déduire logiqaement et avec certitude de quelques principles simples, posés a la raison." 加亨，《孔道西与法国革命》（Leon Gahen, "Condorcet et la Révolution française"），页129。
[3] 尚奈，同前，页722。革命后小册甚多：Sevan, "Essai sur la formation des assemblées nationales" 1789; De Montlosier, "Essai sur l'art de constituer les peuples", 1789; Mounier, " Considérations sur les governements", 1789; Guiraudet , "Qu'est-ce que la nation et qu'est-ce que la France?", 1789; Kersaint, "Bon sens", 1787; Condorcet, "Les assernblees provinciales", 1788。
[4] "Qu'est-ce que le tiers état? Rein.—Que doit il être? Tout—Que veut-il être?—Qnelque chose."

民为之；教士与贵族不过占领荣誉及把持肥缺而已。不宁惟是，第三级（即平民）有二千五百万之众，而贵族与教士两特权阶级，合计仅二十万。今试问"何者为民族？"民族乃"一群联合分子在共同法律下生活，由同一立法机关为其代表"。今贵族等有种种豁免，例外与特权，是明明不在此一般人所服从之法律之下；谓为"国中之国"可，谓为非民族之一部分更无不可。由是而言

> 第三级本身即为一完全民族。取特权阶级而去之，民族之为民族，必不因是而减损丝毫，抑且更成纯粹。贵族阶级乃大民族中自成一派而离立之人民。第三级有一切权力。
>
> 或人将云，第三级不能单独地组成等级会议。此则更妙！第三级将可组成为国民大会（Assemblee nationale）。[1]

西耶士一若有先见之明。"第三级可组成为国民大会"，竟成谶语。而是年七月十七日最后提议而邀通过，将第三级改成国民大会者并非他人，即此小册著者，西耶士！[2] 至于产生国民大会之法令亦宣称：关于"民族全意志之解释与表现属于第三级会议"且"只属"于第三级会议，而法王无否决此会议议决案之权，故"国民大会为其惟一的适当名称"。[3]

以身属特权阶级而自动放弃其地位俾得参加平民之团体；此固证明西耶士之言行合一。彼对于贵族阶级力肆攻击。"人之自由不在享有特殊权利而在享有国民之权利——一切人们皆有之权利。"且贵族之特殊权利果自何来？若云，"根据征服"则第三级何尝不可"以子之矛攻子之盾"而破此诡辩。第三级"可回置其身于征服以前之境域；盖今日既已坚强有力，不复能忍受征服之苦痛，则其拒命反抗，自更有理。第三级胡为而不可将此自命为基于征服而享有特权之家族驱逐扫荡迫其退至佛兰克（Franconia）之森林中？""每一特殊权利，就其性质而言之，为不公正，惹厌恶，且违反社会契约。残暴可惧的封建制度之恶果竟能凭赖法律以自保存以迄于今十八世纪，吾人思及此点能不热血沸腾！……贵族阶级实乃一批与众离立之人群，且系一批

---

[1]《何者为第三级》，见尚奈同书，卷2，页723，724。
[2] 西耶士本拟"Assemblée des représentants connus et vérifiés de la nation français"；Barère 继拟 "Représentants légitimes de la majeure partie des Français, ou de vingt-quatre millions d'hommes, dans l'assemblée nationale"；Mirabeau 则请改为 "Représeantants du peuple français"；Mounier 主张 "Assemblée légitime des représentants de la majeure pattie de la nation, agissant en l'absence de la mineure pattie." 最后 Bery 以 Assemblée nationale 提出；西耶士甚以为然——初不知彼于小册中早曾无意地用此名称。
[3] 一七八九年六月十七之法令；原文见勒格，同书，卷一，页18~19。

欺侮余众之人群，本身缺乏服务致用之能力，不能独立存在而寄生于全民族之身。""贵族与贵族间徒知彼此相互庇护而置其余民族于不顾。"且"今日统治法国者非君王而系朝廷。朝廷产生官职与任命员吏，而所谓朝廷者即此庞大贵族之首领。""吾人不必再问特权阶级在社会中应处之地位，盖此无异于问，伤人健康与促人寿命之疡疮在病人身体中应处之地位。"[1] 西耶士之观念与时人多相仿佛（如 Kersaient，Guiraudet，Rabout-Saint-Etienne），惟情感浓厚与文笔动人则远出他人之上。[2]

第三级即为民族。其所以为"无物不足道"者实因只有共同之法律而一无保障之权利。今等级会议将召集，第三级之要求果何在？照西耶士之答复，第三级所望不奢。第三级之代表应以第三级人充之，惟如是，始能有真确之代表，能知其企求而谋其福利。苟不然者，则犹法与英战而法人可选英之大臣为法之执政，其为背谬自不待言。虽然，仅仅有此，犹病不足。第三级之代表席数苟非倍于其他，则虽有本级人充代表而无用；有倍于其它个别阶级而仍各自集议，则仍等于一与二比，第三级虽有较多之议席而希望仍不免归零。易言之，彼暗示三级代表应集成一院，而以第三级（平民）之代表占居优胜的多数。

> 何者为一民族之意志？一民族之意志乃无数个人意志之结晶，犹之一民族乃无数个人之集合。
>
> 凡有利益于是，各个人对之及各个人所联合之一切分子对之，均认为不谋而合者，此显系总意志之目的，亦显系共同会议之目的……是故共同利益必胜过个别利益而后前者有保障。[3]

卢梭学说之为此项主张之骨格，初无待辩。西耶士虽未明言，实已采纳《民约论》中契约，主权在民，全意志，法律诸点为其基本信仰。[4] 此不独于《何者为第三级》而然。惟有一根本异点：西耶士承认代议政治而卢梭则曾拒绝。西耶士对时政立言，明知全

---

[1] 《何者为第三级》，页 10，17，41，139，166 等。
[2] 塞，《十八世纪法国之政治观念》，页 239~241。
[3] 《何者为第三级》页 89，91。彼又谓"Les mêmes principes font sentir avec non moins de force la necessité de constituer l'assemblée représentative ellemême sur un plan qui ne lui permette pas de se former un esprit de corps et de dégénérer en aristocratie"（页 92）。彼且暗示：贵族处于贵族地位无选权之可言必处于国民地位始能享有。"Ce n'est donc pas parce qu'on est privilégié, mais parce qu'on est citoyen, qu'on a droit a l'élection des députés et a l'éligibilité"（页 95）。
[4] "Donc une société fondée sur l'utilité réciproque est véritablement sur la linge des moyens naturels qui se present à l'homme pour le conduire à son but. Donc cette union est un avantage et non un sacrifice." L'ordre social est comme une suite, comme un complément de l'ordre naturel." 西耶士《宪法初步》（"Preliminaire de la Constitution"）；见勒兹罗布，同书，页 39，41。

国国民而参与立法，事所不可，故谓地大人多则代议兴起。但民族仍为最高权威之所在。

> 民族乃在一切之上，民族乃为一切之渊源。民族之意志永为合法，盖其本身即为法律。
>
> 无论一民族之意志为何，民族既决定其意志，则无复他求；此意志即为优越，即为最高法律。

卢梭言人民主权，西耶士言民族意志，前者谓即契约亦不能束缚人民之主权；后者谓即宪法亦不能限制民族之意志。西耶士谓宪法乃原始的造法权之作品而非次生的立法权之作品；造法（即制宪）之工作可由人民之代表为之，但造法权本身则永在民族。以故，宪法能限制政府而不能限制民族，政府既受宪法之限制，政府自不能变更宪法之毫厘——盖政府绝无更改宪法之权。[1] 若抛掷忌讳，将此理论用之于当时政事而赤裸裸言之，则为：法兰西民族之意志——事实上由第三级选出之代表所表现的民族意志——不受任何限制；反之当日政府（君王）完全受此民族意志之支配。此种思想之明确，肯定，与其性质之为激烈与革命，吾人不难领会；而其影响之深远，岂仅仅巴士底狱之陷落，与路易十六世之上断头台所可同日而语。

西耶士再四提示，民族之造法权固无限制，但表现民族之意志而实行造法（制宪或修宪）之机关应有一定。平常政府之任何机关绝不应掌握造法权。造宪或修宪必由人民之"特殊代表"（représentants extraordinaires）为之。彼以为英国政制之不良即在不分造法与立法两权。[2]

西耶士一本小册之力量，诚如英儒阿克吞所云，不减于路德·马丁之《九十五条论文》。然而西耶士之为人并不"过激"，此复与路德·马丁相仿佛。彼对于《教士之民宪》不表同情，且曾叹惜国民大会中人欲求自由而不知所以为公正；对于没收教会财产彼尤表示不满。彼主张君主立宪，此适与孔道西，佩因相反。大约彼之始则参加

---

[1] 《何者为第三级》，第五章。"La constitution n'est pas l'ouvrage du pouvoir constitué, mais du pouvoir constituant."（页67）彼又云，"Un peuple a toujours le droit de revoir et de réformer sa constitution, Il est même bon de détenniner les époques fixes où cette revision aura lien qnelle qu'en soit la nécessité."《对于人权与民权之认识与解释》，加享，同书，页182。

[2] 谭宁以西耶士此点为极大贡献。"It signalizes a distinct advance in the theory, of popular sovereignty... The Monarchomachs of the sixteenth century conceived that the various organs of provincial and municipal government could voice the people's will; the revolutionists in England in the next century clung to their ordinary Parliament; ... Rousseau insisted that the whole mass of individuals who constituted the sovereign people must be consulted; Siéyès developed the idea of a special representative assembly for every constitution-making function." 谭宁，同书，卷三，页104。

雅各宾党社而终卒退出者，即因后者坚持共和政体之故。治权应有抵衡。国会之组织可用调和方法——讨论时分两或三院，表决时则集合投票。

西耶士备受当世之重视。初则拥护革命，继则倾向守旧。一七九五年彼被举为五执政之一而固辞不就，一七九八年又受推举乃自柏林归任，其后又与拿破仑等同时当选为护国官。凡此种种足证西耶士不独为理论家抑且具有政治家之才能，然而有人笑西耶士始为革命之巨子而终为革命之叛徒者正亦因此。[1] 及后拿破仑由称帝而覆亡，路易十八世复位，彼遂流亡在外共十有五年，至一八三〇年始归巴黎以度其六载之余生。人事之变更，世局之沧桑，彼诚可谓饱尝殆遍；其暮年思想究竟有何变迁，实为一项富有兴趣之问题。[2]

柒、孔道西之政治思想（Marquis de Condorcet, 1743—1794）[3]

西耶士对于法国革命不啻目睹其自含苞放蕊而至萎谢飘零。孔道西则无异培植革命之树，不幸而食其恶果以死。西耶士虽能明哲保身，然因晚年噤若寒蝉不免畏缩或反动之嫌。孔道西则明知大祸之将临而犹抱持乐观，完成其名著《人道进化之历史观纲要》——曾不因个人之境遇而稍改其信仰，是尤难能而可贵。总之，西耶士在政治史上之地位较孔道西为重要，而孔道西在政治思想史上之地位则胜过前者。[4]

（甲）权利与主权

十八世纪之最根本观念，由孔道西视之为人类之权利。人权到处同一，绝无种族，地理或气候之别。美利坚革命之所以值得羡扬者即在其有人权宣言。彼之所云，

---

[1] 参阅汤卜逊，《法国革命之领袖》，章一。"So he became the Mirabeau's acknowledged master, the reputed inspirer of Robespierre, and the constitutional archetect of Bonarpartism."（页7）

[2] 悲观，消极，失望，恐在所不免。彼曾于此时期中约略流露其感想："予嫉恶社会；盖社会中无有一人真信道德之优美。……语之以欺诈奸诡，则人莫不熟谙。汝若尽终身之力为众人谋福乐则众人将疑忌摈斥而以汝为不齿。"见汤卜逊，同上，页14。

[3] 著：1.《关于黑奴之感想》（"Reflexions sur l'esclavage des nègres"），1781。
2.《论地方议会》（"Sur les assemblées provinciales"），1788。
3.《宪法计拟》（"Plan de constitution"），1788。
4.《权利宣言》（"Déclaration des droits"），1789。
5.《人道进化之历史观纲要》（"Esquisse d'un tableau historique des progrès de l'esprit humain"），1794。此书出版之次年即有英译 "Outline of An Historical View of the Progress of the Human Mind"，1795。其余如 "Fragraent sur la liberté de la presse"；"De l'influence de la Revolution d'Amerique"；"Lettres d'un gentiIhomme à MM du Tiers Etat"，"De la nature des pouvoirs politiques dans une nation libre"；"Memoires sur l' instruction publique"，等文字亦包含孔道西之政见。阅《全集》（Oeuvres, édifion, Arago, 1847—1849）。

[4] 翻阅阿伦格烈，《孔道西：法国革命之引导》（Franck alengry, Condorcet. Guide de la Revolution Francaise, 1904），卷I，页355~358。

盖指自然权利。自然权利可归纳为五：（一）身体之安全与自由；（二）财产之自由；（三）法律之确定与平等；（四）直接或间接的立法权；（五）言论自由。[1] 故国民大会之首步工作即应制定权利宣言。[2] 彼曾拟就草案一篇。"权利宣言应为一切国民所周知而了解，盖人而各知己身所有之权利此乃一有益而公正之事。"[3] 彼对于国民大会所通过之《人权与民权宣言》，颇多指斥。然社会最后之目的"在事实上之平等而不仅权利上之平等"；而社会制度应以贫苦（亦即最多数）阶级之身体智慧与道德的进步为标准。

今日之评论者辄谓个人之自然权利与国家之绝对主权，不能两立；故十八世纪之政治哲学根本矛盾。殊不知主权之存在正所以捍卫自然权利；个人之自然权利愈可贵，则为保障此自然权利之国家主权亦愈尊严：孔道西之见解即如上述。主权永在社会本身，盖

> 社会乃绝对地与尊显地永为其自身之统治者。
>
> 任何权力，不自社会得来者，社会永有否认之权；社会所自愿遵守之法律惟社会自身能产生与变更；而执行法律之职务，社会得付托社会中之一人或多人。[4]

是则不论政体之为何，主权永久在民。法国革命不过将曩曾付托于一人之治权限制之，减削之，或竟另行付托于他人；此乃法国人民本有的主权之行使。[5]

主权既在国民则（一）国民均有选权；女子亦可参政。今人徒知英国穆勒，约翰为女子参政之首倡者，殊不知穆勒之前早有法国孔道西之竭诚鼓吹。[6] （二）宪法应由人民自订——先由人民之特殊代表拟定，再由人民总投票复决。

---

[1]《美国革命之影响》；见加亨，同书，页178；塞，同书，页205~207。

[2] 孔道西云："Une Délaration des droits est nécessaire puisqu'elle doit marquer les limites que la puissance législatrice doit respecter; elle doit être séparée des lois qui règlent la constitution parce que ecs lois doivent être faites pour conserver les droits et non pour en violet aucun ... Refuser d'instruire les citoyens de leurs droits, de leuren offrir une Déclaration qu'ils puissent réclamer serait une injustice et presque an acte de tyrannie."《遗稿》，见加亨，页177。

[3]《权利宣言》，见同上，又页179。

[4] 见加亨，页89。

[5] "Toutes les autorités, existantes émanent du peuple ei peuvent être légitimement destituées par lui et rétablies sous de nouvelles, formes. Les rois, comme les autres magistrats, ne sont que les officiers des peuples qu'ils gouvernent." 孔道西 "Repons sur la Rèvolution de 1688 et sur celle du 10 Août"，见塞，同书，页216。

[6] 孔道西云："Les droits des hommes résultent uniquement de ce qu'ils sont des êtres sensibles susceptibles d'acquérir des idées et de raisoner sur eels idées, Ainsi les femraes, ayant ces meme qualités, ont nécessairement des droits égaux. Ou aueun individu de l'espèce humaine n'a de véritables droits, ou tous ont les mêmes." 见所著 *Sur l'admission des femmes audroit de cite*；载加亨，页188。

(乙)造宪与立法

孔道西所称之宪法乃即卢梭所称之法律，为人民意志之表现。彼之观念得力于美国邦宪及联宪者实多。宪法之订立与修正应由特殊的造法机关为之，而不应与寻常立法机关相混淆[1]，此正与西耶士之主见相同；而宪法之成立尤须经人民投票批准，盖惟人民之多数永有最高的造法权。每一宪法当包含如何修正之专条。主权属于每代之"活人"；每代"活人"有自订其宪法之权利：即此一端亦可回想佩因学说之一唱百和，风行当世。[2] 彼相信每隔二十年，社会之主人更迭，故每二十年应有修宪会议；但彼又曾表示，二十年之期或太迟久，每八年九年，甚或五年，恐较适当。[3] 至于论及宪法之内容，彼完全崇尚理智而轻蔑经验，一若抽象的逻辑，形式的理论可以解决一切制度问题，而文字美借理论贯彻之宪法亦似可以放诸四海而皆准，俟诸百世而不惑。[4]

立法之目的有四；亦可谓治权者之责任有四。一为私人契约之保障与执行（民法）；二为安全之设立，暴行之制止（刑法）；三为秩序之维持（警察法）；四为物质与精神文化之发达。关于工商经济彼主放任；于教育则主干涉。一切法律应以乐利及公正为标准。[5]

一七八九年等级会议发生纠纷之际，孔道西确曾建议另行产生国民会议。彼对于一七九一年之宪法颇多不满，然一经被选为立法大会议员，即以大局为怀，竭诚拥护此已成之制度。一七九三年之宪法草案，颇多彼之主张（与西耶士，佩因同为起草委员会委员）；惜吉伦特党一倒而全功尽弃。及山岳党所拟之宪法成立，彼曾立论评指其短，终因此而得祸。

---

[1] 彼谓，"Un premier pouvoir, constituant, chargé par le pettple d'établir une constitution est le principe unique cie tous les autre pouvoirs"。见塞，同书，页 217。
[2] 见前。"Les lois qui établissent et règlent la constitution ... ne seront point perpétuelles, mais elles pourront être changées à des époques determinées par des Conventions, qui seront toujours distinees des Assemblées revêtues du pourvoir législatif, et ces deux pouvoirs ne pourront jamais être réunis."孔道西，《权利宣言》；见加享，页 180。
[3] 加享，页 200~201，475；塞，页 218。
[4] "Donner à un territoire de 27,000 lieues carrées, habité pax 25 millions d'habitants, une constitution qui, fondée uniquement sur les principes de la raison et de la justice, assure aux citoyens la jouissance entière de leurs droits; combiner les parties de cette constitution, de manière que la nécessité de l'obéissance aux lois, de la soumission de la volonté individuelle à la volonté générale laisse subsister, dans toute leur étendue, et la souveraineté du peuple, et l'égalité entre les citoyens, et l'exercice de la liberté naturelle, tel est le probleme que nous avions à résoudre."《宪法计拟》，载《全集》XII，335；见加享，页 471。
[5] "L'intérêt de puissance et de richesse d'un nation doit disparattre devant le droit d'un seul homme." "Toute loi contraire au droit d'un citoyen ou d'un étranger est une loi injuste; elle autorise une violence, elle est une véritable cine."《关于黑奴之感想》；见加享，页 40。

（丙）政体与制度

关于民政社会之起源，彼似追步洛克，深信人之自动结合，因求自卫，且出于契约之方式。然则"共和宪政为一切政体中之最优者"乃必然之结论。"在一个组织完善的共和政体之中，人民确系自由，且于优良法律下享有一切本诸自然的权利；又无强邻外患之迫——谓不愿有此共和政体而宁愿有君主政体者，恐除奴隶外，无人具此思想。"[1] 共和政体之定义为何？与君主政体究有何别？

> 一国之行政权可委诸一个人数极少而由国民选出之机关此机关之首席领袖可有可无。再不然，行政权可付诸民选之元首一人；此元首一人为全国之最高官长，其余辅弼由此元首任命，惟此元首本身，犹之其它官吏，负一切行为之法律责任。凡合上述三制之一者即为共和政体。若行政权而全归一人掌握——无论彼所得之权力由选举或世袭而来，若政务大臣均由此一人选任，而不得后者之准可时不能作任何举措；反之此一人不必得政务大臣之同意而可随意行动，且不负任何责任，此则为君主政体。[2]

其初，孔道西尚以为世袭君主最宜于法国。及后路易图奔，政局摇荡，又受佩因鼓吹之影响，彼乃宣称"此刻之目的不在造就一位君王，而在劝彼（指路易）勿复存继续为君之愿望"。彼既已主张废止君制，采取共和，则前后贯彻。彼虽赞成路易十六世应受国民公判但反对以死罪相加。

代议共和，较直接民治为优。代议不应行之于中央且应普及于地方（如省有省议会，市有市议会）。但治权宜集中统一，故主单一而斥联治。孟德斯鸠之三权分立论彼不赞同，故讥诮英制之为不伦不类。政府所有之权力，立法实为中心且为最高，其他机关或权力，不过执行法律。[3] 立法机关应由全国选举，且只应一院，谓两院制在理论上不能成立，在事实上亦多危害。[4] 虽然，孔道西亦曾虑及一院之流弊，如匆促立法，如缺乏经验与专才；故又拟立一形同上院而权限绝异之机关。其人选虽亦由人民投票产生但以智识经验为被选资格，而其职务仅在认立法院所订之法律为危险或欠妥时得以书面通知而展延其颁布；但如立法院主张坚决，三次加以通过则仍得为法律。[5]

---

[1]《全集》，Ⅴ，269；Ⅳ，393；见加享，页30。
[2] 致西耶土信，《遗稿》；见加享，页252。
[3]《宪法计拟》，《全集》，Ⅻ，356；见加享，页477。
[4]《论地方议会》，《全集》Ⅷ，218-211；见加享，页38，189，192。
[5] "Examen de cette q'uestion"，《全集》，Ⅸ，355~366。

不期今日英国巴力门上院之地位早曾为孔道西所逆臆。至于行政首领之任期,彼主张短暂。

孔道西所拟之一七九三年宪法草案最能代表彼之理想政制:立法院为一院制,任期一年,由普选产生;人民有复决法律之权;凡两省或以上,请求修正宪法,更易法律或变换政策时,立法院应令行总投票;行政首领为委员制,以七人组织之,其主席之任期为两周[1]。比例选举彼甚重视[2],地方自治彼尤竭力主张。

(丁）教育与政治

人民之痛苦,其起源于愚昧无知缺乏教育者,正不亚于起源于恶劣法制者。否则,彼何以既视人性本善又视治者为凶暴。推彼之意,人人本皆善良但须调剂融和;人因智识不足,见解不明,遂不自知其真实乐利之所在[3]。譬如自由与平等,惟教育能达到。此非谓削足适履使人人受同等之教育,乃谓人人应受最低限度之教育,且使人人在平等机会下发展其个性与天才。[4]职是之故,受教育乃人民之权利,办教育乃政府之义务。"政治中之第一条规律为何?曰:公正。第二条?曰公正。第三条?仍是公正。"可见道德与法律,政治与教育之关系,此一论点大足为今人之思索。彼之教育计划颇为详尽;根本不尚灌注而重自动发展;对于女子教育亦极注意。孔道西之教育哲学,渊源甚深（如 La Chalotais, Rolland Diderot, Guytonde Morveau，等均曾详论教育）。

(戊）历史哲学

重农学派视社会为一"自然规范",杜阁（Turgot）则相信人类于和平与扰攘之波动起伏间永久向前推进,而继续发展。[5]孔道西融合此两意而发挥其历史哲学:即人类逐步地渐臻完善;不特从一时一地,且从全时全地,不特从横的或静的方面,且从纵的或动的方面,观察社会,社会系一自然规范。易言之,进步即是此自然规范之一部分。

> 倘吾人研究人类才力之发展,就其结果而言,又只就同一时间同一空间

---

[1] 阅斐雪,《欧洲之共和遗风》,页122；或加享,页471~493。
[2] 阅 Hoag and Hallett, "Proportional Representation", 页44, 117, 278~281。
[3] 阅 Catlin, "Principles pf Politics."页289~291。
[4] "Condorcet est surtout préoccupé, au point de vue politique, de rendre les citoyens égaux par l'instruction... Ce gouvernement organisateur... préparera, par l'ecole, le moment heureux où tous ayant conscience de leurs droits et de leurs pouvoirs, il n'y aura plus de populace." 乌拉,《演说家》(Aulard, Les Orateurs de la Legislative et de la Convention), 卷一, 页273。
[5] 杜阁曾云, "La masse dn genre humajine, par des alternatives de calme et d'agitation,manbe toujours, quoique à pas lents,vers une perfection plus prande." 见尚奈, 同书, II, 页680。

之个人而论，且再进一步，倘吾人追踪此种历代相承之发展，则一幅人道之进步全图，将毕呈于吾人之眼前。人道之进步，其所受限制与支配之公律正与个人才力之发展所受者全同。盖人类之进步即各个人发展之结果——不过同时就结合于社会中之无数个人而言而已。此一刹那间之结果亦受此一刹那之影响。[1]

人既能了解既往而发现公律，又何不可循此公律推测未来而为准确之预言！

倘使人对于某种观象已发现其公律而能预言，且几能预言而无谬误；倘使，即社会之公律犹未经人发现，而人能从以往之经验，预见未来之事，且其预见能有相当把握（avec une grande probabitité），则吾人根据人类之历史而欲相当准确地将人类未来之前程约略指点出来，谁得讥视此种尝试与努力为滑稽而无据！[2]

彼将人类史划分为十大时期而论述每时期之特征变化与因果递嬗。美法革命不过为最后亦最高时期之开端。人类将来发展之途径可分三层：族国间一切不平等之消灭；同一族国中人们间平等之实现；人之真趋于完善化（le perfectionnement réel de l'homme）。

其一，民族国家间不平等之消灭可分三点。一为就欧洲而言者，此在停止军备，轻视武力，与制度之渐相接近。彼以为法国或英美之政制文物必为他国所模仿之标准。二为关于殖民地与祖国间之不平等，此在废止奴隶制度，改革商业独占政策，并激励与允许其自治独立。三为关于欧洲民族与亚、美洲次等民族之不平等，彼谓后者或将效颦西方或将终归绝灭。

其二，同国人民将渐趋于平等。原一国人民之所以不平等者不外三因：财富之不均，劳资两级之高下；与教育及智识之不齐。孔道西不信共产，且不主张以任何法律强制地均平财富；但深信社会中有一均平财富之自然趋势，凡阻止此自然趋势之法度（如保护富者，保障垄断，限制贸易）应一扫而空之。至于劳资两方之冲突彼不认为无可避免：年俸与保险之应用，贪得心理之廓清，信用之奖励，储蓄之发达——举凡可以减少两方之不均者政府当尽力提倡。教育之有效率，自不待言。人人须站在同一

---

[1]《人道进步之历史观纲要》全集，Ⅵ，12~13，见摩黎，《传记集》，页145。
[2] 同上，见尚奈，同书，卷二，页684。

的最低水平线上，而其高造特长正不必彼此平等。[1]

其三，人将渐趋真实完善。此在（一）教育方法之完善化，俾最多数人于最短期中得最大量知识；（二）科学发明之完善化；（三）由分析人之理智与道德的能力而使道德学与哲学完善化；（四）应用数学与统计而使社会科学完成；（五）法律制度之止于至善；（六）男女间不平等之铲除；（七）战争之减少或废弃；（八）世界语之成立。[2]

孔道西不羡既往而慕将来。人类之快乐与伟大不在过程而在前途。而人类之所以能进步全恃理智；此则显为十八世纪褊狭之见。彼抨击宗教不遗余力；盖宗教不合理智。殊不知宗教之流弊虽大，其曾有助于人道之进步者，自有其一页光荣历史。人类进步决不能专赖理智；宗教伦理，道德，风化习惯均属重要。至于孔道西所预言之各种完善化有一部分似已告完成或正在实现[3]。

（己）思想精神与生平事业

法国革命之一大错误在过重理智，过信逻辑，而置心理，习惯，历史与经验于不顾。此种精神，可以孔道西之思想为代表。例如："不论一国之宪法为何，凡工商之自由，地税之直接，民法之简单，刑法之公恕……应完全相同"。又："真实，道理，公正，人权，及财产，自由，安全，种种关切既到处全同，则必谓一切国家之刑法，民法，商法，不必全同。吾人殊不解。盖一条良善法律，必对于一切人为良善，犹之一个真理必对于一切人为真实。"[4]

孔道西本一贵胄，少时曾辅助百科全书派之编辑事业。对于数学及经济学均有相当深造；对于政治学则更专研究，彼自称从事于此者三十年。革命初起彼已年近半百，但精神热烈不让他人，故借文字宣传发挥抱负。初为巴黎市政府工作，旋于一七九一年当选立法大会议员，卒又参加国民代表会议。一七九三年之宪法草案大半系彼之作品，惜遭流产之厄。吉伦特党既倒，彼之命运乃入雅各宾党之掌握。虽曰因文字获祸，

---

[1] 见前，论教育。又，"Cn pent instruire la masse entière du peuple de tout ce clue chaque homme a besoin de savoir pour l'éonomie domestique, pour l'administration de ces affaires, pour le libre développement de son industrie et ses facultés, pour connaitre ses droits, les défendre et les exercer; pour être instmit des ses devoirs, pour les bien remplir, pour juger ses actions et celles des autres d'après ces propres luminiéres, et n'etre étranger à aueun des sentiments élevés ou délicats qui honorent la nature humaine; pour ne point dépendre aveuglément de ceux à qui il est obligé de confier le soin de les affaires ou l'exercle de ses droits; pour être én etat de les choisir et de les serveiller; pour se défendre contre les préjugés, avec les seules forces de sa raison."
[2] 《纲要》全集，Ⅵ 239~251；257~258；269~272。可阅尚奈，卷二，页 685。或摩黎，《传记集》，页 156~161；又，李大钊，《孔道西的历史观》，《北京大学社会季刊》，第二卷，第一号。
[3] 谭宁，同书，卷三，页 110。比较尚奈之评语；尚奈，同书，卷二，页 690~692。
[4] 《全集》Ⅴ，283；Ⅰ，378。然孔道西对于变法易政，颇主缓进：凡能（一）扰乱公安；（二）引起纷争；及（三）违反久为公众所接受之惯例制度者，均应避免。

实则"欲加之罪何患无辞"。彼遂匿居友家（Madame Vernet）以完成其不朽之作；一方面既自知旦夕不保，再方面其夫人又再三驰书请与离异：所谓人世之悲痛彼盖饱尝。书成未久而著者离寓它去；死状甚惨，详情迄今不明。孔道西自称不属任何党派[1]；论其思想确在仅仅吉伦特党之上；而其思想之影响亦确不限于当代。[2]

捌、党派与领袖之政治意见

孔道西在当日之势力与影响并非最大。革命时期中其政治意见最能激发，煽动，或领导一般民众而有形无形地要挟政府胁迫代表，而左右政制与政象者，厥推同时代表民众又利用民众之党社与其领袖。例如马拉在巴黎街头巷口，作通俗演说，取卢梭《民约论》中之片段文字而加以诠解；又如德莫兰（Camille Demo1ins）在皇家公园中大声疾呼，唤起民众：

> 噬人之野兽今已自投陷井之中，吾人其速起奋击之！胜利者可得掳获品之多盖莫逾于此次：四万座皇宫殿宇，都市华屋，与乡村大厦，均将为勇敢者之酬报。[3]

其影响之深切确实，恐远过于寻常小册论著。此则研究政治思想史者素所忽略而实应注意者。吾人诚知人民有阶级之分，如工商，如资本家，如农民，区域有中央（巴黎）与地方（各省）之异，组织有全国与局部之别，主张有君主与共和之差[4]，党派亦有国会以内及国会以外之不同：然其领袖之利用刊物与讲演以激起民众而持以为后盾或护符者则一。

党社之最早者大约为一七八九年之布勒通党社（Club Breton）。其人数初甚寥落，旋参加者日多，成雅各宾党社（Club Jacobin）；由巴黎之中央机关渐次普遍全国。一七九〇年有科第利亚党社（Club Cordelièrs）之兴起。一七九一年有斐扬党派（Feuillants）之昭著。立法大会中有吉伦特党之形成，其反对派山岳党（Montgnard）随之而起；至一七九三年之国民代表会议而两派之壁垒分明。实则吉伦特党与山岳党均本为雅各宾党。以革命时期中党派递嬗之过程言，大凡少数倾左者先树立一帜，风

---
[1] "Je ne serai d'aucun parti comme je n'ai été d'aucun parti."《遗稿》；见加享，页437。
[2] 阿伦格烈（Alengry），同书，卷三，页810~857。
[3] 汤卜逊，同书，页171。
[4] 例如"Société des Amis de la Constitution monarchique"于一七九一年即成立。

声所播人数渐多而势力益大。及事过境迁或新问题发生而此一党派中又有少数较激烈之倾左者遂又分裂为二；而异军苍头特起者往往暂时掌握实权，以民众之喉舌自居。曾不旋踵，此倾左者又被更倾左者斥为倾右。计自等级会议而国民大会而立法大会而国民代表会议：盖均经过此阶段。譬如布勒通党社及雅各宾党社之初起时，西耶士与弥拉波未始非中坚人物而带倾左之徽号者，及后因对付法王及君位之存废问题而两人流为守旧，于是雅各宾党中之一部分退而成斐扬党。[1] 科第利亚党社[2]之初起亦系激烈。而所谓吉伦特与山岳两派实皆激烈，且本一党，其分裂之要因盖为和战问题；前者重理论后者重实行，故相形之下前者右而后者左；前者败而后者胜。迨山岳党失败，左派亦告结束，从此革命思潮，由趋向守旧而终归反动。当激烈党派前后得势之际似均凭借巴黎之民众——在"暴众心理"下的巴黎民众。

革命党派中组织最完备，势力范围最广大，政治意见最激烈而影响亦最深远者当推雅各宾党。[3] 革命之精神与理论所以能普遍全国，而革命运动之所以为全国民众所共有而不独为少数首都领袖之独有者端赖此党。由此党各地分社之记录，宣言，公函，议案，言论而观之，一般党人确抱根本相同之政治哲学——远则渊源于卢梭，近则摭拾罗伯斯庇尔之牙慧：（一）自然为一切之惟一模范；（二）人性本善，人本平等；（三）道理最贵，能发现一切，完善一切；（四）人民应服从全意志；（五）全意志由契约而来；（六）少数应服从多数。[4] 抽象之信仰既如上述，则其所抱持之具体主张不难想见。在政治方面，政体应采共和，无世袭之君主或贵族；人民为主权者；选权不当有限制；治权须集中中央；中央政府之治权可相当分立；议会只需一院；代表须从"受

---

[1] 正式名称 "Société des Amis de la Constitution"，一七九一年七月十六日成立。时雅各宾党社要求废易路易十六世；其中反对此举不肯签字者宣告脱离自组新党。除西耶士外，斐扬党包括 Barère, Dupont de Nemours 等。此党主张恪守一七九一年之宪法而不加丝毫增损。时人目之为守旧与反动派。巴黎以外未有分社。

[2] 原名为"Société des Amis de droits de l'homme et du citoyens"。"自由，平等，博爱"三口号之普遍宣传，实有赖于此党。操纵此党者初为丹敦（而 Desmolins 与 Fabred'Eglantinc 均为其辅），继为阿贝耳（Hebert）。崇拜道理即此党在阿卑耳指挥之下所力主者。关于此派之政治观念，可参阅勒格，同书，卷二，页 81~83。

[3] 等级会议之代表共约一千二百人。人多散漫，会议困难。同乡同地或同意见之代表自然地集合谈论，遂于不知不觉中形成派别，产生党社。布勒通党社即从布勒通地方之代表若干人，在会议近旁咖啡馆中朝夕见面而发生之集合。其后非布勒通之代表，甚且身非代表而意见相同者渐多加入。其所以有雅各宾党之名称者因其集会地点在雅各宾寺院中；人以此相指，本寓讥诮之意。其正式名称为宪友社（"Société des Amis de la Constitution"）后又改称自由平等友社（"Les Amis de la Liberté et de l'Egalité"），而地方分社则常以民社（"Sociétés populaires"）见称。革命时期政府议会中一切决定几无不先在（巴黎）雅各宾党社中讨论或决定，其力量之大自无伦比。全国分社共约 6800 之多。此各地之分社往往自视为政府机关；至其彼此联络通气，颇类美利坚独立运动时代各州之通信委员会。布里索（Brissot），丹敦及罗伯斯庇尔先后为此党之巨魁。详情可阅乌拉，《雅各宾党社》，六卷；或布麟吞，《雅各宾党》（C. C. Brinton, "The Jacobins"），章五及七。

[4] 可阅布麟吞，《雅各宾党》，页 210~217。

命"原则,故人民可有撤回代表之权利;教会应与政治分离,且无须国教;对外虽抱大同理论但政局与心理在在迫入族国主义之途径。在社会方面,平等一原则可以概括一切[1];而教育机会之平等尤受重视。在经济方面,私产备受拥护;贫富之差别不必削除,惟淫富与赤贫力宜避免;关于工商政府应取放任,一让其自由竞争(彼辈赞成以法律限制价格者乃事势所迫非其理论之应用)。在道德方面,颇有清教徒之精神,反对醉酒,狎妓与赌博等等;盖雅各宾党之企求乃一美德充满的理想社会。[2]

兹就革命之中心舞台——首都及其中央政府言之,则亦在雅各宾党之手。斐扬党与科第利亚党不过为雅各宾党之支流分脉;而吉伦特党(又名布里索党)与山岳党尤不过雅各宾党在布里索,丹敦,罗伯斯庇尔三首领起伏争权之下之"党中有党"。每一派别各有一主将及若干副将,以演说及论著耸动民众,以民众之后援胁迫敌派。若严格论其根本政治意见似皆类同。譬如山岳党党人之斥吉伦特党,或称其为"君主政体下之共和派,共和政体下之君主派",或责以提倡联治主义,破坏国家统一:斯皆感情为主之党争,未必有确实根据。[3]而后人以"恐怖"主张,完全归罪山岳党人或亦过当。[4]且吉伦特党攻击路易不遗余力,虽反对处以死刑但究竟与山岳党之政见相去几何,诚恐间不容发。[5]今择各派之重要领袖略述其政治意见。

乌拉推孔道西与布里索两人为吉伦特党之理论家。布里索[6]出身寒微,曾习多种外国语,以发行刊物撰著时论闻名。彼之政治意见都载于彼所发行之《爱国志士》(Patriote francais)中。彼深信主权在民,人类平等(曾组织黑友社,Sociétés des Amis des Noirs),言论自由诸原则;提倡穿戴红帽……改称"公民"(不称先生,犹今日苏

---

[1] 平民化之革命思想由此段记载可以推见:"神圣革命!惟革命能给与吾人福乐。予将以全力拥护革命,虽赴汤蹈火而不辞……神圣自由!神圣平等!惟有自由与平等,故予今日可大胆声言:予虽不过为一位贫农贱工,但予之子或可为官吏,为立法家,为船长,为大将。"(Teissère, "Un discours dans un Club")读者慎毋失笑!民众之所能了解主义,大抵类此。布麟吞,同书页155。
[2] 阅同上,页137~183。
[3] 阅乌拉,《演说家》卷一,页198~220,"吉伦特党之政治观念"。布里索固有羡慕美瑞联治之倾向,但此非吉伦特党人之多数意见。而山岳党中亦有主张联治者。霜匹温云,"Le seul homme qui eût prêché le fédéralisme était un Montagnard ... un des plus fameux terroristes, Billaud-Varennes." 见所著《法国革命之精神》(Champion, Esprit de la Révolution Française, 1887),页239。
[4] Gensonné 曾提请明文规定:凡不护宪者均处死罪。Barbaroux 则云,"Je demande que tout individu qui désespérera du salut de la République soit puni de mort"。即孔道西废止死刑之提议中(一七九三年正月十九日),亦以反抗国家之政治罪犯为除外!(见乌拉,《演说家》,卷一,页211)可见山岳党之屠戮政策与其谓为理论之应用,毋宁谓为环境迫成。见前。
[5] 拉马丁则以为吉伦特党 "was the bourgeoisie triumphaut, envious, turbulent, eloquent, the aristocracy of talent, desiring to acquire and control by itself alone liberty, power and the people"。(Lamartine, History of the Girondists; Ryde's trans.)
[6] Jacques Pierre Brissot(1754—1793),著《刑法论》("Theorie des lois criminelles"),1781;《美国新游记》("Nouveau voyage dants les Etats-unis"),1791;《回想录》("Memoires"; Perroud 编)。

俄彼此以"朋友"相呼），欲借日常应用的，外表的，具体的称谓装饰以转移风气改变思想。彼绝对主战，谓欲维持自由与共和必抗拒君主与暴政。[1] 路易之处死彼固投赞成，但主张应先付人民最后公决。卢未（Jean Baptiste Louvet，1760—1797）[2] 亦为吉伦特党中之要角，曾当面弹劾罗伯斯庇尔。但彼所攻击者实非逊克推多制而乃罗伯斯庇尔个人，盖彼之信仰权力集中及道德强制直与后者无二。[3] 论其演说文字，多华而不实，情浓于智，气胜于理，大可代表革命时期演说与文字之通病。例如彼主张宣战，谓无数敌国之君主，愈有联合以相威胁，则愈不足惧，而革命共和之胜利愈大，且可从此达举世和平之域。[4]

丹敦（George Jacques Danton，1759—1794）不特为雅各宾党领袖之一且在党中自成一派。彼曾谓，"欲革命成功不能用几何学的方法"，[5] 故主张强迫教育而反对"斯巴达化"；主张私产神圣而建议重税富有；信仰主权在民而深虑治权之不集中于一总机关[6]；因对外战争而接受"法国之自然疆界"论，以激发族国主义；容忍，指使并承认"恐怖"政策，但总因其过度逾分而企求停止。[7] 凡此种种，足证丹敦乃一眼光远大，善辩能行之政治家，为理论之主而不为理论之奴。[8] 丹敦罹祸而其助手法勃尔（Phillipe Franqais Nazaire Fabre d'Eglantine，1750—1794）亦不能免。法勃尔撰著剧本以寄托其政治观念，是亦为宣传主义之别开生面。（彼之喜剧"Philint de Moliere"，1790年，不啻为一篇政论）。共和纪元之新正朔，新名称，皆系此人之主张。

读史者必以马拉（Jean Paul Marat，1742—1795）[9] 为"杀人不眨眼"之暴徒——彼

---

[1] "C'est clue sous la liberté tous est soldat; hommes, femmes, enfants, pretres, magistrats." 又，"C'est par la force de raisonnements et des faits que je ne me suis persuadé qu'un peuple qui a conquis la liberté après dix sièeles d'esclavage avait besoin de la guerre. Il faut la guerre pour la consolider; il la faut pour la purger des vices du despotism; corrompre."（见乌拉，《演说家》，卷一，页243，249）此种激烈主战论，深具历史哲学，尤不容吾人今日之漠视。
[2] 彼著剧本甚多；政治文字有：（一）《致罗伯斯庇尔与其徒党文》（"A Robespierre et ses royal-istes"），1792；（二）《致国民代表会议文》（"A la Convention national"），1793；（三）《罹难追忆》（"Rcité de mes périls"），1795。
[3] "Qui n'est ni bon ami, ni bon fils, ni bon parent, ne bon pere, ne saurait être bon citoyen." 见司蒂芬司，《法国革命之演说家》（Stephens, Orators of the French Revolution），卷一，页481。比较后文。
[4] "Que les nations n'en fassent plus qu'unet et que cette incommensurable famille de frères envoie ses plénipotentiaires sacrés jurer sur l'autel del'égalité des droits, de la liberté de cultes, de l'éternelle philosophie, de la souvraincté populaire, jurer la paix universelle." 见乌拉，《演说家》，卷二，页10。
[5] 见同上，页182。
[6] "Montrez-yous peuple ... Il faut que la Convention soit PeuPle." 见同上，页186。彼曾建议，行政首领应由立法议员为之。但与弥拉波较早之提议，同受拒决。
[7] 司蒂芬司，同书，卷二，页172，195，240，249，257，265，275等。
[8] 彼之名语为尽人皆知"De l'audace, encore de l'audace, toujours de l'audace"。
[9] 著"Philosophical Essay on Man" 1793；"The Chains of Slavery" 1774；"Plan de legislation criminelle" 1780；"Offrande a la Patrie" 1788等。

先后以死罪相控告之人数说者谓有二十七万之多！然不数年前，彼固怯弱无似——曾不敢参与尸身之解剖。彼之言行，实代表一位情急气盛见解单纯之革命平民——与日后置彼于死之女子（Charlotte Corday）同一心理。至于公开提倡逖克推多制，明白拥护"恐怖"，流血，则竟言人之所不敢言。彼以为杀人结果可得安宁，自由与快乐。[1]

关乎处置路易十六世之问题，革命领袖初多抱"杀老牛莫之敢尸而况君乎"之潜在观念；后经圣鞠斯特（Antoine Louis Léon de Richebourg de Saint Just, 1767—1794）[2]坚决主死之大声疾呼，而众意始定。照彼之主旨，路易乃国民之公敌，应以公敌待之，共和政体之下惟国民始有神圣不可侵犯之权利，始有受审判之机会。故

> 吾人今日不应审判路易，只应抗拒路易……吾人之手续程序不应采自民刑法而应采自国际法！若云，视君王如公民而审判之，此宁非将惊骇后人之语！审判！审判云者，乃应用法律之谓。法律乃公正之关系。试问人类与君王间有何公正之关系可言？今法王以背叛国家待吾国民，则路易与吾人民间何复有忧乐共同之点？实言之，作君称王即是莫大罪恶，它可勿论"。"（所以）予之赞成处路易以死刑者因路易人民之公敌——乃人民之自由与福乐之公敌。[3]

圣鞠斯特与罗伯斯庇尔所以一见如故气味相投者，因两人皆标榜"美德"（Vertu）。圣鞠斯特云："人民而已取缔迷信，可谓已向自由之路前进一步。但人民必万分谨慎，勿任其道德信条变更摇动，盖此乃美德之基础。""维持革命政府，只有两途：或由暴君维持，或由严厉的公正与取缔一切越规行为的法制。""吾人之目标在造成一新局面，使一切皆趋归良善；使私派私党尽受死刑，使全国民力，皆归正义，使国内安宁而有福乐之可谋……吾人之意旨，在设立一忠实政府……革命由怯懦而进至勇敢，由罪恶而进至美德。"彼惟迷信美德故力主中央集权，痛诋联治，袒护"恐怖"。"死乃革命者最后之安息。""予毋宁死，万不愿见一切破坏国家之罪恶。"[4]

最后，山岳党最大领袖，罗伯斯庇尔（Maximilien Francois Marie Isidore de Robe-

---

[1] "Cinq à six cents têtes abattues vous auraient assuré repos, liberté et bonheur." 见所著 "C'en est fait de nous"，载勒格，同书，卷一，页251。
[2] 著"Esprit de la Révolution et de la Constitution de France"；"Fragments sur les institutions republicaines"。
[3] 乌拉，《演说家》，卷二，页455~457；司蒂芬司，同书，卷二，页469。
[4] 见汤卜逊，同书，页191, 195, 196, 205, 206, 210。

spierre, 1753—1794）[1]之政治思想堪述吾人思味。彼之为卢梭信徒，彼自知之，当时人士信之，后世亦承认之；但所采取者乃卢梭思想之一部分，且变本加厉；谓为卢梭政治哲学之奴隶而非主人，恐有相当意义。[2]彼之基本观念约略可分四项。其一为民治。国民不应有积极与消极之分；制宪代表不可继任为立法代表，将君王处死，不足震骇。盖"究竟孰为叛逆，今已由胜利与人民重复决定；路易既已受（事实）审判，不得再受（法律）审判"。苟不然者，审判结果有有罪与无罪之可能；若认无罪，则人民之主权何在！[3]

其二为美德。彼恳切企求，在"恐怖时期"之后开辟"美德时期"。"腐化堕落者皆为共和国家之仇敌。"吉伦特党与丹敦派之前后罹祸而彼熟视无睹甚且推人下水者，在他人或纯出于争权之动机在罗伯斯庇尔则恐实为美德与国家着想。

> 吾人之目的何在？在安享自由与平等；在得到永久不变万古如一的公正。此公正之规律非系勒诸碑石之上而系镂诸人类心中——健忘公正之奴隶与侵犯公正之暴君，其心中亦有此公正之规律。吾人所求之局面在是：人之卑劣的与残暴的情欲均受限制与束缚，而其仁厚慈祥之禀性，随法律以滋长；除力求光荣为国效劳外，人皆不知有其他野心；社会中无名义或权利上之区别，即有之，亦必本平等之原则；国民惟官长是从，官长惟国民是从，而人民则惟听命于公正；全国保障个人之福利，而个人亦分享全国之繁荣富足与光耀而引以为豪；一切艺术受自由之伟大感化而为自由之结晶点缀；商务贸易成公众富庶之源而不复为私人之巨大家产。

> 吾人愿望全国发生重大变更：以道德替代自私；以忠实替代野心；以真理替代习俗；以职责替代便利；以道理之流行替代时尚之暴治，以畏惧恶弊替代畏惧灾难之心理。吾人希望以傲骨易骄气，以宽恕易浮嚣，以喜爱光荣易喜爱金币，以真才易请托，以良好人民易良好私党……以共和政治之美德与伟大，代替君主政治之恶弊与昏庸。一言以蔽之，吾人企愿圆满自然之本旨，成就人类之使命，保守哲学之预言而铲除暴政与罪恶。吾人愿恶名昭著之法兰西一变而为族国之模范，侵略者之恐怖，被压迫者之救星，全世界之宝物，

---

[1] 彼之政治学说散见于演说稿中（可阅"Discours et Rapports de Robespierre", Vellay 编）。如"Address à La nation arlesienne" 1788; "Avis aux habitants de campagne" 1789 等尤属重要。
[2] 比较乌拉，《演说家》，卷二，页 356, 365, 373。
[3] 见同上，页 385。

且将压倒历史上所有的自由民族！吾人准备热血以结束吾人之工作，且愿亲见新纪元之曙光！此乃吾人之奢望，此乃吾人之目标。[1]

其三为宗教。彼视宗教为政治之属品与工具。"至尊之神"乃得自卢梭之《民约论》；然亦未始非环境酿成。大凡在革命时期，平常之习惯反应均脱节而瓦解。吉伦特党之自然神教论已足摇动人心，而阿贝耳，勺麦特，克罗次辈之无神主义尤足使社会崩溃，人欲横流。罗伯斯庇尔故斥无神主义为违反民治精神。[2] 彼非为宗教而倡宗教，乃为政治而论宗教；非为理论上之宗教乃为社会中实际流行之宗教；非为少数智识分子而为一般的平民。

> 以立法家之眼光视之，凡有利于人民而又在实行方面良好者皆为真理。至尊之神与来世永久之一大观念，乃使人时时处处趋赴公正之势力，故其性质为社会的，共和的。[3]

其四为恐怖。"死乃永生之开端"，"民本政府之基础，在和平时期为美德，在革命时期为美德与恐怖——美德，盖无美德则恐怖与祸害不堪设想；恐怖，盖无恐怖，则美德无能为力。恐怖即是迅速严厉，铁面无私的公正。恐怖乃从美德而有之表现……乃为民治对国难之应用"。[4] 此种恐怖理论与今日力倡暴动屠杀之主张未始非先后辉映。虽然罗伯斯庇尔与圣鞠斯特所容忍，主谋，或实行，甚且公开拥护之恐怖乃根本对统治阶级而言，而非所以对待一般民众！此一要点似为历史家所忽视。以恐怖对待统治阶级，或统治阶级彼此以恐怖对待；此诚不值颂扬之原则；但有时亦为不可避免之现象。罗伯斯庇尔手握大权而自待刻苦，其屠杀当时之同志乃激于主张，见解，信仰，乃为公而非私；较之他国革命其统治阶级专以恐怖对待民众，或其领袖因彼此争权而涂炭军民，而领袖相互间则绝以宽恕不杀为事，致使起伏弥常国乱无已，而此

---

[1] 乌拉，《演说家》，卷二，页387~403；汤卜逊，同书，页229~239；司蒂芬司，同书，卷二，页391~416。"Tout a change dans l'ordre physique, tout doit changer dans l'ordre moral et politique. La moitié de la révolution du monde est déjà faite: l'autre moitié doit s'accomplir." "L'art de gouverner a été jusqu'à nos jours l'art de tromper et de corrompre les homes; il ne doit être que celui de les éclirer et de les rendre meilleurs." "Nous consoliderons le bonheur de notre patrie, et même la nôtre." "Le fondement unique de la société civile, c'est la morale." 革命领袖而作此迂阔之论尤当使读史者反复深思而追求其故。
[2] 彼云，"L'athéisme est aristocratique" 见乌拉，《演说家》，卷二，页366。
[3] 见同上，页371。罗伯斯庇尔甚且谓：即使上帝之存在，灵魂之不灭，仅为吾人幻想假设，然亦不愧为人心最美丽之作品。见汤卜逊，页237。
[4] 见乌拉，《演说家》，卷二，页405。

辈领袖犹以戒绝恐怖之美名以自夸扬，其间得失奚啻天壤。[1]

此外，革命初期之弥拉波（Honoré Gabriel Riqueti, Comte de Mirabeau，1749—1791）[2]，虽就私德而论，为卑劣之小人，就政见而言，不失为具有卓见之伟大政治家。彼之政治观念，几无不重要而与革命之政治史息息相关。彼信仰主权在民而仍主世袭君政；治权应分立，财政应公开，言论应自由，大臣应负责，特殊权利宜取消。英国实为彼之模范政制。彼之伟大亦即彼之渺小，在抱持极端的实在主义；例如，"推究其极，人民之评判此次革命，将以是为惟一之标准：革命能增加抑减损予之积金？革命能否使予之生活较易，工作机会较多，酬报较高？"[3]

革命时期前后起伏之党派领袖多不胜举。上述诸人差可代表。此辈领袖之政治意见所以重要者厥有数因。[4] 革命运动之大小曲折，张弛进退悉由此一群领袖之酝酿与支配，此其一。此辈领袖各有一部分民众为其后盾，故民众所耳闻熟习之革命理论即在于是，此其二。政治观念与政治现象直接地相互牵连彼此影响，此其三。

第四段　美法革命之影响与贡献

弥拉波谓一般民众之评判革命将视革命能否增加每人之所得与提高每人之生活；上已言之。此虽系一般民众之实在主义的政治哲学，或亦为自由，平等，民治诸原则之逻辑的必然结论。政权应平等，财权曷为而不应平等？美利坚革命未曾引起经济的

---

[1] 罗伯斯庇尔在革命之前曾因厌恶死刑之严酷而辞去法官职务；后曾提议废止死刑。可见辩护恐怖，实环境为之。汤卜逊云，"The Terror was mainly directed not against the people but against the government" "It is doubtful whether the provisional government of 1793 and 1794 was a header tyranny than the government under which France carried through the Great War 120 years later"。同书，页196~199。

[2] 著"Essai sur le despotisme"，1772；"Les lettres de cachets et les prisons d'Etat"，1782；"Dénonciations de l'agiotage"，1786；"De la monarchie prussienne"，1788；"Manifeste à la nation provençals"，1789；等。

[3] 见汤卜逊，页39。又，尚奈，同书，卷二，页720~722。

[4] 当时报章杂志中之政见亦甚重要。最早有 Mirabeau 之 "Les États Généraux"；Brère 之 "Point du Jour" 主张宪政而激烈之程度互异有之：Mallet du Pan, "Mercure de France"；Pruhdhomme et Loustallot, "Révolutions de Paris"；Desmolins, "Révolutions de France et de Brabaut"；Fauchet, "La Bouche de Fer" 等。倾左与最激烈有之：Brissot, "Patriote Français"；Condorcet, "Chronique de Paris"；Marat, "Ami du Peuple"；Fréron, "Orateur du Peuple"；Carra, "Annales patriotiques" 等。而拥护君政者亦有："Journal de Ja Ville"；"Spectoteur Notional"；"Gasette de Paris"；"Ami du Roi"；"Actes des Apôtres" 等。

平等主义，恐因当时社会状况与经济生活之相当优裕。法国革命之终于巴倍夫（Babeuf, 1760—1797）[1]之社会主义运动者，则就思想与环境两方面言，绝非偶然。摩里历（Morelly），马不里，以及卢梭（第二篇应征文中之卢梭）早曾先后攻击私产；而革命时期与巴倍夫之主张不谋而合者亦复不少（如Jacques Roux，Varlet，Pierre Dolivier，Rose Lacombe，Lange，Boissel）。故巴黎之无产阶级因生活困苦，失望过甚，遂受巴倍夫之鼓动煽惑而图谋革命。事变虽即告平，而"一七八九之原理"之可趋极端，法国革命之所以卒归反动，在一八四八年及一八七一年革命中巴倍夫主义之又先后复活者，在在足使吾人深省。

巴倍夫系贫家子，屡入图圄；思想单纯而自信极强；其组织"平等社"（又名"国莹社"，因在国莹附近开会，故有此称），提倡共产主义者，盖个人身世与社会环境有以酿成之。及后谋乱失败，对簿公庭，曾语法官曰："予与同党对于革命之恶果，至为愤懑。……革命云者，不过以一批新流氓替代旧流氓而已"。彼深信各种工作之价值相等，故酬劳亦宜相等；人人有工作之义务；此义务应由国家强制执行；土地宜共有；工业应社会化；教育应普遍。至于巴倍夫派之秘密运动，如利用女子，煽动军队，武装平民。以及散布口号标语，宣传歌调、刊物，直为今日激烈党派开其先声。[2]

法国革命之原理，其足以引起巴倍夫之共产运动，实无足怪；盖同此原理，且曾引起英国葛德文（William Godwin, 1756—1836）之无政府论。葛德文持极端的个人主义，视人性为本善，视理性为万能，以为私产制度乃一切祸害之源[3]，而政府职务亦宜减少而趋向零度。彼深信人有完善之可能（perfectibility）；政治学应如其它科学求得整齐划一之公律与方式。葛德文之夫人武尔斯吞克刺夫特（Mary Wollstonecraft, 1759—1797）[4]亦赞扬革命提倡女权。及后英法作战而英国社会之思潮乃又一变：葛德文声名之堕落正与其声名之鹊起同其迅速。

---

[1] 著："Cadastre perpétuel dédié a l'assemblee national"，1787（1790年付印）；"Manifeste des égaux"；"Analyse de la doctrine de Babeuf"等。

[2] 参阅赫因萧，《革命时代之社会与政治观念》（Heanshaw, "The Social and Political Ideas of the Revolutionary Era"），1931，第八章。

[3] "However great and extensive are the cvils that are produced by monarchies and courts, by the imposture of priests and the iniquity of criminal laws, all these are impotent with the evils that arise out of the established system of property."《关于政治公正之探讨》（"An Enquiry Concerning Political Justice; and its Influence on General Virtue Happiness"，1793），页799。

[4] 著《女权论》（"A Vindication of the Rights of Women"）1792；《马利亚》或《妇女之痛苦》（"Wrongs of Woman"，"or Maria"）；《法国革命之起源与进展及其在欧洲之影响》（"A Historical and Moral View of the Origin and Progress of the French Revolution and the Effect it has produced in Europe"，1794）。

此外英国之浪漫派文学家亦受法国革命之影响。浪漫文学可谓从艺术方面表现之人权原则与个人主义；朋斯（Burns，1759—1796），拜伦（Byron, 1788—1824）与雪莱（Shelley，1792—1822）可作此派之代表；而骚狄（Southey，1774—1843），哥尔利治（Coleridge, 1772—1834），卫茨卫士（Wordsworth，1770—1850）等，初亦异常兴奋。[1] 总之法国革命在英之影响甚大且久；不特普来斯（Richard Price）以英一六八八年之光荣革命相比拟，即政治家如福克思（Fox）初亦表示庆幸，哈第（Thomas Hardy）之"通信社"（Corresponding Society），葛累（Grey）与厄斯琴（Erskine）之"民友社"，玛金叩斯（Mackintosh 著 Vindiciae Gallicae，1791）之反攻柏克，尤证同情于革命之原理者正大有人在。此种扩张民权运动之骤受打击而中止进展者，要因法国"恐怖"之实现，激烈之过渡，及英法之破裂；但此种运动之潜在地继续酝酿，以迄成功，与此种运动之永受法国革命政治哲学之影响，殆无疑义。

以言欧洲，则亦受普遍影响。德意志正值启蒙时期（Aufklärung），先受北美革命成功之激发，继闻巴士底狱陷落之消息，言论思想界之巨子（如 Klopstock，Wieland，Schubart，von Humboldt, Herder, Bürger, Hegel, Schelling, Kant 等），初皆欢欣鼓舞，信为人类新纪元之开始。余如波兰，匈牙利，意大利，瑞士，葡萄牙，诸国无不受革命潮流之激荡（惟奥地利，瑞典，西班牙，俄罗斯则开始即厌恶革命）。[2]

美利坚革命性质较为和缓，范围又仅限于英美，且因地理之辽远，故其声势不甚猛烈；然成功迅速且开制度方面多种先例，其曾影响欧洲且由欧洲向全世界者，直可谓历久而愈深大。法兰西革命则性质既加倍激烈，范围又包括全欧，且以地理上衔接

---

[1] 可阅道登，《法国革命与英国文学》（Dowden, "The French Revolution and English Literature"）；及罕科克，《法国革命与英国诗人》（Hancock, "The French Revolution and English Poets"）。兹将浪漫诗人伤口中之政见摘录数行．
                The man
Of virtuous soul commands not , nor obeys,
Power, like a desolating pestilence,
Pollutes what'er it touches; and obedience,
Bane of all genius, virtue, freedom, truth,
Makes slaves of men, and of the human nature,
A mechanized automaton.
  ——Shelley

But never mind,— "God save the King" and Kings;
For if he don't, I doubt if men will longer,
I think I hear a little bird who sings,
The people, by and by, will be the stronger.
  ——Byron

[2] 参阅《剑桥大学现代史》，卷 VIII，章二十五；Gooch, "Europe and the French Revolution"。

之关系，故其蓦地而起之影响曾极一时之盛；然惟其进展深速故其反动亦久远。实则，以人类历史综观之，美法两革命实为同一潮流；一七七六年之学说根本地与一七八九年之原理吻合；吾人可谓两者之中心绝同，而其边径则微有差异。美法两革命之贡献，盖远在当时所订立之区区宪法，法律，制度，宣言以上。自十八世纪之末以迄今日，主权在民，人权平等与民族自决，此三大原则之成立，及由此三大原则绎成之法制——如成文宪法，民治政体（君主与贵族之消灭），代议机关，男女普选，解放奴隶，属地自主等等，皆可归功于美法革命。[1] 至其理论学说乃当时时代精神与政治环境之产物，且所以推展此革命运动之进行者；吾人如必以革命运动与革命理论划成两物而斤斤推敲其理论以究其能否成立有无破绽，殊不免"刻舟求剑"之讥。

---

[1] 参阅《剑桥大学现代史》，卷Ⅷ，章二十五；Gooch, "Europe and the French Revolution"。

马克维里之政治思想[*]

心细如发，胆大如天，发人之所未发，言人之所不言，只手推倒中古思想之内容，方法与精神，而创造一个新时代；弃帝国梦想而抱族国希望，虽其言论之真意义迄今尚多误会，虽其学说之价值今日尚有人怀疑，而其创造与重要则莫敢否认——此盖为意大利人，佛罗伦萨之马克维里（Niccolo Machiavelli，1469—1526，著《人君》《李维普首十篇书后》《战术》及《佛罗伦萨史》等）。马克维里在政治思想史中不啻处前无古人后无来者之独特地位。吾人非了解其时代背景，断不足谈其所著之《人君》或《书后》。

了解马克维里之最基本点，为其馨香祷祝意大利之统一与强盛：惟统一必须强盛，既强盛乃能统一。当日英、法、西诸国已臻巩固，独意大利犹四分五裂，既为他邦逐鹿之战场，复受强国之侵略操纵。丹第与佩脱拉克早曾希望之统一，迄未实现。所以《人君》最末一段大声疾呼：

> 目前让意大利最后出现其救主之机会，真是千载一时万万不应错过。在备受外夷蹂躏与操纵的一切省区，其人民对此救主将如何以热爱相拥戴，将如何坚决信仰，将如何尽忠效力，将如何痛哭流涕，对于外夷将如何渴望报复：此盖非予之言词所能形容于万一。国内对此救主，将何处而肯闭门相拒？将何人而不愿归顺服从？将有何种忌嫉而能发生障碍？……盖外夷在吾国之侵略暴政，乃一切人们所深恶而痛恨者！（见《人君》第廿六章）

---

[*] 原载《自柏拉图至孟德斯鸠：西洋近代政治思潮之渊源》的一部分，原载《民族》第1卷第11期，1933年；作为单篇收入《政治文集》，台湾商务印书馆1981年初版。马克维里，又可译为马基雅维利。

因抱"事在人为",及"人定胜天"之诚挚希望,故彼视历史为上帝之计划,此其一。

复次,马克维里对于奋发有为之新君抱绝大希望,致至诚勉励。彼以为外欲廓清邻国之羁绊,内欲统一纷乱之诸侯,非有一根据地不可,更非有一坚毅英武的人君不可。彼以佛罗伦萨为理想之中心地;故《人君》一文处处侧重新君所以自固之方法。"上面所拟之种种策略,如果细心遵行,能使一位新君……较之久处其位者,更为稳固而安定。"故马克维里之治术与霸道,实为兼有内忧外患之新君着想。而彼之所以崇拜暴君(指 Cesare Borgia)期望麦第奇族(Medici,初为 Giulano,继为 Lorenzo)者,正亦在此,此其二。因是,彼一心一意所研究者,乃为立可实行之治术,而非空谈阔论之政治学;然而乱世治术之背后,使其果能药到病除,当必寓有政治学之原理,此其三。

不宁唯是,马克维里曾身经战役,躬与政治(一四九四年——一五一二年),出使四方。故于内政、外交、军事均有经验而洞悉时要。人君之撰著,无异"老马伏枥,志在四方",冀为复位的麦第奇族所眷顾而东山再起。故彼之立场完全为一实际政治家,此其四。综上以观,彼之抱持唯实主义本不足怪。彼自称其主有之珍宝唯有"从及身经验所见闻及从继续研究古代事迹中所得到关于伟人之事业"。何况彼曾目击萨服那洛拉(Savonarola,一四五二年——一四九八年)在佛罗伦萨之经验!彼坦白承认:

> 予著述之目的既为供给虚心求知者之实际应用,故予以为毋宁暴露事物之真相而不及空论幻想。盖许多著作中所描写之共和或君主国家,曾无一人身经目击,且曾无一人知其确已有过,吾人实际上如何生活,此与吾人理想中应如何生活,相去不啻天壤;若舍实际而就理想,则更易惹毁灭而愈难求安。任何人欲在万恶的四周中而对于一切一切欲依照其理想的全美全善标准,终必自取灭亡。(见《人君》第十五章)

最后,彼之见解基于观察社会及审究历史而得的人性哲学。"一切现存的事物在过去均有其类例。其所以然者,因一切发生的经过皆由人之意志所感召;而人之欲望与性情既亘古不变,故相同的结果继续发生。"(见书后,三)例如"凡欲建树丰功伟业之人君,必须学成一位奸猾的骗子"。(见书后,二)此盖马克维里所持人性哲学之必然结论。

人性究竟何若?此则须视英雄与凡人。崇拜英雄,马克维里实先喀莱尔(Carlyle)

而发挥。一般民众皆可入我彀中。英雄之特性为争权；此不啻开尼采哲学之先河。政治家最应认识而利用之一般人性为"害怕"；此则早霍布斯而道破。而其崇尚物质势力不无日后马克思派之意味。试就下列诸句加以细味：

> 最足伤人之仇敌不外害怕或嫉恨。（见《人君》第七章）

> 使人害怕与使人亲爱孰果较优？……倘两者而不可得兼，则使人害怕安全较多。就一般而言之，人皆为忘恩、反复、虚伪、怯懦、贪婪，而且见汝成功则沾汝泽惠；无患难迫近之时，极愿将所有一切——热血、财产、生命、甚至子女——为汝而牺牲；但一旦祸患临头，则倒戈相向，"下井投石"……人们对于触犯所亲爱者，较之触犯所害怕者，顾忌较少……盖害怕与惧罚连带……然而人主倘不得人民之亲爱，当避免其嫉恨。彼尽可为人所害怕而不为人所嫉恨；只要对于一切黎庶之财产与妇女，秋毫不犯，即可得此。

> 对于他人之财产最不应染指，盖人们易忘其亲父之屈死而难忘其私产之丧失。（见《人君》第十七章）

且一般凡人，智识粗浅，目光短近；只须衣给食足，法定境安，即无复他求；而人们之所颂拜者，不过为自由之空名。"黎庶之财产与名誉（尤指妇女）苟不受人主之侵犯……则大多数人过度其生活而已知足。人君唯有绝少数人之野心应加对付，而防范与压制此绝少数人之方法，多而且易。"（见《佛罗伦萨史》，卷四）

总之，人君倘能利用人性，尽可驾驭此蠢蠢民众，使之俯首帖耳。

> 争竞之方法有二，一为依照法律，一为应用强力；前者适用于人，后者适用于兽。以故，凡为人君当知如何为人而又为兽。……人君既势必善用兽性，应效法为狮与为狐！盖单独为狮则不能御陷阱，单独为狐则不足以御强狼。人君为狐，所以发现陷阱，人君为狮所以惊吓群狼。（见《人君》第十八章）

此寥寥数语可总括著者之理想人君。

运用政治手腕之方法与范围尽可不同而其目的则一，即使新君安定而国家巩固。凡能达此目的者，应断然为之而不必顾虑任何人任何种之评论。"旧君之家族宜完全屠灭。""对待人们，非善意抚慰即全力压倒；因人们受轻挫后犹能报复，一受重伤，则无能为力。故所给他人之挫伤应以无复有报仇之虑为准。""篡位者既夺得国家，则必精心竭虑决定其必要的杀罚，而一鼓作气断然处置；庶几此后无须零星断续再四为之，且可因杀罚早停而复能安定人心，笼络结纳。苟其不然——无论或自心怯，或听缪策——则势必拔剑在手，日夜惶惶，主不能信其民，民亦不敢亲其主……由是言之，严重杀罚应于同一时间立即为之，因其为时短暂故人之骇懼亦较少；而思泽之施给则宜逐渐，俾如美味在口历久而愈彰。"（见《人君》，章八；又书后，三；《佛罗伦萨史》，卷六）

> 凡在旧政府下生活本觉满足者，当然因此而自认为新君之仇敌，然而新君欲与之结好其事较易。反之，不满意旧政府……而促进新君之夺得权位者，新君与之结好反形困难。（见《人君》第二十章）

对付政敌手腕之毒辣可见。

国内不可避免的党派之争，人君应加利用；不宜模棱两可，骑墙自危。"人君苟明白宣布其态度，赞成某党，反对某党，则无论其为友为敌，能得一般人之敬仰……盖争竞而胜者，无需不共患难之友；争竞而败者，亦无需见危不救之人。"故贵族与人民永在争抗；人君应站在民众方面。彼谓匹夫而能崛起为君苟其不由暴力或奸谋则必出于一；"必受人民之拥戴或必受贵族之拥戴"。"受贵族之拥戴而为君者其所以维持权位者较难……盖四周贵族中多自命与君王之才智相若，故不易驾驭如意。反之，由人民爱戴而得国者，则超出一切莫与抗衡；左右不服从者直无其人或绝少其人。不宁惟是，人君欲在公允方法，不损他人之条件下满足贵族之奢望要求，势所不可；满足人民则易，因后者之目的较贵族为正大：贵族所乞求者为施行压迫，人民所乞求者为不受压迫。再者，人民众多故苟不爱护君王，君王断不能立足；贵族稀少，即愤愤不满犹可维持。人民不爱戴君王，充其量不过坐视君王之危难而不救；至于贵族则且有反叛之虞……更有进者，人君必须永远与同一群人民相处而无从避免，但不须永与同一批贵族相处，——盖人君可随时进退废黜之，而予夺其权威。"（见《人君》，章九）

人民之爱戴既如是重要，则人君决不能仅持暴力，对待政敌而已。人君非有令名不足以得人民之爱戴，而令名之来，完全有赖于日后休谟所称之"意见"（Opinion）：

> 一切人们，尤其是权位尊高的君主，均各因其显著的品质而受赞扬或呵责，所以或以慷慨著名，或以吝啬见称……或量大，或贪婪；或残暴，或仁慈；或反复，或信守；或女气而怯懦，或胆壮而勇敢；或谦恭，或傲慢；或淫乱，或贞洁；或诚实，或奸谲；或正真不苟，或模棱易与；或庄重，或轻浮；或

虔奉神灵，或不信宗教；等等。予固深知人人必承认此点：一位人君而能荟萃上述所称之种种优点，宁不能得到至尽至极的赞扬？然而人君之具有或时刻遵照上述的一切优质，既为不可能之事实——非人性之所能许可——则人君必深思熟虑洞悉如何避免许多丑德之恶名，俾不至因而丧失其国。但有若干丑德，非此不足以维持权威而保存国家者，人君正亦不必畏首畏尾，惧蒙恶名，盖一经详细研究之后，可知尽有形似美德者而设若躬行实践适足以招致败亡；亦有形似恶德者惟有实践力行始能得巩固与繁荣。（见《人君》第十六章，十九章）

在可能范围内，新君尤宜力避恶名。

> 予所列举之种种优点，人君不必实际上真有而必表面上似有。予敢进一步言：具有而时常遵守，反足以致伤，似有则多益用。以故，人君一言一语务须慎重，以合于美德，庶几在耳闻目见者之前，显然为恻隐，守信，人道，公正与虔诚……人人所共见者乃汝之显似如何；至于汝之实是如何，绝少人所洞知。即此绝少数人亦不敢公然反抗以国家之庄严为后盾的大多数意见。（见《人君》第十八章）

其甚者，人君可上下玩弄独享令名，而将一切丑德罪恶集矢于大臣。虽然，马克维里之理想人君不仅虚伪毒辣，沽名钓誉而已，亦必为知人善任，不受阿谀，而感情受制于理智的雄杰。

然而人君之所以阳善阴恶惟图权力之巩固与长久者，究为曷故？为己？为人？为私？为公？关于此点，马克维里之本旨丝毫不容疑义。全为国家！盖惟意大利当日四分五裂故必有一位专制英主以组成国家。惟为国家之生存奋斗故人君可不顾信义，不顾一切：

> 当国家之安全已到生死关头，则不必复问公正或不公正，恻隐或残暴，值得颂扬或值得咒骂。吾人只有摒除一切顾虑而毅然采取任何种能维持国家之安全与自由之有效途径，而断然进行。（见书后，三）

此外，人君应注意武备与宗教。"一切新兴旧存或过渡时代之国家其主要基础为优良法律与精壮军队，但国家而武备不精，决无优良法律之可言；故惟有精良武备，始有优美法律。"雇佣外兵与杂色军队均不可恃；组织国民军始为上策。国民当兵无妨于国内之自由；罗马、斯巴达、瑞士可为明证。人君本人尤宜精熟战略；国家必须向外扩张。至于宗教，无异为国家之精神方面的武备。"事神信教乃使国家成为伟大之原因；而亵神渎教乃国家破灭之原因。"彼不仅指基督教而言；凡能使人民服从国家，信仰道德恪守法律之宗教，皆足为政治之助手。宗教之应完全受国家指挥盖无疑问。马克维里此层意见与卢梭社约论中之国教初无大异。

人君似推崇君主政体；然书后及史又表示民治之可取。"一般民众较诸人君更聪明且更坚定。""人民较诸人君，智虑更深，意志更定，判断更精。故'民意即天意'之说非无理由"。（见书后，一）大概建国宜君主，守国宜民治。惟弃旧谋新乃最危难；盖守旧者尽力反对，维新者畏缩无力。波里比亚之政体循环论，彼似深信。"普通言之，国家之政制变更即先由秩序而至纷乱，再由纷乱而复秩序；盖人事界之固定乃自然所不许。国家已发达完成而不能再上进则即开始下降；根据同理，既已下降至无复再低之点，即受必要之驱迫而开始上进。因此一切国家总是由富强以趋于贫弱，再从贫弱以跻于富强。盖勇毅招致和平，和平招致怠惰，怠惰招致纷乱，纷乱招致亡灭；然后再由亡灭而起秩序，而致勇毅，而得光荣。因此之故，贤者早已识破此理而垂训后世，谓武备在文学之上，军官较哲儒为急。惟国家有良勇军队乃能得到胜利而维持和平；而使精壮军队腐化，使城市生活淫佚之方法莫逾于文学。"（见《佛罗伦萨史》，卷五）马克维里之重武轻文未始非受当日意大利文艺兴旺而政治零落之刺激。

马克维里之政治思想，四百余年来备受委屈误解。虽近来唾骂较少而同情较多，然总多觉其理论之赤裸可怕。今先就性质言，彼盖完全为中古主义之反面。彼之思想且亦不过反映佛罗伦萨一城，或意大利一国，甚或欧罗巴全洲之事实状况。即就教会而论，君士坦丁之议院曾背信无义处胡司于死，所谓马克维里主义确先马克维里而盛行！易言之，彼不过将个人之观察经验普遍化而系统化，佐以史例事证而已。

再就动机言，彼处群雄角逐社会纷扰之十六世纪，故希望一位新君凭藉外交军事造成统一和平之局面；惟其急功欲速故为目的而不择手段。马克维里之立论，指统治阶级，指争权夺位者，指受压迫懼破灭之意大利。讥人君为迎合人主希图显达之文，诚为最肤浅最幼稚的批评。

若必离去时空而泛论其思想之价值，则此系人性与现象之事实问题。马克维里只论事实是如何而加以描写，初未尝空论理想应如何而姑且发挥。彼诚公言权诈，然亦系不得已而用之权诈。且权诈亦有时而穷；治权诈者即是权诈——马克维里曾明白道破。是故笑彼之治术为饮鸩止毒，固甚易，然欲代觅止毒之金丹则难中尤难。以言影响，就思想之内容方面，素有过分重视之趋向。须知俾斯麦克与喀富尔之政策，即无《人君》一书，亦必如是；而在马克维里之前自始即有类似俾斯麦克与喀富尔其人。就思想之方法方面而言，则除孟德斯鸠、柏克、萨梵宜等外，十七十八两世纪思想家往往仍离开实况咬嚼名词，未见马克维里之唯实方法发生重大影响。

支配现代群众生活之三大政治思潮与动力

——《现代西洋政治思潮》序言

人类社会，自始即有政治，亦无往而无政治，且无一日而可避免政治，此即无一日而可无政治思想。此其所以然者，一切生活之总枢纽，端在政治。政治之清明或黑暗，安定或混乱，乃决定生活之苦乐优劣与高低。至于政治之所以清明或黑暗，安定或混乱，则原因固多，而最有赖于流行有力的政治思想。盖一则思想实为政治之内涵，亦即思想乃为政治五项因素之一，再则因为政治思想而深入人心，挟带情感，可以化成政治势力，而支配政治现象，亦即支配人类社会生活。

进一步言之，流行有力的政治思想，果能符合道理，节制性情，并适应时代环境之需要，则政治自可清明而安定，生活亦随而康乐自由。反之，倘果奖励纵情肆欲，鼓动放僻邪侈，则必崇尚暴力，激发残酷，影响所及，自必招致虐政，掀起战争。

上所云云，殆为历史定律；而其事实表现，则自古已然，于今尤甚。目前全球人类之所以面临空前危机，整个文化之所以遭遇生命威胁者，要因各种谬误之"观念势力"以及其所酿成之暴政与侵略。以故，无论或为满足理性方面企求，或为默测人类此后出路，或为解决社会生活方式，或为努力民族国家前途，我们对于现代政治思潮，应当深切研讨。

现代主要政治思潮，厥为宪政民主与极权独裁，族国主义与帝国主义，以及社会主义与共产主义。凡此主要政治思潮，影响今日世界每一个角落，每一位男女老幼。

---

* 原载《现代西洋政治思潮》序言，选自《政治文集》，台湾商务印书馆1981年初版。

只因它们是起源于西方，故为着手便利与范围固定计，我们以研讨现代西洋政治思潮为对象。实则我们国父孙中山先生所提倡之三民主义，乃是针对世界潮流，发挥精卓之创见以树立新中华，而我们要把三民主义努力实践，发扬光大，亦须研讨现代西洋政治思潮。

"历史学而无政治学，犹有花而无果，政治学而无历史学，犹有树而无根。"故欲测将来，当知现在，欲知现在，当明过去。研究现代西洋政治思想，宜先明了西洋近代政治思潮；明了西洋近代政治思潮，对于柏拉图以至孟德斯鸠，宜先有一鸟瞰。盖政治思想犹之政治事实，彼此联系，前后贯串。

本书之主旨，乃在对于现代西洋政治思想，扼要客观叙述，并于可能范围之内，尽量译引各位理论家自己之原著文字，即使是一鳞半爪，亦可略尝其原来滋味；此外，则择取各方学者之意见，参以著者多年来推敲思索一得之愚，以作评估，求能激发读者之思虑。此种意愿，是否达到，非所敢知。至于疏误之处，当所不免，尚乞高明指正。

本书第二章"宪政民主与极权独裁"，实即为西洋现代抨击民主与辩护民主之政治思想；此章之撰著，得到国家长期科学发展委员会本学年度研究讲座之补助，谨此致谢。

著者撰写此书之时，正值吾师梅故校长月涵博士卧病台大医院，故谒侍病榻之际，屡曾报告写稿进行情形，有时并承垂询是否即将完成，关注之情，至为铭感。梅师之与清华大学，有五十年之关系，仅就其长校算起，亦已三十年，公尔忘私，国尔忘家，尽毕生之力于教育文化事业，对于清华校训"自强不息厚德载物"，可谓躬行实践。敬将本书贡献，聊表仰慕追思之意于万一。

现代西洋政治思潮的理论与事实[*]

人类之所以为万物之灵，端在其具有思想。正唯具有思想，乃能进步发展。然而思想之为物，好像一把双锋利剑。它能给与人类福利，亦能给予人类祸害。英国哲学家罗素有云，"目前时代，一般流行的感觉乃是苦闷烦恼而无力补救。我们眼看着自己随波逐流，趋向一个无人所愿有的战争，而且我们明知此一战争将使人类绝大部分遭受惨祸"。[1]造成目前世界危机者，因素固不只一个，而谬误思想之为其中主要原因之一，当无疑问。学者们甚且谓解救当前局势，指点人类出路者，乃是思想，"盖和平与战争之最后答案，厥在人们的心思"。[2]无论如何，欲了解眼前世界局面与窥测人类前途，当研讨现代西洋政治思潮，而在评述现代西洋政治思潮以前，对于政治思想之范围类别与性质作用，宜先有一鸟瞰。

壹、种因结果

照罗素看来，"人们所从事之种种竞争，计分三类：（一）人与自然，（二）人与人，及（三）人与自己。此三种竞争，性质迥异。如就其与人类历史之关系，而作比较，则其重要性之大小，亦在继续变化。至于竞争所用之方法，亦完全不同。人与自然之竞争，乃系运用自然科学与工程技术。人与人之竞争，乃运用政治与战争。在个人性灵中所爆发之内在竞争，则自古迄今，一向以宗教应付。时至今日，谓可以心理分析应付者，不乏其人，但予怀疑这种心理分析方法，如无其他补充，可以供给一切所

---

[*] 原载《现代西洋政治思潮》第一章，正中书局，1963年初版，1979年七版。
[1] Bertrand Russell, *New Hopes for a Changing World*, 1951，页九。
[2] R. C Snyder and H. H Wilson, *Roots of Political Behavior*, 1949，页五二。

需。"[1]至于人与人间，究竟为何而有争竞？罗素云：

> 人类不同单位间之最凶猛斗争，均因关于下列各种差别歧异而起，即关于经济利益，关于种族血统，关于思想信仰。第一次世界大战，只是由起于有关经济利益；第二次则由起于经济利益及思想信仰；假使第三次来临，则将为有关经济利益，种族血统及思想信仰三者。[2]

实则我们尽可更进一步，指出罗素所举之经济利益与种族血统，其所以为冲突争战之原因者，要亦由于夹杂思想观念，在从中作祟。易词言之，经济与血统之所以促成争执，亦是基于思想信仰。

思想之所以或则赐福，或则遗祸，胥视其是否合于理性或囿于情感。美国普林斯敦大学两位教授在其编著之《政治行为之根本》一书中，有此一段立论：

> 在我们当今所处之时代，许多观念盖已成为许多武器。许多观念彼此撞击，正犹许多军队彼此撞击。凡人们对于政治有其想法，即供给其一种动机，决定如何投票，为何赞成某一政策，以及是否争取权力或如何运用权力。因此之故，各项观念支配政治阵容乃至支配争执结果……种种观念之形成，不外基于两种思想方法。一是运用理性的方法，即理智接受控制。一是受情绪支配的想法，亦即是不合理性的思想方法，就中道理混淆观念反把理智推翻。同一个人，可以使用上述两种想法。这种双重想法，在政治之中，有其莫大意义。宣传就是一项政治武器。宣传乃系对于人性之中非理性部分，加以发现而予以利用。各国聪明的领袖们，由于把若干观念装配其一般民众，不论其为替代军备，或补充军备，盖已动员了伟大的政治力量。[3]

此项立场，强调政治理论与政治事实之密切关系。

虽然，历来思想家中，亦有轻视思想，认为人类行为另有其原动力，而一切观念乃是外表的皮毛者。大凡自古迄今，有两种极端相反的看法。其一，认观念是因，事实是果。其二，认势力是因，观念是果。唯心主义者如黑格尔，连宇宙一切都认为绝对观念之渐次发展，而且，只有观念才是真实，一切现象均属虚幻。唯物主义者如马

---

[1] Russell 同书，页十八。
[2] 同上，页一一六。
[3] Snyder and Wilson 同书，页五一〇。

克思，则认物质为基本，观念之跟随物质，正犹影之随形，当代心理分析学者亦倾向轻视思想，认为人性本能冲动，乃是动力源泉，而种切观念思想，仅系各种心理安排，为本能冲动之辩护。将思想视作"因"或视作"果"，可以判断卢梭与法国大革命之关系为例。重视思想者竟谓无卢梭则无法国大革命。反之，重视势力者则谓法国"旧政"腐败，即无卢梭大革命亦必发生。介乎两极端之中间，自有各色各种看法。[1] 英儒斯宾塞曾谓"观念并不统治世界或颠覆世界。统治世界或颠覆世界者，乃是感情。观念只是感情之向导"。[2] 乍视之下，此似轻贱思想，然细加体味，则所谓"观念只是感情之向导"，显然"观念"较诸感情，因其能决定方向，支配趋势，或更重要。……[3]

　　总而言之，政治理论与政治事实，互为因果。若干政治思想，显为时代环境之产品；若干政治事实，确为政治理论之结晶。理论与事实之彼此影响，正犹"英雄造时势，时势造英雄"之相互关系。但是彼此如何反映以及如何影响，均有其范围止境，均有其定律原理。无病呻吟之幻想，决不能不胫而走不翼而飞而蔚成一种势力。生活困苦，局势迫切，自必引起许多理论与争辩。本来人类政治包含五大因素，即政治现象，政治制度，政治观念，政治人物，及政治势力。[4] 由此立场而言，政治思想本为政治之不可或缺的部分。此五项因素，彼此关联。其一，任何政治事物，包含此五项因素。其二，每一政治事物，可看作不同的因素。其三，一个政治因素可化作其它因素。例如政治观念可化作政治势力。其四，五项因素在纵横两方，彼此交互影响。其五，五项因素如相互配合，则政治顺利，如彼此矛盾，则政治逆挫。[5] 五因素之看法，对于政治理论（即观念因素）与政治事实（即现象因素），至少或可提供些新的意境。

贰、对象动机

　　整套政治思想或个别政治观念，其内容范围究竟如何？大别言之，当可分为狭义广义两类。所谓狭义的政治思想，系指历来政治哲学家对于基本政治问题寻求一套合理的答案。例如柯克（F. W. Coker）教授有云：

---

[1] 参阅拙著《近代西洋政治思潮》，卷一，页一七至一八。
[2] Herbert Spencer, *Of the Classification of Sciences*，页三七。
[3] 此处略去150个字符。
[4] 参阅拙著《政治论丛》中《认识政治因素》等篇。
[5] 参阅同上，页五一至五八，又页三三六至三四一。

> 我们为何而有国家？那些事项，由国家去做，要较诸由每个人各自单独去做，或由比国家较小而个人们更可自由参加退出的社会团体去做，确能做得更好？何者为国家所能插足管理的个人生活与社会生活范围？究竟谁应控制政治生活？在其组织与活动之中，国家对于人民之各项观念与情绪，以及对于社会之经济结构，应当保持何种关系？凡研究政府及其体制活动，不是只就其为事实状况而加以描述比较，或只就其所产生的直接短暂作用而予以评论，而是就其为与人类经常需要，期望，与意见相关的事实，而求能了解与评估：此即是政治理论。[1]

上所描述者，即是狭义的政治思想。所谓广义的政治思想，乃指一切具体政治问题之论辩；不管在议会中发表的演说，或在报章上刊载的文章，均是广义政治思想。再则制度里面，政策背后，行为中间，乃至政治符号（Political Symbols）所包含或代表者，也都是广义的政治思想。从前研究政治思想史者，差不多集中全力于狭义的政治思想，近年以来始知着重广义的政治思想，因为广义的政治思想，实际上与政治生活之关系更为密切而重要。

从另一角度观察，则政治思想似可分为主观与客观两类。主观云者，乃是包括取舍褒贬，寻求合于理性。易词言之，此即有关"何者应然"（What ought to be）的政治思想。此为严格的政治哲学。客观云者，乃是只求真相，既无用心，更无成见，其目的动机，在求认政治定律。易词言之，此即有关"何者实然"（What is）的政治研究。此为纯粹的政治科学。前此的政治思想，属于哲学的成份多，属于科学的成份少。当然，有时两种成份往往混合难分。明于上述，则一切政治思想，根据其对象与动机，大体可分四大类别：（一）寻求基本政治的合理解释，（二）针对具体政治的正反论辩，（三）揭发超越时空的政治定律，（四）支配人群行为的政治观念。兹分别扼要指陈。

其一，为寻求基本政治的合理解释。此即上文所指狭义的政治思想。严格言之，政治思想之中心问题，亦即最基本问题，只有一个，即强制为何而合理。大家同样是人，何以或则受命，或则出令？何以必须服从？何以不服从者其生命可受剥夺？易词言之，人治人之现象，何以合于理性？所谓合于理性，即合于是非之"是"，合于道理的"理"。哈佛大学马启尔汶（C. H. McIlwain）教授曾云：

---

[1] F. W. Coker, *Recent Political Thought*，页三。

"人本生而自由，然到处皆在羁绁之中……何者能使其合法义？"这是一切政治思想之中心问题。两千多年以来，人们一直在寻求发现，正犹卢梭曾经寻求发现："在人民社会之中，是否可有一种施政规律，既合乎法义，又能够安定"，并要发现究竟为何而有数百千万民众会忍受一个人的统治甚或暴治的现象，而且"此一个人，除民众所给予者外，并无其他权力，且除民众所自愿忍受者外，别无伤害群众的力量"。[1]

马启尔汶对于政治思想之真正中心问题，可谓一语道破。

欲把强制（coercion）解释为合理，恐永久是一悬案。我们不妨将法国卢梭，德国康德以及英国穆勒三人之答案，列举为例。卢梭曾谓：

> 今欲寻求一种结合之方式，能以全体力量，守御与保护每一分子之身体与财产，且能藉此结合，使每一分子虽与全体相联缔，却仍能服从自己而留续自由如故。此即社会契约所予以解决之基本问题。
>
> 欲求契约之不仅为具文空式，其中默寓此项规定，亦即能使其余条款发生效力之规定——凡拒绝服从全意志者，必当受全体之强制而服从；此无它义，即其人必当受强迫而成自由。[2]

"其人必当受强迫而成自由"，此为卢梭之合理答案。康德之结论，文词异而实质同：

> 假使自由之某一项具体行使，其本身却是真自由（即依照普遍原律的自由）之障碍，因而遂成一项过失，则是用以抗拒此某一项行为的强制，反而变成正当权利……此项权利乃是障碍自由之障碍，而且与依据普遍原律的自由，恰相融洽。[3]

康德所称"障碍自由之障碍"（als Verhinderung eines Hindernisses der Freiheit）盖即卢梭所谓"必当受强迫而成自由"。至于穆勒之解释亦是大同小异：

> 设若官吏或私人，眼见一人走上危桥，而不及予以警告，尽可执之使退；此项干涉并不作为侵犯他人之自由。盖所谓自由，乃各为其所求为之事——此人必无堕河灭顶之企求。自由之原理，决不能使人享有成为不自由之

---

[1] C. H. McIlwain, *The Growth of Political Thought in the West*, 页一。
[2] 社约论，卷一，章六；卷一，章七。
[3] Kant, Rechtslehre, 康德全集，卷七，页三二。

自由。[1]

由上以观，"其人必当受强迫而成自由"。"障碍自由之障碍"；"自由之原理决不能使人享有成为不自由之自由"：卢梭，康德与穆勒三人对于"强制"之"合理"答案，抑何其如出一辙！可见寻求基本政治中心问题之合理解释，实属困难。思想家固永在寻求答复，而此一问题恐将永为悬案。

其二，为针对具体政治的正反论辩。每一时代，每一国家，每一国际社会，总有其种种争执，亦即总有其种种论辩。此项观念战争，不外抨击现状，维护现状，或创造新境。例如中古世纪绵亘数百年的政教相争，自有其轰轰烈烈及光怪陆离的论据。又例如美洲十三殖民地由反抗印花税而掀起独立革命，不论节节前进，或步步后退，有其理论立场。爱伦（J.W.Allen）曾云："政治思想乃是有关基本问题。逾此则只系有关实际状况及其变迁。我对于政治主权者，究应服从到何种程度？并且具何意义？为何理由？此盖是一个政治思想问题。至若一个乡村之中，宜否添装新的水管？或者一个政府宜否采用国家保险制度？此非政治思想问题。"[2] 大体言之，爱伦之见解，有其立场，但装置水管，及公共保险，决可牵起社会福利及政府职能等基本原则问题，自亦与政治思想有关。以此推论，一切具体政治问题之争执，不问其情节巨细，性质重轻，范围大小，时间长短，均有其政治观念。当然，历史家及思想家所感兴趣而予研讨的各项，自为其大者远者。

其三，为揭发超越时空的政治定律。一般的想像与说法，总以为"政治学"包括"政治思想"。但如严格准绳，今日尚无一套政治定律，为研究政治者所公认，故殊无"政治科学"可言。如果认为政治定律，或可于历来政治思想家所发挥之各种理论中推敲选择而汇集出来，则"政治思想"之范围较大于"政治学"。[3] 兹所云云，无非强调"政治理论"与"政治定律"绝对不同。前者试答"为何？"后者解释"如何？"自古迄今，许多思想家自以为己能发现政治定律，但时异势迁，证明其所揭橥者只是合于一个时代、一个国家之情况，而非"放诸四海而皆准"，俟诸百世而不惑之永恒原理。

其四，为支配人群行为的政治观念。在一切政治观念之中，就其与实际政治生活之密切关系而言，最重要者厥为此类支配人群行为之政治观念。前此所述三种政治观

---

[1] J.S. Mill, *On Liberty* 页一五二。
[2] J. W. Allen, *A History of Political Thought in the Sixteenth Century* 序言，页一七。
[3] 参阅拙著《政治学之出路》一篇，载《政治论丛》。

念，均可指名道姓，举出观念之主人，惟此支配人群行为之政治观念，则日积月累，流行于社会之中，雕刻在群众心坎之内，不能单独指举其创造人。举例言之，此一个社会之中流行的"守法"观念，一个人即深夜独自驶车，遇到红灯记号，立即停止前进；另一个社会之中流行的"玩法"观念，甚至白画闹市，红灯记号期间，犹有人顽皮取巧，争相过街。此种流行之"玩法"或"守法"观念，固非任何一个人所能负责。大而言之，一个民主国家之中，大家果能恪遵"多数作主"（Majority Rule）原则，此亦不能归功于任何一人之观念。可是此种流行观念，因能支配人群动作，关系异常重大。从前研究政治思想及政治思想史者，大抵均未注意此类思想，及此类思想之作用。

叁、观念势力

若干政治思想，具有转移社会环境与变更历史趋向的莫大力量。此即政治"观念"因素，化成政治"势力"因素。西方学者现喜使用"观念势力"（Idea-force）一词，盖即指此。究竟政治观念，如何而能化成政治势力？何种思想？具何性质？有何条件？何所凭藉？类此问题，值得探讨。根据历史事迹，观察当世现实，下列各项似是政治观念转成政治势力的情状。

其一，政治观念之是否准确，是否合理，与其能成政治势力，并无关系。易词言之，不合理，绝不准确的政治观念，倘果具备其他条件，尽可成为左右局面甚至支配历史的政治势力。反之，观念尽可真实合理，但如其他条件不具备，亦不能成为力量。举例言之，专制时代国君统治之权乃是受命于天，此种君权神授观念，确曾成为深入人心而支配行为之势力，且有几百千年长久历史。此一观念也许在当时认为合理，但无论如何，不是真实准确。又例如政府之由起，基于契约。此一观念全属幻想，但亦曾蔚成力量。今日自由世界固深知有一套谬误理论在威胁文化，威胁人类。故观念之能成势力，与其准确与否无关。

其二，成为势力之政治观念，必是相当单纯粗浅。正因其为单纯粗浅，故能家喻户晓，通俗流行。倘使是繁复精细，则只有极少数哲学家或文化人乃能体会欣赏，而非寻常百姓所能了解接受。例如上述君权神授，政府契约，或阶级斗争，何等单纯粗浅！又如平等自由，亦何等单纯粗浅。当英国边沁揭櫫"趋乐避苦"的乐利主义，大刀阔斧，风行一时，正因其为通俗易解。及后穆勒约翰将苦乐分别高低，作琐细精深之推敲，乐利主义却已成强弩之末。我们并不否认：在"君权神授"背后，在"政府契约"背后，也各有其一套繁复精细的理论。但是就民众而言，就其能化成势力而言，则确因为单纯粗浅的标语口号式观念。

其三，政治观念之成为政治势力者，皆系肯定，绝对，坚决，武断，而非模棱，犹豫，含糊，闪烁。此中理由固亦明显。盖就提倡者言，惟其自信为真理，乃能鼓起勇气百折不挠，求得他人接受。倘使连自己都有怀疑，自不能使人信仰！再就接受者言，也正因观念之为肯定绝对，乃能受其感动。及其酝酿已久，一般群众自幼至长，耳濡目染，不复加以思索。例如"忠君""爱国"一类观念与实践直接关系者，无不斩钉截铁，直截了当。总之，政治思想之能支配行为者，必须万分肯定，而后乃有权威性与号召力。此盖非研究学问而可用"或者""也许""大概"一类客气形容词。从另一角度言之，一个统治阶级，而对其统治所依据之思想发生动摇怀疑，此即行将丧失统治之开端。

其四，政治观念必须挟带情感，始能化成势力。所贵乎势力，在其能刺戟反应，激发行为。此即必需牵连情感。仅仅理智，只是冷静地增进了解，只有鼓动情感，乃能热烈地支配行动。此非谓此种观念之中缺乏理性，而乃谓观念之中，必须含带着好恶爱憎，喜怒哀乐的情感在内。历史上凡能轰轰烈烈使人能杀身成仁舍生取义的各项观念，均曾经过培植，孕育着强烈浓厚的情感成份在内。上文曾述英儒斯宾塞之见解，以为统治世界或颠覆世界者，乃是各种情感，其意盖即在此。实则情感与观念，交错紧织，打成一片。

其五，任何一项政治观念，必须经过无数次的躬行实践，乃能如山顶滚下之雪球，愈积愈大，愈滚愈速，而乃蔚成一种大力量。吾国东汉马廖有言，"百姓从行不从言"，此亦"为政不在多言"之另一种措辞。洛克与卢梭之革命思想，固本身具有若干鼓动作用，但其所以能成为历史上伟大势力，端在英国一六八八年之光荣革命，美国一七七六年之独立革命，法国一七八九年之大革命，以及欧洲一八四八年之普遍革命。又例如族国主义之能成力量，要因意大利与德意志之统一独立及欧洲许多民族国家之建立。抑有进者，凡已由实践行动而化成力量之政治思想，非一经具有力量，即可永远继续，而仍必需继续不断，有志士仁人躬行实践，流汗流血，不时灌溉，乃能保持其支配力量。苟不然者，不啻一个蓄电已经用罄的电池，如不另行充电，则无复作用可言。以言世界民主自由，必须每一代人民共同努力实践。所谓"前人种树，后人乘凉"，自有其一定限度。

其六，登峰造极的流行有力政治观念，乃已成为习惯反应。一般人群的日常行为，其所受制于各种观念或信仰者，均于不知不觉之中，形成种种习惯反应此不独于政治上，关于经济，关于宗教，关于社会，莫不皆然。兹仍以"守法"观念为例。"守法"而果能普遍彻底，深入人心，则不论贫富贵贱，不论对于申报纳税，或应召兵役，凡百政令均能循规蹈矩，加以遵守。"守法"盖已由"观念"因素化成"势力"因素，且再由"势力"因素进而成为"现象"因素。在此阶段，守法已是习惯反应。反之，如果"玩法"而成社会群众之习惯反应，则普遍的心理，不是"要不要逃避法令"，而只是"如何逃避法令"。此种情形，其将使社会由治而乱，由盛而衰，可以想见。可见"守法""玩法"之成为势力，一出一入之间，有关治乱兴衰者，关系绝大。

其七，政治思想之所以能成力量，总因其能适合时代需要。人们之所以接受某项政治观念，或某套政治观念，究非全出偶然，而必有其社会背景。举例言之，当布丹（Bodin）揭櫫主权观念之际，法兰西四分五裂，绝不统一，而封建制度流风遗韵，犹是到处层层节制，级级服从。一国之中，并无最高权力之机构或人物。此在当时，不独法兰西为然。同时客观需要，却是集权一统。故布丹发挥于先，各国思想家响应在后，主权一观念，遂浸假而成为莫可抵抗的力量。再则主权者当初系指君王，及后民主政治盛行，主权者始移指人民，而有"主权在民"之观念，此亦为适应社会需要之另一例证。更有进者，所谓适合时代需要，系指客观而言。在当时社会，主观方面，也许并不认为适合需要。例如格老秀斯（Grotius）提倡"国际法"，当时人士，甚至目前一部分现实政治家，尚不认为有此需要。再则"观念"过犹不及。一至过度，即发生流弊。一有力量，而已丧失时代需要，则可反而成为阻挠进步之因素。

其八，凡能成为"势力"的政治"观念"，大抵均是渊源于优秀卓越的思想家，再由智识阶级加以接受，予以提倡，遂散布流传于一般群众之心中，但一俟散布流传于一般群众之心中，则已成为标语口号式的单纯粗浅观念。易词言之，狭义精义的政治思想，一经广远传递，往往名称依旧，面目全非，成为广义粗义的政治观念，而且具有力量。一方面我们可说流行有力政治观念乃是政治哲学家理论之结晶，也可以说是政治哲学家政治思想之变形。至少，一般群众所了解之政治观念，与其创始哲学家之原来意义，大抵不同，盖简单的几个名词,决不能包括思想家之精华。兹举一例说明。卢梭对于"自由"之精辟见解，可以下列一段代表：

> 自由犹一滋补浓美之食品，但需要强壮之消化；必有健旺之肠胃始能

享受。彼有自甘为阴谋家之试验品，彼有丝毫不解其作何意义而口口声声呼喊自由者；且彼有心中装满奴隶性之恶习，而梦想一起反叛即可得到自由者——我对于此辈堕落人民，惟有一笑。至尊神圣的自由！倘若辈可怜人，只要真切认识自由之真相，只要真能了解得到自由与拥护自由之须有何种代价。只要能领略自由之法律较暴君之束缚更倍其严刻，则彼等之将畏缩求避于自由者，将百倍于其求避于奴隶境况；彼等将视自由为摇摇欲坠之巨石，而惊骇奔逃。[1]

然而法国革命时期，一般民众心目中之自由，乃至今日夸尚自由人士所了解之自由，甚且一般智识分子阅读《社约论》以后认为卢梭所抱持之自由，决非"波兰政制"中此段文字之所描写者。我们对于政治思想家之立论，以及其蔚成力量而深入民众心里之流行观念，应当分别注意，即承认其渊源而牢记其差别。

肆、时代"秘思"

上段所论列者，乃是分析政治思想何以能成力量，何以能由"观念"因素化成"势力"因素。兹所探讨，乃系维系一个社会之无形的整套钢架，就是一个社会之中流行的政治"秘思"（Political Myths）。马歧昧（R. M. MacIver）教授对于政治秘思有一段精采描述，至堪玩味：

> 我们此处主旨，盖在说明以人治人的政府果如何而形成。为便利起见，不妨将人们的设计办法，大别为两类，即可称为"技术"与"秘思"。所谓技术，系指形形色色的设计与技巧，使人更能随心所欲，用以处理事物乃至处理人们，俾得减轻劳苦，增加收获，扩大满足，保持利益，降服敌人，克服自然，增进智识，等等。一项技术乃是一项求知方法，根本上亦即是一项控制方法……所谓秘思，系指人们素所抱持，包含着具有价值意义的种种信念与想像。凡

---

[1] 卢梭，《波兰政制》，章六，见拙著《近代西洋政治思潮》卷二，页三一〇。试就吾国政治思想，再举一例，以明此说。无人否认"忠君"乃为儒家哲学，乃为孔孟思想之一部分，乃为数千年来支配吾士大夫乃至一般民众行为之政治"观念势力"。可是流行的，广义的，不成文的"忠君"观念，究与孔孟精义的或狭义的政治思想有出入。"民为贵，社稷次之，君为轻"；"君之视臣如手足，则臣视君如腹心，君之视臣如犬马，则臣视君如国人，君之视臣如土芥，则臣视君如寇仇"；"贼仁者谓之贼，贼义者谓之残，残贼之人谓之一夫，闻诛一夫纣矣，未闻弑君也"。上所云云，包括在正宗儒家哲学之内，然而吾国数千年流行的"忠君"观念，以及实践的"忠君"事迹，却是广义与粗义性质。可见欲有力量，必须肯定绝对，必须含带情感，且必须具备各种条件。

此种种信念与想像，或则使人们有所遵循而生活着，或则使人们抱持希望而生活着。每一个社会，其所以能支撑维持，全凭一个秘思体系——一大堆具有支配力量的思想型式——在决定着并且在支持着此一社会所有一切的活动。一切社会关系，整个社会组织，是由秘思所诞生，是由秘思所维系。

"每一个文化，每一个时代，每一个民族国家"各自独有其一大堆错综复杂的特殊秘思体系。在此秘思体系之中，盖即蕴藏着社会种种和谐一致与连绵继续的秘密关键，而每一大堆秘思体系之递嬗变迁，实即构成每一社会之内幕历史真相。人们不论住居何处，遭遇如何，总是围绕着自己织成一个秘思网，正犹飞蛾蝴蝶，织成其裹身的茧囊。每一个人在其所处整个团体大纲之中，又复各自组织其互有差别的小网……我们使用此秘思一词，丝毫不含褒贬意义。不论其内容为启示或迷信，为真知或成见，一律均称为秘思。盖我们需要一个不指真伪的笼统名词。在此一名词之下，我们包括人生最精卓的哲学，宗教最高深的指示，经验最微妙的教训，乃至原始野人最粗陋怪诞的幻想。

政府乃是人们服从权威而有的组织，而人们所有永在变迁中的秘思，却对于统治者与被治者双方，同样具有其支配力量。一位出令者，以之与一般受命者相比，也许从任何意义言，实在并不高明些许，有时就任何一项内在标准而言，出令者甚或确实不如一般受命者。殊不知政府统治之魔术，正即在此。在初民社会之中，往往真正是一种魔术……仅仅暴力，从来不足以维系一个团体……暴力本身并不激发政府统治之魔术……就一切成立的政府而言，暴力后面总是另有一种权威。如无权威，则暴力只是破坏性的暴动，随时发作，毫无定向，而且终无成就……权威而能支持久远，自必根本靠赖被治者所抱持之各项秘思。这种秘思，一方面由起于人类合群本性，同时也利用着人类合群本性，乃能对于政府给予一项合于道义的批准认可，无此合于道义的批准认可，则没有一个君王或议会，没有一个暴君或独裁者，能够统治其人民……各项秘思之延续，长短不同，或以年份计或以世代计，或以世纪计，方式虽有变更，而实质则永无时限，此则因为它们或则含寓永恒真理，或则最简单地而亦最确切地表现人性中永久的需求。[1]

---

[1] R.M. MacIver, *The Web of Government*, 1947, 页四至七, 又十六至十八。

"秘思"是当今流行的学说。马歧昧对于政治秘思之叙述，极属扼要，故不惮繁琐译述如上。

我们应当牢牢记着：一个民族国家之所以能够长期安定自由独立，不只是凭藉那些有形有象的典章制度与坚甲利兵，而也要靠好多无形无象的思想心理与精神传统，在维系支持。一个民族国家之团结存在，究竟有异于一座大厦建筑。一座大厦建筑，全靠钢骨水泥栋梁砖石有形物质。而一个民族国家则除掉坚甲利兵典章制度之外，更要靠一大套广义的，不成文的，流行许久，深入人心，而牢不可破，且能抵抗外来风霜雨雪侵蚀剥削的政治观念，或有效秘思。这些成套的政治观念或流行秘思，乃由历代志士仁人心血骨肉所砌成，也须陆续由志士仁人心血骨肉所补充增益，而灌溉培植，有时并须更换些资料，变更些格式。苟不然者，此一民族国家就经不起内部的扰攘颠覆，或外来的暴力侵攻。举例言之，法国当一七八九年大革命之前夕，此种有关秘思，盖已松懈动摇，而不复能维系。俄国在一九一七年之前夕，亦复如此。每值一个社会，从数千年专制政治，由流血革命，一跃而入民主共和，往往要有几十年的动荡混乱。其所以然者，旧时代的秘思已被摧残，而新社会所需的秘思尚未建立，于是青黄不接，形成真空阶段，而一切异端邪说，容易明侵暗袭。以故，处今日而研究政治思想，对于维系人心之政治思想，尤值探讨。

所谓政治秘思，大抵既指流行有力的成套政治观念，如上所述，也可兼指揭橥的希望，指点出路。伍德考克（George Woodcock）在其"作家与政治"一文中所论的秘思，盖侧重第二种而言。关于此种秘思，他指出六项观察：

① 秘思总不涉及现在，而是往往指陈将来，但永是指陈（即使是指陈过去）历史以外的一个时代。

② 秘思并不倚赖可凭稽考的事实，故不能证明其为真实或不真实。

③ 一项秘思，假使不能立即满足实现，可以再遥远地放射到将来。人类的希望和忍耐，使得成功的秘思，成为一项长期的资产。

④ 秘思是以人民之企求为其本根。它可能被一人所创建，但除非能够代表群众愿望的满足，不能成其为秘思。

⑤ 时间过久，一个秘思可能腐烂消失。盖人民不会永远地等待满足实施；丧失了信用的秘思自必由新秘思替代。

⑥ 一个政治秘思，愈是与现实状况关联，则愈形脆弱，倘与事实经过，牵涉得

过份密切，则历史之发展，将使此秘思之成就，归于不可能。[1]

关于政治秘思之形成，性质以及作用，值得深切研究。

伍、轻重缓急

由上种种以观：一切政治思想，就其荦荦大者的职能作用而言，不外下列各项：即为满足人性合理企求，为供给是非取舍标准，为促进改善现状，为维系社会秩序，为支配人们政治行为，为揭发或检定政治定律，同时政治思想亦可有流弊。一为不复适合需要而阻挠进步，再为性质谬误，遗祸人群。凡此种种，当然就政治观念与其它政治因素相互牵连而言。政治哲学家之目的，在寻求合理解释，而所谓合理，实有不同时代的不同标准。故一切合理解释，总属主观。政治学家之立场，则应寻觅超越时空之定律原理。而政治家之责任应当特别注意秘思。

推测此后政治思想之研究，大抵有三项趋向可能。其一，不成文的政治思想将多受重视。从前研讨政思，专门以政治哲学家之名著为对象，而忽略其余。殊不知流行社会之中支配人群行为之政治观念，对于政治之兴衰，社会之隆污，政府之强弱，在在有莫大关系。即政府一切措施之中，其所依据与含寓之政治思想，亦值探讨。吉戍尔（R. G. Gettell）曾谓"许多政治理论从未出诸于具体文字，而往往默寓于实际组织与方法之中……吾人今日诚有许多在实际政治中具有左右力量的动机目的，绝少明白载入政党政纲甚或竞选演说之中"。[2] 塞屏（G. H. Sabine）亦谓"政治行为之中所寓有的许多政治理论，应当与书本中间的政治理论，一视同仁，予以研究。"[3] 例如法国大革命期间，争戴便帽，象征自由，绘画木匠之水平器，表示平等，借天秤表示公正，用眼睛暗示警觉，诸如此类，不一而足。"凡此种种所表现当时时代精神，较诸仅仅文字所能表现者，更为亲切。"[4]

复次，广义的政治思想，亦将为研究对象。所谓广义的政治思想，尤指关于具体问题之争辩。此类理论最属琐细复杂，但亦最热烈丰富。举例言之，一个国家各地方议会之详细记录以及各地方报纸之日常社论，最可反映当时当地意见，其中直接间接有关政治的观念，如加分析整理，当可窥见社会中多数人士实际抱持之见解。此与专

---

[1] George Woodcock, *The Writer and Politics 1948*，载 Snyder and Wilson，同书，页五二九。
[2] R.G. Gettell, *History of Political Thought*，页一五。
[3] G.H. Sabine, *A History of Political Theory* (rev. ed.)，页十一。
[4] 参阅 Henderson, *Symbol and Satire in the French Revolution*。

就二三人之著作内容，而判断一个时代之政治思想者，自不相同。至于制度里面，政策背后，行为中间，以及符号涵义，均有其不成文的政治观念在内；如加冷眼观察，当可发现宝贵材料与确切意义。但着手研究广义的政治思想，殊非易事。

最后，有关民族国家治乱兴亡之所以然，当为此后探讨之重点。所谓"政治"，实可划分为"政"与"治"两部分。扼要言之，"政"是法令，是目的，是内容，而"治"是实施，是手段，是方法。每个国家有其特殊的为"政"，而其所以能致"治"之原因，应当绝对相同。各种政体，尽可不同，但在各种政体之中，能致"治"或导"乱"的原理，自是一律。例如守法风气，必为致治条件之一，在君主政体时代如此，在民主政治国家，亦复如此。所谓政治秘思，大部分盖与治乱兴衰有关系并有影响之观念。西方目前流行之政治学，不免偏向琐碎问题及眼前现象，但此系暂时潮流，不久将来，当复侧重原理之推求；而民族国家之治乱兴亡，其将为重要研究对象，殆无疑义。研究治乱兴亡，盖即研究"政治"中"治"之部分。[1] 实则关于致治，关于秘思，历来政治学家均曾提及，惟未使用此类名词，未曾充份发挥而已。希腊亚里士多德曾云：

> 在予所述一切事项之中，其对于国家之保持，致力最大，而今日却最受轻视者，莫若儿童之公民教育。此盖因为假使一般国民并不习惯于国家宪法之各项原理，而且并不自童年起即长育于国家宪法各项原理之中，则一切最属有用且为每一政治家所赞许的法律，将全属毫无裨益，毫无功效。[2]

亚里士多德寥寥数语，盖已道破致治条件之一，且已道破秘思之作用。

当代语意学兴起以后，若干智识分子对于政治思想，可能另眼看待，即以白眼替代青眼。睿斯（Stuart Chase）有云："语文之为双锋利刃，甚为明显。人类可使用语文，由克服而开辟新境界，亦可使用语文而伤害自己，后悔莫及。""研究语意学者因发现丰富材料，证明人们并不明白他们所谈论者究系何事，故觉得甚窘。""语意学之良好训练，并不要删除诗歌，小说，梦想，幻想，观念，以及理智情绪。它只制止我们不要把梦想看成真实事物，而且不要为梦想争斗，为梦想舍生。""当人们致力用心于科学，艺术，音乐，诗歌，他们的智识与福利同得进步。当他们用心于哲学，经济，法学，神学，政治，则良好生活发生蹉跎，且往往变成祸害。"[3] 斯华兹（David Spitz）则云："语

---

[1] 参阅拙著《治重于政》及《致治条件》等篇，载《政治论丛》，页七九至八七，又八八至九五。
[2] Aristotle, Politics 卷五第九章（Everyman's Library），页一六。
[3] Stuart Chase, *The Tyranny of Words*, 1938, 页一四，三五〇，三五七，及三五九。

文固是一项交换智识之工具，亦是一项掩藏真相之方法。人们运用语文，以欺骗别人并且欺骗自己。举例言之，吾人常谈及公正，但我们真意所在，乃是暗指着或则对于作恶者应予惩罚，或则对于有罪者宜予开恩……吾人坚持道理应当作主。但是所指道理，只是吾人的道理，而非你们的道理。吾人援用着自由之神圣名词，但吾人所谓自由，吾人是普通地，而且实在是必需地，指着吾人做此事的自由，而对于另外一人做那事的自由，则要加制止。正如福尔泰（Voltaire）所曾指出，同一个字不一定指同一件事。"[1] 凡此所云，均似证明笛斯累利（Disraeli）所谓：

> 准确之观念绝少，而何者为准确，更无人能断定；但吾人凭藉字句，统治民众。[2]

此其所以然者，精义的政治思想，只有极少数政治哲学家所能抱持，而一般群众所能具有者，必是粗枝大叶，一知半解，似是而非的几个标语口号式的名词。

陆、绝对相对

关于现代政治思想，另有一点值得深切研讨，即绝对主义与相对主义。罗素在其一九四七年之《哲学与政治》一文中，强调哲学上的绝对主义与政治上的绝对主义，相互联带，而且指出柏拉图之《共和国》乃是一篇揭橥极权主义的文章——主张控制思想，利用宣传，制造谎言，发挥暴力，而信仰独裁——故列宁与希特勒乃是柏拉图之正统门徒。罗素谓"哲学乃是试将科学与宗教综合之结晶。更确切言之，哲学乃是将宇宙之性质与人在宇宙中之地位，并合一起，并且增入实际伦理教训指点最优生活方式。哲学之所以异于宗教，正因其不凭藉权威或传统。哲学之所以异于科学，则因其主要部分在昭示如何生活"。但是哲学家之企图，并不以此为限。"哲学家们总是夸称已曾发现人类进步之公式，说明整个世界如何渐次进步，恰合他们之所企愿。此种哲学之秘方，殊为简单。哲学家首就现实世界各种情况之中，决定何者给他快乐，何者给他痛苦。他然后根据经过一番慎重选择的事实资料，说服自己：宇宙乃是受制于一项定律，使得凡他所认为快乐者皆在继续增加，而凡他所认为痛苦者则在继续减少。哲学家在揭橥此项进步定律以后，即转向群众宣称：'世界之必如我所云，向前进步，

---

[1] David Spitz, *Patterns of Anti-Democratic Thought* (1949)，页三。
[2] 见拙著《西洋近代政治思潮》，卷一，页一。

此乃命定之事；故凡愿在胜利方面，而不愿徒向必然作战者，自将加入我的一方。'凡反对此哲学家者，均被认为不哲学，不科学而且落伍过时；至于向他表示同意者，则感觉胜利已入把握，盖宇宙命运是与他们同在一边。同时，基于一种莫名其妙的隐晦理由，此胜利方面即被认为美德方面。"[1]罗素认为只有基于相对原则的实验主义哲学，乃是适合民主政治，而可避免暴横专制之流毒。他并明白指出"实验自由主义与民主社会主义并不抵触"。[2]

早在一九四五年，罗素在其巨著《西方哲学史》中，即曾发挥绝对主义与相对主义之异同得失。他郑重指陈：

> 从纪元前六百年以迄今日，在此长期发展之中，哲学家分成两派：一派愿将团结社会之维系，更予抽紧，另外一派则企求予以放松……主张纪律一派，总是提倡一套或新或旧的教条，而且或多或少，总是不得不仇视科学，因为他们抱持之教条不能实验证明。他们不约而同地训示：至善不在快乐，而在"伟大心理"和"英雄事业"。他们对于人性中之非理性部分，颇具同情，因为他们觉得太讲理性，是不利于社会团结。赞成自由一派，则除极端的无政府主义者外，均趋向于科学，乐利，理性，而仇视剧烈情感及一切程度过深的宗教体制。此一冲突，在希腊尚未有哲学兴起之时，即已存在，在其最早思想之中，即已显著。此一冲突，形式虽屡更易，一直流传至今，而且毫无疑义，在此后数百年中仍必流传。此一争执之两造，就其对于长久历史之经过而言，各系一半准确，一半错误，此则甚为明显。社会团结是一项必需，人类还从未能仅仅使用合理论辩而能实行团结。每一社团总是遭遇两种相反的危险。一方面是硬化，由于过份看重纪律，及过份遵守传统。另一方面是瓦解，或屈伏于外来征服，或由于个人主义与个人自由之过度发达，而使合作不复可能。大体言之，历史上各个文明社会，均以一个严肃与迷信的体系开始，渐次放松而导致一个发挥天才的光辉时代，此即旧传统尚有其流风遗韵而最后引起瓦解之种种祸害尚未发展。可是一俟种种祸害显露，则初必陷入无政府状态，继而无所逃避引起暴政，最后则又产生一种新的综合。新的综合，即由一套

---

[1] Bertrand Russell, "Philosophy and Politics", 1947, 载 William Ebenstein, *Modern Political Thought*, 页一〇及一四。
[2] 同上，页二一。

新兴教条所能获致。自由主义之主张,盖系一种努力,求能逃避此一种无底地摇摆循环。自由主义之要素,端在努力寻求一种社会秩序,不以非理性教条为其基础,而能保证社会安定,使所用制裁,恰好符合于保存社会团结之所必需而不超过此种必需。此一努力能否成功,只有将来能予决定。[1]

罗素此种历史见解,固然相当精辟。寇尔森(Hans Kelsen)教授亦极力主张相对主义,并谓:

> 专制独断,乃是政治绝对主义,而政治绝对主义正与哲学绝对主义类似,反之,民主政治乃是政治相对主义,而与哲学相对主义匹配。[2]

可是罗素与寇尔森所抱持之相对主义,亦有其范围,止境与欠缺。

批评政治相对主义,有三项立场可予注意。其一,就理论本身言,破绽不少。拥护极权独裁,不必根据绝对主义,以相对主义出发而颂扬极权独裁者,实亦有之。至若民主政治之中,例如放弃暴力而用投票,服从多数决定而牺牲少数主张,此其根据当属坚牢不拔,而不应以相对价值为其基础。威廉麦森(René de Visme Williamson)及琴司盘格(Morris Ginsberg)均曾撰写专书,说明相对主义之缺陷而为绝对主义辩白。[3] 其二,就实际政治言,相对主义殊难见效。不论竞选或建议,执法或判案,只有绝对主义乃能遵守标准,维系信仰。至如美国之《独立宣言》,法国之《人权与民权宣言》,亦莫不有绝对原则。一个国家对外作战,则更需坚定不移之信念与立场。凡此均系事实需要,非强辩所可否认。其三,相对主义如弥漫而过度,则其流弊影响诚有不可想像者。柯尔纳(Aurel Kolnai)有一段冷眼观察,精辟无比,足为今日自命为自由主义的智识分子,当头棒喝:

> 堕落的自由主义,信仰万事均属相对,异见应当容忍,一切皆系两可,而且运用心理学,运用一连串不同社会的一般看法,或世界心理态度,以解释种切社会现象。在此种种思想立场之中,自由主义的精神,盖已矫枉过正,过犹不及,而造成偏差。凡此种种,实乃表现一种懦弱的宽容态度和放任而漫不负责的心理。这种态度心理,不啻敞开大门,同时将粗野的服从主义和

---

[1] Bertrand Russell, *A History of Western Philosophy* 1945,序言,页三三。
[2] 见 Ebenstein 同书,页二五。
[3] Williamson 著 *The Challenge of Relativism*(1947)。Ginsberg 著 *Ethical Relativity and Political Theory*(1951)。可参阅 Ebenstein 同书页七至八,又二九至五一。

放肆的专制主义，兼收并蓄——凡是偷懒好惰，喜爱消极，而犹以此种姿态觉得舒适者，即抱持服从主义；凡不愿接受或不能接收此种恣态者，即抱持专制主义。推而至于极，则苛刻矫饰的批评，不免归结到无耻的反理性主义；过分精细的科学怀疑态度，不免归结到粗糙的实验主义；对于智慧的不信任，不免归结到图腾的部落主义；而一味宽大容忍，不免归结到怯懦地接受暴政及阶级独裁或民族独尊。爱好自由人士之理想主义，其所以造成自吾毁灭，盖在另一方面，对于各项本能与企求，各种情绪与欲望，过分加以颂扬，其结果则认为色情性欲及潜意识冲动，具有压倒一切的力量。[1]

由上种种观之，政治之中，绝对与相对，各有其作用，各有其范围，不可一概而论。就政治思想而言，亦须视时代环境以为断。所谓"宽以济猛，猛以济宽"，殆亦可用诸于思想立场。在今日极权独裁企求武力并吞世界之际，而谓民主自由国家对于其立国基础及生活方式之哲学观念，可以视为相对价值，其为不智，庸待费词。

柒、百年今昔

由于当前世界局势危急，人心普遍紧张，今日有关政治，社会以及人生之现实思想主流，无疑是怀疑混乱，彷徨悲观。较之一百年前实证主义所代表之自信，乐观，进步，与自由，恰成一个强烈的反比。谭宁（Dunning）曾谓：

> 迨十九世纪之中段，关于社会本身以及社会一切制度之变化，发展，以及成长此项观念，盖早已深染在社会科学之中。更有进者，思想家对于事物推移之方向，几乎一致认为趋于进步，即各种论点依据，尽可不同，但总认为朝着一个比旧境界更好的新境界。[2]

此一百年前的实证主义，可以法国之孔德（Auguste Conmte, 1798—1857），英国之斯宾塞（Herbet Spencer, 1820—1903）及美国之费斯克（John Fiske,1842—1901）三人为代表。

创造社会学之鼻祖孔德，深信科学发达之次序，盖为数学，天文学，物理学，化学，

---

[1] Aurel Kolnai, *The War Against the West* (1938) 页一五。
[2] Dunning, *Political Theories, From Rousseau to Spencer*，页三九五。

生物学，而后社会学。在其所著《实证政治体系》（四卷，一八五一年至一八五四年）第一篇中，孔德指陈人类思想史，可分三个阶段：神学思想，玄学思想与科学思想。科学思想即是实证思想。第一阶段为期最长，盖自人类初民社会以迄中古世纪之末都包括在内。在此时期之中，一切事物之解释，均本于神灵之意志。君权神授，即属神学思想。在政治方面，暴力决定一切关系，征服为主要目的，生产仅能维持生活，而劳工尚在奴隶境域。第二个阶段，则以抽象原理原则替代神灵意志。例如以自然替代上帝，以自然规律替代上帝之好恶爱憎。在政治方面，武力虽尚重要，但已揭橥社会契约，自然权利，人民主权种种虚构。十八世纪盖为玄学思想之最好代表。第三阶段，则系科学兴盛，工业发达，一切社会人事现象，亦以科学方法，科学精神，从事研究，而且必以事实真相为对象。因为经验实证方法，可以求知真理，发现真正的自然法则，故将来可以建立完善和谐的社会。

在孔德看来，宗教与哲学已无甚功用，只有科学家们乃是新时代之优秀人群，新时代之统治阶级。孔德之所以乐观盖在科学之发展，而社会学本身亦是科学之一种。社会学之内容，大别为两部分。一部分研究社会静态，即就某一时代研究其中思想，风俗，与制度错综复杂之相互影响，其重点在秩序。另一部分，则研究社会动态，即研究人类历史三个阶段之递嬗变迁，其重点在进步。但是"进步亦即秩序之发展"。[1] 孔德并谓实证阶段，不特需要一项新科学，亦即社会学，而且需要一项新宗教，即崇拜人类而不复崇拜上帝，而所谓崇拜人类，即崇拜各民族中曾有伟大贡献之人物。孔德认为政治制度全视社会背景，无所谓最优政体。寻求最优政体，不啻寻求万应灵丹。

英国斯宾塞亦是最早的一位社会学家，其乐观精神，亦基于演化史观。斯宾塞在其《社会静态》（一八五〇年）中揭橥之演化观念，较诸达尔文（Darwin）在其《物种原始》（一八五九年）所发挥者还早九年。斯宾塞曾云：

> 演化乃是物质之化合，与行动随而消耗；在此过程之中，物质从比较地模糊含混而不相联属的相同性，转成比较地明白准确而各相联系的相异性；而其所保留的行动，亦发生平行的变化。[2]

上所云云，在宇宙中，即指地球本从一大堆液体演化而成今日之结构形状；在动植物界中，即指从最简单最原始之细小原生物演化而成人类；在人类社会中，亦即指

---

[1] 见同上，页三九一。
[2] Herbert Spencer, "First Principles" 见 J. H. Hallowell, *Main Currents in Political Thought* (1950)，页三〇五。

从原始部落发展到文明社会，从野蛮人演化为哲学家。斯宾塞盖从宇宙间日月星辰到人类语文，政治，艺术，道德，一律加以演化之进步观念，故抱持无限乐观。虽然，斯宾塞演化观念之乐观精神中，仍还带着一些悲观种子。因为"演化"至极，即达"平衡"，既达"平衡"，则又返向"解体"，即又朝着演化之相反方向，渐趋于模糊含混不相联系之相同性。然而就宇宙或人类言，离此平衡与解体相距遥远不用杞忧，以故，还可充份乐观。

斯宾塞对于社会看作一个有生机体。社会与个人或其他动物虽稍不同，然大体上绝相类似。盖社会亦生长，亦分化，亦有其分工合作而互相倚赖的器官。例如农业工业乃社会之营养系统，交通经济贸易乃社会之循环脉管系统，而政府机关乃是社会之神经系统。余如社会军队，等于动物用以自卫之爪牙，运输来往之时增时减，等于血液流通时脉搏之一起一伏。斯宾塞可谓为一位极端的国家机体论者。国家机体论者通常均是扩大政府之职权，斯宾塞则虽把国家看作机体，却将政府职务范围，严格限制。

国家与政府之区别，斯宾塞未能认清，故时将两者混为一谈。国家或政府之职务范围，只有两项，即对外抗御侵略，对内保护人权。此其所以然者，盖因人人有平等自由。"每一个人，只要不侵害别人之平等自由，具有其为所欲为之自由。""我们所称为国者，究是什么？此系人们之政治联合。如何联合？自动地联合。其目的何在？为着相互保护。"因此，斯宾塞之极端个人主义，接近无政府主义。他说：

> 无一政府能有任何伦理性权威。国家所能达到之最高方式与境界，乃是使道德规律对它采取消极态度，对它容忍，而不复向它抗议。此最高方式之第一条件，即在公民籍贯必须出于自愿，而其第二条件，则为凡属公民，利益平等。

他又认为战争对于人类，已尽其功用，此后将趋消失，即是强制，亦将趋于衰微。

> 战争之为不道德，毫无疑义。但执行司法所用之暴力，也是不道德。一切强制盖皆如此。就理论言，一个士兵用枪头刺刀之一戳，与一个警察用警棍一击，绝无不同。对于受伤者言，两者均违反平等自由之规律。[1]

总而言之，只就斯宾塞一本论文集之命名，《个人对国家》(*Man versus the State*)，

---

[1] 载 M. Spahr, *Readings in Rencent Political Philosophy*，页二四二，二五二，二五六。

可以窥见其个人主义之极端。实际上斯宾塞还代表着一个已将过去之社会。他因为主张彻底放任，故对于公共教育，济贫措施，劳工保护，公共卫生甚至邮政设置，均表反对，是亦因为斯宾塞对于社会之自动进步过于信任与乐观。[1]

美国方面，在此时期之中，研究与宣传斯宾塞与达尔文两人思想而有影响力量者，当推哈佛大学毕业之历史学家费斯克。费斯克信仰实证主义与演化理论。所不同者，斯宾塞信奉科学而舍弃宗教，费斯克则尽其全力，企求调和科学与宗教。自然演化乃是上帝之神圣安排。而人之情绪亦在进化。宇宙整个演化包括"各种情绪之演化，使得自私自利，渐次隶属于大公及道德目的"。"各种道德的情绪，道德的规律，爱护大公无私之目的，舍己为人之爱心，伟大之心灵——凡此种种乃是自然所陶冶之最高成品，其长育成熟为时最晚，它们是一切古代预言早已指为杰作之完成。"[2]

综上以观，可见一百年前应用于人类社会之实证主义与演化理论，确曾充满着乐观自信与进步自由观念。此与当前整个世界之为怀疑混乱，悲观彷徨心理所笼罩，恰成对比。当时认定一切进步，今则怀疑人类生活在倒退；当时以为战争可以减免，今则益见其威胁增加；当时期望政府职务渐次收缩，今则只见其不断扩大；当时想像强制力量行将衰微，今则强制力量无孔不入，无微不至。造成今日此种普遍心理者，当与现代政治思潮有关。

捌、范围项目

回忆百年今昔，我们不免要诘问：究竟此种普遍心理之转变，由自信而怀疑，由乐观而悲观，果由何而起？且前途出路果又如何？此则与人类现代政治生活与政治思想有密切关系。大抵自十八世纪开始，陆续有三大运动，犹诸三大地震，使凡所遭受之民族国家发生剧烈震动。此无他，即民主政治，族国运动以及社会主义。此三大地震还在进行，人类社会还在遭受其各种影响。造成百年今昔之不同心理态度者，要因民主政治面临极权独裁之威胁，族国运动变态而为帝国主义，最初和平性质的社会主义，有一部分沦落而为残暴侵略的共产主义。

我们研究现代西方政治思想，似可即以上述三大项目为研究之对象与范围。事实

---

[1] 斯宾塞著作丰富，下列各篇尤为重要：*Social Statics*, 1850; *Principles of Psychology*, 1855; *First Principles*, 1864; *Man Versus the State*, 1884; *Principles of Sociology*, 1876-1896; *Autobiography*, 1904。
[2] 见 Hallowell 同书，页三二。

上此三大项目早已成为整个世界之经纬。在评述此三大项目之政治思想，我们当然要涉及各类型的政治观念，或则有关基本政治之合理解释，或则有关政治定律之发挥，或则有关具体问题之争辩，或则有关政治行为之支配力量，或则有关社会秩序之维系。所谓狭义与广义，精义与粗义的政治思想，自亦随处提及。

研究任何时代的政治思想，当然方法多端。例如以若干主要的政治思想家为对象，或以各种学术（如心理学，地理学，民族学，历史学等）之新发展，就其与政治思想有关者依次叙述，均无不可。但著者深信以现代政治生活中三大项目为研究对象，自将牵连各派主要思想家，而且亦必牵涉若干有关之专门学术。至于叙述各种思想，译引原著之片段文字者殊多。此则因为惟其如此，读者或可约略亲尝各思想家原有观念之滋味。[1] 再则诚如英儒西累（J. R. Seeley）所云："历史学而无政治学，犹有花而无果，政治学而无历史学，犹有树而无根"。[2] 故于述论各项政治思想之时，对于时代背景及历史过程，必不惮烦琐而扼要指陈。最后，关于人类前途远景，最末一章亦加略论，希望能激发读者自己之思量与努力。

---

[1] "Most of the real essence of great thinkers is squeezed out by such compression. What is left is juiceless, unflavoured, and even untrue." W. Y. Elliott and N. A. McDonald, *Western Political Heritage*，序言，页七。

[2] J. R. Seeley, *Introduction to Political Science*，页四。

民主的思想历程

尽毕生之力，精心研究并实际参加民主政治的英国蒲莱仕爵士，在其一九二一年问世之《现代民主政治》巨著中，曾有一段独具只眼的预言。"民主政体虽已蔓延推广，而凡已试行民主政体之国家虽无加以放弃之迹象，但是我们今日尚难同意一七八九年法国革命理论家之见解；即尚难认为民主政治乃是一种自然的政体，因而从长期言之，乃是一种最后必然的政体。当时自由之理想，犹如旭日初升，光华灿烂，使得在凡尔赛举行等级会议之人士，为之目炫。惟自彼时以迄今兹，人类社会已屡经沧桑，而民主政府并未证明其能随时随地担保必为良好政府。从前在许多国家之中，因为人民对于各项具体祸害，不复能继续忍受，遂使君主政体或寡头政体遭受推翻，而由民主政体替代。正犹如此，将来或有一天，人民同样地不复能继续忍受，可能将历史程序倒转过来。此种倒转，虽未必其然，殆非完全不可想像。"[1] 蒲莱仕所谓历史程序之倒转，自从第一次大战后极权独裁风起云涌，以迄今日自由世界仍自遭受变本加厉的极权独裁畏胁，不能不令我们惊佩此项预言之精卓。我们尤应注意者，在一般人民，对于民主政治之实践，未必感觉不复能继续忍受其各项具体祸害之时，而许多思想家，对于民主政治之理论，却已吹毛求疵，大肆攻击。以故，诋斥民主与辩护民主之思潮，值得研讨。

壹、历史过程

现代民主政治发轫之初，守旧者固莫不视为洪水猛兽，恶鬼邪魔。及其始期成功，

---

* 原载《现代西洋政治思潮》第二章的一部分，正中书局，1963 年初版，1979 年七版。标题为编者所加。
[1] James Bryce, *Modern Democracies*，卷一，页四二。

尤以美国独立行宪数十年之后，思想家类多讴歌颂扬，誉为奇花异卉，天仙神女，以为民主政治有百利而无一害，将来社会中一切疾苦，终必能一扫而空。此种盲目信仰，可以美国历史学家彭克劳福德（George Bancroft, 1800—1891）为代表。他谓"良知，犹之道理与判断，乃人类普遍具有"。因此，认识真理，此非绝少数优秀分子之所能，而乃一般民众，本于良知，益以教育，皆可优为。他抱持无限乐观，认为"人类永在前进，渐次获得成熟，普及和力量"。彭克劳福德又云：

> 最优政府之基础，端在人民全体而不在少数人士，端在人格而不在财产，端在公意之自由发展而不在权威。此盖因为人类宽洪大量之主宰，对于每一个人，不计其外在境遇之差别，一律赋予良知……所以凡是人民权利平等的政府，必须以良知为其基础。应当统治国家者，不是财富，不是暴力，而是整个社会之道德智慧总和。[1]

到了十九世纪末叶，批评民主政治之理论始见热烈。然而民主政治之必然一帆风顺，由人类普遍接受，殆仍为绝大多数政治学家和历史学者所默认。柯理在一九〇九年出版之《社会组织》中云，"整个世界显然正在民主化中。唯一问题，只是此一运动如何迅速完成"。[2] 谦纳在一九二七年所著《历史定律及其他论文集》中，强调"一个民主政治定律，即一切政府均有归属人民之同一趋向"。[3] 柯理及谦纳此种看法本不足怪，盖宪政民主运动非旦暮之间骤然兴起，而自有其曲折久长与轰轰烈烈的历史。人类以极高代价争得之一种政治生活方式，当不致轻率放弃而使历史程序"倒转"。

蒲莱仕认为近代民主政治之最早胚胎，乃为十一世纪中欧洲意大利之市府国家，而一般民主政治之所以由起与形成，厥有四项原因：即宗教平等观念，不满君主暴政，社会生活进步，及民主理论思想。[4] 但就较近渊源而论，则一般学者，咸溯诸英国一六四九年之清教革命及一六八八年之光荣革命。复次，一七七六年之美国独立革命与一七八九年法国之大革命，则奠定现代民主政治之基础。此后虽有一段反动和守

---

[1] G. Bancroft, Litterary and Historical Miscellanies(1855). 见 A．P Grimes, *American Political Thought*, 页一九二至一九四。
[2] C.H. Cooley, *Social Organization*，页一二〇。
[3] E.P. Cheyney, *Law in History and other Essays* 页一八至二〇。
[4] 蒲莱仕，同书，卷一，页二七。

旧时期，可是一经一八四八年欧洲之普遍革命，民主势力遂膨胀而确立。故当拿破仑战争结束之时（一八一五年）整个世界够称具有民主政治者，只有瑞士，英吉利与美利坚合众国三国。而此后一百年中（亦即一八一五至一九一四年）则民主政体在欧在美蔓延甚广，且并伸展至亚洲。第一次世界大战结束之初，帝国分崩，新宪林立。就表面形式言，威尔逊总统所提出的作战理想，即"为使民主政治能在世界中得到安全而战"，似有实现希望。但曾几何时，而独裁政治竟如雨后春笋！始则俄罗斯一党专政，继则意大利匹夫独裁，德意志又是后来居上。南斯拉夫、希腊、芬兰、土耳其、西班牙等，接踵效尤，不可胜计。至于美洲，则秘鲁、玻利维亚、巴拉圭、乌拉圭、古巴、多米尼加等等，由军人独裁者，前后不知凡几。第二次世界大战，原本号称民主对抗独裁，自由对抗极权，然而战后世局立即恶化。今日共产主义集团之极权独裁，正在威胁人类前途。

极权独裁固各有其一套"制度"，但根本只是一种"现象"。此种现象之所以发生，环境"势力"较诸"人物"因素更为重要。至于极权独裁之"观念"，则一部分应运而生，一部分早经发挥。简言之，凡是驳斥民主政治之种种理论，均可直接间接，有意无意，为极权独裁张目。

在叙述反民主思想以前，我们对于此种转变之背景、心理，与情形，宜先认清。约而言之，可举八点。其一，由笼统而具体。美法革命时期所论民主政治，大抵仅为隐约模糊囫囵吞枣之原则与理想。其后因实施制度，探讨得失，一切观念不得不具体而尖锐。例如投票有公开秘密之别，任期有宜短宜长之辩，代议有自主抑受命之争，选举分地域或职业根据，余如应否改用比例代表制，宜否采用单选区制，在在引起激辩深思。向者笼统，易趋颂扬，今成具体，则难求一致，而民主政治本身，亦易遭讥评。其二，由奢望而失望。上述如彭克劳福德一流学者，以为民主政治不啻万应灵膏，一切社会祸害，可以药到病除。奢望既高，失望自大。其三，由怀疑而抨击。失望之余，对于民主政治之信心自易发生动摇，先则仅抱怀疑，继则加以呵斥。其四，由政治而经济。人类对于现状永不满足。当初反抗专制暴政，只求生活自由，一人一票。一旦得到普选权利，则又转移目标，要求经济平等，生活保障。经济平等，生活保障，既不可一蹴而几，遂转向民主政治本身，加以打击。其五，由国内而国际。呵诋民主政治者初皆限于国内。自第一共产国际成立以后，反民主运动成为国际势力。其六，由理论而行动。当初遭受抨击者，只是民主政治之理论。及后苏维埃与法西斯纳粹极左极右两派，既已建立极权独裁，则遭受威胁者，已为民主制度本身。其七，由攻势而守势。此盖就拥护民主政治而言。大凡攻者主动，守者被动；攻者无孔不入，守者应付维艰；攻者在表面上总似理直气壮，守者苟不沉着应付，则易于气馁。关于此点，今日自由世界值得深自警惕。其八，由对立而假冒。极权独裁者尚不甘以敌对自居，而且大言不惭，以更高明之民主自夸，此则显系假冒，但亦适足表示"民主"之弥值珍贵。……[1]

贰、理论基础

民主政治，自始迄今，具有其理论基础。因为时代演变，重心更易，遂有各种说法。其中递嬗变迁，异同曲折，或则改头换面，只是旧酒新瓶，或则别出心裁，确系另辟途径。大抵每一种假定，初起之时往往风靡一世，继而经过许多思想家反复推敲，就不免发现破绽漏洞，于是另兴一套理论以为替代；但总难得到一项颠扑不破，大家接受之合理答案。同时，民主政治之所以受到怀疑抨击，正亦因为其理论基础先后动摇。综观历来思想家为民主政治所揭橥之哲学基础，大概不外十项，而此十项，不特相互关联，抑且彼此类似。兹分别加以简述。

① 契约同意　统治者之权力应基于被治者之同意，此可谓为民主政治根深蒂固之理论基础。最有名而亦最重要的文献，当推美国独立宣言"吾人深信下列数项乃不言而喻的真理。一切人民皆生而平等，皆受上帝所赋予的若干不可割弃的权利，就中即为生命，自由与求乐。为保障此项权利故，人群中始有政府之设立，政府之公正权力，盖得自被治者之同意。任何政体而至破坏上述目的，则人民有更改或废弃旧政府而另建新政府之权"。[2] 此种"同意"理论，当初固渊源于"契约"学说。但不论国家契约或政府契约，均系幻想假托。即舍契约而专言同意，理论上亦有其困难，盖人民既可同意民主，为何不可同意独断？且祖宗之同意，是否束缚其子孙？今日表示同意，

---

[1] 此处略去239个字符——编者注。
[2] 见拙作《西洋近代政治思潮》，卷三，页四五七。

明日可否表示不同意？[1]

② 自然权利　较契约或同意，或者更基本更动听者，当为自然权利。此即谓人们既然生而具有若干不可剥夺的权利，如生命，平等，自由等等，则自不得不采择民主政治。上述美国独立宣言，即含此意。自然权利理论固曾风行数世，靡漫全球，但后来学者们仔细推敲，认为权利与义务乃对待而相关，有其一必有其二，且必须在社会已有法制之时，始能产生权利。在今日而言，自然权利，早已驳得体无完肤，不复有人提及，故不复能为民主政治之理论基础。

③ 主权在民　主权云者，传统解释，作为一个最高无上，莫能抗御，不受剥夺，并永久存在的权力，亦即统制一切而自身不受任何限制的权力。此项权力，最初归诸君主，及后民主政治盛行，乃移属人民全体。"主权在民"此一观念，确曾不胫而走，不翼而飞，成为全世界流行有力之政治信仰，亦可谓成为民主政治之理论基础。但曾无几时，历经各国思想家之怀疑诘难，发现其有破绽，认定其为虚构——所谓"一个法理上的虚构"。盖就英国而言，因为巴力门兼有"造法"与"立法"两权，故可称

---

[1] 即以霍布斯，洛克与卢梭三人之契约同意理论而言，其背景，动机，立场以及结论，绝不相同。兹列表如下：

项目＼著作	霍布斯（一五八八年至一六七九年）著《巨灵》（一六五一年）	洛克（一六三二年至一七〇四年）著《政府论两篇》（一六九〇年）	卢梭（一七一二年至一七七八年）著《社约论》（一七六二年）
国家与政府之区别	将两者混而为一	隐寓分别但并未明言	明白分别
自然境遇状况	恐怖状况必须离弃	相当安宁但诸多不便	前后矛盾（既认为黄金世界又认为必须离弃）
人性善恶	性恶	性善	可善可恶
契约之订立	个人与个人订立产生政府之契约	各人与余众又人民与政府所订之两重契约	各人与全体订立产生国家之契约
自然权利	全部交与第三者（即政府）	一部分交与君王但有条件私产则仍保留	全部交与全体（包括自己在内）
主权	永在君王（世袭）（原本在人民）	平时在政府革命时在人民	永在人民
政府权力	绝对而无限制	相对而有限制	权力极小
法律	此系主权者之命令	此系尊重多数原则	乃人民全意志之表现
革命权利	人民无此权利	人民具有（此系"诉诸于天"）但不得已时始可使用	人民具有此权
政体	绝对君主政体	宪政	民主政体
背景动机	为英王查理二世复辟之理论	为光荣革命辩护	不满现状为法国大革命之先声
意外作用	虽为复辟辩护但亦动摇君权盖人民既可订约亦可废约	如以人民意志为标准人民意志可左可右	所谓全意志所谓人可被迫而为自由亦可作极权主义之支持

国会有"法律的主权"而人民有"政治的主权"（国会之下院乃由人民投票产生）。若就美国而论，则国会只有有限的"立法"权，而修改宪法的"造法"权，则只在规定的程序之中，殊不专在一个机构：故美国的"法律的主权"究竟何在，大是问题。其实，任何社会之中，有无此种莫能抗御不受剥夺的权力（姑不论其究竟何在）？所谓人民果何所指？是否仅只选民，抑且仅指实际投票的选民？人民或选民全体实际上所具权力，究属何类，并有多少？而且社会之中应否或宜否有此最高无上的权力（假使是可能有）？凡此种种根本问题，一经提出讨论，则所谓主权在民，不啻烟消云散，无从捉摸。故许多政治思想家分别提供主权在"道理"，在"法律"，在"公正"各种学说。总之，"多元主权"固难替代"单元主权"，而且单元主权之虚构，仍有其在国内政治与国际上之功用，但主权在民之为民主政治理论基础，显然早已动摇。[1]

④ 共同意志　往昔多数学者认为民主政治之精华，端在其能发挥一国人民之共同意志。乍视之下，共同意志似为一项颠扑不破的论据，但一经检讨，则欠缺甚多。兹略举数点言之。就个人而论，所谓意志，现代心理学家，不论其为本能派，行为派，或精神分析派，均避而不谈，或且明白否认。故"意志"云者，含混玄虚，莫知其究竟，已成为哲学中过去名词。言个人之个别意志，尚且如此，言国家之共同意志，自更渺茫。此其一。倘若将一国政府立法行政之措施，即视作人民共同意志之表现，则现实主义者必斥为狐蒙虎皮，虚伪不实。此其二。抱持共同意志论者，绝大多数固坚持人民参政与意见自由，为其先决条件。然亦有人主张：不论政体如何，甚至一个专制君主或极权独裁者，只要赤胆忠心，深谋远虑，以人民应有之意志为其意志，即是表现民主精神。[2]是则"共同意志"之立论，可遭歪曲而被利用。此其三。因上种种，共同意志之为民主政治理论基础，确有磋商余地；当今政治学者所以对此见解冷淡漠视，诚不足怪。

⑤ 群众乐利　依照英国乐利主义派之理论，人类生而趋乐避苦。趋乐避苦，盖为一切道德与法制之标准。凡能使人得到快乐而免除痛苦者，为良善为允当，反之即为祸害为欠缺。人们不只生而趋乐避苦，抑且生而自知如何而可趋乐避苦。易词言之，政府权力愈小愈好，政府职务范围愈狭愈宜。此一学说盛行之际，拥护民主政治者大抵认为群众乐利，即是其理论基础。可是每一理论往往有其起伏兴衰。乐利主义最初粗枝大叶，颇动听闻。其后愈是力求精细，愈是暴露困难。例如所谓快乐，在品质上

---

[1]　参阅 F. W. Coker, *Recent Political Thought*，第十八章《多元论者对国家主权之抨击》。
[2]　参阅 Cecil Chesterton, *The Great State*。

有无高下精粗之分？屠门大嚼与吟风弄月，其快乐如何比较？又匹夫匹妇是否真知其快乐之所在？更是否知道达到趋乐避苦目的之途径？且"最大数人的最大量乐"，果如何而计算评估？特别是社会生活日趋繁复，政府管理需要增加，放任自由不复是今日民主政治之原则。以故，群众乐利之为民主基础，亦已成昨日黄花。

⑥ 公意依归　在共同意志及群众乐利诸观念衰歇以后，西方学者们渐多认为民主政治乃是以公意为依归的政治，甚即以此解释作为民主政治的定义。[1] 尤其甚者，不论对于选举结果，何人成功，何人失败，或对于立法内容，何项列入，何项屏除，一律认为公意的表现。此项立论显与共同意志有其类似，而具其区别。盖共同意志接近玄哲，而公共意见较为现实。虽然，民主基于公意之理论，仍亦有其困难。何以言之？此项理论包含两个假定：一则假定民主政治在原则上应当以民意为依归，再则假定民主政治在事实上确能以公意所在为取舍标准。试问何者始为公意？如何而能求知公意之所在？测验公意用何方法？个别学者们以及任何社会团体所采用的测验方法或结论，政府能否应用？如谓报章杂志演说宣传，均可作为估计公意之资料，则有财富而握权力者未始不可操纵垄断甚且制造公意。曾任哈佛大学校长之有名政治学者罗卫尔在其《公共意见与民主政府》一书中，强调公意之为公意，仅仅多数意见犹嫌不足，而全体一致亦属不必。[2] 可见公意何在，殊难有客观标准。总之，所谓公意，如指社会中有关政治的根深蒂固意见，如应当守法，如应当服从多数，如应当履行公民义务，则其为公意，自无疑问。但此种公意，对于解决任何具体问题，难有协助。至于有关内政外交各项重要具体问题，社会之中，有无现成公意，能否测出，并宜否作为依据，则根本值得推敲。

⑦ 治权分限　另有一项原则，时或提作民主政治之理论基础者，此即政府权力之明白划分与切实限制。持此说者，认为专制暴政均起于统治权力之漫无限制。欲加限制则既须指定负责官职，更须预定具体程序。民主政治之精华，盖正在限制政府治权，使得各机关各官吏之权力，有一定之范围，且其任期亦有常规。政府本身的治权，固受限制，而政府之纵横上下，各自分工合作，各自分层负责。此种理论与制度，自孟德斯鸠首倡三权分立与抵制平衡，复经美国制宪成功，确立规模以后，确曾风行世界，迄今不衰。治权分限之所以有时被认为民主政治之理论基础者，端在其树立一项

---

[1] 例如 A. B. Hall, *Popular Government*（1921），页一。
[2] A. L. Lowell, *Public Opinion and Popular Government* 至于当代公意学说可参阅 A. De Grazis *The Elements of Political Science* 页一二五至一三七；O. K. Flechtheim, *Fundamentals of Political Science*, 章十六。

基本原则，即政府之治权具有根本限制。然此一理论，亦常遭受诘难。盖自政党政治发达以后，一切治权分立之实际运行，颇受影响，即美国亦非例外。且一遇危机发生，无论内而经济恐慌，外而战争威胁，则政府治权如不打成一片，灵活运用，势将障碍政治效能，甚或危害国家生命。

⑧ 理性渊源　探本穷源，民主政治盖假定人为"理性动物"。惟其为理性动物，故只要解除其束缚，赋予以自由，鼓励其参政，则一般人们之天赋理性，自将蓬勃滋长，发扬光大，比其登峰造极，则社会可臻理想。此项信念在十八世纪中最为发达，曾给予革命改造者无限乐观勇气和力量。可是人类究竟是否为理性动物？现代对此问题之争辩正犹古人对于人性善恶之争辩，至为热烈。今日潮流所趋，竞言政治行为出于情感而不由于理性。即以投票而论，麦理孟教授（C. E. Merriam）所主持之调查估计，大约四分之三选民盲目跟随其父亲的政治关系而决定其追随何党。平克里教授亦云："每一位投票者果受何种动机力量而决择其投票？绝大多数之决择并非经由逻辑的思考途径。"[1] 赖斯基曾谓人乃一堆本能与冲动。当代流行的各项思潮大抵多属"反理性"或"反理智"。此对于民主政治之基本理论，显有抵触。吉尔逊有云：

> 最好把人视作一个理性动物。将人之道理而除去，则所剩余者，不复是人而只是动物。此所云云固类老生常谈。可是此一真理凡被遗忘之处，西方文化正亦在趋向死亡。此盖因为人之理性秉赋，乃为构成一部理性的伦理体系之唯一基础。道德根本就是正常。以一个原有理性的动物，而其行动应付毫无道理或违反道理之所指示，则此非仅如一个畜生在行动应付，而乃是一个类似畜生的人在行动应付——结果更坏。以畜生而行动如畜生，亦即依着禀性而行动，此盖寻常而正当。至若以人而行动如畜生，则完全不正当，因为如此行动，人将丧失其本性，而招致最后毁灭。[2]

可见偏激的"反理性主义"，其影响所及，不只打击或破坏民主政治而已。

⑨ 自吾发展　平等之真谛，一是在法律前面人人平等，二是在自吾发展人格之机会，亦属平等。前者消极，后者积极。欲达到此两目的，非民主政治不可。故自吾发展，可谓为民主政治之理论基础。美国哲学家杜威即可为此派代表之一。杜威曾云："政府，企业，艺术，宗教，一切社会制度均具同一意义，同一目的。此一目的，盖

---

[1] W. E. Binkley, *American Political Parties*, 序页四。
[2] Etienne Gilson, *The Unity of Philosophical Experience*（1937），页二七四。

在解放并发展个别人们之潜在能量，初不论其种族，性别，阶级或经济地位何若。此所云云，即谓各种社会制度，其价值之高低大小，端在其对于教育每一个人发展其能量，向着最高目标，究能达到何种程度。民主政治具有许多含义。但是假使民主政治而果真具有一项道德意义，端在其能接受此一标准：一切政治制度与企业安排之成绩测验，乃在其对于社会中每一分子之全面发育，能作多少贡献"。[1] 杜威在其《民主与教育》一书中指陈："参加一项共同事业的人数，继续不断地增加，要使每一分子将其自己的行动，参照着其他分子的行动；而且考虑着其他分子之行动，以决定其自己行动之内容与方向。此即等于打破阶级和种族等等畛域。"[2]

自吾发展此项理论基础，固甚伟大而乐观。然而历来思想家大抵怀疑一般民众之潜在能量，而推崇少数优秀杰出之人才。例如卢梭，即曾叹息立法家之不可多得。"要能发现对于民族国家最适宜的社会法制，此盖需求一种优秀智慧，洞知人们所有的一切情欲，而自己却不亲历其任何之一，绝不类似而能彻底了解吾常人之心情。此其人之快乐，不有赖于吾人，而其对于吾人之快乐却极关切。最后，此其人必须能与时俱进，期待一个遥远的光荣，即惨淡经营于一代而享受盛名于他年。此盖不啻需要神们来给人们法律。"[3] 卡莱尔（Carlyle）说法不同，用意则一："各项理想确实存在。假使不向理想努力接近，则整个事业必归失败。没有一位匠人能堆砌一道绝对垂直的墙壁，以数字论，此盖不可能。墙壁只要砌筑得相当垂直即已足够……但如这位匠人砌墙，离开垂直太远，特别是连垂直线和水平器，一并抛弃而不用，信手乱叠，则结果必有麻烦。在匠人固已遗忘了自己，但地心吸力此一定律决不把他遗忘，而必对他动作。他同他的墙壁必将倒坍而同归于尽。"[4] 可见政治事业要人人参加而自我发展，非无顾虑。现代生物学家对于一般群众之政治能力，亦多抱持疑惧。

⑩ 多数作主　从近代初期以迄今日，提作民主政治之理论基础，好像在节节后退，即由抽象退到具体，由理想退到现实。最具体而最现实者当为所谓"多数作主"之原则。多数作主，此实民主政治中大家必须遵守的信条。一国人民果能养成尊重多数的习惯，即已树立良好民主风度。故多数作主可谓为民主政治脚踏实地而毫不夸张的理论基础。然而问题并不如此单纯。第一，何以应当服从多数？多数是否永无错误？此项问题，无人能作圆满答复。曾任英国首相之格兰斯顿（Gladstone）早曾说过：

---

[1] John Dewey, *Reconstruction in Philosophy*，页一八六。
[2] John Dewey, *Democracy and Education*，页一〇一。
[3] 卢梭，社约论，卷二，章七。
[4] Carlyle, *Hero and Hero Worship*，第四讲。

> 由多数决定，此本是一项便利，正犹用煤气放灯光，只是一项便利。采用多数决定之原则，我们并不达到完善，而只是向着一项不完善办法低头。多数决定之特长，在实行之后可以避免诉诸暴力解决。不宁唯是，它能使强力成为权威之奴仆而不复作为权威之主人。[1]

第二，即退一步而言事实，多数果何所指？威尔逊总统在大学执教时期，对于一七八七年至一七八八年中美国各邦人民代表批准联邦宪法之际，全国究有多少选民，曾作研究与估计。他认为当时全国人民约四百万人左右，其中有投票权者约十二万人。其后，皮尔德（Beard）教授亦曾另作估计：大约总人口中不到百分之五（即十六万人）曾参加投票，选举代表。试问此一事实，是否"多数作主"？以言英国，则历来总人口中享有选权者究占多少？在一八三〇年，仅百分之二点七；在一八三三年时，仅百分之四点四；在一八六六年时，仅百分之五点六；到一八八三年时，亦仅百分之九点九。直到一九一八年妇女得到参政权，故选民总数一跃而为全人口百分之四五点六。一九二八年妇女选举资格降低，故一九二九年之选民始成为全人口百分之六三点六。是则必欲以多数作主为标准，英国之民主政治，究于何时开始，将成问题。

综上种种以观，历来政治思想家所提供之民主政治理论基础，不一而足，而其各遭责难，则亦无可讳言。民主政治既无一致承认之理论基础，则其所以遭受抨击，殆非无因。

叁、各项抨击

抨击民主政治者，根据固各自不同，立论更形形色色。归纳起来，诋斥民主政治之立论不外六项，即认民主政治为：（一）不可能，（二）非真实，（三）不公平，（四）无能力，（五）不彻底，及（六）不完善。凡此各种反调，均针对整个民主政治，而非对于民主制度，作枝节零碎的批评。作此种种呵责者，或系纯粹学者，或系实际政治家，但前者多于后者。兹将六项抨击分别扼要叙述于下。

其一，斥民主政治为不可能。对民主政治最激烈，最基本，最彻底的抨击，厥为指斥其在事实上之不可能。持此说者，往往强调民主政治，理论上应由人民全体参加，但事实上除今日瑞士若干小邦，以及当年美国沿大西洋海岸若干乡镇等，确由公民集合参加讨论决议及选举外，其余绝无全国选民一体参加讨论表决之可能。如云"民主"本非"民

---

[1] 见 De Grazia，上列同书，页一三五。

治"，民主即是"代议"，故全国选民既有投票机会选出造法立法之代表，甚或选出行政元首，自可称为实行民主。则反对者又认为，所贵乎代议在其能代表全体，然而人民之中，贫富悬殊，智识判别，职业不同，利害矛盾，果如何而能产生足以代表全体之代议士，选出之代议士更如何而能代表全体之意见？且在政党政治之下，候选人多由党中推定，一般选民之决择，根本遭受限制。故抨击者对于民主政治历来揭橥之信念，如主权在民，共同意志，公意依归等，均斥为不可能。反之，抨击者认为政治权力实际上总是由极少数人掌握，而且根据人性心理和由于组织需要，不得不由极少数人掌握。

其二，讥民主政治为非真实。民主政治果真不可能，则世界上何以仍有许多民主国家，且有许多人承认其所实行者为民主政治？抨击者之答复不难想像：此皆虚伪掩饰，自我陶醉。举例言之，由各选区选民分别投票选出之代议士，谓能代表全体人民；各代议士所持纷歧矛盾之意见，或则代表其支持者背景势力之意见，或只有关代议士本身之利害，其调和妥协多数通过之意见，谓即人民全体之共同意志；在抨击者视之，此皆虚伪掩饰，自我陶醉。进一步而论，即就一国国会立法，加以深入分析，亦可知真正权力只在多数党之少数领袖议员。以言英国，重要立法草案，必须先经内阁提出。以言美国，表面上任何议员可以提案，但许多提案一经交付审查委员会初审，大抵从此搁置，不见天日。一般国会固然如此，即号称民主的政党，其权力盖亦集中在少数领袖之手。因上种种，抨击者辄讥笑民主政治虚伪而不真实。斯宾格勒在其《西方之没落》中有云：

> 人民之权利与人民之势力，乃截然两事。人而有钱，乃能使用其宪法所保障的权利。以选举权赋予民众，而欲求其发生之作用，接近当初理想家所期望者，此则必须假定社会之中，并无组织严密，金钱充分，并为自身利害而左右民众之领袖团体存在……今日新闻报纸俨然成为一个军团，有其精密组织的部队，有记者们为其军官，有读者群众为其士兵……此处士兵，正犹任何军团里士兵，盲目服从，而对于作战目的，进攻计划，全不知道。报纸读者们所被利用之各种目的何在，他们自己既不知悉，也不许让他们知悉……尽管允许每个人言所欲言，但是否注意和记载，报纸有其自由。报纸对于任何"真理"只要不加登载，不让其传达世界，不啻可判决处死。[1]

此段文字，盖亦讥评民主政治之虚伪。

---

[1] Oswald Spengler, *The Decline of the West*, 卷二页四六四。

其三，评民主政治为不公平。照无政府主义者之立场，任何统治，任何强制，都是人对人的凌侮暴虐，都是社会中的不公平。民主政治，初不论其采何方式制度，既然袭用统治与强制，自非例外。照共产主义者之看法，则国家乃是一种压迫工具，乃是统治者压迫被统治者的工具；而向来所称民主政治仍是阶级统治，即富人压迫贫民，资本阶级榨取无产阶级之统治。就立法而言，民主政治乃是阶级立法，即根本为保护资本阶级利益而立法。无政府主义者及共产主义者对民主政治之肆击，其为偏激歪曲，不言而喻。至以琐屑论点，指摘民主政治为不公平者，亦大有人在。例如谓一位才学卓越之政治家而与一位乡愚无知，同投一票，份量相等，实欠公平。又如谓以贫穷者而与富有者竞选，号称机会均等，实则不啻龟兔赛跑，不平孰甚。再如谓不采比例代表制，则各小政党竟可不得议会一席，至不公平。

其四，病民主政治为无能力。以无能为民主政治诟病者，大抵强调民众智慧低微，能力薄弱，并且只图目前苟安，并无远见毅力。以故，各选区民众所举出者，大抵平凡庸愚，粗俗浮浅。此盖因为一方面秀杰人士，往往不肯谄媚民众，随波逐浪，故不愿列名竞选，纵即参加，亦难得到充份选票。另一方面，不知不觉之中，民众固自有其标准，即愿意举出类似自己的人物，人民之代表既然庸愚，则其处理政治，必然顾近忘远，贪小失大，甚且蝇营狗苟，完全图谋私人利益，贻误国家。至于如行政元首而由民众选举，则因制度关系，人选标准自与代议士不同。然而正因其为民主政治，直接间接亦不得不以民众之好恶为好恶，以其所属政党之起伏为前提，自亦趋向于无能而不自觉。美国李普曼曾对民主政治在外交上之无能，作精辟无比的批评：

> 今日之人民，犹如往昔之君王，不应视为神圣。人民正和一切王子，统治者或帝皇一样，如果得到谄媚阿谀，乃是有害无益。如果本于奴性的虚伪，献媚人民，谓凡何者为真，何者为假，何者为是，何者为非，一一可由人民投票决定，此其对于人民无异辜负背叛，不忠孰甚。

> 自一九一七年起，历史经验指出一件事实，即关于和战大计，一切民主国家人民之答案，往往总是一个否字。此盖因为每一件牵连战争的事件，不啻对于每一个人，早已成为危险，痛苦，厌憎与疲乏。每遇紧急关头，前途影响关系綦重的时候，对于当时政府原在施行的政策是否需要变更，国内流行有力的群众意见，不啻总是加上一道否决，此即主张不必变更。在和平时期需要备战？否！此将使预算不平衡，使赋税增加，使人们离开其学校与职业，

此将激怒敌国。对于一个正在扩大中的冲突及时干涉？否！应当避免战争之危险。从发生冲突之区域退出来？否！不应对于挑衅的敌方予以姑息。对于多事地区向所坚持之权利要求予以减缩？否！正义所在，岂可迁就。一俟时机来临，安排一个妥协和平局面？否！侵略者应得惩罚。战事平息后继续武装以执行战胜国所支配的和约？否！战争已告过去。""不幸事实乃在于是：在过去各个紧要关头，流行的公意总属破坏性的错误，总是否决了明智负责当局的判断。

这种民意外交实行得优劣如何，可从一件事实证明：一群民主国家，自解除了敌人武装以来。还不满五年，今已正在恳切请求它们先前的敌国德意志和日本，重行武装。[1]

民主政治之无能，在内政方面所遭受之抨击，远多于外交方面。

其五，责民主政治为不彻底。所谓民主政治不够彻底，不外政治与经济立场。站在政治立场而嫌民主政治不彻底者，着重两点：一为由于权力分割，一为由于任期短暂。拥护民主者固视治权之分立为抵制平衡而保障自由。但在攻击民主者看来，则认为削弱统治措施之力量。以言立法，美其名曰折衷调和，实乃七拼八凑。以言行政，号称必经法定程序，谨慎周密，实则畏首畏尾，拖宕敷衍。以言司法，标榜独立，而迂回曲折，类多宽纵。另从任期短暂言之，初当选或初任职者对于所负职责茫无头绪，甫有相当经验，即须准备重新竞选，因而趋向取悦民众不敢多所主张。故应当领导民众者不啻倒受民众之领导。如就政党之倏忽起伏观之，则为政措施，不免出尔反尔，反复变化。至站在经济立场，评民主政治为不彻底者，大抵认为民主政治只有政治自由而无经济自由。赖斯基在《服从之危险》一文中早曾指陈：

> 发生有组织的不服从，此乃不公平的代价。除非暴虐恶政驱迫人们，人们不会造反。""无平等即无自由。一切历史证明两者互倚。……无论何地，凡有贫富两阶级之分野，凡有受过教育与未曾受教育两阶级之分野，吾人即可发现主人与奴仆。具有财富即是具有权力。得到教育即是得到权威。""一个民主政治既然树立了宗教方面与政治方面的平等，既然推翻了教会，君王和贵族的权力，而谓将经济与社会方面，弃置而不加变动，此殆不可能。吾人宁当劝告吾侪的主人们：吾人的平等是他们的自由。[2]

---

[1] Walter Lippmann, *The Public Philosophy* (1955), 页四，一九及二四。
[2] Laski, *The Dangers of Obedience* (1930), 页六，一六，二三，二一三，二三六，二三七。

其六，认民主政治为不完善。

此类讥评，大抵指摘民主制度本身或其运行结果。例如人民选举代表，往往不能选贤与能；而各种选举之中金钱势力过于优越。再例如社会之中，大声疾呼，要求扩张选权，使之普及，但一旦事实上选权扩张甚或相当普及以后，真正投票者并不踊跃。又如地方党魁往往操纵一方，把持权力。此种抨击比较起来最为温和，与其谓为反对民主，毋宁谓为爱护民主。

上述六项抨击可以包括一切批评民主政治之论点。美国斯毕兹教授著有《反民主思想各类型》一书，将反民主思想大别为两类，一为不可能，二为不足取，并在每类之下，分列若干论点，此亦值得参考。[1]

上述各种抨击，如加仔细分析，其立论依据亦可予以分析而加以归纳。或者假定先天禀赋，认人类生而不平等，亦即个人之间，民族之间，种族之间各有差别，尽管教育机会均等，亦难实行民主。或则提出人性心理，相信人们生成两种心性，一类喜爱权力，一类退缩自卑，故治人者与治于人者，本有鸿沟之别，所谓民主政治，徒具形式。或则援引历史事实，证明自近代广行民主以来，实际上统治权力并不在多数，更不在全体，而只在极少数人。或者着眼政治效用，指陈民主国家之中立法行政，往往不能顾全大众利益，而只袒护某某阶级，因而反证民主政治之名不副实。或者强调制度运行，谓民主政治内则政争剧烈，政府起伏如转棋，外则拖宕应付，脆弱无能，遂归咎民主之不合时代需要。或则依据组织技术，说明团体人数愈多，愈需严密组织，此则因为权力必须集中，犹诸一个军队势非集权无法行动，且就各种技术方面之实际限制观之（例如：会场容纳之人数有其限度；人民所能参加者，只能对所提候选人或所提供之一项或几项方案，投票选择，人民无从悉数参与讨论及订定方案），民主政治确实有其止境。

---

[1] David Spitz, *Patterns of Anti-Democratic Thought* (1949)，所列反民主思想类型表如下：

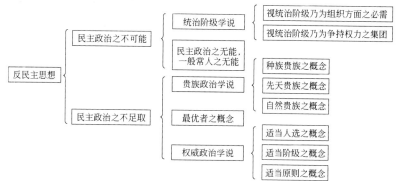

现代西洋政治思潮的回顾与前瞻[*]

所贵乎研究政治，所贵乎研究政治思想，当不外两大目的：即求知古往今来政治之所以然，以及求知如何而能改造政治，以适应人类需要。易词言之，一是求知政治，一是控制政治。立柏森（Leslie Lipson）教授在其《政治之五大争端》一书中有云：

> 了解是自由之开端。此盖因为苟欲自由，必先控制环境。凡我们所不了解者，绝难加以控制。虽然，此非谓宇宙之间所有事物，一经了解即能控制。例如天文。我们可研知地球之形状行动，亦可观察日月与行星。我们固可应用此种智识及接受物体力量所具之固有限制，而可航渡海洋，飞绕地球。但是我们虽然积聚了许多天文现象的智识，天文仍然不受人类控制。最好出路，而亦唯一出路，乃是适应各种必然事实，而调整我们生活方式。至于人与人间关系，则情形不复如此。社会行为，社会组织，以及社会制度，根本是人类过去与现在活动之产品。既系人为，它们并不是由于外在的因而无法控制的力量所预先排定。它们大抵是由于我们自己内在的各种因素形成。因此，它们所含不可避免而亦无法更改的成份，可说绝无仅有。贫穷，经济紧缩，专制，战争，此皆侵击人类之最大患害，而其为人类祸害较诸洪水，飓风，地震，暴雨，或火山爆发所造成之天灾，通常要更大更深。[1]

由上以言，我们在研讨现代政治思潮以后，应当体认西方政治观念之循环起伏，认清整个人类目前遭遇之危机，并对于当今极权独裁与帝国主义之威胁，企求基于各项政治因素，设法了解而图寻出路。

---

[*] 原载《现代西洋政治思潮》第五章，正中书局，1963 年初版，1979 年七版。
[1] Leslie Lipson, *The Great Issues of Politics*, 1954, 页一。

壹、循环起伏

西方自古迄今，若干重要政治思想乃至政治事实，往往起伏进退，反复循环，既有类于钟摆之左右摇荡，复仿佛似海浪之上下高低。就西方全部政治思想史而言，谭宁（W. A. Dunning）教授曾云：

> 接近无政府的个人主义，希腊哲人派早加提倡。宪政主义，亚里士多德……曾予发挥。族国主义，只是将市府国家理论，加以扩大。社会主义，从来未有比柏拉图还要更完全地设计过。两千三百年来思想之运行变化，恰好环绕了一个大圆圈。这是政治理论史之一般的教训，这个教训，和其他种种人们所曾持以解决其尘世生活各项基本问题之理论历史教训相比，初无二致。[1]

谭宁教授所称"两千三百年来思想之运行变化，恰好环绕了一个大圆圈"，不特十分精辟，而且耐人寻味。

其实，西方两千三百多年来许多政治观念，经过了多次循环起伏。例如人类是否平等？希腊时代承认奴隶制度，相信人们生而有优劣之别，柏拉图谓人有金质银质铁质之分等，最能代表此一种流行思想。罗马时期，因为尊重法律，因为基督教教义盛行，倾向于平等观念。到了中古封建时代，则又揭橥不平等，反映当日社会生活状况及组织制度。至于近代，则发挥自然法，主张自然权利，强调契约起源，无不以平等为号召。于是政治制度以平等为其形式上之基础，即选权普及，一人一票。以言当代，则优生学，种族主义，人格典型说，以及"优秀人群"论，又在明言暗示，强调人与人间，种族与种族间，有其先天的差别。

再以权力所在之理论为例。希腊视在政府，罗马归诸人民，封建时代又再视在政府，近代则归于人民。现代各派学说却又多数否认主权，更怀疑主权之在民，而强调权力集中在政府，且集中在少数人之手。此盖就各时代思想之一般倾向而言，不必刻舟求剑，罗列证明。另如权力之组织，希腊着重集权；罗马含带分权意义；封建制度显重分权；近代君主专制，回到集权；及民主政治盛行，则分权潮流又汹涌澎湃。以言当前情势，

---

[1] W. A. Dunning, *A History of Political Theories*，卷三，页四二二。

则又是高度集权。兹所谓集权分权，兼指纵横两方面，横的方面指立法权与行政权等之分集；纵的方面指中央及地方政府权力之关系。

此外，以国家疆域之大小言之，亦有循环起伏之事实。由希腊各自独立的小市府国家，发展到广博繁复的罗马大帝国，后为又分崩离析，散而为无数割据称雄的封建小国，再由此混乱扰攘的局面，经过并吞联合而成为近代君国与帝国。其后民族国家纷纷独立，又趋向较小之一民族一国家。可是族国主义再转进而又成帝国主义。国家疆域范围实际上又曾扩大。至于目前，非洲新兴小国，宛如雨后春笋；究为反潮流之暂时现象，抑为新趋向之开端，只能等待历史发展。至于政治上一元主义与多元主义，亦曾数度起伏。立柏森认为约略可分五个时期。其一，自纪元前十世纪至纪元后四世纪，在希腊与罗马市府国家时代，乃为一元国家。其二，自第四世纪直至十五世纪中叶，在政教严重冲突，国家和教会彼此争权之长期，显为双元主义，而国家权力，在理论与事实上，均有其限制。其三，自十五世纪中叶起，君主国家兴盛，而后宗教改革与反改革等运动以迄美国一七七六年独立，此一时期又为一元国家。其四，从美国独立革命以至一九一四年第一次世界大战开始，又转而为权力受有限制之国家。其五，自一九一四年以迄今兹，则为"一元国家"与"有限国家"发生冲突之危机时代。[1]

此种循环起伏，固不特在政治为然，在社会，在经济，亦均如是。循环起伏，不啻是一个历史定律。能把握此点，当可协助了解政治。复次，每一个长久时期有其生活重点，有其思想中心。大体言之，希腊着重伦理，罗马注意法律，中古集中宗教，近代崇尚政治，现代则侧重经济。此亦值得我们思索。

贰、人类歧途

每一时代，有其难题，亦即有其危机。目前人类所遭遇之难题，亦即所面临之危机，其深刻严重，远非往昔任何时代所可比拟。盖整个世界今已到达文明绝续与人类存亡之歧途。此其所以然者。盖因彼专制奴役之彻底极权独裁，与欺骗威胁之新式帝国主义，一而二，二而一，仍在向自由世界，继续不断，企图蚕食鲸吞，而不知伊于胡底。

---

[1] 关于循环起伏，可参阅 L. Lipson, *The Great Issues of Politics*, 页一五六至一七三。

根据纽曼（Franz Neuman）之精确分析，现代极权独裁具有五项基本条件或作风。其一，"由法治国家转成警察国家"。在法治国家之中，政府权力有其限制，个人自由受到保护。在警察国家之中，政府肆无忌惮，对于个人生命自由财产，任意处置。其二，"由分权而转成集权"。所谓集权，盖抹煞一切分权，联治，两院，多党等等制度与事实。其三，"由一党专政"而不准其它政党存在。一党专政，所以补充政府机构之运用，亦所以应付群众心理。其四，"使社会控制，由多元而变成一元"。极权独裁者不仅控制国家，抑且控制社会。此即运用宣传，利用心理，使得国家之权力，对于社会各团体，各阶层，各方面，施行控制而无孔不入，无微不至。（奥韦尔所著《一九八四年》一书最可表示社会控制之无孔不入与无微不至。George Orwell, 1984）其五，"使用暴力，倚靠恐怖"。暴力恐怖，固为极权独裁之特征，但歪曲事实之理论宣传，亦尽量加以运用，求使被压迫民众虽被压迫而仍支持政府。[1]……[2]

今日人类之危机，有其各种因素。西儒昔日所谓人类不终止战争。战争将终止人类；此项威胁，而今十分逼真。盖今日之各种新武器，威力之大，里程之远，时效之速，绝非曩昔之所可比拟。一旦核子战争而果爆发，其于人类及文化前途所发生之毁灭破坏，以及后果影响，殊难想像。另一方面，极权独裁者对于人们所作之控制（物体控制以及心理控制），其技术方法，亦超越前代。假以漫长岁月，则其所统治与控制地区之群众，特别是自幼即耳濡目染之少年群众，必有深刻影响。即在自由世界之中，苟不省察警惕，奋发淬厉，则容易偷安苟活，退缩畏惧。一切失败主义，一切中立主张，更使极权独裁之扩张侵略，无其止境。率直言之，西方今日流行之所谓"存在主义"哲学，视人生无意义，认尘世为虚幻，未始非此种苦闷局势之反映。

总之，就想像与实际言，今日世界实呈现一种极端奇异而不可思议的矛盾。盖以言科学，人类今已进入太空时代；以言交通，则瞬息千里，天下一家，以言经济，则本彼此互赖，以有易无。然而以言政治，则自由与奴役两大壁垒，鸿沟分明。彼极权独裁之暴力扩张，使得内无民主自由，外有战争威胁。此一死结如何而能解开，固不特政治家之责任。须知自由民主，康乐福利。与正义和平，不仅是西方理想，而本是全世界人类同有之理想。我们的三民主义亦即是此项理想。我们于认清人类歧途之余，对于整个人类共同出路各项因素问题，不妨略试探索。

---

[1] Franz Neuman, *The Democratic and the Authoritarian State*（1957），页二四四至二四五。
[2] 此处略去 244 个字符——编者注。

叁、政治现象：战争统计

关于人类前途之远景，或可根据政治五项因素，就其大者远者指出问题之所在。政治五项因，盖即政治现象，政治制度，政治观念，政治人物，与政治势力。[1] 以言政治现象，人类一向所最企求者为和平。所最忧虑而厌恶者为战争。此在今日尤甚。人们对于战争，通常多认为非常状态，绝无仅有。可是近来许多学者切实查考分别统计之后，似已发现战争之繁多与广遍，与和平不相上下。究竟和平是常态抑战争是常态，几乎令人置疑。苏鲁金（Pitrim Sorokin）教授在其所著《社会与文化动力》(*Social and Cultural Dynamics*, 1937—1941) 之中，曾有若干估算统计。希腊自纪元前五〇〇年至一二六年共三百七十五年之中，和平年月只为全时期百分之三十四，亦即全期百分之六十六乃为国内与国际战争。罗马自纪元前四〇〇年至纪元后四七六年共计八百七十七年之间只百分之四十六为和平，而百分之五十四为战争。就英吉利而论，自一〇五一年以迄一九二五年共计八百七十五年之久，其中四百七十三年有各种战争，亦即百分之五十六。

研究战争而作统计者，不只苏鲁金一人。美国莱特（Q. Wright）教授曾费十年岁月，研究战争，著有《战争研究》两卷（一九四二年）。他指陈自一四八〇年至一九四一年共四百六十一年之间，共有战争二百七十八次，就中国内战争与国际战争之次数约为三与一之对比。莱特并曾特别指出，号称爱好和平之美国，自其建国后一百五十八年之间，只有二十年全年完全和平，其余则没有一年不需陆海军——不论时日长短，不论国内国外——或则积极警戒，或则从事作战。据赖斯韦尔（H. D. Lasswell）之计算，则欧洲大国之间之战争，十七世纪占时间百分之七十五，十八世纪占百分之五十，十九世纪占百分之廿五，则战争似趋减少。惟赖斯韦尔郑重说明，他并未将大国与小国间，以及小国与小国间之战争计算在内。[2]

即以吾国历史言之，战争之次数，亦可约略统计。陈汉章在所著《上古史》中，指举春秋时代二百四十二年中，大小战共二百一十三次，而战国时代二百四十八年中，

---

[1] 关于政治五项因素，此系著者三十几年来一得之言，至少可提供参考，参阅拙著《政治论丛》中《认识政治因素》及《政治学之出路》等篇。
[2] H. D. Lasswell, *Politics: Who Gets What, When, How*, 页五三。

大小战共二百二十二次。[1] 至于历代对外之攻防战争，以及内在之各种用兵，著者亦曾发动初步估计，其范围之广，次数之多，时间之长，亦远出普通所能想像。[2] 我们指出此种事实，盖所以面对事实，更求深切了解，不要讳疾忌医，更不要效法驼鸟，埋头沙中而以为无事。假使人类之有和平与战争，犹诸个人之有健康与疾病，则个人健康之增进，疾病之减少，既可由医药智识发达而能实现，则由是类推，人类和平之增长，战争之减少，当亦可由政治原理之认清而渐成事实。政治五项因素，互有其关联，各有其职能。政治现象乃是政治事实。人类既有理智之禀赋，故对于各种事实现象，有所选择。人类固然喜爱和平，但所喜爱者乃是正义的和平。人类固然厌恶战争，但所厌恶者，乃是侵略的战争。

肆、政治制度：世界政府

以言政治制度，当前人类所最需要而亦应最努力者，厥为一个共同的世界政府。世界政府盖所以制止战争，减免取缔或制裁侵略战争，亦即以各种和平解决方案，替代武力解决的办法。关于消弭战争，关于设置国际机构，自古即有此项思想与努力。吾国春秋时代，宋之向成即曾作"弭兵"运动。西方古代亦有此类思想。近代自德国康德撰著《永久和平》论文[3]以还，更有各方面的实际努力。但在思想方面，迄今仍无一致定论。或则认为世界政府只是狂想，永无实现可能。或则认为时机尚未成熟，欲速反而不达，但遥远将来，或可实现。或则认为国家不必铲除，主权或略修正，只要加强国际合作，即可因应。或则深信仅仅协商开会，交涉决定，不够应付；必须国际之上，设置一个权威政府，有其执行机构，有其制裁武力，始可维持正义和平而应付侵略战争。

在此各种纷歧意见之中，成立一个世界政府，殆最切要。英国哲学家罗素有云：

---

[1] "都计春秋二百四十二年中，秦晋用兵十八，晋楚用兵二十二，吴楚用兵二十二，吴越用兵十，齐鲁用兵三十五，鲁郑用兵二十五，鲁莒用兵十二，齐楚用兵三，宋齐用兵三，宋楚用兵四，宋郑用兵五十二，齐晋用兵二，吴齐用兵二。又计战国二百四十八年中，魏赵用兵四十九，韩魏四十九，魏秦七，魏楚二，魏伐宋郑中山各二，伐翟燕齐各一。韩秦用兵二十一，韩伐齐郑各三，伐宋二，救鲁一。赵秦用兵二十，伐燕一。燕伐齐赵各一，齐伐魏九，伐鲁燕各三，伐赵莒各一。楚救郑伐郑各二，攻鲁三，伐燕齐秦各一，秦伐楚九，伐燕伐齐各三，伐蜀三。五国伐秦二，五国击秦一，四国击楚一，三国伐楚二，三国救赵一，六国敌秦无。"钟汉章，上古史卷下，页四十七。见陈登原，中国文化史，载《史学丛书》（世界书局）第二集，第五册，页一三三。

[2] 著者曾嘱政治大学政治研究所研究生对于历代对内对外用兵次数，地区及时间，分别作初步统计。此项材料尚待补充整理，但战事兵祸之多殊超出预料。

[3] 见拙著《西洋近代政治思潮》，卷三，页五五九至五六六。

> 凡有社会单位，即必有政府。而使得一个团体凝结者，乃是政府之权力……为防止战争计，全世界必须有一共同政府存在。但是一种由协议组成的联治政府，如以往国际联盟及现在联合国，必定脆弱无力，此盖因为其构成分子各个国家，正像中古世纪的诸侯一样，觉得保持无政府状态，犹愈于丧失独立。中古世纪无政府状态之所以卒由具有秩序的政府所替代者，端赖君王权力获得胜利。循此推论，则在今日国际关系中，如欲以有秩序代替无政府，则必须经由一个国家或一个国家集团之优越力量。不宁唯是，只有在此种单一政府建立之后，乃能开始向着一个民主方式的国际政府演进。此一观点，本人已抱持三十年之久，却遭遇到一切自由主义人士以及任何族国之族国主义者同声坚决反对。本人当然承认，果能由协议方式而建立一个国际政府，自属更好。但予深信一般对于族国独立之爱好心理过份强烈，决不能使此种国际政府具备有效力量。反之，在一个单一的世界政府拥有一个国家或一个国家集团之优越武力，而当权执政一百年光景之后，它能开始得到足够的尊敬，使它可以法律和情绪，而不必复以强暴，为其权力之依据。予并不谓此乃一幅愉快的景象；但予确信人们所具种种无政府的冲动实太强烈，人们起初，除向优越暴力外决不肯向其它屈伏。假使人们理性更富，而仇恨与恐惧较少，则情形自不必如此。但是只要现下流行之族国情绪，继续不改，则设置一个真正强有力的国际政府任何尝试，将会遭受一个莫能抗拒的宣传所反对。此即支持族国独立者必将提出诘问："你究竟宁愿为奴隶而生存，抑愿为自由人而死亡？"[1]

罗素所言，固有愤激之处，而其指出世界之必要一个共同而有力的政府，殆为至理名言。而其坦白论列，谓各个族国如果不肯牺牲成见同建世界政府，则实逼处此，或将由一个国家或一个国家集团，采用暴力造成统一世界的局面，此一观点更值思想家及政治家之深察猛省。

组织世界政府，同时即是加强国际法。也许世界政府，成立之后，国际法此一名称不复适合，但实际上必有一部管制政治单位间之法律。第二次世界大战结束以前，美国与加拿大许多教授，法官，律师等曾开会商讨三十次，其主要结论有新国际法原

---

[1] B. Russell, *New Hopes for a Changing World*（1951），页七六至七八。

则六项。

① 世界各国家，联合组成一个社团，而各国人民共同利益之保护与促进，需要一个合众国社团之有效组织。

② 合众国社团之法律，即是国际法。发展一部充份的国际法体系，端赖各国合作，以促进各人民相互间之共同福利，并以维持各国间之公正和平关系。

③ 每一国家与其他各国家之关系，以及与合众国社团之关系，均遵循国际法，而每一国家之主权，得受国际法之各项限制。

④ 一个国家而不克履行其在国际法下应当履行之义务，此乃为合众国社团关切处理之事项。

⑤ 一个国家而行使武力或威胁行使武力，此乃合众国社团关切处理之事项。

⑥ 各国间公正和平关系之维持，需要各项有秩序的手续规程，俾必要时得循以重行调整国际情状。[1]

类此原则，应由世界政府成立以前各国之所努力遵行。

总而言之，世界政府一日不能成立，各国之间即一日相处于无政府状态之中。惟有由加强国际公法，进而组织世界政府，人类正义和平乃能奠定基础。"政治要法律化，法律要超政治：这是在客观方面，过去人类政治生活实有的两大趋向，也是在主观方面，今后人类政治生活应有的两大努力目标。"盖狭义的政治乃是"争职位，握权力，作决定，与谋利益"。而法律则是"分职责，定程序，划权义，处赏罚"的种切规章习俗。[2] 迄今为止，国际之间只有"权力政治"；惟有成立世界政府，乃能实施"国际法律"。世界政府应为人类共同努力设置之政治制度，当无疑问。

伍、政治观念：互助合作

就政治思想而作展望，则有积极与消极两方面。积极方面，国家与国家间，民族与民族间，应加强互助合作之理想与信念。消极方面，凡与公正和平及世界秩序不相

---

[1] "The International Law of the Future"载于 *The American Bar Association Journal*, March 1944。
[2] 参阅拙著《政治与法律之关系》，载纪念崔书琴先生论文集。

容纳之若干流行观念，必须彻底改造，而另求替代。积极与消极工作，应当双管齐下，同时进行。此所云云，非谓社会中流行之政治思想，可以斥之使去，挥之使来。适得其反，思想而能流行，必已具有其时代背景与社会条件，且亦必经反复宣传，并有事实行为为其后盾。但流行之思想，未必即为准确之思想，且亦或为不复适合时代新需要之思想。

试以"主权"此一"观念"为例。当布丹（Bodin）揭橥主权理论之初，有其时代背景与环境需要，但迄于今日，早已不合新时代之要求，而反成为阻挠进步之力量。英国之安杰尔著书立说，拥护和平，曾荣获诺贝尔和平奖金。所著《无形凶手们》一书，对于许多流行思想，尤其是"主权"观念，痛加贬斥，指为天字第一号暗杀人类的"无形凶手"，安杰尔曾云：

> 我们并不企求制造社会性或经济性祸害，强使别人遭受冤曲，以及招致战争。但是我们应用许多政策，其结果则将祸害冤曲战争都包含在内。此其所以然者，因为我们并未见到此许多政策中之含义。凡此种种不曾见到的含义，即是我们和平与福利之"无形凶手们"。在此无形凶手们中，主权观念就是罪魁。[1]

安杰尔又云：

> 假使欧洲未曾形成或长成许多主权的族国，欧洲不会被国际战争所破坏。可能会有内战，可能发生其他争执……那是另一问题。
>
> 苏格兰与威尔斯是两民族，但他们并不彼此作战；他们虽曾与英吉利作战，但现已不复如此。可见战争之原因，不是由各族国之存在，也不是由民族之事实。战争之起，乃是由于我们把独立与主权观念，加诸于民族。主权以及主权中间隐含的无政府状态，构成战争。我们彼此作战，因为每一个说："我们是一族国，此即是一个集合团体，一个人格，所以每一族国单位是独立无上，本身就可造法，不承认任何法典可以节制它与其他单位之关系。这许多单位，虽生活在一处而无有政府，无有法律，无有制度。……此盖因为假使此种法律制度而果承认存在，则此许多单位，将不复有其独立与主权；而将服众规则与法律。"上面叙述之"所以"一词，乃是最高无上的"无形凶手"。[2]

---

[1] Norman Angell, *The Unseen Assassins*, 1932. 载欧本斯坦，《现代政治思想》，页六七二。

[2] 同上书，页六七九至六八○。

主权此一观念确须改变。

无一国家，肯首先放弃主权。但在相互条件之下，由修改而放弃主权，此非不可能。第二次世界大战后新兴宪法之中，例如法，意，日三国，即曾揭橥主权有限，并愿在相互条件之下，放弃传统主权。虽曰此三国家，均因战败关系，虽曰互惠条件，不啻空头支票，然而就政治史及政治思想史言，则此三国家在宪法中明白承认并规定此项原则，实为一大转变之开始。法兰西第四次共和国宪法引言有云：

> 法兰西共和国，忠于其传统，遵守国际法之规律。法兰西将不从事战争以图有所征服，并将永不使用武力以侵害其他人民之自由。
>
> 在互惠条件之下，法兰西对于因为组织和平与保护和平所需主权之各项限制，加以承诺。

意大利战后新宪法《基本原则》第十一条有云：

> 意大利对于使用战争，作为侵犯其他人民自由之工具，以及作为解决国际纷争之工具，加以弃绝。在与其他国家平等条件之下，意大利对于为保障国际间和平正义而所需之主权方面各项限制，加以承诺。意大利对于致力上述目的之国际组织，愿予促进并赞助。

日本《新宪法》第九条亦有相同表示：

> 日本人民恳切企求基于正义和秩序之国际和平，永远放弃战争，不作为国家主权之权利，并放弃武力之使用与威胁，不作为解决国际纷争之工具。[1]

凡此表示，确是空前。所惜苏联帝国主义威胁世界，遂使主权观念接受修正之意义，完全冲淡。

关于设置世界政府，建立新社会，思想必须先加改造，罗素曾反复提倡。罗素坦白指出：

> 欲求停止战争，我们不应当只对各国政府着手努力。我们也应当把我们内心里使得战争似乎合理的那些思想心理毒素，如骄傲，恐惧，贪得，嫉妒以及鄙视，设法扫除。这是一件艰难事件，但是如果此一事件而不能做到，

---

[1] 均见 Buck and Masland, *The Governments of Modern Powers*，附录《三国新宪法》。

则结果乃是死亡。[1]

大凡不能了解事实,不能熟悉内情,最易引起恐惧,恐惧容易激发仇嫉,仇嫉则不难更进一步挑动冲突战争。"减少此种恐惧作用,在使人们对于乍视之下认为与自己甚不相同之其他人群,熟知其具有人类共同的许多属性,而且在使人们领悟在现代世界之中并无利益冲突之必要。前者可用电影达到目的,后者可由学校教育。"[2]

罗素又曾精辟地指出人类歧途,思想观念亦应负责:

> 整个世界正在面临一个可能浩劫,也正在惊骇自问,何以对于此项无人所愿遭遇之惨运,竟似无法逃避。此中基本理由,盖在我们尚未能改变思想以适应技术。我们现下所用的种种思想和感觉方法,还是适合当初一个技术简单时代。倘使我们要藉此现代技术而生活快乐——要现代技术带给我们更高一层的快乐,此是可能——我们必须舍弃某某数项观念而另觅替代。我们必须以平等替代爱好支配,以公正替代爱好胜利,以智慧替代残暴兽性,以合作替代竞争。我们必须学习一项新思想,把人类想作一个家庭,运用智慧利用天然原料,以增进共同福利,齐一步骤进向繁荣,而不单独地走向死亡与毁灭。[3]

罗素此段立论可谓苦口婆心,语重心长。为人类前途打算,应当长期努力,加强互助合作之"观念",促进互助合作之"观念势力"。人类欲改造现象,即欲避免侵略战争,而树立经久的正义和平,必须设置世界政府制度,而加强互助合作之观念,删除阻碍国际政治之思想,乃为不可或缺之条件。

陆、政治势力:人性心理

凡能直接间接,有形无形,影响政治者,均为政治势力。在各种无形的政治势力之中,最重要与最基本者,当推人性心理。盖人类一切政治行为,不论其系个人单独的政治行为,或团体集合的政治行为,均有人性心理作用于其间。因此之故,如何而减免侵略战争,如何而树立世界政府,如何而加强合作观念,在在与人性心理此一基本问题发生关系。现代心理学中,重视本能与冲动;现代思想界中,更充满着一种

---

[1] B. Russell, *New Hopes for a Changing World*(1951),页一一五。
[2] 同上,页一七四。
[3] 同上,页一六五。

"反理性主义"或"反理智主义"。实则今日心理学对此基本问题绝无一致公认的答案，而许多派别的心理学家，亦非如此悲观。但是影响所及，十九世纪原有之反理性主义（例如尼采所代表者），不啻披上了一件科学外衣，因而流布得更有力量。社会中一知半解人士，或竟认为冲突战争基于人性而无可挽救。

自群众心理之学说风行，反理性主义更形抬头。雷朋（Gustave Le Bon, 1841—1931）认为在个人意识之外，另有集体意识，亦即群众意识存在。群众意识远不及个人意识。雷朋曾云：

> 一批群众，对于种种外来刺戟情绪的原因，只得听任其摆布而且随其变化发生反应。一批群众乃是其所受各项冲动之奴隶……一位离立单独的个人，具有管束自己反应动作之能力。……一批群众则无此能力。一切群众，其所服从之各项不同冲动，不论其为仁慈或残暴，豪勇或怯懦，均视刺戟原因而定，但均具莫大势力，可使个人的利益甚即自保生命的利益，置于不顾。一批群众可以容易地成为行刑的刽子手，但也不难为慷慨赴义之志士仁人。每一种信仰之成功，必需大量流血，而此大量流血，盖即为许多群众所供给者。[1]

雷朋深信个人有理性，能思索，善辨别，明责任，能控制，群众则恰恰相反，缺乏理性，不事思索，不善判断，遗忘责任，而未由自制。因此，一批群众易受刺戟煽动。雷朋所指之群众心理，不仅指临时在一个旷野或定期在一个会场集合的群众，而且指一个阶级，一个选民集团，一个议会，甚至一个陪审团。但他也承认此第二种的各色群众，其群众心理作用要比较正常。杜克海麦（Emile Durkheim, 1858—1917）则认为整个社会之集体意志，乃是社会错综复杂配合之结果，所以是"意识之意识"，要比个人之意识，高明而合理，而一般个人之意识乃只是社会意识之一种反映。

现代心理学，派别甚多，立场主张，亦各有异。惟有一点，则大体相同，即特别着重潜在意识境界之原动力，并从试验刺戟反应与观察动作行为，为其研究方法，又往往以婴孩儿童及野蛮人们乃至一般动物社会，为研究对象而作比较参考。此其结果则不免着重本能，冲动与情绪。例如心理学家麦克杜高尔（William McDongall, 1871—1938）认为人类行为，均基于本能。他谓：

> 各项本能乃是直接间接支配人们活动的原动力……即使心思发达到最高

---

[1] Gustave Le Bon, *The Crowd*（London, 1903），页三〇。

程度而具有其复杂理智机构，亦只是各种冲动求得满足之工具而已。[1]

他曾把人类本能分作十二种，即求食，厌拒，好奇，恐惧，怒恼，性欲，慈爱，合群，统管，顺服，建设，积聚十二种。后来他增加至十七种之多。麦克杜高尔亦并承认个人的心思以外，复有团体的心思，后者较前者为优越。

精神分析学家弗洛伊德（Sigmund Freud, 1856—1939）对于人类之所以发生战争，并在战争之中所以暴露虚伪，谎骗，残暴，凶恶，认为均由于人性中固有之各种本能与冲动。人性原犹洪水波涛，泛滥流溢。惟平时因久受文化思想风俗制度各种压制，故呈显平静状态，一旦而堤坊溃决，则波流汹涌莫可遏止。然而弗洛伊德并不完全悲观。他仍认为可以导归于善。一九一五年他曾撰写《对于当代战争和死亡感想》一文，详论人们为何从事战争。照他的看法，本能无所谓好歹。

> 以言实在，所谓"铲除"人性中坏的倾向，并无其事。心理研究亦即心理分析研究，证明人性之最中心原素，乃是若干基本本能，人人同具，其目的盖在满足各种原始需要。各种本能，就其自身而论，无所谓好歹。我们只是就着各种本能以及各种本能的表演，是否适合人类社团之要求，而分别称其为好为歹。凡社会所谴责为歹的本能，例如自私与残暴，均属此原始种类。[2]

自婴儿呱呱堕地以至长成，其种种本能，要经长期发展，所以若干本能遭遇抑制，若干本能，领导到其他方面。例如爱憎，不特为一人之所同有，而且可加诸同一对象。"一个人极少是全好或全歹，普通总是在此一关系中好，在另一关系中歹，或者是在某种外在环境中好，在别的外在环境中歹。"[3]不宁唯是，幼时残暴，长大可能仁慈。

> 所谓歹的本能之改变，可由两种彼此合作的因素。一系内在，一系外在。内在因素，乃为性感满足，此即广义的爱情需要，对于歹的本能——例如自私——能发生影响。自私性本能，如果混合了性感成份，就可变质而为社会性本能。我们基于经验，习知被人喜爱，乃最值宝贵而被视为一项利益。人们为此利益，肯牺牲其他利益。外在因素，乃是教养训育所发挥的力量。教养训育，先则提倡文化环境所夸张需求之美德，继则进而遭遇我们四周围整

---

[1] 见浩罗威尔，同书，页五二六。
[2] Freud, *Thoughts on War and Death*, 1915. 载欧本斯坦，同书，页七一七。
[3] 同上。

个文明之直接压力。文明乃是由于放弃本能满足而有收获的成果。对于每一位新进人物,文明要求同样的放弃。在每个人一生过程之中,始终发生着一项变化,即外在的逼迫,渐次而由内在的逼迫所替代。文明之种种势力,使得各种自私性倾向,渐次加多地成为各种公众性或社会性倾向,而此种变化,乃由于各种性感因素之羼入。最后分析言之,每一种对人有用的内在逼迫,可说原本就是,亦即在人类演化中原本就是一个外在逼迫。凡在今日诞生者,在其遗传根性中,即已带来了一种禀赋趋向,在某种程度上,可将种种自私性本能变化而成种种社会性本能,而且这种禀赋趋向,殊亦易受激发而可有上述变化。此种变化之更进一步的发展,则必须于个人自己一生中完成。所以每一个人,不只遭受其亲历环境之压力,而且遭受其先祖先宗所得文化发展之影响。

文明社会,因为需求良好行为,而不复追究良好行为背后之种种冲动,所以能把许多人劝服而顺从,虽然此许多人并不在真正听从其自己禀性之命令。[1]

由于上述可见弗洛伊德本不悲观,且其思想之中,含带着拉马克(Jean Lamarck, 1744—1829)学说成份。拉马克认为人类后天所习得的各项属性,亦可遗传于后代,故曾主张:"凡个人之生活组织,在其生命过程中所习得,所熏陶,及所变化者,可以得到保持而经由生殖,遗传于其下代。"[2]

如前所述,弗洛伊德今谓:"凡在今日诞生者,在其遗传根性中,即带来了一种禀赋趋向,在某种程度上可将种种自私性本能,变化而成种种社会性本能,其中含意,一何类似!"

总之,现代心理学尚在开始发展之中,并无一致公认的定论。人类固非完全理性的动物,但亦非完全非理性或反理性的动物。可是人类文化之进步,全在理性部分能克制非理性部分。所贵乎风俗习惯,典章文物,厥在其能抑制本能而依循理性。我们愈是发现本能冲动之坚强有力,则愈应设法疏导因应,以及节制防止。如谓本能冲动,莫可遏止,而只有听凭发泄,则是一反文化之过程,势非人欲横流,沦于禽兽不止。以故,人性心理,对于成立世界政府及减免侵略战争,与其信为否决,不如信为促进,俾得运用人性心理为促成世界秩序之一大势力。

---

[1] 同上,页七一八至七一九。
[2] 见浩罗威尔,同书,页三○二。

柒、政治人物：领袖典型

为人类前途着想，宜对政治五项因素，一一考量。就政治人物因素而言，则关于掌握权力之领袖人物，其性格典型之何若，最为重要。易词言之，苟其各国政府之领袖人物均为"坚信自己而迫人听从"之典型，其必引起冲突战争，自无疑问。反之，倘果均属宁静讲理，温和合作之性情，则容易相互了解，维持和平。自古迄今，思想家及政治家认清统治者之性情人格有关于国内政治及国际关系者，不乏其人。例如柏拉图之所以揭橥"哲君"理想（由哲学家而登帝王之位），实即着重握权者之性格典型。盖想像中之哲人，不第具有智慧聪明，而且赋备仁慈美德，内可以避免暴横，外可以减少黩武。吾国历代皇帝，每当选择储贰之时，总不肯仅仅以"立嫡""立长"为唯一原则，而且顾及"立贤"理想。凡禀性仁慈忠厚者，考虑优先，而暴戾骄肆者类在摒除之列。此亦崇尚性格典型之另一明证。当初民权学说初倡，民主政治开始，思想家亦曾深信此种制度可以产生合适的领袖人物。迄今为止，各民主国家之历史可以证明一点：凡经由自由选举产生之领袖人物，至少可以避免童伢，白痴，老病，疯狂，各类人物。故为人类前途长期着想，则如何而能控制统治人物之性格典型，值得深思而熟虑。

所谓统治人物之性格典型，当然不能刻舟求剑，过于呆板。所谓控制统治人物之性格典型，亦只能从制度着手。前述病态心理学家白骝梅尔所著《战争，政治与疯狂》（一九四八年）一书，对于此项问题，即曾郑重研究，提出具体主张。一般政治学者也许对于白骝梅尔之立论，不加重视，甚或斥为虚幻；实则所提基本原则，极富启发宜受普遍探讨。兹将白骝梅尔之拟议，扼要介绍。此非因为彼所建议各点，能够实行，或实行之后，定可达到期型，而因全部立论，别开生面。也许指点着一条值得开发的新出路。

白骝梅尔之主旨，在彻底修正民主政治，亦即改变传统的民选政府，而建设一种精择的政府。先言公民资格。凡考入大学而研读历史，经济，心理，及有关课系，经教授会书面证明，并无变态心理或侵略性格者，则毕业之时，不分其男女性别，一律准予登记，俟其年满四十，即可正式成为高级国民。所谓高级国民，实指享有参加政治权利而言，所以见别于一般国民。复次，可述其理想国会。具有立法权之国会，由一百人组成之，亦即由一百位高级国民组成之。其产生方法，不由竞选，不用投票，而在全体高级国民之名单中抽签决定。此盖所以避免政争，减除宣传。一经抽签决定，即有终身任期。当选而不愿服务者听，但果如此，则立即丧失其高级国民资格，而退为普通国民。除第一任外，凡经抽签决定补缺者，仍须先由国会批准或拒绝。此其所以然者，盖因病态心理初期或不发现，及中年以后始露端倪。故一经抽签选出，尚须经国会通过之一关。至于国会议员之待遇，应甚优厚。年满六十五岁，则强迫退休，并可领取足够之养老金。再次，请言其内阁。白骝梅尔之理想内阁系由五人组成。此五位阁员，乃由国会一百位议员，不经提名手续，而即相互投票；凡得票最高之五位，再经国会总投票一次，即算正式产生。凡任议员尚未满五载者，无当选资格。阁员而年满六十五岁，亦必退休。凡退休之阁员，均成为荣誉副总统；而资格最老之副总统，即为全国总统。

至于国会与内阁之关系，亦可得而言者。国会之中，分设若干委员会，先对内阁所提立法事项，加以研究，然后提由国会全体研讨，一俟获得结论，即送交内阁施行。国会本身亦可自动提出法案，但在通过以前，须先送经内阁同意。任何一群国民，亦得将问题或建议送呈国会，国会并得接见其代表。此外，国会既可指派一般国民，组织委员会，作专题研究，亦可举行集会，公开听取民众意见，甚且可交公民复决。以故，内阁对国会之建议，虽无接受之必要，而事实上定必充份尊重，为防止国会议员或内阁阁员中，一旦而犯有精神病态，影响政治，故必要时国会得以四分之三之票决，内阁得以五分之四票决，分别将其构成分子解职。白骝梅尔深信：如果实施此项制度，则政府中人均属具有才能品德与正常性格之人选，而且可以避免一般选举制度所包含之种种纷扰。[1] 白骝梅尔所提一套乌托邦式制度，本身并不重要，而其所着眼之问题，即如何而能使掌握权力者神经正常，性格温和，此则极有价值。

捌、历史哲学

人类前途究将如何？人之智慧或人之意志，对于未来之方向以及未来之内容，究能有多少影响？人类历史，冥冥中有无一个计划程序，抑或只是一连串的盲目偶然？凡此种种问题，研究政治思想史者无从躲避。而此种种问题，归根结底，实即引起一

---

[1] C. S. Bluemel, *War, Politics and Insanity*（1948），章十一。

种历史哲学。再进一步言之，历史哲学，不是应不应有，而乃是研讨人类政治生活者，不知不觉之中，人人俱有。治政治思想史者，与其囫囵含糊地抱着零碎片段的历史哲学，不如坦白公开，将各种历史哲学分析比较。我们此处并不想论列历史哲学本身，而只想提出有关历史哲学一二个基本问题的看法。

唯心主义派如黑格尔，唯物主义派如马克思，在其历史哲学之中，分别认有一个理想的完善社会，不久即将来临。此种认定，固可加强信仰，号召行动，但亦可造成绝对武断，排斥歧见。实则人类社会恐永在变动，永在演化，而无"完成，"或"至善"或"静止"的一日。至于历史是否一幕一幕，照着预先排定的次序，在继续演唱，此则仁者见仁，智者见智，各有其立场与论据。例如塞屏教授曾谓："政治理论，犹诸政治本身，不会达到终点，因而政治理论史并无其最后结论一章。如果说有一项神圣而遥远事业，人类历史正在向着它进行，则著者本人，不敢装模作样夸知其端倪所在。"[1] 此盖否认历史有其固定安排。大批研究政治思想史者，易作此类判断，但发挥政治思想者，往往选择相反看法，认为所持理论，正与冥冥之中预定安排相合。

由上以言，人类社会之中，冲突恐难绝对避免，完善只是一种理想。然而人类社会生活之改善范围，改善程度，以及改善方法，则亦可永无止境。所谓永无止境者，旧环境改善之后，新问题立即发生，故循环起伏，改善无有已时。关于改善方法，有两项值得指陈。一是减轻；一是换形。减轻云者，指减轻祸害之程度，或减少祸害之范围。换形云者，指将人类本能冲动，改换其发泄对象，变易其发泄方式。举例言之，由民主政治替代专制政治，此即减轻与换形。盖以投票方式替代流血方式，以决定治权之移转，此其为减轻政争之祸害，彰明显著。而在竞选之中，人类各种本能亦有其发泄机会，是为换形。再举例言之，各种竞赛游戏，因为争名誉，争光荣，含有发泄战斗本能之作用。如果特别加强扩大，未始不可疏导人性中有关冲突之动力。[2]

所谓减轻与换形，并不指消极工作。适其反，此需积极方面的努力。而积极方面的努力，需要了解，需要自制，需要容忍。对于"自由"与"权威"之观念亦势须作必要之修正。例如人口问题，是否漫无节制，才是自由，而予以限制即是违反自由？人口之数目与食料之数量如何而能配合？又如生产方面，不论关于数量或种类，如何

---

[1] 塞屏，《政治理论史》，序言，页十一。塞屏又云："So far as there is any such thing historical 'necessity', it seems to belong to the calculation of probabilities, and in application this calculation is usually impossible and always highly uncertain"，页十二。

[2] 例如 Graham Wallas，即根据心理学，力持此说。可阅其所著 *Human Nature in Politics* 及 *The Great Society*。

而能使需要与供应不相脱节？是否计划经济与政治自由，两相水火，抑可并行不悖？凡此各种问题，提醒我们一点，即许多传统想法，势须有所修改。浦兰尼强调十九世纪盛行之"市场经济"，亦即所谓"自由市场经济"，尤其是所谓"自动节制市场"（Self-regulating market），不复适合今日需要，而且早已发生许多流弊。依照"市场经济"，"价格，供应与需求，均不应加以规定或节制。反之，一切政策措施，凡能产生情状，使市场成为经济界之唯一组织力量，而保证市场之自动节制者，始认为合式而可行"。[1]循此而行，则国内经济与国际经济同必陷入混乱。古语有云，"过犹不及"。又云"失之毫厘，差以千里。"例如经济计划及人口限制等问题，如何而能折衷调节，俾能透过法律而保持自由，此为改造社会亟待解决之问题。

就当前世界危机而言，认为冲突之渊源乃在政治思想及其有关道德信仰者，不乏其人。韦盘（C. L. Wayper）深信把国家看作一个机器（The State as Machine）与把国家看作一个机体（The State as Organism）两种政治信仰，各有其得失利弊。苏联（及以前纳粹德意志与法西斯意大利），代表着机体主义的国家，而美国则代表着机械主义的国家。[2] 照韦盘之结论，只要彼此容忍，前途或不惨淡，苟不然者，则人类危机殊难想像。[3] 韦尔登（T. D. Weldon）曾撰著专书（*States and Morals: A Study in Political Conflicts*, 1947）集中讨论政治思想与世界危机之关系。韦尔登认为一切政治哲学大别为二，亦即把国家看作一个机器，或把国家看作一个机体。但机械主义的国家观，又分两类，其一，以同意为构成国家之基础，其二，以暴力为造成国家之势力。因此，所有政治理论，大抵可分三派，即机体论，同意论及暴力论。"此数种伟大政治理论盖自各种道德信仰与道德情绪中生成出来，而且使各种道德信仰与道德情绪有其具体表显。"[4] 韦尔登并谓"一切政治理论，均有其经验的依据。此点而能加以认清，则殊无良好理由，不信典型互异的国家尽可安乐共存"。此种结论固代表西方民主社会中智识分子之一般期望。至于事实演化，目前世局危机之如何解决，自有待于历史之发展。但爱好正义和平之思想家，必然深信自由，光明，正义，终必伸展。

就整个人类前途之远景而言，我们似可同意麦理孟教授在其"系统政治学"结论中所提供之乐观历史哲学：

---

[1] Karl Polanyi, The Great Transformation,1944, 页六九。
[2] C. L. Wayper, Political Thought (1954) 页二五一。
[3] 同上，页二五五。
[4] T. D. Weldon, States and Morals, 1947, 页二七三。

> 我们知道人类终将进入一个创造性的演化发展……正犹政府统治不复专尚抑制,正犹掌权在位不复专事镇压榨取,正犹主有财产不复以独享自豪,正犹劳力工作不复时间长久而辛苦过甚,整个权威之性质,正在变迁之中,即由消极而成积极,且在创造性方面,逐渐发扬光大。……在人类全部历史之中,最伟大的革命厥为(在思想方面)接受创造性的演化发展,乃为人们之本份事业。盖此项思想态度必将改变教育,工业,与政府之精神及制度,俾可开辟一条新的宽大途径,实现人生之最高尚最优美价值。在此种新社会之中,领袖们不复叫喊,咒诅与威胁,一般人们不复徘徊,退缩,与畏惧,而可有尊严与自由,挺胸直立,凡以明亮眼睛看到者,可用镇定声调讲出。自由世界,自由国家,自由人士——此为未来政府之所给与。[1]

麦理孟教授此项乐观历史哲学,值得大家抱持,值得大家努力。

---

[1] C. E. Merriam, *Systematic Politics*, 1945, 页三四五。

孔孟儒家对于"暴横"所采之立场

本文所称"暴横",用译自英文"violence"一字,系指种切强力行为,种切凶恶措施,不论其程度之深浅或范围之大小,包括勒索要求,杀伤人众,毁灭财产,破坏治安。因此,暴横自必包括革命与战争,亦应包括苛虐与压迫。近十余年来,世界各地所发生之国内暴横暨国际暴横,真是惊心动魄,花样百出,不啻成为一种风气,一种潮流。同时各项辩白乃至鼓吹暴横之文章亦随而风起云涌。年前一位美国学人曾向笔者恳切询问:中国儒家哲学对此暴横问题有无确切立场。此实为引起本文之缘由。兹所研究,着重革命与战争,且全从学术观点出发。

笔者着手研究之初,原来目的只在寻求孔孟儒家对于暴横所采取之立场,并以之与其它学派,如道家墨家及法家等分别采取之立场,彼此比较。可是探讨结果同时获得一项意外收获:发现孔孟儒家立场之中,具有一套明言与暗示的基本假定,而此一套基本假定乃为古今中外其它学派对于暴横所持各种理论中所共同具有者。易词言之,孔子与孟子对于暴横所取之立场,含有一项世界性的共同观点。假定相同,观点相同,但结论尽可互异。盖不同的思想家,在应用抽象原则以评估具体事实时,大有出入,且可相反。

吾人研究儒家对于暴横的看法,最好就明太祖读到孟子下列某段之史实开始。

孟子告齐宣王曰:"君之视臣如手足,则臣视君如腹心。君之视臣如犬马,则臣视君如国人。君之视臣如土芥,则臣视君如寇雠。"(《孟子·离娄章下》)

此段立论固相当激烈。但另有一段,其激烈程度更甚:

齐宣王问曰:"汤放桀,武王伐纣,有诸?"孟子对曰:"于传有之。"曰:"臣弑其君,

---

* 原载《政治文集》,台湾商务印书馆1981年初版。

可乎？"曰："贼仁者，谓之贼。贼义者，谓之残。残贼之人谓之一夫。闻诛一夫纣矣，未闻弑君也。"(《梁惠王下》)

明太祖对此最激烈的一段言论，似乎反予忽略。也许正因为他自己也是开国之主。他对于上引第一段之反应，有如下述：

> 帝（明太祖）尝览孟子，至草芥寇雠语，谓非臣子所宜言，议罢其配享诏有谏者以大不敬论。（钱）唐抗疏入谏曰："臣为孟轲死，死有余荣。"(《明史》卷一三九，页二，《钱唐传》)

另据《纲鉴易知录》(明史卷九页三一) 所载：

> 帝读孟子至草芥寇雠之说，大不然之。欲去其配享，诏有谏者以大不敬论，且命金吾射之。刑部尚书钱唐舆榇入书，袒胸受箭，曰："臣得为孟轲死，死有余荣"。帝见其诚恳，命太医疗簇疮。孟子配享得不废。

大约事隔一载，明太祖（洪武五年）即曾恢复配祀孟子。

此项史实值得吾人思索。其一，明太祖果何故而改变初衷，仍命孟子配祀于全国孔庙之中？其二，更有进者，上述两段孟子言论，分明教训以下犯上而称兵作乱，何以未经任何朝代的皇帝勒令删去？也许最大原因，乃在开明人主鉴于朝代兴亡史中，证实反叛与革命总为皇家骄横恣肆与昏瞶暴虐之结果，故宁愿保留孟子之逆耳忠言，俾其后世子孙继承皇位者，知所警惕。

其实，强调君臣之间应有之相互关系，以及辩护人民革命之权利，并不自孟子开始。孟子之特殊只在其词句锋利，意旨直率而已。即以孔子而言，彼固未尝提倡盲目事君。"所谓大臣者，以道事君，不可则止"。(《论语·先进》)《尚书》有云："商罪贯盈，天命诛之，予弗顺天，厥罪惟钧。"(《周书·泰誓上》)《易经·革卦》则称"汤武革命顺乎天而应乎人"。

即就信奉天神，揭橥博爱之墨家而论，其拥护革命，归诸天鬼之赏罚，亦甚明显。墨子曾云：

> 然则富贵为贤，以得其赏者，谁也？曰，若昔者三代圣王，尧舜禹汤文武者也。所以得赏何也。曰，其为政乎天下也，兼而爱之，从而利之，又率天下之万民，以尚尊天事鬼，爱利万民，是故天鬼赏之立为天子……然则富贵为暴，以得其罚者谁也？曰，若三代暴王，桀纣幽厉者是也。何以知其然也？曰，其为政乎天下也，兼而憎之，从而贼之，又率天下之民，以诟天

侮鬼，贼傲万民，是故天鬼罚之，使身死而为刑戮，子孙离散，家室绝灭。(《墨子》卷二《尚贤中》第九)

以言道家，则如所周知，其中心思想在崇尚无为，在不贪不争，而人各为己。例如老子，主张柔弱，谦让，容忍，与知足，盖其目的端为全生与自由。虽然，老子之哲学亦未始不容纳革命。"反者道之动"。"民不畏死，奈何以死惧之"。(《道德经》卷二，章四十及七四)即此两段简短之训示，即暗示革命之不可避免。盖行动招致反动，乃是自然之道，在上之治者既不免放肆苛虐，则在下者亦不免从事暴横而反抗。只有法家思想，专求国家之富强，而以法、势、术三者为尊君治国之工具，并标明务农习战以臻于富强之域。因此之故，法家颂扬君权，拥护专制，而反对以下犯上，称兵作乱。

儒家思想固然容纳革命而且加以赞扬，但同时对于叛乱则尽量斥责，认为莫大之罪行。其所以然者，盖在深信革命与叛乱有所区别而判若天壤。至于此种区别，究竟何在，而且此种区别，究属真实抑属幻想，容当于本文末段结论中略加研究。

关于战争，孔子显有双重看法。孔子之爱好和平——亦即遵循道德途径而维护和平——固然毫无疑义。盖凡系君子，莫不厌恶战争而和平是尚。"卫灵公问陈于孔子。孔子对曰：'俎豆之事，则尝闻之矣。军旅之事，未之学也。'明日，遂行"。(《论语·卫灵公》)"'善人为邦百年，亦可以胜残去杀矣。'诚哉是言也。"(《论语·宪问》)所以就孔子视之，如果弃除伤杀，克服暴横能在一国之中首先实践，当可逐步推进，施行于国际之间。

然而孔子却亦同时承认，在某种情形之下，战争不特无从避免，抑且得当而合理。许多记述可以引证：

> 天下有道，则礼乐征伐自天子出。天下无道，则礼乐征伐自诸侯出。(《论语·季氏》)
>
> 子贡问政。子曰："足食、足兵、民信之矣"。(《论语·颜渊》)
>
> 善人教民七年，亦可即戎矣。(《论语·子路》)
>
> 以不教民战，是谓弃之。(《论语·子路》)
>
> 鲁齐交战（公元前四八四年），鲁之童子汪锜随其主人，"皆死皆殡"。孔子曰："能执干戈，以卫社稷，可无殇也。"(《左传·鲁哀公十一年》)

此种对于战争，或是或非相反的双重看法，在孟子亦复如此。孟子认为战争大别为二：即"义战"与非义战。实际上"义战"殊不多见。

孟子曰："春秋无义战。彼善于此，则有之矣。征者，上伐下也。敌国不相征也。"（《孟子·尽心下》）

正因此故，孟子对于开疆拓土，侵略邻邦之一切黩武战争，加以诋斥。在下列孟子与齐宣王有声有色的对话之中，不啻听到孟子之动人词令：

> （孟子曰）"抑王兴甲兵，危士臣，构怨于诸侯，然后快于心欤？"王曰："否。吾何快于是。将以求吾所大欲也。"曰："王之所大欲，可得闻欤？"王笑而不言。曰："为肥甘不足于口欤？轻暖不足于体欤？抑为采色不足视于目欤？……王之诸臣皆足以供之，而王登为是哉！"曰："否。吾不为是也。"曰："然则王之所大欲，可知已。欲辟土地，朝秦楚，莅中国而抚四夷也。以若所为，求若所欲，犹缘木而求鱼也。"王曰："若是其甚欤？"曰："殆有甚也。缘木求鱼，虽不得鱼，无后灾。以若所为求若所欲，尽心力而为之，后必有灾。"（《孟子·梁惠王上》）

孟子生当争战频繁之时代，身经目击，故对于战争之惨痛与祸害，知之详而言之切，并且指陈战争责任与战争罪犯：

> 争地以战，杀人盈野。争城以战，杀人盈城。此所谓率土地而食人肉，罪不容于死。故善战者服上刑。（《孟子·离娄上》）

孟子之抱持此项战责与战罪暨战犯之一套意见，可谓真心诚意。他又曾痛快指陈如下：

> 有人曰："我善为陈，我善为战。"大罪也。国君好仁，天下无敌焉。（《孟子·尽心下》）

由上以观，孟子可谓东方哲人之中第一位揭橥"战罪"与"战犯"之理论。

此种诋斥战争，实即诋斥暴横，亦即诋斥一切武力之使用（不论国内或国际）。此一观点乃为孟子分别王霸之枢纽。在孟子看来："王"乃以德服人，使人心悦而诚服，统治者自身亦可得到爱戴，传世久长。"霸"则是以力服人，强使民众服从。此种政权必遭人民厌憎，而其寿命亦必短暂，孟子书中有此一段教训：

> 齐人伐燕取之。诸侯将谋救燕。宣王曰："诸侯多谋伐寡人者，何以待

之？"孟子对曰"……今燕虐其民，王往而征之，民以为将拯己于水火之中矣。箪食壶浆，以迎王师。若杀其父兄，系累其子弟，毁其宗庙，迁其重器，如之何其可也。天下固畏齐之强也。今又倍地而不行仁政，是动天下之兵也。王速出令，反其旄倪，止其重器，谋于燕众，置君而后去之，则犹可及止也。"
（《孟子·梁惠王下》）

可见执政掌权之人君，务宜避免霸道与战争，而且施守王道与和平。

然而孟子固非抹煞一切战争。孟子对于义战绝对赞成。又例如为求天下之统一，必须从事战争。

孟子见梁襄王。（王）卒然问曰："天下恶乎定。"吾（孟子）对曰："定于一"。"孰能一之？"对曰："不嗜杀人者能一之。""孰能与之。"对曰："天下莫不与也……今夫天下之人牧未有不嗜杀人者也。如有不嗜杀人者，则天下之民皆引领而望之矣。诚如是也，民归之，由水之就下，沛然谁能御之？"
（《孟子·梁惠王上》）

"不嗜杀人"并非绝不杀人之谓。此中含义虽属微妙，但非虚妄。易言之，暴横有时不能避免，只要不"嗜"暴横，此中区别可谓失之毫厘，差以千里。

义战既可辩白，则目的亦在胜利。胜利之条件有三，其中自有高低轻重之别。

天时不如地利，地利不如人和。……域民不以封疆之界，固国不以山溪之险。威天下不以兵革之利。得道者多助，失道者寡助。寡助之至，亲戚畔之。多助之至，天下顺之。以天下之所顺，攻亲戚之所畔，故君子有不战，战必胜矣。（《孟子·公孙丑下》）

由上所言，凡属义战，自得人民支持，邻邦相助，终必获得胜利，而且不容所谓"宋襄之仁"。（所谓宋襄之仁，可阅《左传》，鲁僖公廿二年，即公元前六三八年）

以言道家哲学，其基本立场固属反对战争，然而也有容纳战争之境况。老子在《道德经》中有云：

兵者不祥之器，非君子之器。不得已而用之，恬淡为上。胜而不美。而美之者是乐杀人。夫乐杀人者，则不可以得志于天下矣……杀人之众，以哀悲泣之。战胜以丧礼处之。（卷一，章三一）

又云：

> 以道佐人主者，不以兵强天下。其事好还。师之所处，荆棘生焉。大军之后，必有凶年。（卷一，章三十）

老子且亦相信"强梁者不得其死"。（卷二，章四二）

可是在另一方面，老子也曾提到胜利以及如何而可获得胜利。"以正治国，以奇用兵"。"善为士者不武。善战者不怒。善胜敌者不与。善用人者为之下。是谓不争之德。""祸莫大于轻敌。轻敌几丧吾宝。故抗兵相加，哀者胜矣。"（《道德经》，章五七，六八及六九）老子最基本信念之一，厥为"反者道之动"。如果"反者道之动"确属自然规律，则有和平自必有战争，毋庸圣哲加以辩护。

墨家思想既以博爱为其中心，则在理论上应当反战，而且在事实上确曾反战。墨家反对战争，至尽至极，故彻底主张废止战争。在墨子书中，计有三章讨论"非攻"。但既有"攻"自必有"守"。墨子尽管非"攻"却亦为"守"辩护，特别是因为墨子本人是一位精于防守之战的专家。其实，墨子亦曾进一步而赞助一般反抗暴政之义战。墨子叙述禹征三苗，汤放桀，武王伐纣三项历史经过以后，综加案语如下："若以此三圣王者观之，则非所谓攻也，所谓诛也。"（《墨子·非攻下》第十九）"非所谓'攻'也，所谓'诛'也。"此种立论，最值吾人注意。

更有进者，墨子明白指陈，为人主者如欲从事义战而获取胜利，必先具备若干美德，例如秉公、仗义、守信、俾能内则独尊而无匹敌，外则结交邻邦而得声援。不宁惟是，军事上之胜利宜完全而彻底，苟不然者，残烬余薪可以死灰复燃，故云"圣将为世除害兴师诛罚。"（《墨子》卷九，《非儒下》第三九）

在吾国古代各学派中，只有法家积极一贯颂扬战争。任何国家必须从事农战，始能臻于富强，而农战二者之中，战之任务尤属重要。

> 民之见战也，如饿狼之见肉，则民用矣。凡战者民之所恶也。能使民乐战者王。强国之民，父遗其子，兄遗其弟，妻遗其夫，皆曰，不得无返，又曰，失法离令若死我死。……是以三军之众从令如流，死而不旋踵。（《商君书·画策第十八》）

因此之故，法家对于儒家极抨击鄙贱之能事。

> 诗书礼乐善修仁廉辩慧，国有十者，上无使守战。国以十者治，敌至必削，不至必贫。

国去此十者,敌不敢至,虽至必却。兴兵而伐必取。按兵不伐必富。(同上,农战第三)

法家对于战争所取之立场,固然充满着现实精神与军国主义,然亦并非毫无其崇高理想。商鞅之中心立论殊极动听:

> 故以战去战,虽战可也。以杀去杀,虽杀可也。以刑去刑,虽重刑可也。(同上,《画策第十八》)

易词言之,在法家看来,以战止战——亦即以毒攻毒,以暴横终止暴横——显属可取。此项政策,不只高谈阔论,历史上以战止战,在中外古今指不胜屈,但迄今为止,未见其能成功。

不论战争,或革命,其中均包含各项暴横成份:即勒索要求,杀伤人众,毁灭财产,破坏治安。易词言之,不论战争或革命,均系强力行为,均系凶暴措施。假若战争可得辩护,假若第一具体战争之某一方面,可以得到剖白,则其中所包括之杀人,毁产与暴乱,大体上均属得当而合理。可是其中若干杀人毁产暴横行为,仍可被判为罪行。于此可见暴横问题,性质甚为复杂。笔者曾于本文开始之初,声称孔孟儒家在其对于暴横所采取之立场中,具有一套基本假定,而此一套基本假定实为其他学派所共同具有者。此套基本假定计共三项。其一,暴横大抵可分两类;有应当斥责者,有值得赞扬者。其二,评估暴横之是非,善恶,应当不应当,自有其标准,但标准不尽相同。其三,暴横当可逐渐减缩。兹逐项扼要说明。

其一,暴横有其类别,大体言之,即分正当与不正当两种。孟子曾云:

> 今有杀人者。或问之曰:"人可杀欤?"则将应之曰:"可。"彼如曰:"孰可以杀之?"则将应之曰:"为士师,则可以杀之。"(《孟子·公孙丑下》)

墨子所用之逻辑殊为特别:

> 车,木也。乘车,非乘木也。……盗人,人也。多盗,非多人也。无盗,非无人也。奚以明之。恶多盗,非恶多人也。欲无盗,非欲无人也……
>
> 不爱盗,非不爱人也。杀盗人,非杀人也。(《墨子》,卷十一,小取第四十五)

率直言之,孟子所谓"闻诛一夫纣矣,未闻弑君也。"其中逻辑,与墨子所谓杀盗非杀人,又与商鞅所谓以刑止刑,虽重刑可也,相去间不容发。再如"征诛"与"篡窃"

何以相异,"叛乱"与"革命"何以有别?此当于繁多的区别标准中求之,总而言之,同属一项暴横行为,却系有其是非善恶,应当不应当之类别。此为第一项世界性之共同基本假定。

其二,古今中外思想家对于暴横之是非类别,均有其主要标准。据笔者探索结果,共分八项。兹扼要简述,并略加案语,姑且不论其优劣高下。

(一)就"成""败"而论:语有之,成则为王,败则为寇。此种迁就现实,不计是非,不应作为标准。儒家哲学根本唾弃此论。然而以历代政权之移转归诸"天命",则其骨子里面,岂非一本成败?

(二)就"合法""不合法"而论:此乃任何政府为维持安宁起见所必须采用之标准。但是法度不良或已不合需要,则此一标准自有其欠缺。

(三)就"手段"与"目的"而论:例如以战止战,以杀止杀,即就目的而作辨护。但目的与手段有时不易辨别。

(四)就"有效""无效"而论:例如以战止战,或者短期有效,长期则否。又如革命,由专制而民主,其有效之程度,各人看法不同。

(五)就"动机"与"结论"而论:公孙丑曰:"贤者之为人臣也,其君不贤,则固可放欤?"孟子曰:"有伊尹之志则可,无伊尹之志,则篡也。"此则动机应与结果相提而并论。古今来多少国际战争,两造均以自卫为作战之理由!足见动机标准,系主观而非客观。

(六)就"必要"与"不必要"论:权位竞争中之暗杀诛戮,游行示威中之对打流血,均属暴横。在肇事人言,自认为必要。由受害人或旁观者言,则并非必要。

(七)就"是""非"之心而论:此一取舍标准之意义,不言而喻。但令人困惑者厥有两点。所谓是非之心,人皆有之,究竟此是非之心,系生而俱有(故称"天良"?)抑系日积月累,自幼教养而得,所以随着时代与地方而有不同,再则究以何人之是非之心为判断?当政握权者?抑大多数民众?

(八)就"公众幸福"与"公众祸害"而论:以此标准,衡量暴横之应受赞扬,或应遭斥责,自最妥当,抑且有意无意,直接间接,实为一切褒贬暴横之理论基础。但即此标准,非无困难,一则所称公众幸福,究为哪一代人民——当代还是后代——着想?再则公众幸福,项目不一,究竟应以何者为先?人类社会所共同追求之幸福,其目的不外五项:即秩序,安全,公正,福利与自由——亦即社会秩序之维持,国家安全之确保，司法公正之树立，生活福利之增进，以及言行自由之扩充。此五大目的，势有缓急先后，有时难以兼顾。

笔者旨在指陈区别政治性暴横之一切标准，并约略指出其长短得失。至于毫无政治性之私人暴横，自属纯粹犯罪行为，固应以"合法""不合法"为判别之唯一标准。

其三，政府与民众，只要多方努力，当可减缩暴横，此亦一项共同假定。至于如何而可减缩暴横之程度、范围、与数量，则各家之主张不同。道家揭橥放任无为，不求不争。墨家以兼爱尚同为号召。法家则标榜尊君权，用重刑，以杀止杀，以战止战。儒家崇尚仁义，着重五伦，并以大同社会为理想。宗教家信仰事奉神灵。社会主义者认为经济制度之改造乃为铲除暴横之开端。类此理论，不胜枚举。

今专就孔孟儒家对于暴横之立论作一结束。大体言之，儒家斥责一般的暴横，正因为暴横破坏秩序，安全，公正，福利与自由。但是在特殊情形与必要条件之下，如果必不得已，唯有使用暴横乃可维持或恢复上述社会之共同目的，则此种暴横自属正当而值赞扬。易词言之，必不得已之时，暴横甚且可为施行仁义之助手。孔孟儒家固然崇尚和平，但并不盲目地为和平而和平。和平必须与仁义携手。孔子曾云：

> 无求生以害仁，有杀身以成仁。（《论语·卫灵公》）

孟子则曰：

> 鱼，我所欲也。熊掌，亦我所欲也。二者不可得兼，舍鱼而取熊掌者也。生，亦我所欲也。义，亦我所欲也。二者不可得兼，舍生而取义者也。生亦我所欲，所欲有甚于生者，故不为苟得也。死亦我所恶，所恶有甚于死者，故患有所不辟也……是故所欲有甚于生者，所恶有甚于死者，非独贤者有是心也，人皆有之。贤者能勿丧耳。（《孟子·告子上》）

可见君子之所欲所恶，超过生死。君子之所欲莫大于仁义；君子之所恶莫大于暴虐。为了铲除暴虐，施行仁义，儒家盖不惜从事革命与战争。

老子与孔子之"道":类别、根源、性质及作用

一、目的与范围

老子与孔子虽各自道其所道,但彼此均以道为其全部思想之中心,则不容否认。究竟所谓"道"者,含义为何?此即包括下列具体项目:道之类别有几,根源何在,性质何若,与作用如何。易词言之,"道"果可区分为几种,本原果何所自,是否存在(即系事实抑系虚构),又如何而运行并发生何种影响?对此四项牵连复杂问题,传统解释,或者付诸阙如,或则含糊片断,或则专事褒贬。今欲求得一套顾及全盘而客观彻底的答案,自属不易,然值得大胆尝试。笔者久加思索,愿将一得之愚,就正于高明。兹有一点似宜辟面声明,即本文研究之材料仅限于传统认为记载两哲思想之经书,而且不遑涉及其中内容之真伪或字句之正误。

二、道之类别

吾人着手研究道之真相,首宜仔细分析道之类别。老子与孔子分别反复所言之道实均包含三种类别。其一,有关范围之大小;此即分为整体总括之道与个别零星之道。其二,有关层次之高低;此即分为自然之道,天之道与人之道。其三,有关所指之虚实;此即分为抽象原则之道与具体行为之道。明了此三种类别以后,则对于探阐道之根源、性质及作用,当可迎刃而解。兹请分门别类,一一引证说明。

---

* 原载《政治文集》,台湾商务印书馆1981年初版。

兹先述第一种类别。就道之范围大小而论，有整体总括之道，有个别零星之道。《道德经》中"道可道非常道"（章一）及"道常无为而无不为"（章三七），暨《中庸》中"道者不可须臾离也，可离非道也"或《论语》中"人能弘道，非道弘人"（卫灵公章二八）：此之所指显皆整体总括之道或一般的道。反之，例如《大学》《中庸》及《论语》中所述君子之道，夫妇之道，生财之道，君臣之道，暨治乱兴亡之道，此自为个别零星之道或部分的道。《道德经》中例如"以道佐人主者不以兵强天下"（章三十），"道之出口，淡乎其无味，视之不足见，听之不足闻，用之不可既"（章三五），"上士闻道勤而行之"（章四一），或"古之善为道者，非以明民将以愚之"（章六五）：举凡不以兵强天下之道，出口之道，所闻之道，或愚民之道，其必为个别零星之道而不可能为整体总括之道，无可置疑。

复次，有关层次之高低，道有三种：自然之道，天之道及人之道。"天之道"（或"天道"）与"人之道"（或"人道"）两种名词，老子与孔子均曾使用。至于"自然之道"，两哲虽未明白指陈，却曾意会暗示，不啻间接承认。盖有时所称"天之道"或"天地之道"，实指自然之道而言。道之范围既有大小，故每一层级的道各有其整体总括与个别零星之类别。

老子云，"道生一，一生二，二生三，三生万物"（章四二）及"道生之……是以万物莫不尊道"（章五一）：此指之道，当系整体总括的自然之道。在另一方面，"上善若水，水善利万物而不争，处众人之所恶，故几于道"（章八）；又"天下莫柔弱于水，而攻坚强者莫之能先"（章七八）：此盖以水之柔性认为个别零星的自然之道。它若以静性之"雌"，虚性之"谷"，整性之"朴"，作为规范，亦属部分自然之道之例证。以言孔子，《中庸》（第二十六章，八）所载"天地之道，博也，厚也，高也，明也，悠也，久也"；《论语·阳货》（第十九章）："天何言哉！四时行焉，百物生焉，天何言哉！"以及《易经·系辞》，（上十一，下八）"天地变化，圣人效之"，与"道有变动"——此皆整体总括的自然之道。至如"天地之道，寒暑不时则疾，风雨不节则饥"（《礼记·乐记》，九），"天行健，君子以自强不息"（《易经·乾卦》），"日中则昃，月盈则食，天地盈虚与时消息，而况于人乎"（易经·丰卦））。上述"疾""饥""天行健""昃""食"，分明均是个别零星的自然之道"。

所谓"天之道"，其特点盖在具有理性含义及道德价值。老子相信"天乃道，道乃久"（章十六），及"天之道不争而善胜，不言而善应，不召而自来，繟然而善谋。天纲恢恢，疏而不失"（章七三）。类此描写当是全盘的天之道。"天之道损有余而补不足"（章七七），此则仅指部分的天之道，因为天道决不只"损有余而补不足"而已。此正犹"不窥牖见天道"（章四七），其所见者决不是天道之整体而只是天道之部分。孔子亦云，"思知人不可以不知天"（《中庸》，第二十章，七）。知天殆即知天道，所能知者不过部分的天道。至若"诚者天之道也"（同上，第二十章，十八），与"万物并育而不相害，道并行而不相悖"（同上，第三十章，三），则殆指整体总括的天之道。

层次最低而重要性最大且为两位圣哲所思考之主题者，厥为人之道。人之道有善恶、是非、及应当不应当之分，故又大别为二。为便利计，吾人姑称此两类为正道（即"大道"或"有道"）与邪道（即"不道""非道"或"无道"）。《道德经》中"天之道损有余而补不足，人之道则不然，损不足而奉有余"（章七七），及"天之道利而不害，圣人之道为而不争"（章八一），《中庸》（第二十章，三及十八）"人道敏政"，与"诚者天之道也。诚之者人之道也……择善而固执之……"，此皆证明人之道有别于——不论其为抵触或顺合——天之道。兹有一点愿特别提请注意：通常提到"道"字，总作正道解。大抵因为苟非正道，即不屑称为道。殊不知"盗亦有道"。实际上确有正道邪道之分，但所指则可因时因地而异。

人之道亦自有其范围之大小。《道德经》第三章殆最接近整体总括的人之道，其辞如下。"不尚贤，使民不争。不贵难得之货，使民不为盗，不见可欲，使心不乱。是以圣人之治，虚其心，实其腹，弱其志，强其骨，常使无知无欲，使夫知者不敢为也。为无为，则无不治。"至于例如"知足不辱，知止不殆"（章四四），则显系个别零星的人之道。就孔子言之，下列引句均是指陈个别零星之道。"富与贵是人之所欲也，不以其道得之，不处也。贫与贱是人之所恶也，不以其道得之，不去也。"（《论语·里仁》，章五）"朝闻道，夕死可矣。"（同上，章八）"所谓大臣者，以道事君，不可则止。"（同上，先进，章廿三）"君子道者三……仁者不忧，智者不惑，勇者不惧。"（同上，八佾，章三十）其余如父慈、子孝、兄爱、弟敬等等，无一非个别零星的人之道。子思所谓"大哉圣人之道，洋洋乎发育万物，峻极于天"（《中庸》第廿七章），暨《大学》开端"大学之道，在明明德，在亲民，在止于至善"，此则代表孔子心目中整体总括的人之道。整体总括的道（不论其为自然之道，天之道或人之道）容易想像，却无从全知。人道之可区分为整体与个别，其最好暗示在是："君子之道，费而隐；夫妇之愚可以与知焉，及其至也，虽圣人亦有所不知焉；夫妇之不肖可以能行焉，及其至也，虽圣人亦有所不能焉。"(《中庸》，第十二章）凡夫妇之愚与不肖，尚且可知而能行者，必然为个别零星而简单浅显的"君子之道"。至于艰难奥秘的"君子之道"，虽圣人亦有所不知不能。是则整体总括的人之道，虽可大略想像而甚难全知。

关于道之层次高低，仅仅一个"道"字即已含有类别，初不必另加标明。此点殊值注意。兹请略举数例。"道之为物惟恍惟惚。"（《道德经》，章廿一）此"道"系整体的自然之道。"反者道之动，弱者道之用。"（同上，章四十）此"道"当指天之道，因系观察自然现象而加以理想化。至于所指"天下有道……天下无道"（同上，章四六）自指一般流行的人之道。试再检讨孔子之训示，亦复如是。"道不可须臾离也，可离非道也。"（见前）此"道"乃一切自然之道。"道不远人。人之为道而远人，不可以为道"（《中庸》，第十三章，一）"道不远人"之"道"乃是天之道；"人之为道"及"不可以为道"则指人之"道"。例如论语（《卫灵公》，章卅一及卅九）"君子谋道不谋食……君子忧道不忧贫"之"道"，及"道不同不相为谋"之"道"，其属个别零星的人之道，更不言而喻。

第三种类别乃以道之虚实为分野。虚者乃抽象原则，实者乃具体行为。以故，有抽象原则之道，有具体行为之道。抽象与具体，亦即原则与行为，此项区别不特见诸人之道，即在自然之道或天之道中，亦可寻得。以言自然，例如"天行健"此是抽象原则，而"四时之错行"，"日月之代明"，则系具体行动。以言天，仁义为抽象原则，而春生秋杀则是具体表现。以言人，则人道有抽象与具体之分，自更明显。

孔子谈道，兼重虚实两面。老子则不啻专重原则。孔子之最大原则莫逾于"中庸"及"仁义""忠恕"与"礼"。《礼记》与《论语》所提之具体行为之道，层见迭出，不胜枚举。大之如"制国用，量入以为出"，及"用民之力岁不过三日"（《礼记·王制》，二九与三七）；小之如"道路男子由右，妇人由左，车从中央"（同上，五二）及"鱼馁而肉败不食……割不正不食，食不语，寝不言"（《论语·乡党》第八章，二，三及九）。此皆属于具体行为的人之道。老子之"无为"与"去甚去奢去泰"（章廿九）等等尽是抽象原则。五千余言之《道德经》仅有下列数段勉强可作具体行为方面的人之道。有害人身之"五色"，"五音"，"五味"，"驰骋田猎"及"难得之货"务宜屏除。（章十二）"杀人众多以悲哀泣之。战胜则以丧礼处之。""吉事尚左，凶事尚右。"（章三一）

总而言之，人之道之抽象原则大抵均由具体行为措施归纳出来。当然，抽象原则流行以后，也可从中抽绎出若干应有的具体行为。比较言之，为善为恶，为是为非的抽象原则，似属颠扑不破，可能用广而持久；而具体行为之为善为恶，为是为非，则易有纷歧变化。吾人深切认识此第三种"道"之类别，当亦有助于探阐道之根源，性质与作用。

三、道之根源

吾人既知"道"之层次类别，当易探讨其间相互关系以及道——特别是人之道——之真实根源。

《道德经》中下列一段对于道之层次高低指陈明确。"人法地，地法天，天法道，道法自然。"（章廿五）此处把"道"作一独立单位，放在天之上，自然之下，自属费解，但认为自然高过于天，则无疑问。吾人如不刻舟求剑，以词害义，则此段文字之要旨当为人法天，天法自然，亦即人之道本于天之道，天之道本于自然之道。老子尊重"柔弱"而本之于"水""雌""谷""朴"各自然现象，前已引述；兹再补充一段（章七六）。"人之生也柔弱，其死也坚强。万物草木之生也柔脆，其死也枯槁。故坚强者死之徒，柔弱者生之徒。"此可证明"柔弱"人之道实本于自然之道。

《中庸》开端即云："天命之谓性，率性之谓道，修道之谓教。"此中"性"字通常作"人"性解，然亦未始不可包括"物"性。以"性"一字总括一切人与物（人类与万物）之性，其最好证据乃在《中庸》所载子思之引伸解释："惟天下至诚为能尽其性。能尽其性则能尽人之性。能尽人之性则能尽物之性。能尽物之性则可以赞天地之化育。可以赞天地之化育则可以与天地参矣。"（第廿二章）由此以观，"性"乃本性，乃指人类与万物之本性，而人类与万物之本性之总和，当即是整个自然。因而尽性即是遵循自然之道。"天下至诚"能使一切遵循自然之道，则实即赞助自然（"天地"）之化育而与自然融合。依此，则《中庸》开端云云，其要旨在是：造化所定，乃是自然；遵循自然，乃是道理；研践道理，乃是教化。照此解释，孔子一如老子，将自然之道放在天之道之上。反之，吾人如果将性解作自然，而对于"天命之谓性"之"天命"，望文生义，拘泥字面，则孔子殆认为天在自然之上，天之道在自然之道之上。惟笔者深信孔子当时所指之"天"或"天地"），在今日言之，当即指自然。

老子与孔子之所以尊重天道自亦有其原因。此两圣哲对于其身经目击之政治社会——贪淫残暴战乱吞并——深感不满，因而思考如何彻底改善之途径。他们必曾深信彻底改善不能仅凭人之智慧与意志而必本诸"天""天命"与"天道"。（此项传统信念，在《尚书》中记载甚多）他们对于各项自然现象，例如日月代明，盈昃满亏，风雨雷电，四时接替，乃至高山深谷，花木荣枯，必曾深刻观察与反复思索，而且领悟到种种切切动静变化，相反相成，循环起伏，生生不息的自然现象，其背后，自必有其无声无形的自然法则与夫一套长期观点的平衡和谐暨中庸秩序。凡此自然规律亦即自然之道——在两位哲人则称之为天之法则，亦即天之道，应为人群生活与社会法制之本原。因此之故，人之道之真实根源，与其谓为在天，毋宁谓为在自然，在理想化的自然规律。兹略引两哲之垂训以资佐证。

《礼记》（哀公问）有此一段问答。"（哀）公曰，敢问君子何贵乎天道也？孔子对曰：贵其不已，如日月东西相从而不已也，是天道也。不闭其久，是天道也。无为而物成，是天道也。已成而明，是天道也。"可见天道概念本于自然现象。前曾引用《易经》一句"天行健，君子以自强不息"。"自强不息"是人之道。此处所指"日月东西相从而不已"，分明就是理想化的"天行健"之所本。"天"指"自然"，显而易见。又此处所称"无为而物成"可与前曾引述（《论语》）"天何言哉！四时行也，百物生也。天何言哉！"比照。盖"无为"与"天何言哉"同样是自然现象之理想化。再举一例。每到春天，万物滋生，此是自然现象，包含自然规律或自然之道，加以理想化，则可称为天之道。因为人之道应当本于天之道，故《礼记月令》篇有此一段："孟春之月……禁止伐木，毋覆巢，毋杀孩虫……不可以称兵……毋变天之道。"《易经》说卦有之："是以立天之道曰阴与阳，立地之道曰柔与刚，立人之道曰仁与义。"此乃以仁义本于柔刚，且本于阴阳。易词言之，此乃以人之道仁义，本于理想化的自然规律阴阳。综上观之，礼运篇中"故圣人作则必以天地为本"，其中所称天地实即若干（个别零星）自然规律之理想化。以言老子，则人之道之应当本于理想化的自然规律，更属明显。其尤著者当推"反者道之动，弱者道之用"（见前）之训示。因为物极必反故宜守中。因为"柔胜刚，弱胜强"（《道德经》，章三六），故尚谦退而不争。而"反"与"弱"之为"道"均本于自然规律而加以理想化。此在上节道之类别中已有充分说明，兹不多赘。

概括言之，层次分类之道，其客观意义可作结论如下。（一）自然之道乃是自然规律，即宇宙间一切人物事项所必由之理路。（二）天之道乃是圣哲认为人群生活与社会制度所应由之理路，实则乃是若干理想化的自然规律。（三）人之道大别为二：即正道与邪道。正道云者，乃是圣哲所认为一切人群（包括治者与被治者）所应遵循，而且部分人群有时实际遵循之理路。凡反背圣哲所训示者，即为邪道。不论正道与邪道，均可见诸行为措施及纳入习俗法制。

人之道之应本于天之道，此固老子与孔子所共同强调；但对于天之道之内容究竟，似只体会到一鳞半爪，而且有时殊感渺茫。大概职此之故，子贡曾经吐露如下："夫子之言性与天道，不可得而闻也。"（《论语·公冶长》，章十二）孔子少谈天道殆亦表示"知之为知之，不知为不知，是知也"（《论语·为政》，章十七）的精神。其实，不特哲学家难知天之道，即今日之科学家亦难知自然之道，例如宇宙之如何开始及宇宙之有无止境，殊非经验有限之人生所能想像。老子亦云，"天之所恶，孰知其故，是以圣人犹难之。"（《道德经》，章七三）足见天道难知而更难言。此殆所以有"知者不言，言者不知"（同上，章五六）之感叹。盖天之道可想像而不可捉摸，可意会而不可形容。

传统解释一向认为人道应本天道，此在儒家尤甚。董仲舒谓"道之大原出于天。天不变，道亦不变"（《前汉书》，董传；卷五六，页十六）。程颐云："理出于自然，故曰在理。""天有是理圣人循而行之，所谓道也。"（伊川语四，页三六及七下，页一）朱熹注解《中庸》首章，谓"道之本原出于天。"王阳明则认为"心即道道即天。知心则知道知天"（《传习录》，上，页二七）。各儒先后立论纵有不同，而其认人道应本天道则一。今笔者探讨结果，认为孔子正犹老子，实际上系将人之道本诸自然之道，恐有诬妄之嫌。兹为充实笔者论据，愿就孔子与老子两套哲学之基本性质加以研析，备作佐证。一般西方学者向称孔子哲学为人本主义，老子哲学为玄奥主义。此固恰当。然而吾人如再深入推敲，当可发现老子与孔子之哲学，方向虽异，而其基础则同为自然主义。"自然主义"名称虽一，大有出入；有唯心的自然主义，有唯物的自然主义。老子与孔子之两套哲学却同以唯心的自然主义为其基础。兹就两位圣哲之神学，宇宙观，及本体论（亦即形上学）三项，加以佐证。

先言神学。《道德经》中提及鬼神，但次数极少。细察全书，绝无半句只字涉及来世，亦未尝明言或暗示个人与社会受着神灵之安排支配。至于孔子，虽云"丘之祷久矣"，却亦指陈"获罪于天，无所祷也"。虽又曾谓"祭神如神在"却亦曾云"未能事人，焉能事鬼"，"未知生，焉知死"（《论语》，述而章，三四；八佾，十二，十三；先进，十一）。关于祭祀祖先，孔子之表示最为彻底。"孔子曰：之死而致死之，不仁而不可为也。之死而致生之,不知而不可为也。"(《礼记·檀弓上》,六九)然则如之何？"事死如事生,事亡如事存。"(《中庸》第十九章,五)此种视死如生,视亡如存之"宛如"存在哲学无疑为自然主义。

老子之具有其宇宙观亦甚清楚："有物混成,先天地生,寂兮寥兮,独立而不改,周行而不殆,可以为天下母。吾不知其名,字之曰道,强为之名曰大,大曰逝,逝曰远,远曰反。"(章二五)以今日天文知识而言,太空亿万星辰,不论其有无"向心""离心"两项相反"力量"互相牵制平衡,总是彼此"独立而不改";惟有来往围绕椭圆轨道,乃能继续"周行而不殆"。另又加以"大""逝""远""反"之形容,其为一种不可思议之宇宙推测似难否认。总而言之,此段文章,可谓神游六合以外,思追混沌之初,描写一种时空无限境界,竟然超出人生有限经验。谓为直觉知识,自系附会;谓为卓绝智慧,则不尽牵强。至于儒家,专重人群社会如何而能有和谐安定生活之道理,对于宇宙之如何形成,除掉阴阳五行理论外,似未遑深求。但有一点相当肯定:即未尝将"天地"(当指"自然")之由来归诸上帝之创造。此即自然主义之反证。

关于本体论(或形上学),老子有其独到见解。一则曰："视之不见名曰夷,听之不闻名曰希,搏之不得名曰微。此三者不可致诘,故混而为一。……是谓无状之状,无象之象,是谓忽恍。"(章十四)再则曰："天下万物生于有,有生于无。"(章四十)古今注疏者之见解自有出入。笔者认为此两段文字乃指陈整个自然之真相,亦即整个自然之本体。昔人肉眼所见之月日星辰以及今人利用天文仪器所能观察推论,与证实的亿万倍多及亿万倍远之天体,均系自然现象。自然现象与自然本体绝异。太空星辰有生有灭;惟有育化此恒河沙数之日月星辰之自然规律总和才是宇宙本体(宇宙之最后真实)。此种本体自系"不见","不闻","不得","忽恍",与"无"。孔子之学说似无包括本体论之可能。然而《中庸》及《易经》载有两段文字,如经仔细推敲,则似暗示"道"是一种本体,不仅有"质",而且有"能"。第一段见于《中庸》(第廿六章,八):"天地之道可一言而尽也。其为物不贰则生物不测。天地之道,博也,厚也,高也,明也,悠也,久也。"第二段见于《易经》(系辞上,四):"一阴一阳之谓道。"第一段中"天地"实指自然。"高""明"本指天;"博""厚"本指地,今则用以形容自然("天地")之道,则"道"有其本体。"悠""久"自指时间之无穷尽。"为物不贰"殆即"诚者天之道也",亦即永恒固定而存在。至于"生物不测"更含生生不息,长期演化之意。由此以观,第一段所指,不啻谓天道(自然之道)有其本体。第二段所谓"一阴一阳之谓道"则仿佛指陈道有其能。盖阴阳暗合正负两种电（普通称作阴电与阳电），而电乃宇宙中间最广大的原动力，亦即"能"，并合《中庸》及《易经》两段而简括引伸，似是自然之道，既有其"质"，复有其"能"。若谓孔子曾为当代质能同一的本体论开其先河，诚属荒唐附会。但谓上述两段文字或可解作暗合或暗示"道"之具有"质""能"之本体，未始不值得考虑。

总之，老子与孔子之哲学均基于自然主义。正因两哲咸信自然具有理性与秩序，故可称为理想的或唯心的自然主义。两哲之抱持自然主义，亦可佐证本文之立场：即两哲所称之"天之道"实指"自然之道"。

四、道之性质

本节检讨道之性质，即系检讨道之是否存在。笔者此处所指之存在并非哲学中聚讼纷纭的玄奥存在（即所谓本体，实质或最后真实），而系科学所指与常识所认的存在。率直言之，举凡确有其物，果有其事，与真有其理（即理之表现于事物之中者）；均属存在。如上所述，道既有其类别，吾人自不能囫囵吞枣解答道之是否存在，而必分层次，按区别，逐一探究道之存在问题。

自然之道，前已引证解释，即系自然规律。果尔，则个别零星的自然之道（即个别零星的自然规律）固属存在，而整体总括的自然之道（亦即个别自然规律之总和）自必存在。可是，任何号称自然之道（或规律）苟无现象或事物足以证实者即无其存在。例如"食色性也"，乃是事实，其存在无疑。至于"天圆地方"只是假定并非存在的事实。上所云云，旨在强调抽象原则（"无"），必须表现于具体行为（"有"），乃真存在。因此，另有相关数点值得略加引伸。其一，每一自然规律，在人类尚未发现以前，早已存在（例如有关无线电、飞机、原子弹等自然规律），初不因人之知与不知而受丝毫影响。其二，纯就"自然"之立场，每一个别的自然规律，初无善恶，是非，应不应之别。盖生存有生存之道，死亡亦有死亡之道，治兴有治兴之道，乱亡亦有乱亡之道；均受许多错综复杂相反相成的自然规律所控制。人固有相当选择运用之可能，但究难完全地与绝对地支配。其三，整体总括的自然之道究竟有无理性，有无计划，有无目的，此则属于另一种问题——一种难有实证或否证的哲学问题。道德经中"天地不仁，以万物为刍狗"（章五），寓有褒贬之意。但是自然（即所云"天地"）而果不仁，竟以万物为刍狗，乃是自然已有其计划与目的。笔者提及此点，旨在说明每一问题之复杂困难。其四，孔子与老子所观察者，大抵只是自然现象而尚非自然规律本身；可是每一自然现象之背后自必有其自然规律。

复次，请探讨天之道之性质。先问整体的抽象原则之天之道是否存在？此一诘问好比质询上帝是否存在？要答复天之道是否存在或上帝是否存在，其关键端在个人之信仰，在所持天之道或上帝之定义，在所举之具体例证。例如鸟反哺，羊跪乳，鸡司晨，犬守夜，母狮养护幼狮，蜂蚁分工合作：类此种切皆可作为天道存在或上帝存在之佐证。另一方面，大鱼吃小鱼，虎豹食麋鹿，原野荒林中一切弱肉强食事实亦可佐证天道或上帝之不存在。由上观之，整体总括天之道之是否存在，要视思想家对于自然现象及人类历史认为有无理性、计划与目的而定。此则难有客观而一致的结论。

然则个别零星的天之道是否存在？此则不难解答。盖个体别零星的天之道，实即理想化的若干个别自然规律。其中自然规律部分，自必存在，而其中理想化部分可能存在或不存在，全视其是否见诸于行为措施。例如"天道无亲，常与善人"（《道德经》，章七九），此乃理想化的自然规律。自然规律无一不是铁面无私。"无亲"是事实，故有其存在。至于"常与善人"，则是理想化，盖善人不见得常有善报。（往往"盗跖寿而颜回夭"！）又例如"功成名遂身退，天之道"（同上，章九）。彼张良从赤松子游，固得保全首领以没于地；此一史实殆可佐证此一"天之道"有其存在。可是历史上鸟尽弓藏，兔死狗烹，纵欲身退而不可得之悲剧比比皆是。此亦足见"功成名遂身退"的"天之道"未必存在。《礼记》（孔子闲居，四）载："天无私覆，地无私载，日月无私照。"天之覆，地之载，日月之照，各有其自然规律。以言"无私"之覆，之载，之照则显属理想化。又"无为而物成，是天道也"（见前）。"物成"固是自然规律，"无为"则属理想化。兹再举朝代兴亡基于"天命"为例。历史上政权更迭，堪称为应天顺人者固亦有之，但"成王败寇"比比皆是。必曰全系天命显属片面理想化。凡属理想化者均已成为伦理原则，此即牵连道之第三种类别及其分别存在问题。

所谓道之第三种类别，前曾指陈：即道有虚实，有抽象原则之道有具体行为之道。"无为而物成"（犹诸"无为而无不为"）及"天道无亲常与善人"均是抽象原则的天之道。必也有其具体行为事实，足资证明，方见存在。至于所举之具体行为事实能否真正证明其抽象原则，则端赖立场与信仰，前已指出，自不免仁者见仁，智者见智。

最后，请就最重要的道之类别，亦即就人之道，试探其是否存在。究竟所谓人之道，果何所指？此乃先决问题。人之道实乃社会人群所作之一般行为措施，及其先知先觉所揭橥之道德原则而经纳入风俗习惯及法令制度之中。就人类历史言之，远在道德法制之抽象原则形成以前，早已久有种切具体行为。其后各项具体行为，分别被判为善为恶，为是为非，为应当为不应当，而渐次归纳为道德规律与法令制度。此其结果，则几乎无一行为不可用原则加以准绳，不啻每一原则可对发生之事加以判断。基于上述，似可得到下列结论。其一，人之道不能产生于真空之中，而必存在于现实社会之内。故整体总括的人之道，不可能全部为正为邪，而必瑕瑜互见，混杂并存。其二，人之道大抵系社会之中具有权位势力及左右言论思想之优秀分子所能形成，而由大众所接受，并能化成习俗与法制。但每一社会所流行之道总在变迁演化。其三，所谓天下有道或天下无道，乃指当时当地传统正道之流行程度与范围（尤其指统治阶级与知识人士而言），有其深浅大小之别。

以言人之道之抽象原则与具体行为，则孔子之教训至为精细而深广。就个人言，在出世以前，"道"自胎教开始。幼时训育即在日常洒扫应对之中。稍长则务习六艺（礼乐射御书数）。及其长大，应以君子自许，期能修齐治平。人与人之关系，首重五伦。关于政治经济，内政外交以及治乱兴亡之道亦莫不涉及。以故，孔子及历代儒家所标榜之人之道，其范围至广。

由于上述种种，可见现实社会中之人之道，不论其为正为邪，不论其为抽象原则或具体行为，且不论其为个别零星或整体总括，均有其存在。兹别有一点，值得略提，即所称正道果何由而发生？吾人须知人有本能亦有理性。若干行为乃系弗学而能，不教而知者：此盖基于本能。至于分善恶，辨是非，尚价值，此则基于理性。人之正道，盖即根据理性在长期生活经验中渐次形成而继续演化。兹以食色为例。礼记（《礼运》，二三）即云："饮食男女，人之大欲存焉。"孟子载告子语（《告子上》，一）："食色性也。"假若食色本能生活，尽情放肆而漫无制裁，则岂只所谓"紾兄之臂而夺之食"及"逾东家墙而搂其处子！"（《孟子·告子下》，第一章，八）种种流弊祸害，不堪设想。食色尚且如此，它如有关权、位、名、利各项，如无与时俱进的人之道，予以范畴与制裁，则社会之混乱不言而喻。由是以言，理性与本能，既然同为人性之部分，亦即同为自然之部分，则胚胎发育于理性之正道，自必同为自然之部分。

五、道之作用

探求道之具何性质，终必牵涉道之如何发生作用。一言以蔽之，凡属实际存在的道，就是发生作用的道。反之，倘若吾人不能发现其能直接间接引起作用，则所谓道者只是虚构。研究道之作用，可从两方面着手。一方面就道之层次类别，探求其如何而能发生作用。另一方面，就道之内容方向，检讨其果能发生何种作用。

先论自然之道，亦即自然规律。一切自然规律，不论何时何地，永在发生其作用。易词言之，此种运行与作用，乃是机械地，自动地，永恒地在继续着。小而言之，例如细菌可以引起疾病；人身内部本有抵抗力量；对症药剂可以治病，亦可意外发生副作用。大而言之，一国之治乱兴亡（往往超出当事人之料想）亦均基于若干复杂隐藏的自然规律。在物体界中，例如天文、物理、化学等自然科学，现在已发现许多自然规律而能以数目字母之计算公式，表列出来。但在人事界中，则因任何事实现象，不能加以隔离独立而反复试验，故末由断定其中运行支配之自然规律。再则自然科学只问如何，而社会科学，且问为何，更使问题复杂，解答困难。

所谓天之道，实即若干理想化的自然规律；其能发生作用，自与自然规律之完全自动，绝对不同。盖天之道必赖人群之深切信仰与实际遵行。今以孝乃天之道为例。孝经（三才章）云："夫孝，天之经也，地之义也，民之行也。天地之经而民则之。"又（圣治章）云，"父子之道，天性也。"此皆表示孝乃天之道，而亦本于自然之道。然而只就孝之为天之道，仅系抽象原则；必须另有应有之具体行为，方能证实原则之能发生作用。《孝经》（开宗明义章）有云："身体发肤受之父母，不敢毁伤，孝之始也。立身行道，扬名于后世，以显父母，孝之终也。夫孝，始于事亲，中于事君，终于立身。"此乃以孝为天之道而需要的应有行为。另如《道德经》中所谓"天之道损有余而补不足"，亦只是天之道之一项个别的抽象原则。古今来提倡损有余而补不足者，不乏其人。假定其确为天之道，则亦必等到今日各国实施累进率所得税与遗产税等项之后，始有具体行为以证实此项抽象原则。由此可知：天之道必藉具体事项乃能由虚而实。

今可转到人之道果如何而能发生作用问题。如前所述，抽象与具体两类的人之道均有其存在。既有其存在。即已证实其已发生作用。抽象的人之道，即系道德规律。道德规律不能自动发生作用。只有久被社会接受，久经士大夫宣扬，而且已带情感已成风气之各项道德规律，乃能形成一套"思想力量"，足以鼓舞影响乃至指导支配人群行为。此固正道之发生其作用。由此观之，"道"与"教"确难分离独立。"教"之施行固必本于其"道"；而"道"之能生作用，自必有赖于"教"。同时，在另一方面，凡系包含并表现道德原则之道德行为，只要长期推广，亦可于无形中化成一种强大的推动力量。上所云云，乃是指陈人之道（包括抽象原则与具体行为）如何而能发生作用。上所云云，亦是说明例如孝、贞、忠、仁、义、礼等各项道德所以能历数千年而不衰。反之，各项邪道恶德，例如贿赂、贪污、欺诈、强暴、反叛、侵略等等，其所以亦能到处存在者，正亦基于上述理由。所不同者，邪道恶德向来不经宣扬，不经承认，适得其反，当事人往往自己公开抨击；可是一经反复实践，自有一种散布蔓延之力量。所谓"不言之教"，信而有征！因此之故，"人能弘道，非道弘人"，实可兼指正邪两道；但就邪道而言，当为"人能损道，非道损人"。

　　关于抽象人之道之可能作用，另有一点，至属重要。此无它，即空洞理论不尽在支持当时当地流行之社会体系与生活方式，抑且可在批评、攻击、破坏现状，进而创建一套新的系统——不论其在宗教、社会、政治、经济、伦理，甚至艺术方面。每当青黄不接，新旧交替之际传统的道与教，往往发生反作用。当然，反作用亦是作用之一种。

　　上所指陈乃在阐明道之如何而能发生作用，亦即有关作用之方式（即是否自动，是否直接）。兹舍方式而论内容，试探"道"果能发生何种作用。所谓内容当然即指道之基本原则。请就老子与孔子之道，扼要比较。先言自然之道。老子之所最着重者，厥在无为与相对。关于无为，前已指陈，不必赘及。所谓相对，乃指万事万物均有其相反相成之双元性：例如长短、高低、前后、难易、祸福、善恶，乃至阴阳、有无，甚或慈爱与勇敢，节俭与广施，谦退与领导。《道德经》中指出下列各项（章二，二十，五八，四二及四十）："故有无相生，难易相成，长短相形，高下相倾，……前后相随。""善之与恶相去何若！""祸兮福所倚，福兮祸所伏。""万物负阴而抱阳。"老子又曰："吾有三宝，持而保之。一曰慈，二曰俭，三曰不敢为天下先。慈故能勇；俭故能广。不敢为天下先，故成器长。"此之所云亦指相反相成。以言孔子，虽认一阴一阳之为道，故亦重视盈虚消长与来复循环；但对于无为与相对却未强调。

　　至于理想化的自然之道亦即天之道，老子重视下列数项："无为而无不为。""天网恢恢，疏而不失。""反者道之动。弱者道之用。"（均见前引）就孔子言，则天之道之重要内容当为"诚",为"仁",为"行健",为"尽万物之性"。两哲最关切而加宣扬者自为人之道。关于天或自然,两哲之概念似尚接近,但由此而演绎出来的人之道却大有出入。吾人不必详举其背异之点,而只须指陈四项:仁、义、礼、法。对此四者,孔子极加崇尚,老子则施以抨击。孔子暨儒家之立场可以礼记(《曲礼上》,五及六)下列一段代表:"夫礼者所以定亲疏,决嫌疑,别同异,明是非也。……道德仁义,非礼不成。教训成俗,非礼不备。分争辨讼,非礼不决。……君臣上下,父子兄弟,非礼不定。是故圣人作为礼以教人,使人以有礼,知自别于禽兽。"老子之见解则显然相反。《道德经》中有下列数段(章三八,十八,十九,及五七)。"故失道而后德,失德而后仁,失仁而后义。夫礼者,忠信之薄而乱之首也。""大道废,有仁义。智慧出,有大伪。六亲不和有孝慈。国家昏乱有忠臣。""绝仁弃义,民复孝慈。绝圣去智,民利百倍。绝巧弃利,盗贼无有。""天下多忌讳而民弥贫。民多利器,国家滋昏。人多技巧,奇物滋起。法令滋彰,盗贼多有。"老子此种排斥仁、义、礼、法之立论,实在基于其归咎"人身"之见解:"吾所以有患者,为吾有身。及吾无身,吾有何患(章十三)。"(不论"有身""无身"究作何解,似与其推崇自然,有所抵触。)两氏对于抽象的人之道,见解相反,于此可见。

在抽象原则方面,老子与孔子既已距离如此之远,则在具体行为方面,其必背道而驰,自可想像。就基本立场言,老子志在出世,故鄙贱俗务,不事纷扰;孔子则甘愿入世,欲努力从政以改善社会而转移世运。就立论对象言,老子乃为个人着想,尤其为优秀分子着想;孔子则着眼整个社会,包括尊卑上下,男女老幼,智愚贤不肖。就入手方法言,老子采取放任无为;孔子则重舍私为公,人人各尽其职责。就最终目标言,老子企求回返自然境域,生活简朴而无纷乱;孔子则期待一个秩序稳定而且和谐平衡的政治社会。老子之理想社会有如下述:"小国寡民。使有什伯之器而不用。使民重死而不远徙。虽有舟舆无所乘之。虽有甲兵,无所陈之。使人复结绳而用之。甘其食。美其服。安其居。乐其俗。邻国相望。鸡犬之声相闻。民至老死不相往来。"(《道德经》,章八十)孔子之理想大异于是。"大道之行也,天下为公。选贤与能,讲信修睦。故人不独亲其亲,不独子其子。使老有所终,壮有所用,幼有所长。矜寡孤独废疾者,皆有所养。男有分,女有归。货,恶其弃于地也,不必藏于己。力,恶其不出于身也,不必为己。是故谋闭而不兴,盗窃乱贼而不作。故外户而不闭。是谓大同。"(《礼记·礼运》)如谓此中生活体制与精神含有民主社会主义,当非诬罔。

两哲对于人之道之内容，既如此相异，则其所能发生之作用，必不相同。就事实言，两哲思想之不同作用可于吾国人民生活历史中求之。老子之道既然教人柔弱，谦虚容忍与知足，则自必使人得意、在位、握权之时，要节制自己行为，同时使人失望失败之余，有以自解自慰。大体言之，老子之道之作用，乃在个人生活思想方面，而亦见诸宗教艺术。以言对于政治之影响，殊属不多。在西汉开国之初六十年中，一则因在位之人主恰好笃信黄老，再则因暴秦亡灭以后，人民正需休养生息，故黄老放任无为之道曾经发生作用。孔子之道自属不同：性质积极，旨在有为，其对象为整个社会，尤其在鼓励知识分子修成君子，俾能参政服务，事君爱民。此种作用可在下列礼节法制中见之：祀礼、朝仪、官制、考试、纠弹、纳谏、赦宥、仓储、赈恤、法典等等。凡此皆属仁、义、礼、法之具体化作用。无论如何，儒道两家之"道"与"教"，确为中华民族文化生活历史之构成部分。

可是时代变更，世界潮流另有趋向：君主政体已改为代议制度，孤立自足已转成应付侵略之族国主义，农业经济已跃进为民生主义。是则儒家之道势必发生而且确已发生调整，俾能适应新时代之需要。基本的伦理判断与道德规律，尽可依照传统，而其解释精神与具体应用，自必有所适应。盖演化乃自然之道；人之道亦不免有其演化。

六、推论与标准

多年以来，笔者在摸索孔子与老子之"道"之基本含义，亦即探求道是什么，无意中点点滴滴逐渐发现古今中外各种的道，同样有其类别、根源、性质与作用诸问题，而其中所含之原理正复相同。用是不揣冒昧，引伸推论，计共四点。其一，"道"即是"主义"，亦不啻即是"教"。三者均可分别为正为邪。其二，言道必言根源；言根源则各有其长短，各有其困惑。其三，道之所以重要，全在其能发生具体作用；但具体作用之为正道或邪道，端赖于动机与目的。其四，各色各套的道纷歧变化，欲加比较评估，当先求客观的共同标准。

请先陈述"道"即是"主义"亦不啻即是"教"。道字之本意为路，故转成为理路，为规律。以故，道指抽象原则，亦指具体行为。昔日东方所称之道即系今日西方习称之主义。任何宗教，任何政体，任何经济系统必有其神学政治哲学或经济理论。在逻辑上，道自为道而教自为教。在实际上，则道之昌明必赖于教，而教之发挥必本于道。当然，或人所教者，未必即合于其所标榜之道。但由谁来判定？兹举两例以证明"道""教"与"主义"之贯通。吾国向称西方牧师来华"传教"或"布道"。西方学者称儒教为"孔子主义"道家哲学为"道家主义"。

或人可谓道之与教，不特分立，而且往往相反。例如日出与日入，并非真理。殊不知数百千年来人类信仰所及，实际上"教"确是"道"。中古世纪，欧洲基督教徒咸信捐金献款乃为向神赎罪之有效途径。古代中国，皇帝曾杀宰相以代应不祥之天变。此皆"教"确为"道"之例证。即就今日自然之"道"——亦即自然规律——言之，例如及时打防疫针，种牛痘，每年作体检一次，类此保健措施，亦必有赖于广大、深入、持久的"教"（即书面与口头，广播与电视之宣扬训导），乃能减少疾病死亡。自然之道，尚有赖于教，何况人之道！"人能弘道，非道弘人（《论语·卫灵公》，章廿九）"信哉斯言。

复次，言道必言根源，言根源则各有其长短，各有其困惑。一切思想家大抵不愿将其所持之主义脱胎于个人之意志与智慧而必归诸于超人的根源：如神命、天道，宇宙本质，或自然。例如摩西之十诫认为上帝所授；即君主之专制权力亦必归于神授。今日天主教会不准其教徒离婚或堕胎，亦云此乃神之意旨。十八世纪之人权运动揭橥自然权利（中文旧译作"天赋人权"）。十九世纪欧洲盛行之功利主义盖以趋乐避苦由于人性而本诸自然。马克思之唯物辩证与经济史观，亦以自然为其依据。甚至希特勒辈以日耳曼民族为世界最优秀而应居领导地位之种族主义，何尝不本诸自然。清末康有为与谭嗣同因受西方科学之影响，倡言仁乃是电，仁乃是以太。是将传统认为本于天之道者改作本于自然之道。至如印度教各派神学认为个人之最高成就莫若以小己归入大我，完成解税。解脱之最好譬喻，犹如一座冰山融化为水而返回大海怀抱。此言冰山犹如小己，大海无边犹如大我，亦即宇宙本质。佛学则否认宇宙有固定永恒之本质故以求得涅槃，脱离轮回，为无上成就。笔者不惮辞费，只在强调证明一点：即言道必言根源。

任何一种根源理论具有其长短与困惑。例如以神命为人道之根源；古今诘难甚多。既有各教，究竟孰系真神？又何以有魔鬼对抗？且神之所命，若云仅凭神之喜怒好恶，殊不合理；如谓依据固定的道德规律，则道德规律反处于神之上而使神不复万能。虽然如此，神命根源论，比较起来，还是接近颠扑不破。以言根源乃是天命，亦有其困惑。《中庸》（第四章，一及二）载："子曰道不行也，我知之矣。知者过之，愚者不及也。道之不明也，我知之矣。贤者过之，不肖者不及也。人莫不饮食也，鲜能知味也。"此段意义，如与前引"道者不可须臾离也；可离非道也"两相比较，殊难贯串。至以自然为道之本原，固可持之有故，言之成理。但是究竟如何而顺合自然，如何而违反自然，一涉道德，一涉价值，往往聚讼纷纭莫衷一是。盖自然究属科学范围；纯就科学立场只求事实，只求公式，不求价值或道德之判断。以故将人之道之根源归诸自然，亦有其欠缺。

今舍根源而论作用。道之所以重要端在其能发生作用，但具体行为之是否合于正道则亦有赖于无形因素，例如动机、精神、及目的各项。不宁惟是，有时表现上相反的具体行为，恰可表现相同的抽象原则。今以孝道为例。孔子曾云："今之孝者是谓能养。至于犬马，皆能有养。不敬，何以别乎。"（《论语·为政》，章七）此中意义至为深刻。推而论之，设若一国之中，人人之衣食住问题可称解决，而自由却被剥夺，人性却被抹煞，则此国人民何异于监狱中之囚犯。再推而论之，一国人民如果实际上不啻随时可以畅所欲为，因而强奸盗劫，杀人放火，无日无有，使大都市居民，即在光天化日之下，热闹市区之中，亦无安全之感。是则此国人民并非享受自由而遭受放任之痛苦。此种推论更可包括国际行为。例如订定和约，缔结联盟，其本意固在恢复和平与相约互助，然而有时实际动机与隐藏目的，乃是恰恰相反。此则史例众多，不难复按。可见具体行为不一定代表其所揭橥之抽象原则。不宁惟是，形似相反的具体行为，有时却可表现同一抽象原则。孝经（《谏诤章》）有云："曾子曰……'敢问子从父之令，可谓孝乎？'子曰：'是何言与……父有争子则不陷于不义。故当不义，则子不可以不争于父。……从父之令，焉得为孝乎？'"此盖明示孝与义不能兼顾，则义在孝先。此固与大义灭亲之道连贯。然而孔子对于"其父攘羊而子证之"，不加赞许，却以"父为子隐，直在其中矣"（《论语·子路》，章十八）。由是观之，具体行为之道，不可一概而论。至若时代不同，境况变迁，观点更易，则所谓正道与邪道，随之而异。例如国立教会已由信仰自由所替代，世袭专制政体已由代议政府所推翻，而男女平等正在逐渐消除性别歧视。余如打胎，限制人口，废止死刑等项，仍为目前剧烈争论问题。人之道经常亦在演化。在过渡时间，自不免多所纷扰。此则引起最后一项，即能否寻出客观的共同标准，俾以评估当今流行各色各道的道。

此处所拟提出讨论者，不是评估各"道"，而是用以评估的标准尺度。吾人似宜首先承认；事实上所谓成败决非判别高低优劣之道德标准。盖单单正义自不能克服强权；反之，仅仅强权亦绝对不能成为公理。今日人类所企求实现者似可归纳为五大项目：即秩序、安全、公正、福利与自由。此盖指社会秩序之维持，国家安全之确保，司法公正之树立，生活福利之增进，以及言行自由之扩充。但此五大目的与事实，有时势难兼顾。实则其中含有先后缓急。如无秩序，何来公正。苟无安全，那能自由。最属重要而最易误解者，厥为秩序与自由之形若矛盾抵触、而实则相反相成。欲有秩序，必守法律；惟有守法，乃有自由。试举两例。如果不受议事规则之束缚，则开会辩难，何来言论自由？如不遵守交通管制规则，则风驰电掣之汽车何能在宽广大道上来往自由？当兹核子时代，举世人民所渴望者厥为上述五大项目之平衡和谐的发展。此乃当今全球性之企求。此项全球性之企求，殆可作为衡量目前流行各色各套的道之标准尺度。易言之，即视其是否顺合或违反，及能否促进或阻碍此项全球性之企求，而评估其价值之高低优劣。

类此衡量标准之形成，以及类此共同企求之实现，自将为一种理想而遥远的"现象"。此项现象之渐次进展，自必有赖于其它不可缺少的构成因素：逐步建立若干"制度"，例如全球性人口限制，设置世界立法机构，编纂国际法典；逐渐改造"观念"，例如抛弃阶级斗争及永亘革命诸说而树立和平共存及世界一家诸信仰；推选见解开明真爱和平的"人物"，柄政当权；以及努力建设无形与有形的"力量"，例如世界舆论及国际警察。对此种种必需的条件，对此世界性的一套新道，孔子与老子之"人之道"，当能异途同归，各尽其莫大贡献。吾人尤宜切记：人类生活所择的目标固属重要，而其实现目标所采之途径或手段，亦属重要。盖目标与途径同属于道之范围而有其邪正之别。至于世界正道之形成与实现，必赖多方努力继续不断，乃能渐次接近理想。

皇位继承与危机祸乱——由五因素着眼之分析统
　　计与归纳
三百四十八位帝皇——历代皇位继承之统计分析
　　研究

第三编　中国政治

皇位继承与危机祸乱——由五因素着眼之分析统计与归纳[*]

本文题目殊形广泛，但研究宗旨以及着手方法，实属单纯而集中。具体言之，此项研究乃将历代皇位之继承暨其所引起之危机与祸乱，分析其现象、观念、人物、势力及制度五项构成因素，加以探讨；再就其中可用数字表示之若干项目，分类确定，列表登记，俾得各朝之分别总数及历代之综合统计；然后斟酌全局，推论归纳，以判断皇位继承与危机祸乱之中，是否具有其定型与原理。

就范围言，兹所研究者乃是自秦迄清一百八十位皇帝。所谓继承，兼指每一朝代皇位之更易与两个朝代（一兴一亡）相互间之递嬗。所谓危机祸乱，亦不分其为有关储位或因争夺皇位而起。例如禅让一端即可证明上述两点。盖禅有外禅（十二次）亦有内禅（十次）；而且若干内禅（十分之七），其虚伪掩饰之真相，殊与外禅无异。

篇末所附历代及分朝之统计表乃系种切推断及结论之根据。其中所列乃为一百八十位帝皇之各项事实。

其壹，即位年龄，在位长短，暨登位背景三项，最能反映危机祸乱之原因与结果。在表列一百八十位皇帝即位之时，系成人者（满廿岁）一百〇二名；少年者（十三至十九岁）四十六名；孩童者（一至十二岁）三十二名。至于在位长短，计统治一至十年者九十五名，十一至三十年者六十八名，三十一年以上至七十年以下者十七名。此固与个别享寿年龄有关，而其与生活风气以及政治状况亦具密切关系。所谓登位背景，盖指每一皇帝之资格地位或凭藉渊源而言。细加分析，不外八种：（一）由于创业开国，计十七位；（二）由于皇帝立储，计八十六名；（三）由于太后所立，计二十二名；

---

[*] 原载《政治文集》，台湾商务印书馆1981年初版。文中所言统计表省略。

（四）由于皇族内定，计五名；（五）由于大臣议立，计十三名；（六）由于权臣拥置，计二十一名；（七）由于宦官决择，计九名；（八）由于暴力夺取，计七名。（第三至第七项均系嗣君）

其贰，太子之有或无及其立与废，暨太子与嗣君（此指天子薨后始行决定者）之选立标准，亦在在与危机祸乱有关。按一百八十名皇帝除亡国之君十七名不计外，其余一百六十三名之中，未曾指立太子者七十一名，曾经指立太子者九十二名。而此九十二名太子后来确曾登极继任者有八十六人。就此八十六名由太子而升为皇帝者言，其所遭遇之危机（七次）与祸乱（四十二次），两共四十九次之多。于此可见预立储君未必能减少危机祸乱。至于选立太子与嗣君，由广义言之，不外八项标准：即立嫡（十五次），立长（四十一次），立贤（三十一次），立爱（二十五次），立幼（二十二次），立顺（十八次），立急（四次），及自立（二十四次，包括开国十七次，篡夺七次）。

其叁，危机祸乱之次数、性质、起因与主角，尤能暴露五因素之作用。先言次数：一百八十位皇帝曾遭遇一百五十次危机祸乱。细察历史记载，几乎每一次继承即包含一次危机。兹举两项史实以资佐证。一则自秦而汉、晋、隋、唐、宋、元、明九个统一朝代，其英明果断之开国人主，无一能圆满解决其继承问题。再则清代十主均曾遭遇危机祸乱。次言性质。计温和之危机共三十二次；而剧烈之祸乱则共一百一十八次；两共一百五十次危机祸乱。就一百一十八次祸乱而论，又可分别为（甲）暴力废黜二十二次；（乙）篡弑，诛戮，流血五十三次；（丙）武力争战四十三次。复次，就起因言，危机祸乱，因储位而起者四十八次，由皇位而发生者一百〇二次。最后，就继承而起之一百一十八次剧烈祸乱而论，其主角——亦即其中争夺权位之对造，则不外下列四类：（一）系家庭骨肉（父子，兄弟，夫妇）间之争夺，计二十四次；（二）系皇族外戚分子间之争夺，计二十六次；（三）系君臣上下间之篡弑或屠戮，计四十次；（四）系敌主间之争夺，计二十八次。

上述各类项目均有数量可资统计。但研讨皇位继承与危机祸乱，显有其他项目，只可推论判断而不能以数量估计者。兹将五项因素之中最值得研究之项目，各举一例。

以言现象，莫若危机祸乱何以如此之众多。以言观念，首宜分析选立继任者之实际标准。以言人物，则在登位背景及祸乱主角之中，其历历可寻之人物，当有其先天性格。以言势力，则各种有形无形力量各自有其成分。有形力量，例如军队武力等是。

无形力量，例如仇恨，妒忌，希望，畏惧各种支配行为之心理等是。以言制度，则首应探求何以二千多年朝代政治只有富于弹性之继承成例（包括所谓"杀母立子"及"储位密建"）而无刚性之皇位继承法。

任何政治事项必有其五项因素之相互关系。此一假定似亦可于本文研究所得，加以佐证。其一，每一次继承危机或祸乱包括其构成之五项因素。此可以汉戾太子之史实为确证。其二，每一继承危机项目，或因观察立场不同，或因本身作用有异，可更易而成不同之因素。例如禅让。如就其为历史上发生之事实，此系一项现象。如认作为"天与人归"之象征，此则成为一种观念，就其为朝代交替中应有而实行之仪礼，是则为一个制度。他如立储甚或篡弑，均可视作不同因素，而且确曾具有其不同因素之作用。其三，五项因素在其相互前后之间，以及在其本身变化之中，彼此影响。例如自汉高祖思易太子以迄吕氏尽灭，刘氏复兴一连串史实，当可证明此点。其四，五项因素既均系政治事项之构成分子，自无所谓孰重孰轻。但就每一具体政治事项——每一具体危机祸乱——而论，则其五项因素当有轻重缓急而且具有决定性。例如唐代李氏，世民之卒胜建成元吉，其关键或全在玄武门之入于掌握。

最后，根据统计数字，另加分析推论，似可窥见若干原理，获得若干实际教训。

（一）皇位继承，犹诸一切元首继承，乃是一种权力之争。即在今日宪政制度之下，继承仍属一种权力之争。（二）在专制政体之中权力之争尚未纳入法律途径，其容易引起危机祸乱，势所必然。即在今日若干号称民主国家之中，每值元首竞选往往不免流血。则在极权独裁政权之下，继承问题之发生危机，更不足怪。（三）一个皇族之中，以家庭与血统之密切关系，犹难避免暴力之使用，则仅仅宗教、国族乃至主义之相同，更难保障继承之必归顺利。（四）权位之争延续不断；以故争夺储位与争夺皇位，真所谓一而二，二而一者。此犹今日宪政国家，不论其为总统制或内阁制，一俟竞选完毕，党争仍即继续。（五）所谓皇帝最高无上之绝对主权，仅在指立太子一项史实而言，已足证明其为虚构。此盖犹"人民主权"之为虚构。大体言之，政治权力总属极少数人所掌握。（六）凡有权力之争，即有派别分野。派别分野而能公开合法，此即宪政之开始。派别分野在宪政国家中各个政党固然有之，即在极权独裁号称一党专政之政党中，何尝无有。（七）立储，尤其是尽早立储，实为一项健全观念，健全制度。依照今日宪政国家成文或不成文法规，无不有副元首或预备内阁。（八）无论关于皇位继承，或关于危机祸乱，显有若干定型与原理。时代与政体尽可不同，而其具有若干定型与原理，似难否认。（九）正因五项构成因素之复杂变化，政治局面——以继承为例——殊难由任何个人或任何集团所能长期全部控制。如能增加关于政治五因素之了解，当能体会政治之原理与趋向。（十）权力之争既如此剧烈，危机祸乱既如此众多，以故政治理想，亦即"观念—势力"——试以儒家修齐治平为例——愈见其重要。

三百四十八位帝皇——历代皇位继承之统计分析研究[*]

以言科学研究，望远镜与显微镜自当并重。盖惟鸟瞰全局，更能认明方向趋势。本文对于自秦迄清，大小分合五十三朝代之三百四十八位帝皇，凡与继承有关之事实状况，可以数字记录者，均加统计分析，并制成历代皇位继承总表与若干类别统计分表，附于篇末。此项统计系愚在国内外大学中讲授研究所课程"中国朝代政治"时陆续完成。本文之主旨端在解释前述表格内容，期使读者不必亲自查阅表格而能明了其要点与涵义。

本文所述以及原表所列，均系有关皇位继承之四个联带项目：即（一）年龄大小与在位长短，（二）选立标准与主持人物，（三）储贰顶立与嗣君继位，暨（四）危机祸乱与性质区别。

其一，关于即位年龄与在位长短，下列统计最值推敲。以言年龄，凡满二十岁者为成年，十三至十九岁为少年，一至十二岁为儿童。计三百四十八位帝皇在即位之日，有成年者二百四十三名，未成年者一百零五名（即少年六十三位，儿童四十一位）。易词言之，成年者占三分之二，未成年者约三分之一。此其所以然者，实与主持选立人物之动机所在，大有关系。

至于在位长短，由一年到十年者，计一百九十六帝（总数之百分之五（十）七）。由十一年到三十年者，一百二十三帝（百分之三（十）五）；由三十一年到七十年者，二十九帝（百分之八）。（表中所列，系每十年计算，更属详细）实则在位不到一年，甚至不满一月者，偶或有之。总计在位一年或不及一年者有五十九帝，在位两年

---

[*] 原载《政治文集》，台湾商务印书馆1981年初版。文中所言统计表省略。

至三年者，有五十五帝。由是以言，登皇位只有一年（或不满一年）至三年者竟达一百一十四名之多，占总数百分之三（十）三，此中缘故自值思索。三百四十八位帝皇之平均在位时间则为十二年。

各帝皇之享寿高低，自属不一。计享寿二一至四〇年者，共有一百七十二名（总数之百分之五（十）二）；四一至六〇年者，八十二名（百分之二（十）三）；六一至九十年者，四十五名（百分之一（十）三）；而一至二〇年者，则有四十二名（百分之一（十）二）。此与种族体格及生活习惯颇具关系。

其二，选立标准与主持人物，此一项目对皇位继承发生莫大影响。但吾人首应认清者，即皇位继承可分"由外"与"由内"两大类别。由外继承，指同时帝位传换与朝代递嬗，亦即指一朝开国之主接替前朝亡国之君。由内继承，则仅指同一朝代中之新陈代谢。传统历史学家喜用"征诛""篡弑"与"禅让"，将开国分类，意在褒贬。然而事实上，往往所称篡弑亦曾经过多年征伐争战，且曾举行名实不符之所谓"禅代"。例如唐与宋之开国即是。

每一皇帝之产生，必有其所自，亦即必有其主持人物。即就创业垂统之开国君主以及使用暴力夺得帝位之皇室分子而言，彼辈自己就是主持人物。所以三百四十八帝皇之由来（亦可称为帝之背景）不外四类：（一）由于创业开国，计五十四名（汉光武亦列入）；（二）由于顶立储贰，计一百四十七名（百分之五〇（十））；（三）由于选推嗣君（称为嗣君，以别于太子继位），计一百一十六名（百分之四〇（十）），以及（四）由于暴力夺取（此盖专指皇室分子），计三十一名（约百分之一〇（十））。

上列一百一十六名嗣君，其选推之主持人物可分数类。（a）由母后指定者共二十四名（百分之二（十）二）；（b）由皇族（德高望重者）内定者五名（百分之四）；（c）由大臣议立者计五十名（百分之四（十）三）；（d）由一位权臣拥置者有二十八名（百分之二（十）四）；（e）由宦官决择者九名（百分之八）。实际政治权力之掌握何在，不难于上述统计百分比中窥见。

所有帝皇既然有其产生所自之主持人物，则一切主持人物自必有其所以选立之标准与动机。此种标准与动机可分析而为八项：（一）立嫡，计使用二十八次，（二）立长，七十五次；（三）立贤，五十三次；（四）立爱（父帝母后之所喜爱），四十二次；（五）立幼，二十六次；（六）立顺（即性情和顺，易于控制），二十二次；（七）立急（指时机迫切，无暇从长交通商量而言），十七次；以及（八）自立，八十五次（包括开国之主与皇室夺位）。兹就标准应用次数之多寡，依照百分比之高下，再度列下：（子）自立，百分之二（十）五；（丑）立长，百分之二（十）二；（寅）立贤，百分之一（十）五；（卯）立爱，百分之一（十）二；（辰）立嫡，百分之八；（巳）立幼，百分之七；（午）立顺，百分之六；（未）立急，百分之五。各项百分比之高低，绝非偶然，均与动机与背景有关。

其三，关于储贰预立与嗣君继位，就统计结果，由于太子登皇位者，为数一百四十七。由于皇帝薨后始行选推而继承者，为数恰好也是一百四十七。但其选立所用之标准，同时亦即选立之动机，显有差别。兹逐一提示太子（在前）与嗣君（在后）所以能被选立之各项依据标准，以资此较：立嫡，二（十）二（百分之一（十）五）比四（百分之四）；立长，五（十）七（百分之四〇（十））比一（十）八（百分之二（十）一）；立贤，二（十）七（百分之一（十）八）比二（十）六（百分之一（十）八）；立爱，三（十）八（百分之二（十）五）比四（百分之三）；立幼，二，立顺一合计为百分之二比四（十）五（百分之三〇（十））。〔在嗣君方面，固另有其立急，一（十）七（百分之一（十）一）与自立，三（十）一（百分之二（十）二），方才合成百分之一百〕吾人须知立幼，立顺，均有目的，即主持人物，包括母后，权臣及宦官在内，各各私自指望将来或则为称制摄政，或则为篡弑铺路，至少为控制主上，玩弄权势。

储贰之建立，一向视为皇位继承中心问题。立嫡，立长，立贤三者，乃是传统上认作正当标准。故就上面指立太子之数字观之，三项标准，固曾产生一（百）〇六名，亦即百分之七（十）三。然而立储困难重重，危机潜伏。历代开国帝皇，如秦始皇，汉高祖，隋文帝，唐太宗，宋太祖以至明太祖，均曾惨遇失败。北魏行"杀母立子"制度一百十六年，清朝有其密建制度，均值深思。据历史昭示，立储与否，预先或临时立储，一经立储，曾否先后反复废立，又其所采标准，不论其为立长，立贤，或其它一种切措施均不能有效防止危机祸乱。此则值得吾人深切研究，以明了其中缘由。

其四，危机祸乱此一项目，根据分类统计，最能暴露权力斗争之普遍与剧烈。危机与祸乱，大别有两类，一为由储位而兴起，另一因皇位而发生。如果虽有危机而能及时无形消弭，则其性质属于温和；如果引起暗杀，诛戮，废黜，反叛，甚或战争，则显属暴横。总计自秦初迄清末，皇位继承（由外或由内）所发生之危机祸乱共有二百六十二次；其中二百〇八次（百分之八〇（十））牵涉皇位之争夺，五十四次（百分之二〇（十））有关储位之斗争。牵涉皇位者，百分之八（十）五（亦即一（百）九（十）

三次）系属暴横性质，只百分之一（十）五（即四十次）尚属温和。牵涉储位者，计共五（十）四次，其中二十九次属暴横，二十五次属温和性质。

只专就暴横性质之二百二十二次危机祸乱（兼涉皇位与储位）而分析统计其构成类别。（一）发生于皇室（兼括外戚）骨肉之间者，共九十一次（百分之四十一）。在此之中帝后之间发生两次（每次均是皇后暗杀皇帝）；帝与后和另一面子与女之间，二十次，亲兄胞弟之间，二十二次；其它皇室分子平辈或长幼辈之间，四十七次。（二）发生于君臣上下之间者，计六十四次（百分之二十九）。此则大抵均系由下犯上；而所谓臣下，包括相臣，藩镇，将帅，下至宦官，卫兵，杂役。（三）在朝代嬗递之间发生者，六十七次（百分之三〇十）；此皆来自外面敌人。（此外，尚有两次帝皇自杀与五位帝皇不幸死于乱兵之手；凡此皆在朝代更迭之际，故总表记载"由外"继承之祸乱共有七十四次）上述种种统计自属干燥乏味。兹请改换气氛，略述一项富兴趣而含悲哀之插曲。东晋孝武帝嗜酒，某日午后曾在半醉中语其所爱张贵人，谓伊年近三十，天子或将另眷年轻宫妃。是晚，张贵人竟置孝武帝于死。可见危机祸乱随时可以发生。

两千余年来"命途多舛"之帝皇，竟有一百五十五位（百分之四十四）之多！或则被废，计二十一位（就中五位仍被置死）；或则被掳，计二十五位（十五位犹死于非命），或则投降，计三十一位（其中十一位卒不免一死）；或则横遭毒弑，计七十二位。难怪好几位末代亡国之君，临终时誓愿自己暨儿女此后身身世世，勿再生帝皇家！

笔者撰此短文，无意将表格中所载统计数字之可能用途，悉数详尽指举。兹再略举两例。其一为"分""合"时期皇位继承之出入比较。兹以汉，唐，元，明，清，代表合一时期；复以五胡十六国，南北朝及五代十国，代表分据时期。前者共有八十六位帝皇，后者则有一百八十四位。兹将彼此之差异，扼要指陈。为显明计，先列分据时期之各项统计，以与合一时期相比。在分据时期，开国之主持多，系（三十八名，即）百分之二（十）一，与（六名，即）百分之七之比；太子即位次数较少，系（六十六位，即）百分之三（十）五与（四十四位，即）百分之五一之比；嗣君继承亦属较少，系（五十三位，即）百分之二（十）九与（三十四位，即）百分之四〇（十）之比；而暴力夺取则特多，系（二十七次，即）百分之一（十）五与（两次）百分之二之比。至于嗣君之选推，其情况事实之不同，更富意义。在"分""合"两方面，由于群臣之商立者，系百分之二十与百分之一之对比；由于皇室内定者，无甚差别，只百分之三与百分之二之不同；

由于母后指立者，其数更少，系百分之一与百分之一（十）九之距离；而由于权臣指立亦较少，系百分之七对百分之一十。且分据方面并无一位由宦官拥立之嗣君。

上述统计百分比之比较，表示分据时代，内外政治环境，心理态度，事实需要，都与合一局面相异。盖既有同时存在，彼此角逐之内外政敌，复有逐渐形成之新兴政权，因而内则力图维持现状，外则准备抵御侵略；在此种情势之下，当然减少母后势力，儿童登位，宦官弄权之机会，一方面对于预先立储不复特别重视，另一方面不啻促进强权夺取帝位。此种解释之是否有当，愿就正于高明。

另举一例，说明所集统计材料或尚多用途。从各项表格所记，吾人似可领会每一朝代或时期，各有其特点。例如汉朝二十九位帝皇之中有十九位是儿童。南北朝五十五位君主，却有二十六位——百分之四十八——属于所谓"命途多舛"之类别。唐代之"女祸"与"宦祸"特别昭彰。有宋一朝，外患频仍。明清两代则各储贰问题屡屡遭遇困扰。大约一项政治行为，屡次发生以后，在适合环境之下，会形成一种流行风气，一种潮流势力。今日世界，暗杀，爆炸，劫持人质等等暴横行动之所以猖獗恐亦如是。

笔者愿在结束之际，指陈此一短篇与前所发表之另一论文，在范围，主旨暨方式各项，完全不同。另一论文，标题为"皇位继承与危机祸乱——由五因素着眼之分析统计与归纳"，本系在第廿七届国际东方研究学人之会议（一九六七年八月在美国密西根大学举行）中宣读之专题研究报告，嗣后刊登《清华学报》（一九七〇年新八卷，一与二两期合刊），并印有单行本。前文限于一百八十位帝皇，此篇则包括三百四十八位，此其一。前文系运用本人敝帚自珍之"政治五因素观点"，分别就现象，人物，观念，制度和势力五项因素之密切联带关系，根据种切统计，研讨历代皇位继承，特别重视其中之危机祸乱；此篇则旨在根据所编各项表格，说明运用统计分析方法，可以鸟瞰全局而明了各朝代各时期皇位继承之趋向与异同，此其二。前文从《二十五史》等引录若干段原文，并多附注，此篇则无是必要，此其三。

愚甚希望中外学者对于古代与近代各国之君位继承，亦用统计分析方法加以研究，当对专制政体中权力斗争问题，更多深切了解，且可以与当代各种政体中之权力斗争，相对比较而有所领悟。再者十余年来国内学人对于朝代政治，亦多运用统计分析而加研究，堪值欣慰。（例如朱坚章教授，著《历代篡弑之研究》，王寿南教授，著《中国历代创业帝王》，及陈宽强博士，著《历代开国功臣遭遇》等是。）

编 后 小 记

如孟子所说的,"颂其诗,读其书,不知其人,可乎?是以论其世也"。所以在文集结尾处做一点"知人论世"的工作,以更好地理解作者及其学术思想。在《清华暑期周刊》的"教授印象记"中,清华同学如是描绘浦薛凤教授:

浦先生是最神气不过的,天生一副令人见而起敬的面孔,再配上一副双九黑腿的眼镜,益显得神精奕奕,气宇岸然,大有师严道尊的气概,春秋两季,常着藏青色洋服,特别的整洁严肃,每于课余饭后,常见他很闲适地在园内散步,鼻孔呼出缕缕的青烟,手里提着文明的扶老,他那一步望一望的神精儿,真个把西洋式尖头曼的气味,表现个十足!先生又很善于适应自然,每届寒秋,便马上丢掉洋服,换上中国式的长袍,说不上为什么起见,复外罩以蓝布大褂,十足的精神,依然旧观,这又显示出中国君子派的风度来,惟独那双尖而又亮黑而发光的城士(Gentle)皮鞋,也常伴着长袍大褂,共同出场,这真不愧为东西文化,荟萃一身的中西其外,也实足以象征先生的洋土其中了!

先生的 lecture 是很值得一听的,他在班上是特别地卖劲,当他走进教室的时候,情势很匆忙,立刻就放下皮箧,抽出讲稿,然后再滚动他那一对小而有神的眼球,注视在座同学,这时候,凡来听讲的同学们,马上就得耳眼心手,连成一系,并作准备听与准备写的姿势,等不多时,什么政治思想,政治学说,政治制度,政治现象,及政风,政论等等一类东西,像连珠般的向你左右两耳继续地夹攻,这时候,你千万不要左顾右盼,以为有鸿鹄将至;切记要注意地听受,快快地书写,管保越听越满意,越写越有劲。有时候他引证的事例，多而且繁，可不必全记，趁着这个空儿，最好是停笔，抬头。偷闲休息一会，你看吧，该又有新发现啦；那位满把捏汗的大主讲，仍然是站在那黑板之前讲桌之后的一块狭小的地平面上，加倍儿卖劲呢。转过身去就写，掉回头来又讲，真使听者神往，如坐春风！这时，当更注意的是，黑板前面粉笔面儿，一层一层的飞舞，却变成了白色的烟幕，大主讲说话的唾沫星儿，一串一串的迸出，又好像过山炮弹，坐在前排听讲的同学们，怎会不大遭其殃，连声叫苦！

先生对于近世的政治现象，尤其有深刻的观察，和正确的理解。假如你是注意国内的政情，和关心世界大势，而有不能独自了解的地方，最好准备好了你的一对收音机（两只耳），走到这位先生面前去发问；一定会原因结果，给你分析综合，讲个不休，直到使你彻底了解为止，有时，他讲得特别起兴了，只见他的头，在上下的动左右地摇，跨在耳朵上的不很牢固的眼镜也会在鼻梁骨上跳舞，同时他的手，遮上反下，左挥右舞，这大概是打的手式；他的脚踵，也在一起一伏的颤动，这个，我真以不晓得是怎么一回事儿，假如你不知道他是一位当代的政治学者或者还要误认为他是一位二十世纪的新式跳舞家呢。

有时走到先生的 Office 里去，他老是撑起苦干、硬干和实干的精神，在那里拼命的掘矿呢。据正宗学派的说法："有一分的努力，必会有一分的成就"，这话的确是不错，无异给先生下了一个注脚，不信？请看先生满目琳目的矿产品吧，如像：《卢梭的政治思想》《美法革命的政治思想》和《英国功利主义派的政治思想》——这些却是长篇巨制的专门著述，而最有学术上的价值，政治系的同学，固当视为必读；外系同学，也应精心一览，只是，文词老练，引证太多，一句一注，两句一解，有时印在书页下面的横行小字——Foot Notes，反比正文占的面积要多，一不参照去读，定会囫囵吞枣，不得其核。那就太辜负先生鸿文问世的初衷了！

经此一述，作者的神态栩栩如生，跃然纸上；读者也仿佛可以穿过枯卷，神游驰往，触碰历史，感受百年前的学术生态。

浦薛凤为一代政治学宗师，曾任清华大学政治学系主任，桃李天下，著述等身。本次编辑《浦薛凤文集》，搜罗一九四九年以前报刊所载浦氏的论文，并参考其已经出版的下列著作：

《西洋近代政治思潮》，商务印书馆，1939年；

《政治论丛》，正中书局，1955年；

《现代西洋政治思潮》，正中书局，1963年；

《政治文集》，台湾商务印书馆，1981年。

本书在综合的基础上，编辑而成。文集收录浦氏主要的学术论文，并节选专著中的部分内容，以期展现其治学脉络与学术风格。文集中诸文，皆为因应时代而作，有其特定的语境。整理时以保持文章初刊原貌为原则，一些常用词例如人名、地名按当前通行用法进行了统一，有印刷错误径直改正。

《浦薛凤文集》由谈火生、刘猛编选，张小劲审定；浦丽琳教授、浦大祥教授惠允刊布，感铭五内；政治学系博士研究生陈波、江文路、苏畅协助校对，谨致谢忱！

二〇一七年九月于清华园